열반사상

涅槃思想

釋性愚 편저

● 일러두기

1. 여기 수록된 게(偈)와 송(頌)은 열반송이 원칙이지만, 때로 마지막 남긴 말씀 또는 스스로의 영(影)에 찬(讚)을 붙인 것도 있다. 떠나가는 그 마지막의 모습을 살피는데 조금이라도 도움이 될지 모른다 생각하여 수록하였다.
2. 분류는 인도, 중국, 한국, 일본 순서로 했다. 서기 년대를 중심으로 하되, 가급적 생몰연대 순으로 정리하였다. 그러나 책의 편집상 조금씩 어긋난 것도 있다. 단, 거사 등, 일반 신도는 스님들의 마지막에 두었다.
3. 번역은 직역을 원칙으로 하였다. 그러나 꼭 그렇지 않은 것도 있다.
4. 특별한 행적이 없는 분은 일화 또는 법어를 중심으로 해설을 정리하였다. 그나마 미흡한 자료에 대해서는 필자의 느낀 바를 적었다.

되돌아보면 '하지 않아도 될 어리석은 일을 하였구나.' 하는 생각이 든다.

이 세상을 행복하게, 자유롭게 다녀간 역대 스님네들의 이승 마지막 마음 한 조각씩을 모아 『열반사상』이란 이름으로 책을 내놓은 게 언제였던가.

세월이란 약을 먹고 지금껏 살아오며, 주위에서 일깨워주는 덕분으로 또 더 보태게 되어 이 책이 되었다.

인연이란 어쩌면 한 줌 구름 같은 것, 그런 소소한 인연들이 조화롭게 모이면 아름다울 수도 있겠거니 생각했다. 마치 쓸모없는 유리조각이 햇빛을 받으면, 보석보다 더 찬란한 빛으로 나툴 수도 있는 것처럼. 그러면 그 아름다운 빛에 잠시 마음 쉬어 갈 수도 있으려니… 하는, 부질없는 망상을 해본다.

2020년 11월
석성우

　선사들이 임종을 앞두고 남긴 마지막 노래를 '열반송' 혹은 '임종게'라 부른다.

　어쩌면 생사일여(生死一如)의 구분이 곧 부질없는 것인지도 모르겠다. 그래도 사람들은 태어남을 기뻐하고 헤어짐을 슬퍼한다. 서산대사는 열반송에서 이렇게 말했다.

　생이란 한 조각 뜬구름이 일어남이요
　죽음이란 한 조각 뜬구름이 사라짐이라
　뜬구름 자체가 본래 실체가 없는 것이니
　나고 죽고 오고감이 역시 그와 같다.

　1977년 3월, 선사들의 마지막 남긴 게송을 모아 『열반사상』이라는 책을 처음 펴내었다. 이후, 수십 년의 세월이 흐르면서 많은 인연들이 떠나갔다. 소중했던 그 인연들의 자취를 다시 한번 더듬어보고 싶다는 마음에 이번 증보판을 내게 되었다.

　기존 책의 미진한 내용에 대해서는 다시 자료를 찾아 하나하나 살펴가며 수정하고 보완했다. 또 그에 힘입어 더 많은 내용들을 추가할 수 있는 기회가 되기도 했다.

　이 책으로 인하여 많은 사람들과 좋은 인연되기를 바란다.

2020년 11월
無縫性愚 합장

차 례

印度篇

中國篇

韓國篇

인도편

석가모니불(釋迦牟尼佛)

諸行[1]無常　　是生滅法
生滅滅已　　寂滅[2]爲樂

모든 법이 무상하나니
그것은 생멸의 법이다
생멸이 멸하고 나면
적멸이 곧 즐거움이나니.

[해설]

인도 마갈타국 왕사성에서 정반왕(淨飯王)의 왕자로 태어났다. 태어나면서 '위 아래와 사방에서 나보다 높은 이가 없다'고 하셨다.

29살에 출가하여 12년 수행 끝에 성불하였다. 녹야원에서 교진녀 등, 넷을 처음 제도하시고 49년간 설법하셨다.

마하가섭 존자에게

"나의 청정한 법안(法眼)과 열반의 묘한 마음인 실상이며, 형상 없음이며, 미묘한 바른 법을 그대에게 전하노니 잘 간직하라." 하시고 아난존자에게

---

1) 제행(諸行) : 이 세상의 모든 행위.
2) 적멸(寂滅) : 열반의 번역. 생사하는 인(因)과 과(果)를 멸하여 다시 미(迷)한 생사를 계속하지 않는 적정한 경계.

28

"전법교화를 잘 도와서 끊이지 않게 하라." 하셨다.

부처님께서는 구시나성(拘尸那城)에서 "내가 지금 등이 아프니 열반에 들리라."

하시고 니련하(尼連河) 옆 사라쌍수(沙羅雙樹) 밑으로 가셔서 오른쪽으로 누워 발을 포개고 조용히 열반에 들었다. 그리고 다시 관에서 일어나서 "비구들아 잘 들어라. 모여서 이루어진 모든 것은 반드시 흩어지게 되어 있다. 열심히 정진하라!" 그리고 앞의 무상게(無常偈)를 말씀하셨다. 이것이 붓다가 남긴 마지막 말씀이었다.

향과 장작으로 다비(茶毘)하였으나 금관(金棺)은 타지 않았다. 대중들이 게송으로 찬탄하였더니, 금관이 앉은 자리에서 일곱 다라수(多羅樹) 높이에 솟아올라 허공을 오락가락 하다가 삼매의 불[三昧火]로 변하여 재가 되었다.

사리가 여덟 섬 너 말이었다. 주나라 목왕 52년 2월 15일이다.

아난존자(阿難尊者)

二王善嚴住　　勿爲苦悲戀
涅槃常我淨　　而無諸有故

두 왕이여, 잘 계시오
애타게 슬퍼하지 마시오
열반은 '나'이며 청정함이니
모든 존재[有]가 없기 때문이요.

[해설]

　인도 왕사성(王舍城) 출신으로 성은 찰제리다. 아버지는 곡반왕
(斛飯王)으로 부처님의 사촌동생이다. 부처님 성도(成道)하신 날
밤에 태어났다.
　부처님 십대 제자 중의 한 분이다. 워낙 슬기롭고 명석하여 부
처님께서 '다문(多聞)제일'이라 하셨다.

　아사세왕(阿闍世王)이
　"존자여, 부처님과 가섭 존자께서 열반에 들 때 못 뵈었으니 존
자께서 열반에 드실 때에는 알려주시기 바랍니다."라고 부탁했다.
　존자께서 세상 인연이 다했음을 알고 왕에게 알리러 갔으나 직
접 못 전하고 돌아왔다. 항하의 중류에서 가부좌로 앉아 열반에
들려고 하였다.

그 때 아사세 왕이 절을 하고

거룩하오신 삼계(三界)의 어른이여
저를 버리고 여기까지 오셨군요
잠깐만이라도 자비를 베푸시어
열반에 들지 말아 주소서.

하고 게송으로 아뢰었다.
그 때 비사리의 왕도 강가에 있다가

존자여, 어쩌면 이다지도
빨리 열반에 드시나이까
원컨대 잠시만 더 머무시어
저의 공양을 받아 주소서.

라고 아뢰었다. 이렇게 두 왕이 와서 청하므로 존자께서는 앞의
게송을 말씀하였다.

그리고 생각하기를, '내가 한 나라에서만 열반에 들면 여러 나
라에 싸움이 일어날 터이니 옳지 못하다. 의당 평등한 법으로써
유정을 제도하리라.' 하고 항하의 중류에서 그대로 열반에 들려 하
는데 상나화수(商那和修) 존자가 왔다. 존자께서는 법기(法器)임을
알고

"옛적에 부처님께서 정법안장(正法眼藏)을 가섭 존자에게 전하셨
고, 가섭 존자께서 선정(禪定)에 드실 때에 나에게 부탁하셨는데
나도 지금 열반에 들겠으므로 이것을[正法眼藏] 그대에게 전하노
니, 이 게송을 들어라." 하시고 전법(傳法)의 게송을 말씀하였다.

그리고 풍분신삼매(風奮迅三昧)에 들어 열반하였다.

상나화수존자(商那和修尊者)

通達非彼此　　至聖無長短
汝除輕慢意　　疾得阿羅漢

통달하면 너와 내가 아니요
지극한 성인에겐 길고 짧음 없나니
너희들이 교만한 뜻을 버리면
빨리 아라한을 얻게 되리라.

[해설]
　제3조 상나화수(?~기원전 805)는 마돌라국(摩突羅國) 사람이다.
어머니의 태에 6년간 있었다고 한다.
　성현이 태어날 때는 구지수(九枝樹)라는 풀이 정결한 땅에 난다
고 하는데 존자가 태어날 때도 그랬다.
　부처님께서 마돌라국에 오시어
　'이 지역에서 내가 열반에 든 지 100년 만에 상나화수라는 비
구가 묘한 법의 수레를[妙法輪]을 굴리리라.'고 예언하였는데 정말
상나화수존자가 태어났다.
　아란존자에게 정법안장을 받아 제3조 상나화수에게 "나는 이제
다시 그대에게 전하니, 그대는 끊이지 않도록 힘쓰라. 그대는 나
의 가르침을 받고 또 나의 게송을 들으라."

非法亦非心　　無心亦無法
說是心法時　　是法非心法

법도 아니고 마음도 아니며
마음도 없고 법도 없나니
마음이다 법이다 말할 때는
그 법은 마음의 법이 아니다.

이 게송을 마치고 계빈국(罽賓國) 남쪽 상백산(象白山)으로 들어
갔다. 어느 날 삼매(三昧)에 들어서 우바국다를 보니 500 제자를
거느렸는데 항상 게으름을 피우고 있었다.

존자는 곧 그들에게 가서 용분신 삼매를 나타내어 조복시키고,
위의 게송을 말해 주었다. 500 비구들이 이 게송을 듣고, 모두가
분부하신대로 행하여 무루(無漏)의 과위를 얻었다.

그리고 스스로 화광삼매(火光三昧)를 일으켜 열반에 들었다.

우바국다존자(優婆毱多尊者)

心自本來心　　本心非有法
有法有本心　　非心非本法

마음은 스스로 본래 마음이고
본 마음은 법이 있는 것이 아니니.
법이 있으면 본 마음도 있지만
마음도 아니고 본래 법도 아니니라.

[해설]

　우바국다(優婆毱多, ?~기원전 740)는 타라국(吒利國) 출신이다.

　17세에 출가하여 20세에 깨달음을 얻고 곳곳을 다니며 교화하였다.

　우바국다존자가 세상에 머무는 동안 교화를 받아 도과를 증득한 이가 가장 많았다. 한 사람을 제도할 때마다 수를 세는 나뭇가지 하나씩을 석실(石室)에 넣었는데, 세로가 18주요, 가로가 12주인 석실이 가득하였다.

　출가자 중 마지막인 향중(香衆)이라는 장자가 있었는데 존자께 와서 출가하기를 간절히 바랬다. 존자가 물었다.

　"그대의 마음이 출가하는가, 몸이 출가하는가?"

　"저의 출가는 몸이나 마음으로 하는 것이 아닙니다."

　"몸과 마음으로 하는 것이 아니라면 무엇이 출가하는가?"

"출가란 나와 나의 것이 없기 때문이니, 나와 나의 것이 없기 때문에 생멸이 없으며, 마음에 생멸이 없는 그것이 곧 항상한 도이기에 모든 부처님들 또한 항상 하십니다. 마음이 형상 없듯 본체도 그러합니다."

존자가 말했다.

"그대는 장차 크게 깨달아서 마음을 통달할 것이니, 불·법·승에 의하여 삼보를 계승하라."

그리고는 곧 머리를 깎고 구족계를 주었다. 그리고 다시 말했다.

"그대의 아버지가 꿈에 해를 보고 그대를 낳았으니, 제다가(提多迦)라 하라."

위의 게송을 읊은 뒤에 허공으로 몸을 솟구쳐 18가지 변화를 나타냈다. 그리고는 본래의 자리로 돌아와서 가부좌로 앉아서 열반에 들었다.

제다가존자(提多迦尊者)

通達本心法　　無法無非法
悟了同未悟　　無心亦無法

본래의 마음과 법을 통달하니
법도 없고 법 아님도 없도다.
깨쳐 알고 보니 깨치기 전과 같나니
마음도 없고 또한 법도 없도다.

[해설]

　제다가존자(?~기원전 690)는 마가다국(摩伽陀國) 사람이다.
태어날 때에 아버지의 꿈에 황금 해가 집에서 솟아서 천지를 비
추는데, 앞쪽의 큰 산은 온갖 보배로 장식되었고 산마루에서는 샘
이 솟아 사방으로 철철 흐르는 것을 보았다.
　뒤에 우바국다 존자를 만났는데 우바국다 존자는 "보배의 산은
내 몸이요, 샘이 솟는 것은 법이 다함이 없는 것이요, 해가 지붕
에서 솟는 것은 네가 지금 도에 들어올 징조요, 천지를 비친 것은
너의 지혜가 초월하리라는 것이다"라고 하였다.
　제다가는 스승의 말을 듣고 기뻐 게송을 말했다.

　높고 높은 칠보의 산에서
　항상 지혜의 샘이 나는 것

36

참된 법문으로 바꾸어
인연 있는 무리들을 제도하리.

우바국다 존자도 게송을 말했다.

나의 법이 그대에게 전하여
큰 지혜가 나타나리니
황금의 해가 지붕에서 솟아
천지를 비치듯 하리라.

그 뒤 중인도에 갔더니, 8천 선인이 있었는데, 그중 미차가가 으뜸이었다. 미차가는 제다가 존자가 왔다는 말을 듣고 와서 예배한 뒤에 "옛날에 스님과 함께 범천(梵天)에 났었는데 나는 아사타 선인을 만나 선인의 법을 배웠고, 스님은 십력의 제자를 만나 선정을 익히었습니다. 이로부터 업보를 달리한 지 이미 여러 겁이 지났습니다."라고 말했다.

다시 말하기를,

"옛적에 아사타 선인이 나에게 수기(受記)를 주되 이로부터 여섯 겁이 지나면 동학을 만나 무루(無漏)의 과위를 얻으리라고 하셨는데, 이제야 만나게 되었으니 인연이 아니겠습니까. 바라옵건대 스승께서 나를 해탈케 하여 주소서."라고 청했다.

제다가는 곧 그를 제자로 승낙하였다. 이어 위의 게송을 말했다. 게송을 마치고 몸을 허공으로 솟구쳐 18가지 변화를 지으니, 화광삼매가 저절로 몸을 태웠다.

바수밀존자(婆須密尊者)

心同虛空界　　示等虛空法
證得虛空時　　無是無非法

허공과 같은 마음으로
허공과 같은 법을 보이니
허공을 증득할 때에
옳은 법도 그른 법도 없다.

[해설]

　북천축국(北天竺國) 사람이며, 성은 바라타(婆羅墮)이다.

　평소 깨끗한 옷을 입고 항상 술병을 들고 다니며 무언가 중얼거려 사람들이 미쳤다고 하였다.

　미차가 존자를 만나게 되어 출가를 허락해 달라고 간청했다. 이때 미차가 존자가 부처님 예언을 말했다.

　"부처님 생전에 '내가 열반에 든 지 3백년 뒤에 바라타 집안의 바수밀이라고 불리는 존자가 나타날 것이다.'"

　이 말을 들은 바수밀은 바로 그 자리에서 술그릇을 버리고 출가하여 지난 일을 깊이 깨닫게 되었다.

　미차가 존자가 게송으로 법을 전했다.

無心無可得　　說得不名法
若了心非心　　始了心心法

마음이 없음으로 얻을 수 없고
말할 수 있다면 법이라 하지 못해
마음이 마음 아닌 줄 알면
비로소 마음과 마음의 법을 알리라.

바수밀은 미차가의 법을 받은 뒤에 마갈타국에서 교화를 하다가 불타난제(佛陀難提)를 만나 부처님 정법안장을 전했다.
존자가 자심삼매(慈心三昧)에 들었으나 대중들이 청법하므로 일어나 설법을 하고 다시 삼매에 들어가서 열반에 들었다. 불타난제가 그 자리에 칠보탑을 세워 육신 그대로 봉안하였다.

불타난제존자(佛陀難提尊者)

虛空無內外　　心法亦如此
若了虛空故　　是達眞如理

허공은 안과 밖이 없으니
마음의 이치도 역시 이와 같느니라.
만약 허공의 이치를 깨달으면
이는 진여의 이치를 통달하는 것이니라.

[해설]

　불타난제(佛陀難提, ?~기원전 533)는 가마라국(迦摩羅國) 사람
으로 성은 구담이다. 정수리에 육계(肉髻)가 있고, 말재주가 뛰어
났다. 교화를 하면서 제가국(提伽國)에 도달하여 한 장자를 만났
다. 어느 집에 이르니, 지붕 위에 흰 광명이 위로 솟는 것이 보였
다. 그는 그의 제자들에게 말했다.

　"이 집에는 반드시 성인이 있을 것이다. 입으로 말은 못하나 참
으로 대승의 그릇이요, 사방의 거리를 다니지는 못하나 더러운 것
은 알리라."
　말을 마치자 한 장자가 나와서 인사를 드리고 존자에게
　"무엇을 구하십니까?"하고 물었다.
　존자가 대답했다.

"나는 시자를 구합니다."

장자가 말했다.

"나에게 복타밀다라고 하는 외아들이 있는데 나이가 오십이 되었건만 아직 말도 못하고 걷지도 못합니다."

존자가 대답했다.

"그대의 말과 같다면 그가 참으로 나의 제자이다."

아들이 존자를 보더니, 벌떡 일어나 예배를 올리고 게송을 설했다.

부모가 나의 친한 이가 아니니
누가 가장 친한 것인가?
모든 부처님이 나의 도가 아니니
무엇이 참다운 나의 도인가?

이로써 복타밀다가 출가하자, 불타난제 존자는 위의 송을 읊고 나서 곧 신통변화를 나타내었다. 그리고 바로 자리로 돌아와 열반에 들었다.

협존자(脇尊者)

眞體自然眞　　因眞說有理
領得眞眞法　　無行亦無止

참의 본체는 자연히 참되니
참됨에 인하여 진리를 말한다
참이 참된 법임을 깨달으면
행할 것도 그칠 것도 없다.

[해설]

협존자(?~기원전 447)는 중인도(中印度) 출생으로 본래의 이름
은 난생(難生)이다.

복타밀다 존자로부터 부처님 정법안장을 전수받았다.

존자가 태어날 때 아버지 꿈에 흰 코끼리 등에 보배 좌석이 있
고 좌석 위에는 밝은 구슬 하나가 놓여 있는데, 광채가 문으로 들
어와 사방으로 비치는 것을 보았다.

뒷날 복타밀다(伏馱密多) 존자를 만나 시봉을 하였는데 잠시도
옆구리를 땅에 댄 일이 없었다. 그러므로 협존자라 부르게 되었
다.

화씨국(華氏國) 어느 나무 밑에서 오른손으로 땅을 가리키며
"여기가 금빛으로 변하면 성인이 오리라."

이 말을 끝내자 땅이 금빛으로 변하며 부나야사(富那夜奢)라는 장자의 아들이 합장하며 그 앞에 다가섰다.

존자가 물었다.

"너는 어디서 왔느냐?"

야사가 대답했다.

"내 마음은 가는 곳이 없습니다."

"너는 어디에 머무는가?"

"내 마음은 그침도 없습니다.

"너는 일정하지 않다는 말이냐?"

"모든 부처님이 그러하십니다""

"너는 모든 부처가 아니다."

"모든 부처라 해도 존귀한 자는 아닙니다."

협존자가 법을 전한 뒤에 열반에 들기 전 앞의 게송을 말했다. 신통변화로 열반에 들어 삼매의 불[三昧火]로 저절로 탔다.

용수존자(龍樹尊者)

爲明隱顯法　方設解脫理
於法心不證　無嗔亦無喜

숨고 드러난 법을 밝히기 위하여
비로소 해탈의 이치를 말하노라
법에 대해 마음으로 증득하려 아니하면
성냄도 없고 또한 기쁨도 없다네.

[해설]

　용수(龍樹)보살은 남인도 바라문 종족 출생으로, 어려서부터 총명하여 모든 학문에 능통하였다.

　용수보살은 대승불교에서 제2의 붓다로 추앙될 만큼 불교사에 커다란 흔적을 남기고 공(空)의 논리를 체계화한 인물이다.

　처음에는 인생의 즐거움은 쾌락을 즐기는데 있다고 생각하고 방탕한 생활을 하였다. 그러나 욕망은 괴로움의 근본이며 모든 화의 근본임을 깨달았다.

　마명보살의 제자인 가비마라 존자로부터 법을 전해 받았다.

　가비마라 존자는 위의 게송을 전한 뒤에, 월륜삼매(月輪三昧)에 들어서 헤아릴 수 없는 신비로운 변화를 나타내었다가 다시 본래의 자리로 돌아와 조용히 열반에 들었다.

가나제파존자(迦那提婆尊者)

本對傳法人　　爲說解脫理
於法實無證　　無終亦無始

본(本)을 대하여 법을 전하는 사람
해탈의 이치를 말하기는 하지만
법에는 실제로 증득할 것 없나니
시작도 마지막도 모두 없어라.

[해설]
　　남천축국(南天竺國) 출신이다.
　　용수(龍樹) 존자를 만나 출가하였다. 그리고 정법안장을 전수받
았다.
　　상수제자인 나후라다에게 전법하였을 때 앞의 게송을 하였다.
게송이 끝나고 분신삼매(奮迅三昧)에 들어 열반에 들었다.

라후라다존자(羅睺羅多尊者)

於法實無證　　不取亦不離
法非有無相　　內外云何起

법에는 진실로 증득함이 없으니
취하지도 못하고 여의지도 못한다
법은 있음과 없음의 모습이 아니니
안팎으로 무슨 일이 일어났다고 하리오.

[해설]

　가비라국(迦毗羅國) 사람이다.

　교화를 행하면서 실라벌 성에 이르렀을 때, 부처님의 예언대로 금수(金水)라는 강가에서 승가난제를 만났다.

　"그대는 몸이 선정에 드는가, 마음이 선정에 드는가?"

　"몸과 마음이 함께 선정에 듭니다."

　"몸과 마음이 함께 선정에 든다면, 어찌 들어가고 나감이 있겠는가?"

　"비록 들어가고 나감은 있지만 선정의 모습을 잃지는 않습니다. 마치 금이 우물 안에 있어도 금의 본체가 항상 그대로인 것과 같습니다."

　라후라다 존자는 승가난제에게 법을 전하고 위의 게송을 읊었다. 그리고는 단정히 앉아서 열반에 들었다.

승가난제존자(僧伽難提尊者)

心地本無生　　因地從緣起
緣種不相妨　　華果亦復爾

마음의 땅에 나는 것 본래 없으나
인(因)의 경지는 연기에 의해서 나나니
연(緣)과 종자가 서로 방해치 않듯
꽃과 열매도 그러하리라.

[해설]

　인도 실라벌성(室羅筏城)의 보장엄왕(寶藏嚴王)의 아들이다. 태어나자 곧 말을 하였다. 일곱 살에 아버지께 출가하기를 원하였다. 부모가 만류하니 종일 음식을 먹지 않으므로 허락하였다.

　부처님 정법(正法)을 이어 교화하다가 가야사다(伽倻舍多)에게 전법하고 위의 게송을 하였다.

　존자께서 법을 전한 뒤 오른손으로 나뭇가지를 휘어잡고 서서 열반에 들었다. 고원(高原)에 옮겨 탑을 세우려 하였으나 움직이지 않으므로 나무 밑에 그대로 탑을 세웠다.

학륵나존자(鶴勒那尊者)

一法一切法　　一切一法攝
吾身非有無　　何分一切塔

한 법이 온갖 법이요
온갖 법이 한 법에 포섭된다
내 몸은 있지도 없지도 않거든
어찌 여러 탑을 나누려 하느냐.

[해설]

월씨국(月氏國) 출신이다.

아버지 천승(千勝)은 아들이 없으므로 칠불(七佛)에 기도하였는
데 어머니의 꿈에 수미산 꼭대기에서 한 신동(神童)이 금고리[金
環]를 들고 와서 "내가 왔소." 하고 말하는 것을 보고 태기가 있
었다.

스물두 살 때 출가했으며, 서른 살 때, 마노라(摩拏羅) 존자를
만나 정법안장을 전해 받았다.

여러 곳에서 교화하다가 사자비구(師子比丘)를 만나 전법하고
열반에 들었다. 다비를 하여 사리를 나누어 탑을 세우려 하니, 존
자께서 공중에 나타나서 앞의 게송을 말하였다.

중국편

승조(僧肇) 법사(法師)

四大本來空　　五陰3)元非我
以首臨白刃　　猶如斬春風

사대는 본래 공하고
오온은 내가 아니다
시퍼런 칼날 목에 와 닿아도
봄바람 베는 것과 무엇 다르랴.

[해설]

　스님(383~414)은 중국 진(晋)나라 때 장안(長安)에서 태어났다.
　소년 시절에 집이 가난하여 책 베껴 쓰는 일[筆耕士]로써 생업
을 삼았는데, 그 일을 하는 동안 경(經)과 역사책을 두루 보았다.
　처음에는 『노자(老子)』와 『장자(莊子)』에 심취하였다.
　뒤에 지겸(支謙) 스님이 번역한 『유마경(維摩經)』을 읽고 "이제
내가 나아갈 바를 알았다." 하고 스무 살에 불교에 귀의하였다.

---

3) 오음(五陰): 또는 오온(五蘊). 다섯 가지가 쌓여 모인 것. 생멸하고
　변하는 것을 다섯 가지로 분류하여 말함. ① 색온(色蘊) - 스스로 변
　화하고 또 다른 것을 장애하는 물체. ② 수온(受蘊) - 고(苦)·락(樂)·
　불고불락(不苦不樂)을 느끼는 마음의 작용. ③ 상온(想蘊) - 외계(外界)
　의 사물을 마음속에 받아들이고 그것을 상상하여 보는 마음의 작용
　④ 행온(行蘊) - 인연으로 생겨나서 시간적으로 변천함. ⑤ 식온(識蘊)
　- 의식하고 분별함.

구마라습(鳩摩羅什)의 수제자였다. 구마라습에게는 승략(僧䂮), 승항(僧恒), 승예(僧叡), 그리고 승조법사가 있었다. 이렇게 네 사람을 '4철인(四哲人)'이라고 하였다.

스승과 함께 수많은 역경(譯經)사업을 하였으며, 일찍이 반야(般若)의 이치를 체달하였다.

어느 날 황제가 불렀다. 벼슬을 주어 나라의 기둥으로 쓸 작정이었다. 그러나 가지 않았다. 어명(御命)을 어긴 죄로 참살 당하였다. 그때, 죽음을 일주일만 연기해 달라고 하였다. 7일 동안의 형 집행 연기를 얻어 옥중에서 저술한 혁혁한 선문(禪文)으로 선객들이 아끼는 『보장론(寶藏論)』이 그것이다.

스님은 『대품반야경(大品般若經)』의 번역을 끝내고 나서 『반야무지론(般若無知論)』을 짓고, 그 뒤 『물불천론(物不遷論)』, 『부진공론(不眞空論)』, 『열반무명론(涅槃無明論)』을 지으니, 이를 합하여 『조론(肇論)』이라 한다.

31살의 나이로 형장에서 위의 게송을 남기고 세상을 떠났다.

상방우안(上方遇安) 선사

不是嶺頭携得事　　豈從雞足付將來
自古聖賢皆若此　　非吾今日爲君裁

고개 마루에서 끌고 오지 못하나니
어찌 계족(雞足)에서 전해 주리
옛 부터 성인들은 이러하시니
내가 오늘 그대에게 말할 것 없구려.

[해설]
　스님은 복주(福州)출신이다. 천태지의(天台智顗) 스님의 법을 받
았다.
　평생 『능엄경』만 읽고 다른 경은 보지 않아 사람들이 '안능엄
(安楞嚴)'이라 불렀다.
　스님은 『능엄경』 제5권에 있는 '지견(知見)에 지(知)를 세우면
곧 무명의 근본이고, 지견에서 견(見)이 없으면 이것이 곧 열반'이
라는 구절에서 '지견을 세우면 지(知)가 곧 무명의 근본이요, 지견
이 없으면 견(見)이 곧 열반이다'로 잘못 읽었다. 한참 생각을 하
다가 여기에서 큰 깨달음을 얻었다.
　나중에 어떤 사람이 '잘못 읽었다.'라고 하자, 상방우안이 "그것
이 내가 깨달은 곳이오."라고 말했다 한다.
　지도(至道) 원년(元年) 늦봄에 임종할 때가 되어 온인(蘊仁)에게

앞의 게송을 말했다. 스님은 게송을 마치고 향수로 몸을 씻고 옷 갈아입은 후, 관(棺)을 방으로 가져 오게 하였다. 그리고는 한참 있다가 몸소 관에 누워 덮게 하였다.

3일이 지나 어느 스님이 관 뚜껑을 열어 보니 스님은 오른쪽으로 편안히 누워 계셨다. 모두들 슬퍼하니 스님이 상당(上堂)하여 설법하고 꾸짖으며

"이번에 또 나의 관을 여는 이는 나의 제자가 아니다."

하고 말씀이 끝나자 다시 관으로 들어갔다.

육조혜능(六祖慧能) 대사

頭上養親　　口裏須餐
遇滿之難　　楊柳爲官

머리위에 어버이를 기르고
입 안에 밥을 찾나니
만(滿)의 환난을 만나면
양유(楊柳)가 관리가 된다.

[해설]

　스님(637~713)의 속성은 노씨(盧氏), 광동성에서 태어났다. 세
살 때 아버지를 여의고 스무 살까지 신주용산(新州龍山)에 살았다.
집안 살림이 어려워 땔나무를 하여 시장에 팔아 늙은 어머니를
봉양하였다.

　어느 날 땔나무를 팔고 돌아오는 길에 우연히 『금강경』의 '응무
소주 이생기심(應無所住 而生其心)'이라 읽는 소리를 듣고 심지(心
地)가 열리게[開悟]되었다. 『금강경』 읽는 이에게 무슨 경인지 물
었다. 나이 스물네 살(661년)때 황매산(黃梅山) 오조홍인(五祖弘忍)
대사를 찾아갔다. 그때 홍인 대사는

　"너는 어디 사는 사람이며 무엇을 구하러 왔느냐?"

　"저는 영남 신주 사람인데, 스님을 찾아뵙고 불법을 구하기 위
하여 왔습니다."

"그쪽 사람들은 무식하고 사나워서 오랑캐의 성질을 가지고 있어 남의 좋은 말을 듣지 않는 사람이라는데, 너 같은 무식쟁이가 법을 구할 수 있겠느냐?"

"사람이 사는 지역은 남북이 있을 수 있지만, 불성(佛性)에 어찌 남북이 있습니까?"

홍인 대사는 법기임을 알고 받아들였다.

홍인 대사가 그의 세상 인연이 다했음을 직감하고 전법 제자를 두기 위하여 그때의 대중들에게 느낀 바 견처(見處)를 밝히라고 했을 때, 신수(神秀) 대사가 게송을 지었다. 그것을 듣고 육조스님께서 지은 것이 다음의 송이다. 즉 오도송이다

菩提本無樹　　明鏡亦非臺
本來無一物　　何處惹塵埃

보리는 본래 나무가 아니요
명경도 본래 경대가 아니다
본래 한 물건도 없거늘
어찌 먼지를 털 필요가 있으랴.

이로 말미암아 홍인 대사로부터 의발을 전수받았다. 이때 내린 전법게는 다음과 같다.

有情來下種　　因地果還生
無情旣無種　　無性亦無生

유정이 와서 종자를 내리니
인연 있는 땅에 열매가 다시 나도다

무정은 이미 종자가 없는지라
성품도 없고 태어남도 없도다.

  그러면서 남쪽으로 가서 숨어 살 것을 부탁하였다. 이로부터
16년간 초야에 묻혀 고행을 했다.
  의풍(儀風) 원년(元年, 676) 서른아홉 살 때에 광주(廣州) 법성
사(法性寺) 인종(印宗) 법사 회상에서 삭발 출가의 형식을 취하였
다. 보림사에서 소주(蘇州) 자사 위거(韋據)의 부탁을 받고 성내
대범사(大梵寺)에서 설법하였다. 그것이 오늘날 전해지고 있는『육
조단경(六祖壇經)』이다.

  선천(先天) 2년 7월 1일 문인들에게
  "나는 신주로 가려 하니 그대들은 속히 배를 손질하라."고 하였
다.
  이때에 대중들이 슬피 울면서 좀 더 머물기를 청했다.
  "부처님들이 세상에 나타나신 것도 열반을 나타내시기 위함이
니, 온 것이 반드시 가는 것은 당연한 일이다. 나의 이 몸도 반드
시 가야 한다."
  대중이 사뢰었다.
  "스님께서 지금 가시면 언제 돌아오시겠습니까?"
  "잎사귀가 떨어져 뿌리로 돌아가니, 다시 올 날을 말할 수 없
다."
  "스님의 법인(法印)은 누구에게 전합니까?"
  "도 있는 이는 얻고, 마음 없는 이는 통달한다."
  "뒤에 환란이나 없겠습니까?"
  "내가 죽은 지 5~6년 뒤에 어떤 사람이 와서 내 머리를 끊어
가리라. 나의 예언을 들으라." 하시며 앞의 열반송을 말씀하였다.
위 열반송 외에 다음의 열반송도 전한다.

心地念諸種　　普雨悉皆萌
頓悟花情已　　菩提果自成

심지는 모든 씨앗을 머금었으니
비만 잘 내리면 모두 싹을 틔우고
문득 꽃의 뜻을 깨닫고 나면
보리의 열매는 절로 익으리라.

兀兀不修善　　騰騰不造惡
寂寂斷見聞　　蕩蕩心無者

올올하여 선을 닦지 말고
등등하여 악을 짓지 말라
적적하여 보고 들음을 끊으면
탕탕하여 마음에 집착이 없다.

그리고는
"내가 간지 70년 후에 두 보살이 동쪽에서 오리니. 하나는 집에 있는 이요, 하나는 출가한 이로써 동시에 교화를 펴서 나의 종지를 세우니 절을 잘 꾸미고 번창하리라."
말을 끝내고 국은사로 가서 목욕한 뒤에 가부좌를 맺고 입적에 들었다. 이상한 향기가 집에 가득하고, 흰 무지개가 땅에서 뻗었다. 전법(傳法)제자는 33사람이나, 그 밖에도 무수하다.

영묵(靈默) 선사

法身圓寂　　示有去來
千聖4)同源　　萬靈5)歸一

법신은 뚜렷하고 고요한데
시현(示現)으로 거래가 있단 말가
천성(千聖)이 같은 근원이요
만령이 하나에 돌아가나니.

[해설]

　스님은 비릉(毘陵) 출신으로 성은 선(宣)씨이다. 처음에 마조(馬
祖) 스님을 의지하여 입산하였다.

　뒤에 석두(石頭) 스님을 뵐 때 스스로 생각하기를 '한 마디에
계합(契合)되면 여기에 살겠지만 그렇지 못하면 떠나리라.' 하였는
데, 석두 스님은 법기임을 알고 곧 법을 일러주었다. 그러나 스님
은 그 뜻을 알 수 없으므로 바로 하직하고 문밖에 나서니 석두
스님이

　"사리(闍梨)여!"

　하고 불렀다. 스님이 고개를 돌려 바라보니 석두 스님이

　"날 때부터 늙을 때까지 단지 그 놈 뿐이다. 다시 딴 곳에서 구

---

4) 천성(千聖): 모든 성현이라는 뜻.
5) 만령(萬靈): 모든 영혼. 유정(有情), 무정(無情)의 모든 것.

하지 말라."

스님은 이 말씀에 크게 깨달았다. 그리고 짚고 있던 주장자를 밟아 꺾어 버리고 석두 스님 문하에서 머물렀다.

스님은 원화(元和) 13년 3월 23일, 목욕하고 향 피우고 단정히 앉아서 앞의 게송을 말씀하시고 이어

"내가 이제 거품으로 돌아간다 해서 어찌 슬픈 생각을 하겠는가. 까닭 없이 걱정하지 말고 생각을 바르게 하라. 만일 나의 이 분부를 체달하면 참으로 나의 은혜를 갚는 일이요, 나의 말을 어기면 나의 제자가 아니다."

하셨다. 그때 어느 스님이

"스님께서는 어디로 가시겠습니까?"

"갈 곳이 없다."

"저는 어째서 보이지 않습니까?"

"눈으로 볼 바가 아니니라."

이 말씀을 마치자 조용히 숨을 거두었다.

무료(無了) 선사

八十年來辨東西　　如今不要白頭翁
非長非短非大小　　還與諸人性相同
無來無去兼無住　　了却本來自性空

팔십 년 동안 동과 서를 가리노라니
이제는 백발노인이 필요치 않네
길지도 짧지도 크지도 작지도 않아
여러 사람과 성품이나 형상이 같다
오지도 가지도 않고 머물지도 않으니
알고 보면 본래부터 제 성품이 공하구나.

[해설]

　스님은 당대(唐代) 포전현(莆田縣)에서 태어났다. 성은 심(沈)씨
이다. 일곱 살에 아버지와 손을 잡고 백중원(白重院)에 갔는데, 마
치 자기 집 같은 생각이 들기에 그대로 출가하였다가 열여덟 살
에 영암사(靈岩寺)에 가서 삭발 입산하였다.

　마조(馬祖) 스님을 만나 수행하여 깨달았다. 그리고 본원(本院)
으로 돌아왔다.

　절 뒤에 가시덤불이 막혀 스님이 지팡이로 헤치며 가다가 여섯
눈 박힌 거북을 만났는데 잠깐 사이에 다시 잃어버렸다. 그리하여
그 봉우리에 암자를 세우니 '구양화상(龜洋和尙)'이라는 별호가 생

60

기게 되었다.

어느 날 호랑이가 사슴을 쫓아 암자에 들어오니 스님이 지팡이로 호랑이를 쫓아내어 사슴의 목숨을 구하였다.

임종하실 무렵에 앞의 게송을 읊었다. 게송을 마치고 태연히 입적하니 본전[正堂]에다 빈소를 차려 놓고 20년을 지냈다.

하루는 산골물이 넘쳐서 문인(門人)들이 탑을 열어 보니 온몸이 물속에 떠 있었다.

민왕(閔王)이 이 이야기를 전해 듣고 특사를 보내어 궁중으로 모셔다가 공양을 올리는데, 갑자기 더러운 냄새가 멀리까지 진동하였다.

왕이 향을 피우고 축원하기를 '구양산의 본 자리로 옮겨 모시고 탑을 세우겠습니다.' 하니 이상한 향기가 두루 퍼져 온 성안의 사람들이 느낄 정도였다.

민왕은 '진적대사(眞寂大師)'라는 시호를 하사하였다.

남전보원(南泉普願) 선사

星翳
燈幻亦久矣
勿謂吾有去來也

별 허공꽃
등불 허깨비 오래도 견디었네
내가 가거나 온다고 하지 말지니.

[해설]

스님(748~834)은 하남성 정주(鄭州)에서 출생하였으며, 성은 왕
(王)씨이다.

당(唐) 지덕(至德) 2년에 대외산(大隗山)의 대혜(大慧) 스님 슬하
에서 수행하다가 서른 살에 계를 받아 스님이 되었다. 처음에 계
율을 익히고 다음 경전을 배웠다. 하루는 대중 스님에게 죽을 돌
리는데 마조(馬祖) 스님이

"통 속의 것이 무엇인가?"

"저 늙은이가 입을 다물고 저따위 말을 하다니."하고 말하였다.

정원(貞元) 11년(795) 지양(池陽)의 남전(南泉)에 선원을 열었다.
이곳에서 삿갓을 쓰고 소를 치며 산에 올라 나무를 하고 밭을 일
구며 선풍을 펼쳤다. 스스로 '왕노사(王老師)'라 칭하며 30년간 한

62

번도 산을 내려가지 않았다.

대화(大和) 초년에 의성(宜城)의 육긍대부(陸亘大夫)가 스님의 도풍을 흠모하여 제자의 예의를 갖추어 산을 내려오기를 간청하여 부득이 내려왔다.

어느 날 스님이

"문수보현을 지난 밤 삼경에 20방망이씩 때려서 내쫓았느니라."

조주 스님이

"화상의 방망이를 누구더러 맞으라 하십니까?"

"그렇다면 왕노사(王老師)의 허물이 어디에 있더냐?"

조주 스님은 절을 하고 떠났다.

스님이 하루는 농막[莊舍]에 가리라 생각하고 있었다. 그날 밤에 토지신(土地神)이 미리 농감[莊主]에게 알려 주어 농감이 스님 맞을 준비를 끝냈다. 스님이 도착하여

"어떻게 내가 올 줄 알고 이와 같이 마련했는가?"

"지난밤에 토지신이 말하기를 '화상께서 오늘 오신다.' 했습니다."

"왕 노사의 수행에 힘이 없어서 귀신에게 들켰구나."

하였다. 이에 어느 스님이

"화상께선 선지식인데 어찌하여 귀신에게 들켰습니까?"

"토지신 앞에 밥 한 몫을 더 놓아라."

하였다.

어느 날 동당(東堂)과 서당(西堂)에서 고양이 한 마리를 놓고 싸움이 벌어졌는데 스님이 이를 맡아 가지고 대중에게 말씀하셨다.

"말하면 고양이를 살리겠거니와 말하지 못하면 목을 베겠다."

대중이 아무도 대답하지 못하니 스님은 곧 목을 베었다. 때마침 조주 스님이 돌아왔는데 스님이 앞의 이야기를 하였더니 조주 스

님은 신을 벗어서 머리에 이고 나갔다. 스님이 이를 보고

"아까 그대가 있었더라면 고양이를 죽이지 않을 수 있었을 것이다."

남전선사는 특히 학인들을 제접 하는데 있어 방편의 언구가 뛰어났다. 수많은 공안 중에서, '남전참묘(南泉斬猫)'·'남전수고우(南泉水牯牛)'·'남전목단(南泉牧丹)' 등의 공안이 오늘날까지 전해진다.

조주종심(趙州從諗)·장사경잠(長沙景岑, 788~868) 등의 제자가 있다.

대화(大和) 8년 12월 15일, 첫새벽에 문인들에게 앞의 게송을 남기고 입적에 들었다.

덕산선감(德山宣鑑) 선사

捫空追響　　勞汝心神
夢覺覺非　　竟有何事

허공을 더듬고 메아리 쫓는 것은
너희들 정신을 괴롭히나니
꿈 깨고 그름을 깨달으니
끝내 무슨 일이 있으랴.

[해설]

　스님(782~865)은 사천(四川) 검남(劍南)에서 태어났다. 이름은
선감(宣鑑), 속성은 주(周)씨다. 어려서 입산하였다.

　율장을 깊이 연구하였는데, 특히 금강경에 뛰어나 많은 주석(註
釋)을 달기도 하였다.

　별명으로 '주금강(周金剛)'이라 불리었다. 교종(敎宗)의 대가였다.
선종(禪宗)을 찾아 한판 논쟁을 벌일 뜻을 품고 떠났다.

　용담숭신(龍潭崇信, ?~?) 선사를 찾아가서 문답한 것은 단 한
마디뿐이었다. 스님은 곧 하직하고 떠나려 하니 용담 선사가 만류
하기에 하룻밤을 밖에 앉아 있었다. 용담 스님이

　"왜 들어오지 않는가?"

　"어둡군요."

　용담 스님이 촛불을 밝혀 주니 스님이 받으려는 찰나에 용담

스님이 불어서 껐다. 이에 스님은 깨달았다. 그리고 절을 하니 용담 스님이

"무엇을 보았는가?"

"이제부터 천하 노화상들의 혀끝에 조금도 의혹되지 않겠습니다." 그때 다음의 오도송을 남겼다.

窮諸玄辨若　　一毫致於太虛
竭世樞機似　　一滴投於巨壑

온갖 지혜로 궁구하여도
털끝으로 저 허공에 이르나니
세상의 추기를 다하여
한 방울 물을 저 큰 봉우리에 던지리.

　스님은 위산(潙山)으로 가서 법당 서쪽에서 동쪽으로 지나가 방장(方丈)을 돌아보니 위산 스님이 말이 없었다. 그러므로 스님이

"없구나, 없구나."

하면서 그리고는 뛰쳐나와 큰방 앞으로 가서

"그렇지만 경솔할 수도 없구나."하고 예의를 차려 뵈었다. 문턱에 들어서자마자 방석을 들며 말했다.

"화상이시여!"

위산 스님이 불자(拂子)를 잡으려 하니 스님이 할을 하고는 뛰쳐나갔다. 저녁이 되어 위산 스님이 대중들에게 물었다.

"오늘 새로 온 스님이 어디 있는가?"

"그 스님은 노스님을 뵙고는 큰 방을 돌아보지도 않고 떠났습니다."

"그 스님이 누구인 줄 아는가?"

"모릅니다."

"그가 뒷날 주인 노릇을 하게 되면 부처도 조사도 모두 꾸짖어 버릴 사람이다."

스님은 30년 동안 예양에 머물렀다.

설정망(薛廷望)이 덕산정사(德山精舍)를 지어 고덕선원(古德禪院)이라 부르고 그곳에서 개당(開堂) 설법하였다.

스님의 유명한 방(棒)은 이때부터 시작되었다. 그 첫 법문에

"오늘 저녁에 묻지 말아라. 말을 거는 이는 삼십 방을 때리겠다."

이때에 어느 스님이 나서서 절을 하려는데 얼른 때리니

"저는 아직 아무 말도 묻지 않았는데 화상께서는 왜 저를 때리십니까?"

"그대는 어디 사람인가?"

"신라국(新羅國) 사람입니다."

"그대가 배에 오르기 전에 삼십 방망이를 때렸어야 했다."

당(唐) 함통(咸通) 6년, 12월 3일에 입적하였다. 시호는 '견성대사(見性大師)'이다.

임제의현(臨濟義玄) 선사

沿流不止問如何　眞照無邊說似他
離相離名人不稟　吹毛用了急還磨

법을 길이 이으려면 어찌하랴 묻는 말에
진성(眞性) 비춤이 끝없어서 그에게 이르기를,
모양을 떠나고 이름 떠난 그것 좀체 아니 받나니
취모검(吹毛劍) 쓰고 나선 급히 다시 갈라고.

[해설]

　임제의현(臨濟義玄, 787(?)~867)스님은 속성은 형(邢)씨이며, 하남성(河南省) 조주(趙州) 출신이다.

　스님은 출가 초기에 교학(敎學)에 몰두했다. 그러나 뒤에 이러한 공부가 불교의 진실을 얻는 도가 아님을 깨닫고 참선을 시작했다. 황벽희운(黃蘗希運, ?~850)선사에게 참학하였다.

　임제종을 처음 세웠다. 임제라는 이름은 나중에 그가 주석한 임제원(臨濟院)에서 유래한다. 임제의현은 '임제장군'으로 불릴 정도로 호방한 성격을 지녔다고 전해진다. 임제에 대해서는 유명한 일화가 많지만 그 중에서도 깨달음에 얽힌 기연이 유명하다.
　『임제록』에는 다음과 같이 기록되어 있다.
　임제의현이 황벽희운의 회상에 있을 때다. 황벽희운의 법제자인

목주도명(睦州道明)의 권유에 따라 황벽에게

"불법의 분명한 뜻은 무엇입니까?"하고 물으니 황벽이 바로 때렸다. 이렇게 하길 세 차례 거듭하고는 하직을 고하니, 황벽이 고안대우(高安大愚)선사에게 가라고 지시했다.

대우스님의 처소로 가니 대우스님이 묻기를

"어디서 오는가?"하니, 임제는 "황벽에게서 옵니다."하였다.

대우선사가 "황벽이 무슨 말을 하던가?"하니 임제가 "제가 세 차례 불법의 분명한 대의를 물었다가 모두 매를 맞았습니다. 제게 무슨 잘못이 있는 것일까요?"했다. 대우선사가 "황벽이 그토록 간절한 마음으로 너를 위해 애썼거늘, 이제 와서 허물이 있느니 없느니 하는가?"나무랐다.

선사가 이 말에 크게 깨닫고 말하기를

"아니! 황벽의 불법은 간단했구나(元來黃蘗佛法無多子)"하며 다음의 오도송을 읊었다.

是是非非都不關　山山水水任自閑
莫問西天安養國　白雲斷處有靑山

옳거니 그르거니 관계하지 아니하고
산이건 물이건 스스로 임하여서 막지 않는다
서천국에 극락세계가 있다고 하지 말라
흰 구름 걷히는 곳 모두가 청산인 것이다.

동산양개(洞山良介) 선사

出家之人　　必不依物
是眞修行　　勞生息死
於悲何有

출가한 사람 마음은
물건을 의지하지 않나니
이것이 참다운 수행
살면 수고롭고 죽으면 쉬는데
슬픔이 무슨 관계있으랴.

[해설]

　스님(807~869)은 절강성 회계(會稽)에서 태어났다. 속성은 유
(兪)씨. 조동종(曹洞宗)의 창시자이며, 육조혜능의 법손이다.

　어려서 출가하여 운암담성(雲巖曇晟, 782~841) 화상의 법을 이
었다. 스승을 따라 절에 가서 반야심경을 외우다가 근(根)과 진
(塵)이 없는 이치를 물으니, 그 스승이 깜짝 놀라면서

　"나는 그대의 스승이 아니다."하고 오설산(五洩山) 영묵(靈默) 스
님에게 보냈다. 그곳에서 삭발 입산하였다.

　처음 남전(南泉)을 뵈었는데, 그날이 마조(馬祖)의 제삿날이었다.
남전이 대중에게

"내일 마 대사(馬大師)의 제사를 지내는데 마 대사가 오시겠는가?"

대중 스님들 가운데 아무도 대답하지 않기에 스님이

"걸맞은 동행이 있으면 오십니다."

하였다. 남전이 칭찬하기를

"이 사람이 후생(後生)이기는 하나 매우 쓸모가 있다."

스님이

"화상은 양민(良民)을 억압하여 죄인으로 몰지 마십시오."

그 뒤 위산(潙山)에 가서 물었다.

"전에 듣건대 충(忠)국사께서 무정설법(無情說法)을 하셨다는데, 저는 그 미묘한 이치를 다 알지 못하겠습니다."

위산이

"나에게도 있지만 그런 사람을 얻기 어려울 뿐이다."

"스님께서 저에게 일러 주십시오."

"부모가 낳아준 입으로 말할 수 없다."

"스님과 함께 도를 사모하신 분이 계십니까?"

"여기서 석실(石室)쪽으로 가면 운암(雲岩) 도인이 있는데 풀을 헤치고 바람을 거슬리면서 찾아가면 반드시 그대의 존중을 받게 되리라."

운암에 이르자,

"무정설법을 어떤 사람이 듣습니까?"

"무정설법은 망정(忘情)없는 사람이 듣는다."

"화상께서는 들으셨습니까?"

"내가 들었다면 그대는 나의 설법을 듣지 못하게 된다."

"그러면 양개는 화상의 설법을 듣지 못하겠습니다."

"그대는 나의 설법도 듣지 못하거늘 하물며 무정설법이겠는가."

이런 대화가 있은 뒤 떠나려 할 즈음 운암 화상이

"어디로 가는가?"

"화상의 곁을 떠나긴 하나 있을 곳을 정하지 않았습니다."

"호남으로 가지 말라."

"안 갑니다."

"고향으로 가지 말라."

"안 갑니다."

"조만간에 돌아오라."

"화상께서 머무시는 곳이 생기면 곧 오겠습니다."

"이렇게 한 번 떠나면 다시 보기 어렵겠군."

"다시 보지 않기가 어렵겠습니다."

그리고 운암 화상께 여쭈었다.

"화상께서 별세하신 뒤에 어떤 사람이 스승의 초상을 그릴 수 있겠는가 하면 어떻게 대답하겠습니까?"

"그저 그에게 말하되 '그것 그대로이다' 하라."

스님이 조용히 있으니 화상은

"이 일을 수긍하려면 퍽 세밀하여야 된다."

스님은 그래도 의심이 풀리지 않다가 강물을 건너다 물속의 그림자를 보고 앞의 취지를 크게 깨닫고 오도송을 지었다.

스님이 입적할 무렵 대중에게

"나는 부질없이 이름을 세상에 남겼다. 누가 없애 주겠는가?"

어린 사미가

"화상의 법호(法號)를 말씀해 주십시오."

"부질없는 이름이 이미 없어졌구나."

당(唐) 함통(咸通) 10년 3월, 문인을 시켜 삭발하고 옷을 갈아입고 종을 치게 한 뒤에 범연히 앉아 세상을 떠나려 했다. 이때에 대중이 슬피 울다가 해가 기우니, 스님이 홀연히 눈을 뜨고 일어나서 앞의 게송을 말씀하셨다.

그리고는 일 보는 스님을 불러 우치재(愚痴齊)를 지냈다. 그리고 7일을 더 있다가 공양한 뒤,

"중의 집에는 일이 없어야 하는데, 대체로 떠날 때가 되면 이처럼 수선을 떤다."

그리고는 8일째 되는 날 목욕을 마치고 단정히 앉아 입적하였다.

시호는 '오본(悟本) 대사'요, 탑호는 '혜각(慧覺)'이다.

앙산혜적(仰山慧寂) 선사

年滿七十七　　老去是今日
任性自淨沉　　兩手攀屈膝

나이 일흔 일곱이 되도록
늙노라니 오늘에 이르렀네
성품 따라 오르락 내리락 하노니
두 손으로 무릎을 쓰네.

[해설]

　스님(807~883)은 소주(韶州) 출신으로 성은 섭(葉)씨이다. 열다
섯 살에 출가하려 하였으나 부모가 허락하지 않으니 2년 뒤 손가
락을 끊고 부모 앞에 맹세하기를 '바른 법을 구하여 노고하신 은
혜에 보답하겠다.'고 하였다.

　남화사(南華寺) 통(通) 스님에게 의지하여 삭발하고 구족계를 받
기 전에 행각을 떠났다.

　탐원(耽源) 스님을 만나 수행하여 깊은 진리를 깨닫고 뒤에 위
산영우(潙山靈祐, 771~853) 스님을 뵈니 영우 스님이

　"그대는 주인이 있는 사미냐? 주인이 없는 사미냐?"

　"주인이 있습니다."

　"어디에 있느냐?"

　스님이 서쪽에서 동쪽으로 옮겨 서니, 영우 스님은 특이한 사람

임을 알고 법을 이야기 해 주니, 스님이

"어떤 것이 참 부처의 사는 곳입니까?"

"생각 있음과 생각 없음의 묘함으로써 신령스러움의 불길이 끝없음을 돌이켜 생각하여 생각이 다하면 성품과 형상이 항상 머무르고, 현실과 이치가 둘이 아니어서 참 부처가 여여(如如)하리라."

스님이 이 말씀 끝에 깊이 깨달았다.

그리고 강릉으로 가서 계를 받았다.

스님이 향암(香岩) 스님에게 물었다.

"아우님[師弟]의 요사이 보는 경지가 어떠하오?"

"제가 갑자기 말하려 하니 할 수가 없습니다."

그리고는 게송(去年貧未是貧 今年貧始是貧 去年貧錐之地 今年貧錐也無)을 하나 지었다.

스님은 앙산에 있다가 관음원(觀音院)으로 옮겨 앉은 뒤에 중생을 교화함에 있어 선종의 표준이 되었다.

임종하기 몇 년 전에 앞의 송을 지으셨다.

소주(韶州) 동평산(東平山)에서 입적할 때, 두 손으로 무릎을 껴안고 임종하였다.

시호는 '지통대사(智通大師)'이다.

포대(布袋) 화상(和尙)

彌勒眞彌勒　　分身千百億
時時示時人　　時人自不識

미륵은 참 미륵인데
몸을 백 천억으로 나누었네
때때로 보이건만
사람들이 스스로 알지 못하네.

[해설]

　포대(布袋, ?~917) 화상은 당나라 말기에 실재했던 전설적인
인물이다. 본명은 계차(契此)인데 석(釋)자를 붙여 석계차(釋契此)
라고 했다. 출신지도 속성도 불분명하다.

　그림에서 묘사되듯이, 항상 자루 포대를 짊어지고 다녔기 때문
에 '포대(布袋)'라는 이름이 붙여졌다 한다. 모습은 특이했지만 순
수한 마음을 지니고 있었으며, 사람의 길흉을 알아맞히는 능력이
뛰어났다고 한다.

　중국에서는 '미륵보살의 화현'이라고 하여 신앙의 대상으로 섬
겨 오고 있다.

　노래와 게송을 여러 편 남겼는데, 그 내용은 전부 '진실한 마음
의 소중함'을 담고 있다.

　스님의 평소 모습을 드러내는 게송이 있다.

一鉢天嘉飯　　孤身萬里遊
靑目覩人小　　門路白雲頭

발우 하나로 천집의 밥을 먹고
외로운 몸 만 리에 거닌다
푸른 눈은 사람을 보는 일 없고
길을 물으니 백운이 끝이더라.

　양(梁) 정명(貞明) 3년 악림사(嶽林寺) 동쪽 반석 위에서 앞의
게송을 읊고 단정히 앉은 채 입적했다.

투자대동(投子大同) 선사

四大動作　　聚散常程
汝等勿慮　　吾自保矣

이 몸은 움직여
모였다 흩어졌다 함이 예사이니
그대들은 걱정을 말지어다
내가 알아서 잘 보전하리니.

[해설]

　스님(819~914)은 서주(舒州) 회령 출생으로 성은 유(劉)씨이다. 어릴 때 낙하(洛下) 보당(保唐)의 만(滿) 선사를 의지하여 출가하였다. 청원(靑原) 문하.

　『화엄경(華嚴經)』을 보다가 깨달았다. 그 뒤 취미산의 법회에 가서 선종(禪宗)의 종지를 확연히 깨달았다.

　투자산(投子山)에 초막을 짓고 살았다.

　어느 날 조주(趙州) 스님이 동성현(桐城縣)에 오신다기에 산을 내려가 노중에서 만났으나 서로가 낯설었다. 조주 스님이 속인들에게 몰래 물어서 투자 스님임을 알고 가까이 와서

　"투자산 주인이 아니십니까?"

　"용돈[茶臨錢]이나 한 푼 주시오."

　조주 스님이 먼저 암자에 와서 앉았는데 스님이 뒤에 기름 한

78

병을 들고 돌아왔다. 이에 조주 스님이

"투자의 소문을 들은 지 오래이건만, 와서 보니 기름장수 늙은이만 보겠소."

"그대는 기름장수 늙은이만 보았지 투자는 모르는군요."

"어떤 것이 투자입니까?"

"기름이요, 기름이요."

"죽음 속에서 살 길을 얻은 때가 어떠합니까?"

"밤에 다니지 못하니, 밝거든 가시오."

"내가 후백(後白)이라 여겼더니, 다시 후흑(後黑)이 있구나."

이로부터 스님의 이름이 천하에 알려졌다.

또 물었다.

"불법이란 두 글자의 청탁(淸濁)을 어떻게 가려야 합니까?"

"불법이 청탁이니라."

"학인이 잘 모르겠습니다."

"그대는 아까부터 무엇을 물었는가?"

"모두가 같은 물인데 왜 바닷물은 짜고 강물은 싱겁습니까?"

"하늘에는 별이요 땅에는 물이니까."

투자산에 계신지 30년간 많은 후학들을 일깨웠다.

스님은 건화(乾化) 4년(914) 4월 6일, 병이 나서 대중들이 의원을 청하니 앞의 게송을 읊고, 끝나자 가부좌를 맺고 앉아서 열반에 들었다.

중운지휘(重雲智暉) 선사

我有一間舍　父母爲修蓋
往來八十年　近來覺損壞

나에게 집 한 채가 있나니
부모가 지붕을 덮어 주었네
팔십 년을 왕래하노니
요사이 차츰 망가져 가는 것을 느꼈다.

早擬移他處　事涉有憎愛
待他摧毀時　彼此無相礙

진작부터 다른 곳으로 가려 했으나
당하는 일마다 밉고 고움이 있네
그가 무너질 때가 되면
그와 나는 서로가 종적이 없다.

[해설]
　스님(873~956)은 함진(咸秦) 출신으로 성은 고(高)씨이다.
　처음 규봉(圭峰)의 온(溫) 화상을 의지하여 입산하였다.
　뒤에 고안의 본인(本印) 화상을 친견하여 밀지(密旨)를 얻었다.
　낙경(洛京)에서 온실원(溫室院)을 창건하였다.

항상 약을 장만하였다. 어느 스님이 백라(白癩)를 앓았는데, 여러 스님들이 한결같이 싫어했다. 그러나 스님은 공양도 함께 하고 때를 씻겨 주었는데 오래지 않아 신기한 빛과 이상한 향기가 있더니 어디론가 떠나버렸다. 남은 헌데 딱지에서 그윽한 향취가 났다. 그를 모아서 관음상(觀音像)을 빚어 모셨다.

양(梁) 개평(開平) 5년에 갑자기 숲속으로 들어갈 생각이 나서 종남의 옛터에 갔다.

어느 날 스님이 바위 사이를 거닐다가 누더기, 염주, 구리 병, 방립[삿갓]들이 있는 것을 보았는데 건드리자 곧 부서졌다. 시자에게

"이것이 내 전생에서 쓰던 물건이다. 여기에 절을 지어 전생 인연에 맞게 하고자 한다."

풀을 베고 터를 닦는 날 상서로운 구름이 해를 가리고 봉우리에 서리어 오래도록 흩어지지 않았다. 이런 사유 때문에 중운산(重雲山)이라 하였다.

스님은 45년간 후학들을 가르치고 1,000여개의 게송을 지었다. 제자가 1,500명이 넘었다.

주(周) 현덕(顯德) 3년 6월에 스님은 고을에 가서 왕공을 하직하고 겸하여 산문(山門)의 뒷일을 부촉하였다. 7월 2일이 되어 아무런 병 없이 문인들에게 유언을 하고, 위 게송을 남겼다.

이 게송을 마치고 가부좌를 맺고 앉아서 시적(示寂)하였다.

세수는 84세, 법랍은 64세였다.

풍혈연소(風穴延沼) 선사

道存乘時須濟物　　遠方來暮自騰騰
他年有叟情相似　　日日香煙夜夜燈

도는 때 따라 중생 제도 하나니
먼 데서 온 나그네 석양에 자유로워
다른 해 늙은이도 뜻은 거의 비슷하여
나날이 향이 타고 밤마다 등 밝히네.

[해설]
　스님(896~973)은 항주(杭州) 출신으로 속성은 유(劉)씨이다.
　처음 월주(越州) 순덕(順德) 대사에게 출가하였다.
　어려서부터 어육과 마늘을 먹지 않았다. 처음에는 유학(儒學)에
힘썼고, 출가하여 천태(天台)의 상관(上觀)을 닦다가, 南院(남원)에
게서 크게 깨쳐 그의 법을 이었다

　양주(襄州) 화엄원(華嚴院)에서 수랑(守廊) 스님을 만나 비밀한
종지(宗旨)를 얻었다.
　뒤에 남원(南院) 스님을 뵙고 절도 하지 않고
　"문에 들어와서는 모름지기 주인을 가려야 하는 분명한 뜻을 스
님께서 분별해 주십시오."
　남원 스님이 왼손으로 무릎을 만지니 스님이 할(喝)을 하였다.

남원 스님이 다시 오른손으로 무릎을 만지니 스님이 또 할을 하였다.

남원 스님이 왼손을 들면서

"이것은 그대의 마음대로 하라."

남원 스님이 다시 오른손을 들면서

"이것이야 어찌 하겠는가?"

"눈이 멀었구나."

남원 스님이 주장자를 잡으려는데 스님이

"무엇을 하시겠습니까? 주장자를 뺏어서 노화상을 때리거든 말하지 못했다고 말하지 마십시오."

"30년 주지를 지냈으나 오늘에야 얼굴 누런 절강성 사람이 문턱에 와서 비단 짜는 꼴을 보았다."

"화상은 발우를 얻지 못한 이가 거짓으로 시장하지 않다고 하는 것 같습니다."

"그대는 언제 남원에 왔는가?"

"그게 무슨 말씀입니까?"

"노승이 분명한 일을 그대에게 물었느니라."

"놓쳐 버릴 수 없습니다."

"우선 앉아서 차나 마셔라."

스님이 그때야 제자로서 예의를 올렸다.

이렇게 하여 남원 스님의 제자가 되었다.

스님은 대송(大宋) 개보(開寶) 6년 6월 1일, 법상에 올라 앞의 게송을 말했다. 15일에 가부좌를 하고 인연을 거두었다.

입적 하루 전날 손수 많은 글을 써서 인연 있는 이에게 보냈다.

수산성념(首山省念) 선사

白銀世界金色身　　情與非情共一眞
明闇盡時都不照　　日輪午後示全身

은빛 세계의 금빛 몸이니
유정과 무정이 하나의 참이네
밝음과 어둠이 다하여 모두 비치지 않으니
해가 기운 오후에야 온 몸을 보리라.

老僧今年六十七　　老病相依且過日
今年記取明年事　　明年記著今年日
至明年時皆無爽

내 나이 올해 예순 일곱!
늙고 병들어 그럭저럭 세월만 보낸다
올해에 명년 할 일을 기록하였다가
이듬해에 올해의 일을 더듬어보면
명년이 와도 다 어긋남이 없으리.

[해설]
　　스님(926~993)은 내주(萊州)에서 태어났다. 성은 적(狄)씨이다.
　　할(喝)로 유명한 임제의현(臨濟義玄)의 제4대 법손이다. 고향의 남선원(南禪院)에서 공부하다가 풍혈연소(風穴延沼, 896~973)의 법을 이었다. 광교원(廣教院)의 제1세가 되었으며, 그 뒤 남원(南院)으로 옮겨 제3세가 되었다.

수산 제1세로 있으며 어느 날 큰방에 대중을 모이게 한 뒤, 죽비 하나를 가지고 나오셨다.

죽비를 들고 나오신 스님은 아무 말 없이 죽비를 법상 위에 세웠다. 그리하여 말씀하시기를

"너희들이 이것을 죽비라고 하면 촉(觸)하고, 죽비가 아니라고 하면 또한 어긋나는 것이니, 여러분들은 이것을 죽비라고 하겠는가? 죽비가 아니라고 하겠는가?"

하고 물었다.

이렇게 질문한 것이 시초가 되어 오늘날 선방에서의 '수산죽비(首山竹篦)'라는 화두가 여기에서 비롯되었다.

순화(淳化) 3년(973) 12월 4일 오시(午時)에 상당(上堂)하여 이렇게 예언하셨다.

今年六十七　　　老病隨緣且遣日
今年記卻來年事　來年記着今朝日

올해 나이 67세이니
늙고 병든 채 인연에 따라 세월을 보내네
금년에 내년 일을 예언하니
내년에는 오늘 아침 해를 기억하리라.

순화 4년 예언하신 날에 상당하여 대중을 하직하고, 해가 기울 무렵에 편안히 앉아 입적하였다.

천의의회(天衣義懷) 선사

紅日6)照扶桑7)   寒雲封華嶽8)
三更9)過鐵圍   拶折驪龍角

솟는 해 동쪽을 비치고
찬 구름 높은 산 막았어라
삼경(三更)은 철위(鐵圍)를 지나는데
용의 뿔이 부딪쳐 부러지네.

[해설]

스님(981~1053)은 절강성(浙江省)에서 태어났다. 성은 진(陳)씨이다. 설두중현(雪竇重顯, 980~1052) 스님의 법제자로, 설두 스님 문하에서 깨달음을 이루었다.

대대로 어업을 하는 가정이었다. 어렸을 때 아버지를 따라 어선에 올라 아버지가 고기를 잡아 스님으로 하여금 꿰게 하면 아버지 몰래 강물에 방생시키곤 하였다.

경덕사(景德寺)에 입산하였다.

인종황제(仁宗皇帝)의 천성중(天聖中)에 시경(試經)에 합격하여

---

6) 홍일(紅日): 붉은 해, 아침 해.
7) 부상(扶桑): 해가 뜨는 곳.
8) 화악(華嶽): 높은 산봉우리.
9) 삼경(三更): 하룻밤을 오경(五更)으로 나눈 셋째 시각. 오후 11시부터 다음날 오전 1시 사이.

대중 가운데 탁월하게 급제하였으나, 어느 선객의 지도를 받아 선에 뜻을 두어 취봉(翠峯)에 올라 설두중현을 만났다.

설두 스님이 물었다.

"너의 이름이 무엇인가?"

"의회(義懷)입니다."

"어째서 이름의 뜻을 품지 않는가?"

"때가 되면 마땅히 얻을 것입니다."

"누가 너의 이름을 지었는가?"

"수계한지 십 년입니다."

"너의 행각에 짚신을 많이 낭비하였겠다."

"화상은 사람을 잘 속이지 마십시오."

"나는 허물을 잊었으니 너도 허물을 잊어야 하나니, 이때에 무엇을 지을 것인가?"

하였을 때 스님은 대답을 못했다. 이런 문답이 몇 차례 있은 뒤 수두(水頭, 물을 관리하는 스님)가 되어, 어느 날 물을 지고 가다가 물지게가 부러지는 바람에 홀연히 깨달아 오도송을 남겼다.

一二三四五六七　　　萬仞峯頭獨足立
驪龍頷下奪明珠　　　一言勘破維摩詰

하나 둘 셋 넷 다섯 여섯 일곱
만길 봉우리에 외발로 섰나니
검은 용이 턱 아래 밝은 구슬 지녀
한 마디 말씀에 유마힐을 감파하도다.

만년에 항주(杭州) 불일산(佛日山)에 계셨다. 자세한 열반의 모습은 없다.

대양경현(大陽警玄) 선사

吾年八十五　　修因至於此
問我歸何處　　頂上終難覩

내 나이 여든다섯
인(因)을 닦아 여기까지 왔네
어디로 가느냐고 묻는다면
이마 위를 못 본다 하리.

[해설]
　스님(973~1054)은 호북성 강하(江夏) 장(張)씨다. 법명이 경현(警玄)이다. 그의 삼촌이 금릉의 숭효사(崇孝寺) 주지 지통(智通)선사다. 지통 선사를 의지하여 입산하였다. 열아홉 살에 구족계를 받았다.
　어느 강사 스님이 『원각경』을 강의하는 것을 듣고 "무엇을 원각이라 합니까?"하고 물으니 강사스님이 "원(圓)은 유루(有漏)를 원융(圓融)함으로 뜻을 삼고, 각(覺)은 진무여(盡無餘)를 깨달음으로써 뜻을 삼는다."고 하였다.
　스님은 웃으며 "제유무공(諸有無空)이면 무엇을 원각이라 이름하리요?" 하니 강사스님이 그 탁견에 상찬하였다.
　이것을 전해들은 지통 선사는 유방(遊方)시켰다.
　양산연관(梁山緣觀) 선사를 뵙고 그 심인을 전수받으니, 조동종이 동산양개 선사의 개종(開宗)인 바, 그 6대의 법손이다.

하루 한 끼의 밥만 먹고 자리에 눕지 않은 게 50년이었다고 한다. 그러나 나이 80이 되었는데도 그 수승한 법을 이을 인물이 없음을 알고 한탄하였다. 그리하여 다음의 게송을 짓고 아울러 가죽신과 승복을 부산법원(浮山法遠, 991~1067)스님에게 맡기면서 법통을 이을 만한 인물을 찾아 전하도록 하였다.

楊廣山前草　　憑君待價焞
異苗蕃茂處　　深密固靈根

양광산(楊廣山)의 풀은
그대에게 부탁하여 좋은 값을 기대하노니
기이한 풀싹들이 우거진 곳에
신령한 뿌리를 깊고 빽빽하게 굳혀 주소서.

그리고는 한 마디 덧붙였다.
"나의 법통을 이을 사람은 10년 동안 대중 속에 묻혀 살아야 비로소 법을 펼 수 있을 것이다."
부산스님은 절하고 이를 받아 놓았다.
훗날 부산법원스님은 스님의 초상화에 찬(贊)을 썼다.

黑狗爛銀蹄　　白象崑崘騎
於斯二無碍　　木馬火中嘶

검둥개는 은빛 발이 빛나고
하얀 코끼리를 검둥이가 타고 간다
이 두 가지에 막힘이 없으니
목마(木馬)가 불꽃 속에서 울도다.

스님의 탁월한 모습인 법문을 살펴보면

어느 스님이

"총림이 끝없고 법고(法鼓)가 요란한데 위로 향하는 종승을 어떻게 들어 제창하십니까?"

"그는 소식이 없거늘 어떻게 대꾸하려 하겠는가."

"오늘의 종승은 이미 스님께서 지시해 주시는 은혜를 받았습니다마는 스님은 누구의 법을 이으셨습니까?"

"양산이 진(秦) 때의 거울을 골랐는데 장경봉(長慶峰) 앞에서 한결같이 비친다."

"어떤 것이 대양의 경계입니까?"

"외로운 학과 늙은 원숭이 울음이 골짜기를 울리고, 야윈 솔과 차가운 대는 푸른 연기를 막았다."

"어떤 것이 경계 안의 사람입니까?"

"무엇인가, 무엇인가."

"어떤 것이 대양의 가풍입니까?"

"병에 가득한 것 쏟아져 나오지 않지만 온 누리에는 주린 사람이 없다."

"어떤 것이 부처입니까?"

"그대는 어디가 부처가 아닌가?"

"학인이 모를 때에 어찌합니까?"

"초연하지만 삼추(三秋)의 달을 건 것이 아니고, 한 구절 볕바르게 드러났으나 어찌 등불 때문이랴."

"어떤 것이 조사께서 서쪽에서 오신 뜻입니까?"

"물을 줄 모르는구나."

이렇게 하염없는 법의 높이를 보였다.

천성(天聖) 5년 7월 16일 승좌사중(陞座辭衆) 하였다. 또 3일을 지나서 게로써 왕서시랑(王曙侍郞)에 보내는 것을 쓴 게 앞의 송이다.

부산법원(浮山法遠) 선사

來時無物去亦無　　譬似浮雲希太虛
抛下一條皮袋骨　　還如霜雪入洪爐

올 때 가져 온 것 없어 떠날 때도 홀가분하니
이는 허공의 뜬 구름과 같은 것
한 가닥 가죽 속의 뼈다귀를 던져 버리니
이글거리는 화롯불 속에 들어간 한 점 눈과 같네.

幻世出沒有何窮　　幻化本來休自空
南山起雲北山雨　　樓頭鼓動慶陽鍾

일었다 꺼지는 허깨비 세상 무슨 끝이 있으랴
허깨비로 이루어진 것 그 자체 본래 공하니
남산에 구름 일어나니 북산에 비 뿌리고
누각 위에서 북 울리니 경양사에 종이 울린다.

[해설]
　스님(991~1067)의 법명은 법원(法遠), 호는 원감(圓鑑)이다. 회남(淮南) 사람으로 성은 왕(王)씨.
　부산(浮山)은 주석지명. 섭현귀성(葉懸歸省) 스님의 법을 이어받았다. 대양경현(大陽警玄, 973~1054)으로부터 받은 법의와 신발을 투자의청(投子義靑, 1032~1088)에게 전해주면서, 그에게 조동종의 법통을 잇게 하였다. 아울러 게를 지어 전했다.

首彌立太虛　　日月附而轉
群峯漸倚他　　白雲方改變
小林風起叢　　曹溪洞簾捲
金鳳宿龍巢　　宸苔豈車輾

수미산이 창공에 높이 솟으니
해와 달이 붙어 돌고
뭇 산봉우리 점차 그곳에 기대더니
흰 구름도 비로소 몸을 바꾼다.

소림의 바람은 총림을 일으키고
조계골의 주렴을 걷어차는구나
황금빛 봉황이 용의 집에 잠자는데
이끼 낀 깊숙한 집에 어찌 수레 구르는 소리 들리랴.

열일곱 살에 사천(四川) 승천원(承天院)에 계신 삼교지숭(三交智嵩) 스님을 찾아가 출가의 법도를 구하니 지숭(智嵩)이 말했다.
"자네가 머리를 깎았을 때 법도를 들을 수 있다."
그러자 법원이 물었다.
"승려와 속인의 법도가 따로 있습니까?"
지숭은
"속인이 되기보다는 승려가 되는 것이 낫지. 승려는 부처님의 생명을 이을 수가 있기 때문이다." 하였다.
그리하여 법원은 삭발을 하고 계율을 전수받았다.
스님은 기골이 늠름하고 눈빛이 사람을 꿰뚫는 듯하였다. 구양수(歐陽修, 1007~1072)가 그의 빼어남을 소문으로 듣고, 그에게 집을 지어주고 설법을 청하기도 하였다.

법원은 53세에 월화암(月華庵)에 기거하다 다시 부산(浮山)으로 돌아와 오래 은거하였다.

법원은 68세에 회성암(會聖巖)으로 물러나서 『구대(九帶)』를 저술했다. 1067년 2월 6일 77세로 원적하였다.

시호는 '원감선사(圓鑑禪師)'이다.

불일계숭(佛日契嵩) 선사

後夜月初明　　吾今喜獨行
不覺大梅老　　貪聞鼯鼠聲

새벽달 한창 밝아
이제야 홀로 걷나니
황매산(黃梅山) 깊은 뜻 배우지 않고
시끄러운 박쥐 소리 즐겨 듣는다.

[해설]
　스님(1007~1072)은 등주(藤州) 담진(鐔津) 출생으로, 성은 이(李)씨이다. 자는 중령(仲靈), 호는 잠자(潛子)이다.
　일곱 살에 출가하여 열세 살에 득도하였으며, 열아홉 살에 선지식을 찾아 제방(諸方)을 두루 섭렵하다 드디어 동산효총(洞山曉聰)에게 득법(得法)하였다.
　스님은 밤이면 관세음보살 앞에서 십만 번 명호를 송(誦)하고 잠자리에 들곤 하였다.
　세상의 경서장구(經書章句)를 배우지 않고 능히 알았다 하여 원교론(原敎論) 십만어(十萬語)를 저작하여 유불(儒佛) 일관(一貫)의 이치를 밝혀, 한유(韓愈, 768~824)의 배불설(排佛說)에 항거하였다.
　그 뒤 영안난야(永安蘭若)에서 『선문정조도(禪門正祖圖)』·『전법

정종기(傳法正宗記)』·『보교편(輔教篇)』 등을 저술하여 인종(仁宗, 1010~1063) 황제에게 진상하니 황제는 대장중(大藏中)에 편입하게 하였다. 그리고는 '명교대사(明教大師)'라고 시호하였다.

　희녕(熙寧) 4년 6월 4일 앞의 게를 쓰고 입적하였다.

곡천(谷泉) 선사

今朝六月六 　　谷泉受罪足
不是上天堂 　　便是入地獄

오늘은 유월 육일
곡천이 기가 막힘을 입었다
이는 천당에 오름이 아니라
바로 곧 지옥에 들어가리라.

[해설]

　곡천(谷泉, 1056~1063) 선사는 송나라 때 임제종(臨濟宗)스님
이다. 천주(泉州, 지금의 福建) 사람으로, 호는 대도(大道)다.

　어떤 일에 연루되어 침주(郴州)의 뇌성(牢城)에 유배되었다.
　무더운 여름에 흙을 지고 통구(通衢)를 지나다가 짐을 내려놓고
위의 게송을 읊었다.
　말을 마치자마자 미소 짓더니 그 자리에서 담담히 입적에 들었
다.

법창의우(法昌倚遇) 선사

今年七十七　　出行須擇日
昨夜報龜哥　　報道明朝吉

금년 나이 일흔일곱
길 떠날 날을 받아야겠기에
어젯밤 거북점을 쳐보니
내일 아침이 좋다고 하더라.

[해설]

　스님(1005~1081)은 운문종 계열이다. 호남성 고정(高亭) 출신
이다. 부산법원(浮山法遠) 스님은 '후학들의 본보기'라고 스님을
극찬하였다.

　만년에는 분령(分寧) 북쪽 깊은 골짜기 오막살이에 은거했다. 납
자들이 찾아와도 한 마디도 자상하게 일러주는 법이 없어 모두들
떠났다. 그러나 혼자 지내면서도 총림에서 하는 법도만은 꼭 지켰
다.

　영원유청(靈源惟淸, ?~1117) 스님이 찾아갔더니, 입적 하루 전
날 위의 게송을 남기고 입적했음을 알게 되었다.

　저서로는 『법창의우선사어록』이 있다.

한(閑) 선사

露質浮世　　奄質浮滅
五十三歲　　六七八月

南嶽天台　　松風澗雪
珍重知音　　紅爐優鉢

뜬 세상에 형체를 드러냈다가
순식간에 꺼져 버리는 몸뚱이로
오십삼 년을 살았네
유월, 칠월, 팔월…

남악 천태산에는
솔바람 불고 흰 눈이 쌓이는데
안녕! 마음 알아주는 벗이여
이글거리는 화롯불 속에 우담화가 피도다.

[해설]
　한(閑, ?~1081) 선사는 융경사(隆慶寺) 주지를 지냈으나 1년을
넘기지 못하고 병으로 그만두었다.
　남전보원선사의 법손이다.
　원풍(元豊) 4년 3월 13일 세상을 떠나며 남긴 게송이다.

게송을 마치고 편안히 앉아 떠났다. 화공에게 그의 모습을 그리게 하였는데 갑자기 스스로 머리를 들어 올렸다.

　다음 날도 그대로 똑바로 쳐다보고 있었다고 한다.

투자의청(投子義靑) 선사

兩處住持　　無可助道
珍重諸人　　不須尋討

두 곳에 머물자니
도 이루기 어려워라
여러분 진중하여 찾고
의논 그만 할지니.

[해설]
　스님(1032~1083)은 산동(山東) 청주(靑州) 사람으로 성은 이
(李)씨이다. 태어났을 때 부모님이 병들어 돌보는 사람이 없었다.
여덟 살에 묘상사(妙相寺)에 출가하였다. 그 뒤 『백법론(百法論)』을
익혔다.
　일찍이 『제림보살계(諸林菩薩戒)』를 읽다가 '즉심자성(卽心自性)'
이라는 말에 이르러 느낀 바 있어 '법이란 문자를 떠나서 있거늘
어찌 경전만 살필 수 있으랴.'하고 선지식을 찾아 나섰다. 그 당
시 법원원감(法遠圓鑑) 선사가 성암에 있었는데, 어느 날 밤에 푸
른색 매를 기르는 꿈을 꾸었는데 그 뒷날 스님이 왔다. 그래서 원
감 선사는 그로 하여금 '외도(外道)가 문불(問佛)하되 불간유언(不
問有言)하고 불문무언(不問無言)한 인연'을 탐구하도록 하였다.
　3년이 지난 어느 날 원감 선사가

"너의 화두를 기억 하는가 살펴보아라."

하니, 스님이 말하려 하자 원감 선사가 그 입을 막았다. 스님께서 홀연히 느껴 예배를 드렸다. 이 일이 있은 뒤 다시 3년이 지나 종지(宗旨)를 내 보이니 모두 뜻이 계합하므로, 원감 선사는 대양경현(大陽警玄) 선사의 부촉을 받은 법기임을 알고 대양경현 선사의 전법제자가 되게끔 게송을 부촉하였다.

스님의 법맥을 따지면 사실상 원감 선사의 제자가 되어야 한다. 그런데 원감 선사의 법계는 임제-존장-연소-수산-귀성-부산법원으로 임제종의 법손이 분명하다. 그러나 대양 선사의 부촉을 받은 원감 선사는 스님을 그 법손이 되게 하였음은 참으로 진기한 사실이다. 그러나 스님은 거기에 만족하지 않고 다시 법수원통(法水圓通) 선사에게 갔다.

그곳에서 원통 선사에게 참문하지도 않고 매일 낮잠만 잤다. 집사(執事)가 원통 스님에게 '어느 스님이 매일 낮잠만 자니 사규(寺規)로서 다스려 달라'고 아뢰었다.

이에 원통 스님이 낮잠 자는 스님을 보고 침상을 두드리며

"이곳에는 밥 먹고 잠만 자는 사람은 없다."

"화상은 무엇을 가르치기 위함입니까?"

"어째서 참선은 하지 않는가?"

"좋은 음식이라도 배부른 사람은 먹지 않습니다."

이런 문답이 있은 뒤 방장실로 맞이하였다.

백운산(白雲山)과 투자산(投子山)에 오래 살았다.

『오위송병서(五位頌幷書)』·『오위편정요(五位偏正謠)』·『사빈주지송(四賓主之頌)』 등을 저술하여, 임제종과 조동종이 서로 연관이 있음을 시사하였다.

원풍(元豊) 6년 4월, 앞의 게송을 남겼다.

법수원통(法秀圓通) 선사

來時無物　　　　去時空
南北東西事一同　　六處住持無所補

올 때에도 물건 없었거니
갈 때에도 비었구나
동서남북 모두 한결하나니
가는 곳 군데 군데 주착이 있으리.

[해설]
　스님(1027~1090)은 진주(秦州) 농성(隴城) 사람으로 성은 신(辛)씨이다. 법수(法秀)는 주석 사명(寺名). 그 어머니께서 노승이 의탁하자는 꿈을 꾸고 스님을 잉태하였다.
　17세에 출가하여 수년 동안 경론을 수학했다.
　무위군 철불사(鐵佛寺)의 천의의회(天衣義懷) 선사를 찾아 묻기를
　"좌주(座主)는 무슨 경전을 강의합니까?"
　"화엄경이다."
　"화엄경은 무엇으로 종(宗)을 삼습니까?"
　"마음으로 종을 삼는다."
　"마음은 무엇으로 종을 삼습니까?"
　"…."
　의회 스님은

"털끝만큼이라도 차이가 있으면 하늘과 땅이 나누어지나니, 너 스스로 잘 살펴라. 반드시 발명(發明)이 있으리라."

스님은 물러나와 골똘히 정진한 뒤 심지를 열었다. 그리하여 의회 선사의 법을 이었다.

원우(元祐) 5년에 병이 있으므로 의관이 맥을 보려 하니

"나의 병은 의당히 죽음뿐이다. 치료를 하면 삶을 동경하는 것이니라. 평소 생(生)·사(死)·몽(夢), 이 셋은 나와 상관없느니라."

하시고 시자를 불러 앞의 송을 보이고 편안히 앉아 열반에 들었다.

도솔종열(兜率從悅) 선사

四十有八　　聖凡盡殺
不是英雄　　龍安路滑

내 나이 마흔여덟
성인이고 범인이고 모두 죽였네
내 영웅이라서가 아니라
용안으로 오는 길이 미끄러워서였지.

[해설]

스님(1044~1091)은 어려서 보원원(普圓院)에 출가하여 구족계를 받고 운개산 회해사(海會寺) 수지(守智) 선사에게 정진했다. 수지 선사는 황룡혜남(黃龍慧南)의 제자이다. 수지 선사에게 수행하다가 늑담극문(泐潭克文) 선사에게 심인을 얻었다. 처음에는 불교를 배척했지만 유마경을 읽고 발심했다.

평소 '실중삼어(室中三語)'라는 것으로 후학들을 제접하였다.

1. 무명(無明)을 헤치고 현묘함을 참구하는 것은 오직 견성을 보기 위함인데, 이제 상인의 성품은 어디 있는가?
2. 견성(自性)을 알면 생사를 벗어날 수 있는데, 눈빛이 땅에 떨어질 때 어떻게 해탈하는가?

3. 생사를 해탈하면 갈 곳을 안다. 사대(四大) 육신은 분리하여
   어디로 가는가?
라는 질문을 하곤 하였다.

철종(哲宗) 6년 겨울에 목욕을 하고 나서 대중들에게 설법을 하
고 앞의 게송을 보이고 열반에 들었다.

득법(得法)제자 장상영(張商英)의 주청으로 '진적선사(眞寂禪師)'
라는 시호와 함께 용안(龍安)에 탑을 세웠다.

『도솔종열선사어록』 1권이 있다.

계남(系南) 선사

羅漢今日　　倒騎鐵馬
逆上須彌　　踏破虛空
不留聯跡

나는 오늘
철마를 거꾸로 타고
수미산을 거슬러 올라
허공을 밟되
아무런 흔적도 남기지 않으리.

[해설]

　여산(廬山) 나한사(羅漢寺)의 계남(?~1094) 선사는 임정(臨汀)
장(張)씨이다.

　어머니가 그를 가졌을 때 꿈에서 용맹스런 대장부가 황금 옷을
입고 마당을 빙빙 돌기에 그 이유를 물었다.

　"선지식이 이 집에 태어나기에 그를 호위하려 왔다"는 꿈을 꾸
었다. 그가 태어나자 부모가 품에 안거나 만지거나 하면 곧잘 울
음을 터트려 어쩔 수 없이 보모에게 키우도록 하였다.

　열 살 때 덕렴(德廉)스님에게 출가시켰는데 그는 속가의 백부다.
절은 마을과 멀리 떨어져 있지도 않았는데 3년 동안 한 번도 집
에 가지 않았다. 그의 부친이 세속 음식을 덕렴 스님에게 주면서

공경을 표하자 계남 선사는 슬퍼하면서 말했다.

"청정한 가람을 마늘 냄새로 더럽혀서야 되겠습니까?"

덕렴 스님이 이 말을 듣고 '예의 바르지 못하다'고 꾸짖었다.

그러나 덕렴 스님은 그가 남다르다 생각하여 열아홉 살이 되자 승적에 올렸다.

어느 날 세상 인연이 다했음을 알고 법당에 올라 상당 법문하고, 위의 게송을 대중들에게 보였다. 방장실에 돌아와 가부좌 한 채 두 눈을 감았다. 때는 소성(紹聖) 개원(改元) 갑술년(1094)이었다.

진정극문(眞淨克文) 선사

今年七十八　　四大相離別
火風旣分散　　臨行休更說

이제 일흔여덟
사대(四大) 서로 흩어지네
사대 이미 흩어졌을 때
무슨 말이 또 있으랴.

[해설]

스님(1025~1102)은 합부(陝府) 사람으로 성은 정(鄭)씨이다.

늑담극문(泐潭克文)이라고도 한다. 어릴 적에 부모에게 지극히 효도하였으나 어머니는 오히려 고통을 주었다. 아버지가 서둘러 제방으로 유학시켰다.

복주(復州) 북탑원(北塔院)의 광공(廣公) 스님의 설법을 듣고 감격하여 사사(師事)하면서 '극문(克文)'이라는 호를 받았다. 스물다섯 살 때 구족계를 받았다.

경전과 논장(論藏)에 달통하여 심오한 이치를 강설하였다.

처음에 경론을 공부하다가 치평(治平) 2년(1065)에 대위산(大潙山)에서 여름 안거를 할 때였다. 어느 여름날 밤, 어떤 스님이 들려주는 운문문언(雲門文偃) 스님의 법어 이야기를 듣고 깨달았다.

"한 스님이 '불법은 마치 물속에 비친 달과 같다고 하는데 그렇습니까?'라고 물으니, 운문스님은 '맑은 물결은 뚫고 갈 길이 없느니라(僧問 佛法如水中月是否, 問曰 淸波無透路)'고 대답하였다"는 라는 구절에 심지가 활연하였다.

황룡조심(黃龍祖心, 1025~1100)의 법을 이었다.

황룡조심(黃龍祖心)·동림상총(東林常聰, 1025~1091)과 함께 황룡파(黃龍派)의 발전에 노력하였다. 장상영(張商英)의 청을 받고 륵담(泐潭)에 머물다가 운암(雲庵)으로 물러나 한거(閑居)하다가 시적하였다.

제자로는 도솔종열(兜率從悅, 1044~1091)·수령선자(壽寧善資)·동산지건(洞山至乾)·늑담문준(泐潭文準)·각범혜홍(覺範慧洪, 1071~1128) 등이 있다.

저서로는 『운암진정선사어록(雲庵眞淨禪師語錄)』 6권이 있다.

감진(鑑眞) 선사

眼光隨色盡　　耳識逐聲消
還源無別旨　　今日與明朝

눈의 빛 빛 따라 다해지고
귀의 의식 소리 따라 사라지네
근원으로 돌아가도 별지(別旨)는 없나니
오늘과 또는 내일 아침이니라.

[해설]

　스님(?~1102)은 월주(越州) 제교현(諸翹縣)에 계셨다. 법명은 사정(師鼎)이다.

　처음 설봉(雪峰) 스님을 친견하였으나 얻은 바 없었다.

　어느 날 민왕(閩王)이 청풍루에서 베푸는 공양에 참석하였다가 오래 앉았던 끝에 눈을 들어 햇빛을 보고 문득 깨달았다. 이때의 오도송은 다음과 같다.

　清風樓上赴官齋　　此日平生眼豁開
　方信普通年遠事　　不從葱嶺帶將來

청풍루의 관에서 베푸는 재에 왔나니
이 날 평생의 눈이 열리었네

110

바야흐로 보통(普通) 때의 멀고 먼 일이
총령을 거쳐서 온 것이 아닌 줄 알았네.

돌아와서 설봉 스님에게 게송을 바치니 설봉 스님이 인가하셨
다. 어느 스님이
"어떤 것이 부처의 몸입니까?"
"그대는 어느 부처님의 몸을 물었는가?"
"석가모니의 몸을 물었습니다."
"혀가 삼천세계를 덮었다."

스님이 임종할 때에 대중이 모이니 앞의 게송을 보였다.

영원유청(靈源惟清) 선사

老僧今年七十六　　心在界外形如俗
十方大覺開山僧　　一切無碍知自足

내 나이 올해 칠십 여섯
마음은 세상 밖에 모양은 속인같이
누리에 도량 이루어
어느 것에도 걸림없이 스스로 만족스러워라.

[해설]
　스님(?~1117)은 임제종 황룡파다.
　혜홍각범(慧洪覺範, 1071~1128) 스님이 『능엄경』에 주석(註釋)을 달고 있을 때, 이 소식을 들은 영원유청(靈源惟清) 스님은 각범에게 이렇게 편지를 보냈다.

　'그대가 남쪽 지방에 있을 당시 『능엄경』을 공부하여 특별히 주석을 썼다 하던데, 모자란 나로서는 원치 않는 바이다. 문자 공부로는 자기 성품의 근원을 밝힐 수 없을뿐더러, 후학들이 부처님의 지혜안을 얻는데 장애만 줄 뿐이니, 그것은 남을 통해 이해함으로써 스스로 깨치는 방편을 막아버리는 데 병통이 있기 때문이다.
　그러므로 말재주를 늘리면 천박한 지식만 성해지고, 알음알이를 틔워주면 끝내 묘한 깨달음을 극진히 하기는 어렵다. 그리하여 결

국에는 이해와 실천이 맞지 않고 늘 보고 듣는 것이 더욱 어두워지는 것이다'

또 당대의 유학자 정이천(鄭伊川)에게 보낸 편지가 있다.
정이천은 주위 사람이 가까이 하지 않을 정도로 자신과 남에게 엄격한 사람이었다.

'사람들은 자기 모습이 남는 것을 싫어하여 그림자가 질까 두려워하며 등지고 도망가려 합니다. 그러나 빨리 도망갈수록 자취는 더욱 많아지며, 그림자도 더욱 빨라집니다.
도망가기를 그치고 그늘에 들어가 그림자가 스스로 없어지고 자취도 자연스럽게 끊어지게 하느니만 못합니다. 일상생활에서 이 점을 분명히 한다면, 앉은 자리에서 도에 나아갈 것입니다.'

또 주지로 있던 방문 앞에다 붙여놓은 글이다.
'나 유청은 이름만 주지일 뿐, 실로 길손과도 같다. 단지 대중을 통솔하고 불법을 널리 펴서 우러러 교풍을 돕는 것을 내 직분으로 삼을 뿐이다.
절에서 관리하는 상주물(常住物)은 내 것이 아니므로, 이치로 보아서도 내 마음대로 할 수 없는 일이다. 그러므로 소임자에게 모두 위임하고 분야를 나누어 일을 맡아 보게 하되, 공과 사를 분명히 하여 합당한 것은 하고 쓸모없는 것은 버려야 한다.
나는 그저 대중과 함께 밥 먹고 옷 입고 할 뿐이며, 몸에 지닌 물병과 발우만으로 인연 따라 가고 머물 뿐이다.'

부용도해(芙蓉道楷) 선사

吾年七十六　　　世緣今已足
生不愛天堂　　　死不怕地獄
撒手橫身三界外　　騰騰10)任運11)

내 나이 일흔여섯
세상 인연 넉넉해라
살아 천당 반갑지 않고
죽어 지옥 두렵지 않네
삼계 밖에 서서 손 저을 때
이 자유를 뉘 감히 구속하랴.

[해설]

스님(1043~1118)은 기주(沂州) 출신으로 성은 최(崔)씨이다. 됨됨이가 강경하고 고고하였으며, 어려서부터 일체 음식을 먹지 않고 벽곡(辟穀)을 하여 가면서 이양산(伊陽山)에 숨어 수행하였다.

뒤에 경사(京師)에 가서 술성원(術聖院)에서 법화경을 시험하여 득도하였다.

백운산(白雲山) 투자의청(投子義靑, 1032~1083) 선사를 찾아가

---

10) 등등(騰騰): 아주 자유스러움.
11) 임운(任運): 아무런 사정도 첨가하지 않고 법이(法爾)히, 여연(如然)히, 자연히.

서 묻기를

"부처님과 조사님의 말씀은 가정의 다반(茶飯)과 같나니, 이를 떠나서 별도로 사람을 의롭게 하는 말씀이 있습니까?"

"너는 중원 천하에 우탕효순(禹湯堯舜)을 떠날 수 있는가?"

스님이 대답을 하려고 하니 의청 선사가 불자(拂子)로 그 입을 막으며

"네가 뜻을 내면 20방을 맞으리라."

하니 이에 스님은 오지(悟旨)하여 두 번 절하고 갔다.

의청 선사가 부르며 "또 오너라."고 하였으나 뒤도 돌아보지 않았다.

그 뒤 용문산, 대양산, 대흥산 등에서 오래 살았다.

93명의 제자가 있는데, 그중 법을 잇고 개당한 제자가 29명이다. 단하자순(丹霞子淳, 1064~1117)이 특히 뛰어났다.

저서로는 『부용도해선사어요(芙蓉道楷禪師語要)』 1권이 있다.

보교(普交) 선사

寶杖敲空觸處春　　箇中消息特彌綸
昨宵風動寒嚴冷　　驚起泥牛耕白雲

보배지팡이로 공(空) 두드려 닿는 곳 봄이러니
그 가운데 소식 특이하구나
어젯밤 찬바람 불어 바위 차가워
놀라 일어난 흙 소가 흰 구름 갈고 있네.

[해설]

스님(1048~1124)은 경원부(慶元府) 천동사(天童寺) 스님이다.
침착하고 온화한 성품이었다.

지화 암주(知和庵主)는 고소(姑蘇)사람인데 성품이 고결하여 세
상에 물들지 않았다. 한 번은 지방을 행각하다가 밤이 되어 객실
에서 자게 되었는데 보교스님도 그 자리에 같이 있었다. 말없이
밤새도록 꼿꼿이 앉아 있는 것을 보고 물었다.
"스님은 만 리 낯선 길을 왜 혼자 다니시오?"
"예전에는 도반이 있었는데 지금은 다 절교했습니다."
"어째서 절교했소?"
"한 사람은 길에서 주운 돈을 대중에게 주었습니다. 그래서
'도를 배우는 사람은 돈을 똥이나 흙처럼 보아야 하는데, 그대가

116

비록 주워서 다른 사람에게 주었다 하더라도 이는 아직 이익을 떨치지 못한 것이다.' 그러고는 헤어졌습니다.

두 번째 도반은 가난하고 병든 어머니를 버리고 도를 닦는다기에 '도를 닦아 비록 불조의 경계를 넘어선다 하더라도 불효하는 이를 어디에 쓰겠는가.' 불효하거나 이익을 따지는 이들은 모두 내 도반은 아닙니다."

지화스님은 그의 현명함에 존경하여 같이 행각하게 되었다. 두 사람은 이렇게 약속했다.

"우리 두 사람은 옛날 은산(隱山)화상을 본받아 우뚝한 산꼭대기에 띠 풀 암자를 짓고 구름과 하늘을 보면서 세상 바깥사람이 될 것이며, 세속에 떨어지지 말자."

그러나 마침내 보교스님은 맹세를 어기고 천동사(天童寺)의 주지가 되었다. 보교스님이 지화스님을 찾아갔으나 돌아보지도 않았다. 정언(正言) 진숙이(陳叔異)가 그의 서실을 암자로 만들어 주니 그곳에서 이십년을 혼자 살았다. 너절한 물건이라고는 아무것도 없고 호랑이 두 마리만이 시봉할 뿐이었다. 이에 대해 스님은

竹二三什野水　　間七五片閑雲
道人活計只如此　留與人間作見聞

대 나무 홈통에는 두서너 되의 찬물이 흐르고
창문 틈새로는 예닐곱 조각 한가로운 구름이여
도인의 살림살이 이만하면 될 뿐
인간에 머물러 보고 듣고 할 것인가.

선화(宣和) 6년(1124) 3월 20일, 법좌에 올라 대중들에게 앞의 게송을 남기고 떠났다. 나이 77세, 법랍 58세다.

불과극근(佛果克勤) 선사

已徹無功　　不必留頌
聊爾應緣　　珍重珍重

평생 해놓은 것 아무것도 없어
마지막 말 남길 이유가 없네
오직 내가 지은 인연에 따를 뿐이니
그저 진중하고 진중할 뿐이네.

[해설]
　스님(1063~1125)은 팽주(彭州) 숭녕 출신이다. 자는 무착(無
着). 집안은 대대로 유교에 독실한 가정이었다. 어려서는 하루에
1천 개의 단어를 기억할 정도로 영민하였다. 남종(南宗)의 고종으
로부터 '원오(圜悟)', 북종(北宗)의 휘종으로부터 '불과(佛果)'라는
호를 받았다. '원오극근'이라고도 한다. 뒤에 '진각선사(眞覺禪師)'
라고 시호하였다.
　오조법연의 법을 이었다.

　우연히 묘적사(妙寂寺)에 가서 불교서적을 얻어 읽고 발심하여
그 곳 자성(自省) 스님을 은사로 득도하였다.
　법사(法師) 무착문희(無著文熙)에게 강설을 듣고 성도(成都)에 가
서 민행(敏行) 스님에게 『능엄경』 등, 경전을 수학하였으나 만족하

지 못했다. 갑자기 병을 얻어 빈사상태에 있을 때 탄식하기를 '모든 부처님과 조사님들의 열반의 바른 길은 언어문자에 있지 않다'고 하고 황벽산 각진(覺眞)에게 갔다. 그러나 뜻을 이루지 못하여 다시 운문(雲門)의 제5세 옥천승호(玉泉承皓, 1078~1085) 선사에게 갔다.

다음에 대위모철(大潙慕喆, ?~1095)·동림상총(東林常聰) 선사 등을 친견하여 법기임을 인증 받았다.

회당조심(晦堂祖心) 선사로부터 "뒷날 임제의 법맥을 이어 줄 법기"라는 칭송을 받았다. 그 뒤에 법연(法演)선사의 시자로 들어갔다. 어느 날 부사(部使) 진씨(陳氏)가 법연선사에게 도를 물었을 때 오고 가는 대화 끝에 스님은 깨달았다. 그리하여 다음의 오도 송을 남겼다.

金鴨香銷錦鏽幃　　笙歌叢裏醉扶歸
少年一段風流事　　祗許佳人獨自知

금압에 향 사루며 비단 휘장 둘러놓고
꽃잎 술 노래 속에 취해 오누나
소년의 한 자리 풍류 일은
다 못 가인(佳人)만이 홀로 아나니.

오조산(五祖山) 법연(法演) 문하의 '삼철(三哲)' 또는 '삼불(三佛)'이라 일컫는 불과극근(佛果克勤)·불안청원(佛眼淸遠)·불감혜근(佛鑑慧懃) 등 셋이다. 그 가운데서도 극근 선사를 더욱 아꼈다고 한다.

선종 사상적 입장에서도 스님은 설두중현(雪竇重顯)의 『송고백칙(頌古百則)』에 평창(評彰)을 더 붙여 『벽암록』을 저술하였다. 오늘날 우리나라 선원에서 가장 많이 읽혀지고 있는 책이다.

『벽암록』은 종문(宗門) 제일서(第一書)로서 공안집(公案集) 본전(本典)의 효시이다.

고종(高宗)은 자주 스님과 담론하기를 좋아하였다. 스님에게 불법을 물었을 때

"폐하는 효심으로 천하를 다스리고, 불법은 한 마음[一心]으로 천하를 다스리니, 진속(眞俗)이 비록 다르나 한 마음은 다름이 없나이다." 하였다. 그때 '원오선사(圜悟禪師)'라는 시호를 받았다.

문도가 많았으며, 뛰어난 사람도 75명이었다고 한다.

그 대표적으로 호구소륭(虎丘紹隆, 1077~1136)·대혜종고(大慧宗杲, 1089~1163) 등이 있다.

자수회심(慈受懷深) 선사

村歌社舞拜祠堂　　臭穢腥羶汚道場
要答神明冥護力　　晨昏燒取一爐香

마을에선 노래, 사직에선 춤, 사당에선 절,
더러운 비린 냄새와 누린내가 도량을 물들이네
신명께 답을 요구하는 것은 명호력이니
아침저녁 일로향(一爐香)이나 태워야지.

[해설]

　스님(1077~1132)은 안휘(安徽) 사람이다. 송대(宋代) 운문종 스님으로 운문문언 아래　6세이다.

　속성은 하(夏)씨, 자는 자수(慈受)이다.

　18세부터 여러 곳을 유력(遊歷)하다가 26세에 복건(福建)지방의 자성사(資聖寺)에서 장로숭신(長蘆崇信)을 참알한 후, 그의 법을 이었다.

　37세(1113년)에 의진군수(儀眞郡守)의 요청에 응해 자복사(資福寺)에 사니 학도들이 구름떼처럼 몰려들었다.

　평소 계율을 엄격히 지켰으며, 후학들을 열심히 가르쳤다.

　장산불감(蔣山佛鑑)이 강을 건너 자복(資福)에 와서 천인(千人)마을을 돌 때였다. 불감이 말했다.

"천인 마을이라 했거늘 어찌하여 한 사람 밖에 없는가?"

회심이

"허(虛)가 많은 것 보다는 조금 만큼이라도 실(實)함이 낫지요."

불감이

"그러한가?" 하고 반문하자 회심은 심히 부끄러웠다.

회심은 40세에 자복(資福)을 떠나 장산(蔣山)에 가서 불감에게 가르침을 청했다.

불감이

"자복의 일을 알면 모든 일이 해결된다."

회심이

"사실 다 알지는 못했습니다. 원컨대 저를 타인처럼 여기지 마시길 바라옵니다."

그러자 불감은 그에게 '청녀이혼(倩女離魂)12)' 이야기를 들려주며 반복하여 그 뜻을 탐구하도록 하였다. 회심은 이에 의심을 벗어나게 되어 게를 지어 올렸다. 그러자 불감은 기뻐하며

"이것은 살아있는 부처의 뜻이 아니겠는가." 하고 말했다.

그 후 회심은 강소(江蘇) 초산(焦山)의 선사(禪寺)에 4년간 살다 45세에 낙양 혜림선원(慧林禪院)에서 살았다. 50세에 물러나와 천태(天台)로 올라가 영암(靈巖)으로 이주하여 장산불감을 모셨다.

---

12) 청녀이혼(倩女離魂): '청녀의 혼이 육체를 떠난다'는 뜻으로 영혼과 육체가 분리되고 합체되는 것을 말한다. 이 말은 당(唐)의 진원우(陳原祐)가 쓴 이혼기(離魂記)라는 괴기담(怪奇談)에서 나온 말이다. 이 말이 선가에서도 화두가 되어 무문관(無門關)이라고 하는 선서의 제 35칙(則)에 들어있다.
오조법연선사가 어느 날 제자들에게 이 이야기를 하면서 물었다. "청녀의 혼이 떠났는데(倩女離魂), 두 사람 중 어느 쪽이 진짜 청녀인가(那箇是眞底)?" 이로부터 선가에서는 유명한 화두가 되었다. 즉 우리의 본성은 진짜[善心]인가 거짓[惡心]인가? 그 어느 쪽이 본체인가를 묻는 것이다.

강서(江西) 사계원각사(思溪圓覺寺)에 시조로 모셔졌다.
고종 소흥(紹興) 2년 58세에 원적, 법랍은 36세였다.

저서에 『자수회심화상광록(慈受懷深和尚廣錄)』 4권이 있다.

설소법일(雪巢法一) 선사

今年七十五　　歸作菴中主
珍重觀世音　　泥蛇呑石虎

올해 나이 일흔다섯
돌아와 암주가 되었으니
안녕하소서, 관세음보살!
진흙 뱀이 돌 호랑이를 삼켰도다.

[해설]

　스님(1084~1158)은 자신을 '시골 중[村僧]'이라 낮춰 불렀다.

　초당선청(草堂善淸, 1057~1142) 스님의 제자다.

　절 주지를 맡아 달라고 하였으나 끝내 거절하고 외길을 걸었다.

　호는 설소(雪巢). 천태산(天台山) 만년사(萬年寺)에 오래 거주하였다. 어머니 꿈에 노스님이 집으로 들어오는 꿈을 꾸고 태어났다.

　열일곱 살에 진사시험에 합격했으나 관리가 되지 않았다.

　출가하여 수행하다 관음원에서 세상을 떠났다.

대혜종고(大慧宗杲) 선사

生也祇麼　　死也祇麼
有偈無偈　　是甚麼熱

삶이 무엇이며
죽음이 무엇인가
게송이 있고 없음이
이 무슨 번거로움인가.

[해설]
　스님(1089~1163)은 안휘성 선주(宣州) 출신으로, 성은 해(奚)씨
이다. 자는 현회(縣晦)이며, 호는 묘희(妙喜)이다

　열세 살에 향교에서 공부하다가 장난하며 던진 벼루가 선생님
의 외출 모자를 먹투성이로 만들었다. 엄청난 힐책을 받고 배상금
300냥을 치루었다.
　뒤에 '세서(世書)를 읽는 것이 어찌 출세(出世)의 법을 배우는
것만 같겠는가?' 하며 스스로 개탄하고 열여섯 살에 출가하여 열
일곱 살에 동산 혜운원(惠雲院) 혜재(惠齋) 스님에게 삭발 귀의하
였다.
　여러 곳으로 행각하다가 태평주 은적암(隱寂庵)에 들리니, "어젯
밤 꿈에 가람신(伽藍神)이 '내일 운봉열(雲峰悅) 선사가 올 것이

다.' 하였는데, 혹 스님이 그의 후신(後身)이 아닙니까?" 하며 암자의 원주가 반겨 맞이하여 운봉 스님의 어록을 가져다 보였다.

스님은 한 번 보고 그것을 전부 암송하였다. 이로부터 '운봉 스님의 후신'이라 불리었다.

그 뒤 7년간 담당무준(湛堂無準, 1061~1115) 스님 슬하에서 수행하다가 스님의 유언으로 원오극근(圓悟克勤) 선사를 참견하고 크게 깨달아 그 법을 이으니, 가섭(迦葉) 이하 49대이며 임제(臨濟) 이하 11대이다.

스님은 묵조(默照)의 무리들을 척결한 관계로 그들의 모함을 받아 주전파로 몰렸다. 1141년 4월 14일 시랑(侍郎) 장구성(張九成, 1092~1159)의 아버지 재를 경산사(徑山寺)에서 지냈다.

이때 한 법문 중 '신비스런 팔로 화살을 쏘아 천 겹 갑옷을 뚫었도다. 자세히 다가가 보니 썩어서 냄새 풍기는 가죽양말이었구나(神臂弓一發 射破千重甲 仔細拈來看 當甚臭皮襪)'라고 한 내용이 있다. 이 내용에 대해 묵조의 무리들이 장구성 아버지의 재를 지낸다는 핑계로 역적모의를 하였다고 아뢰어 시랑의 직속과 전원을 파면, 추방 또는 수감하고 스님을 체탈 도첩하여 형주로 귀양을 보냈다.

귀양지에서 스님의 법덕을 흠망하여 이참정, 왕한림 등 많은 사대부들의 편지가 오가니 더욱 오지로 귀양을 보냈다. 이렇게 법난을 16년간 당하였다. 그 뒤 왕명을 받아 명주 아육왕사(阿育王寺)의 주지로 임명되고 다시 이듬해 경산사(徑山寺) 주지가 되니 슬하에 제자가 2천명도 넘었다고 한다.

묵조선(默照禪)을 비판하고 간화선(看話禪)을 제창하여 선종 불교의 발달에 큰 영향을 끼쳤다. 남송 초기에 금(金)나라와의 주전론(主戰論)을 주장한 대표 인물이기도 하다.

효종(孝宗)이 그 명성을 듣고 '대혜선사(大慧禪師)'라는 호와 「묘희암(妙喜庵)」이란 편액을 하사했다. 원적 후에 시호는 '보각(普覺)'이고, 탑명은 '보광(寶光)'이다.

고종 황제로부터 '대혜(大慧)'라는 호를 받았다. 그 이듬해 (1163) 8월 9일 대중을 모아 놓고 '내일 죽겠다'는 예언을 하니 제자 요현(了賢)이 임종게를 청하였다. 스님은 단정히 앉아 앞의 게송을 쓰고 입적하였다. 수법제자가 94명이었다.

황제가 스님의 입적을 듣고 '生滅不滅 常住不住 圓覺空明 隨物規處'라는 추도문과 함께 시호를 '보각(普覺)'이라 내렸다.

스님의 저서는 많다.

『대혜보각선사광록(大慧普覺禪師廣錄)80권·『대혜보각선사어록(大慧普覺禪師語錄)』30권·『대혜보각선사법어(大慧普覺禪師法語)』3권·『보설(普說)』5권·『종문문고(宗門文庫)』1권·『어요(語要)』1권·『구자무불성화간병론(狗子無佛性話揀病論)』1편·『발원문(發願文)』1편·『간경회향문(看經回向文)』1편·『관음예문(觀音禮文)』1편 등이다.

광화(匡化) 선사

日出連山　　月圓當戶
不是無身　　不欲全露

해는 산마루에 솟았고
달은 창에 밝았나니
몸이 없는 것은 아니나
완전히 드러내고 싶지는 않다.

[해설]
　스님이 살았던 모습은 찾을 수 없다. 다만 법어만 있다.
　어느 스님이
　"마음과 눈으로 볼 때에 어떠합니까?"
　"그대에게 무어라 했는가?"
　"어떤 것이 진실하게 본 것입니까?"
　"털끝만치도 막히지 않았다."
　"그러면 보겠습니다."
　"남전(南泉)이 매우 좋아하며 갈 곳이구나."
　"어떤 것이 서쪽에서 온 뜻입니까?"
　"지난 밤 삼경에 강을 건넜다."
　"시기에 맞추어 활용할 때 어떠합니까?"
　"해동(海東)에 과일이 있는데 나무 끝에 씨가 달렸느니라."

128

"어떤 것이 진여의 불성입니까?"

"누구는 없나."

"어떤 것이 위로 향하는 외길입니까?"

"침련(郴連)의 길이 머니라."

"화상의 연세가 얼마입니까?"

"가을이 오면 단풍이 지고, 봄이 되면 꽃이 핀다."

앞의 게송은 스스로의 초상에 쓴 찬(讚)이다.

용아종밀(龍牙從密) 선사

閱盡人間七十秋　　萬緣今日一時休
虛空撲破渾閑事　　驚起全身露地牛

인간 칠십 다 겪은 후
오늘에야 모든 인연 다 끝났네
허공을 때려부숨도 모두가 부질없는 일
놀라 일어나니 온몸이 큰 길의 흰 소로다.

[해설]
　용아(龍牙) 선사의 법명은 '종밀(從密)'이며 자는 세소(世踈)이다.
정확한 생몰연대는 알 수 없지만 1105년경에 활동했다는 기록이
있다.
　서주(舒州) 출신 장회소(張懷素)가 환술로 공경대부들과 교류하
다가 모반에 실패하여 처형당했다(1105년). 그의 유품을 살펴보니
종밀선사의 초서와 혜홍각범(慧洪覺範, 1071~1128) 스님이 붙인
발문이 있었다. 이로 인하여 두 스님이 문책을 받았다. 종밀선사
는 그 후 민현(閩縣)으로 돌아와 다음의 게를 지었다.

　장정(長汀)에 사는 늙은 수행승 하나
　깊이 돌이켜보니 악업도 많았구나
　노인들 가운데 백발노인 더할까 두려워서

파도를 헤치며 황하로 달려 나갔네.

하늘 끝 바다 모퉁이에 몸을 숨기니
수없는 칼 숲과 칼산을 눈 여겨 보며
오늘 남쪽으로 돌아와 아직도 살아 있으니
그들은 선승 같지 않다고 웃네.

세상 사람들은 그를 초서체를 잘 쓰는 사람이라 하여 '초성(草
聖)'이라 하여 귀하게 여겼다.
종밀 선사는 노년에 복주 동선사(東禪寺) 주지로 있었다.

어느 날 스님은 세상 인연이 다하였음을 알고 편수관(編修官)
정상명(鄭尙明)을 초청하여 함께 공양하고 손수 차를 따르며
"내가 죽을 때가 되었으니 그대가 증명하여 주시오." 하고는 자
신의 초서(草書) 천자문을 가지고 있느냐고 물었다. 정상명이 아직
얻지 못했다고 하자 선사가 붓을 들어 천자문을 써주었는데 글씨
가 평소보다 훨씬 뛰어났다.
위의 게송을 남기고 입적에 들었다. 다비를 하니 연기가 이르는
곳마다 모두 오색사리가 되었다고 한다.

영도(永道) 선사

萬法本空　　一眞絶妄
如波太虛　　元同谷響

만법은 본래 공이요
한 진실은 허망을 끊어
저 허공과 같고
산울림과 같아라.

[해설]

　영도(永道, ?~1147) 스님은 동영(東穎) 모(毛)씨 집안에서 태어났다. 순창부(順昌府) 남쪽 나한원(羅漢院)의 안공(安恭) 스님을 스승으로 섬기다가 슬픈 마음으로 탄식하였다.

　"부처님이 설교하신 뜻은 널리 중생을 제도하시려 함인데 지금 불법을 보호하고 대승을 깊이 참구하고 중생을 이익되게 하지 않으니 부질없는 일이다."

　마침내 상도(上都)땅 강원으로 가서 『유식론(唯識論)』과 『백법론(百法論)』을 공부하여 깊은 뜻을 얻고 향적원(香積院)의 주지를 물려받았다. 그 후 '보각대사(寶覺大師)'라는 호를 받았다.

　1119년 정월에 승려를 '덕사(德士)'로 바꿔 부르게 하는 조서를 내렸다. 스님은 율사 오명(悟明)과 화엄강사 혜일(慧日)과 함께 이

조치의 잘잘못을 조정에 항변하다가 황제의 눈에 벗어나 도주(道州)로 유배되었다. 3년 후 사면령이 내려 다른 곳으로 옮겨가는 중, 장사(長沙)를 지나다 적음(寂音)존자를 만나 다음의 시를 지어 건넸다.

영도의 큰 간담 몸통보다도 더 커서
황제 비위 거슬리는 상소를 하였구려
다만 불법을 짊어지고자 하였을 뿐
길게 목을 뽑아 칼날을 달게 받네.

3년 귀양살이에 부끄러운 마음 없고
만 리 길 돌아와도 수척하지 않은 얼굴
뒷날 교문의 기강을 바로잡을 사람들이
신발 신고 홀(笏)을 잡고서 조정으로 달려간다네.

소흥 17년(1147) 7월 27일 임안부(臨安府) 선부암(禪符菴)에서 입적할 때 위의 열반송을 남겼다.

대위선과(大潙善果) 선사

要行便行　　要去便去
撞破天關　　掀翻地軸

올 때는 문득 오고
갈 때는 미련 없이 가네
하늘을 후려쳐 뚫어 버리고
대지를 뒤집어엎네.

[해설]
　대위선과(大潙善果, 1079~1152)는 임제종 양기파(楊岐派)스님
이다. 상서성에서 태어났다. 황룡사심(黃龍死心, 1043~1114)에게서
깨달음을 얻었다.
　저서에는 『월암과화상어요(月菴果和尙語要)』가 있다.

천동정각(天童正覺) 선사

夢幻空花　　六十七年
白鳥煙沒　　秋水連天

꿈같고, 환 같고, 허공 꽃 같은
육십칠 년
흰 새는 날아가고 물안개 걷히니
가을 물이 하늘에 잇닿았구나.

[해설]
　스님(1091~1157)은 산서성 습주(隰州) 출신으로 성은 이(李)씨
이다. 또는 굉지정각(宏智正覺) 이라고도 한다. 시호는 '굉지선사
(宏智禪師)'다. 묵조선을 크게 발전시켰다.
　열한 살에 정명사(淨明寺) 본종(本宗) 선사를 의지하여 출가하여
열네 살에 진주 자운사(慈雲寺) 지경(智瓊) 선사에게 구족계를 받
았다.
　열여덟 살 때부터 각지를 다니면서 그의 할아버지에게 "만약 큰
일을 발명하지 못하면 돌아오지 않겠다."고 하며 떠나서는 여주
(汝州) 향산사(香山寺)의 고목법성(枯木法成, 1072~?)선사를 찾아
갔다.
　어느 날 스님이 경전을 외우는데 '父母所生眼悉見三千界'라는 소
리를 듣고 별안간 느낀 바 있어 방장실에 가서 깨달은 바를 아뢰

었다.

법성 선사가 먼저 향합(香盒)을 가리키며

"이 속에 무엇이 있는가?"

"이것은 마음 움직임[心行]입니다."

"네가 깨달았다는 게 무엇인가?"

스님은 손으로 일원상(一圓相)을 그려 법성 선사에게 바치고 다시 뒤로 버리니

"진흙덩이를 희롱하는 놈이 있구나."

"잘못입니다."

라고 하였다. 그 뒤 법성스님의 소개로 단하자순(丹霞子淳, 1064~1117) 선사에게 갔다. 선사께서

"어떤 것이 공겁이전(空劫以前)의 자기인가?"

"우물 속 청개구리가 달을 물고, 밤중에 발[簾]을 찾지 않는다."

"다시 이야기 하여라."

스님이 머뭇거리니 단하 선사가 불자(拂子)를 흔들며

"도라는 것은 돌아보지 않는 것이다."

하시니 스님이 다시 확연히 깨달았다. 그리고 예의를 갖추었다.

그 뒤 명주(明州) 보타산의 관세음보살을 친견하고자 갔을 때, 선객들이 1,200명이 넘게 모여 들었다. 스님들의 수에 비해 식량이 항상 모자라 죽을 쑤어 먹었다. 죽으로도 모자라면 불어난 스님들의 수만큼 물을 부어서 죽을 쑤었는데, 그 죽에 천장이 비칠 정도였다고 한다. 후세 사람들은 천동정각을 일컬어 대혜종고와 함께 '선문(禪門)의 2대 감로(甘露)'라고 했다.

묵조선(默照禪)의 제창자로서 동시대에 간화선(看話禪)의 종장(宗丈) 대혜종고 선사와는 생전에 무수한 논박이 있었다. 그러면서도 뒷일을 부촉한 사실은 참으로 진기한 일화다.

스님의 『송고백칙(頌古百則)』은 지금 전하는 『종용록(從容錄)』의 원전에 해당한다. 우리나라에서도 많이 읽혀지고 있는 선서이다.

『천동굉지각선사어록(天童宏智覺禪師語錄)』 4권·『굉지선사광록(宏智禪師廣錄)』9권 등, 다수가 있다

할당혜원(瞎堂慧遠) 선사

拗折秤鎚　　掀飜露布
突出機先　　鴉飛不度

저울추를 꺾고
드러내어 놓아
기선을 나타내니
까마귀 날아 건널 수 없구나.

[해설]

　스님(1103~1176)은 임안부(臨安府) 출신이다. 속성은 팽(彭)씨다. 열세 살에 약사원(藥師院) 종변(宗辯)스님에게 출가했다.

　운암사(雲巖寺)의 휘(微) 선사에게
　"문수보살은 칠불의 스승이라 하옵는데, 문수보살의 스승은 누구입니까?"하니
　"금사 시냇가[金沙溪]의 마가집[馬家] 며느리다."하였다.
　2년 동안 참구하여도 무슨 말인지 도무지 알 수가 없었다.
　하루는 혼자 정좌하고 있는데, 어떤 스님이 지나가면서 혼잣말로
　'사대를 빌어서 몸뚱이로 삼고, 육진을 인연하여 마음이 나니, 육진이 없을 때 무엇을 가져 마음을 삼을 건가?'하는 말을 듣고

138

문득 깨쳤다.

휘 화상에게 말씀드리니 "됐다"는 말을 하셨다.

그래도 궁금하여 곧 원오극근 선사에게 갔다.

원오극근 선사는

"방거사가 마조에 묻기를 '만법과 짝하지 않는 사람이 누구입니까?' 하니, 마조가 '네가 서강의 물을 한 입에 다 마시는 것을 보아 일러주마.' 하셨다"는 말을 듣고 그 자리에서 활연 대오하였다.

이로써 원오극근의 법을 이었다.

순희(淳熙) 2년 어느 날, '내년 1월 15일에 세상 떠날 것'을 예언하였다. 그날이 되어 많은 사람들이 모여 들었다.

스님은 평소와 조금도 다름없는 모습이었다. 그날 상당설법을 한 뒤, 시자와 방으로 들어가 방문을 꼭 닫았다. 한참이 되어도 인기척이 없어 사람들이 문틈으로 보니 시자가 두루마리를 들고 서 있을 뿐, 스님은 보이지 않았다. 뒷문으로 들어가 보니 그는 이미 탑 위에서 입적한 상태였다.

혹암사체(或菴師體) 선사

鐵樹開華　　雄鷄生卵
七十二年　　搖籃繩斷

쇠 나무에 꽃이 피니
수탉이 알을 낳네
일흔 두 해 만에야
요람(搖籃)의 줄을 끊누나.

[해설]
　스님(1108~1179)은 태주(台州) 황암(黃巖)출신이다. 천태산 호
국사 차암경원(此菴景元, 1094~1146) 스님을 의지하여 수행하였
다. 타고난 성품이 거칠고 소탈하여 무슨 일이든지 닥치는 대로
도맡다 보니 도반들이 '체란요(體亂擾: 정신없이 바쁜 사체)'라고
불렀다.
　초산(焦山)에 머물렀다 하여 또는 '초산사체(焦山師體)'라고도 한
다.
　어느 날 나한전에서 수행하다가 갑자기 창고 아래에서 얻어맞
는 행자의 비명소리를 듣고 훤히 깨쳤다. 곧바로 경원스님에게 달
려가 말하니, 스님은 "이 막둥이가 앓다가 이제사 땀이 났구나!"
라고 하였다. 얼마 후 그에게 지객(知客)을 맡기고, 그 후 도전(塗
田)의 화주로 보내면서 다음의 송을 지어 전송하였다.

亞頂門三隻眼　　放開後驗人符
杖頭殺活無多子　截海須還大丈夫

어린아이 정수리에 세 개의 눈알을 달고서
팔꿈치에 험인부적 열어젖히며
몽둥이로 죽이고 살리는 일 대단할 것 없으니
바다 건너 대장부가 되어 돌아와야 하느니라.

　그 후 할당혜원(瞎堂慧遠, 1103~1176)스님에게 귀의하여 호구
사(虎丘寺)의 수좌로 있다가, 차암경원(此菴景元)스님의 법을 이으
니 그의 법이 크게 떨쳤다. 그 후 초산(焦山)으로 옮겼을 때, 군수
시랑(侍郎) 증중궁(曾仲躬)이 항상 그에게 도를 물었다. 스님이 작
은 병이 보이면서 그에게 돌벼루를 전해 주자 증시랑은 다음의
게를 지어 조문하였다.

翩翩隻履逐西風　　一物渾無布袋中
留下陶泓將底用　　老來無筆判虛空

외짝 신으로 나는 듯 서풍을 따라가니
걸망 안에 아무것도 없네
벼루를 남겨두고 나더러 쓰라 하지만
늙은이 몸엔 허공을 가를 필력이 없구려.

석창법공(石窓法恭) 선사

當陽一句　　更無回互
月落寒潭　　烟迷古渡

뚜렷한 이 한 마디에
다시는 돌아보지 않는다네
달은 차가운 연못에 떨어지는데
옛 나루터에 저녁노을 아득하여라.

[해설]

　스님(1102~1181)은 도행이 뛰어났다. 조동종 선사이다. 속성은
임(林)씨. 절강성 출신이다. 어머니 양(楊)씨는 그를 '불광도인(佛光
道人)'이라 불렀다. 서암법공(瑞巖法恭) 이라고도 한다. 열다섯 살
때, 황룡법충(黃龍法忠, 1084~1149) 스님을 의지하여 출가했다.
남산율(南山律)과 천태학(天台學)을 수학했다. 뒤에 굉지정각(宏智
正覺)스님께 귀의하였다.

　그의 어머니는, 출가한 자식이 수행을 열심히 하여 부모를 구제
해 주기를 항상 발원했다. 하지만 아들이 공부는 하지 않고 오랫
동안 천동사 굉지 선사를 모시고 크고 작은 소임들을 보면서 사
판(事判)으로 세월을 보내고 있는 것이 못마땅해 이렇게 말했다.
　"네가 출가한 것은 본래 생사를 해결해서 부모를 제도해 주기

위함인데, 대중을 위해 소임을 맡아보고 있는 시간이 너무 길구
나. 어쨌든 인과를 밝히지 못한다면 그 화(禍)가 나중에 지하에
있는 내게까지 미치게 될 것이다. 명심하고 명심하여라."

그 순간 석창법공 선사는 다시 발심하여 정진의 길로 나섰다.
그리고 다음과 같이 말했다.
"저는 절 재산에 대해서는 털끝만큼도 속임이 없었습니다. 등불
하나까지도 피차(彼此)의 용도를 분명히 하고 있으니 염려 마십시
오."
그러자 그의 어머니는,
"물 건너가는데 발이 젖지 않을 수 있겠느냐?" 하였다.

보안가봉(保安可封) 선사

五十七年幸自好　　無端破戒作長老
如今掘地且活埋　　旣向人前和亂掃

다행히도 쉰일곱 해 잘 살아오다가
까닭 없이 파계하여 큰스님이 되었구나
이젠 땅을 파서 나를 산 채로 묻어다오
사람 앞에 이미 어지러운 것을 말끔히 쓸었으니.

[해설]
　스님(1133~1189)은 칠민(七閩) 사람으로, 어린 나이로 출가했
다. 월암선과(月菴善果, 1079~1152)스님의 법제자이다.
　스님은 평생 출세의 길을 버리고 청빈한 삶을 실천했다.
　자금산(紫金山)의 수좌로 있다가 양주(楊州) 건륭사(建隆寺)의 주
지로 세상에 나온 뒤, 상주(常州) 보안산(保安山)으로 옮겨왔다. 이
는 주대참(周大參)의 청에 의한 것이다.
　보안산은 아주 작은 절이었지만 가봉스님은 주대참과의 인연을
소중히 여겨, 이곳에서 15년 이상 살았다. 큰 사찰에서 여러 차례
초청하였으나 가지 않았다.

　가봉스님의 기개는 여러 총림을 압도할 정도로 높았고, 통렬한
어조로 많은 수좌들에게 깨우침을 주었다. 그러나 항상 우스갯소

리를 잘 했으며, 검소한 생활로 많은 사람들의 귀감이 되었다.

스님은 검소한 생활을 하지 않고 옷치장에만 힘쓰는 후생들을 꾸짖은 글이 있다.

紡絲直綴毛段襖　　打扮出來眞箇好
驀然問著祖師關　　却似東村王太嫂
呵呵呵

물레 저어 뽑은 실로 짠 장삼에 털모자
곱게 차리고 나온 모습 정말 좋다만
막상 조사의 관문을 물어보면
영락없이 동촌의 주모 꼴이군.
하하하!

열반송과 함께 평소 그의 기개가 잘 나타난 글이다.
순희(淳熙) 말년(1189)에 앉은 채 입적했다.

경산보인(徑山寶印) 선사

千偈萬偈　　總是熱荒
我有一句　　死後擧揚

천 마디 만 마디 법문이
모두가 허튼소리
나에게 한 마디 있으니
죽은 뒤에 들어 보이리라.

[해설]
　스님(1109~1190)은 사천(四川)에서 태어났다. 속성은 이(李)씨.
호는 별봉(別峰). 『6경(六經)』에 통달했다.

　이런 거량도 보인다.
　묘희대혜(妙喜大慧) 스님이
"어디서 왔느냐."
"서천(西天)에서 왔습니다."
"그대가 검관(劍關)을 나오기 전에 몽둥이 30대를 맞아야 하는
데."
"스님께 폐를 끼쳐 드리게 되었습니다."

지렴(智廉) 선사

雁過長空　　影沈寒水
無滅無生　　蓮花國裏

기러기가 장공을 지나감이여
그림자가 찬물에 잠기도다
죽음도 태어남도 없음이여
그곳이 바로 연화국이로다.

[해설]
　송(宋)의 지렴(?~1195)은 상우(上虞) 화도사(化度寺)에 살았다.
처음에는 선문에 두루 참예하였으나, 늙어서는 한결 같이 서방에
뜻을 두었다.
　경원(慶元) 개원(改元, 1195) 8월에 대중에게 고별하고

　"나는 꿈에서 아미타불이 대중에게 둘러싸여 설법하시는 것을
보았다. 부처님께서는 '모든 선인들은 정업에 전심하여 나의 국토
에 와서 왕생하라' 하셨다. 나는 이렇게 성상(聖相)을 보았다. 나
는 반드시 왕생할 것이다." 하고 위와 같이 게를 쓰고, 몸을 돌려
서방을 향한 채 결인(結印)하고 입적에 들었다.

송원숭악(松源崇岳) 선사

來無所來　去無所去
瞥轉玄關　佛祖網措

와도 온 바 없고
가도 간 바 없네
잠깐사이 궁글어 현관이다
부처와 조사도 그물을 펴네.

[해설]

　스님(1132~1202)은　임안부(臨安府)　영은사(靈隱寺)　스님으로,
서호(西湖)　백련정사(白蓮精舍)에서　득도하였다.

　건원사(乾元寺)의　목암(木庵)스님　회상에서　공부하다가　하직인사
를　드리니　목암스님이　"유구무구(有句無句)는　등　넝쿨이　나무에
기대있는　것과　같다."는　화두를　말했다.　그러자　송원스님이

　"싹둑　잘라버릴　것입니다."

　"낭야(瑯琊)스님은　이에　대해　'한　무더기　좋은　땔감이로다.'　하
였다.

　"화살　위에　화살을　얹는　격입니다."

　"그대의　말을　따를　수　없네.　그렇게　공부가　안　되어　가지고는
뒷날　불자(拂子)를　잡고　설법한다　해도　사람을　가르칠　수　없고,
사람을　간파할　수도　없을　것이다."

"사람을 가르치는 일은 온갖 번뇌에 매인 범부를 단숨에 성인 (聖人)의 경지로 뛰어 들어가게 하는 것이니, 진실로 어려운 일입니다. 그렇지만, 사람을 간파한다는 것은 얼굴만 스치면 말 한 마디 안 해도 그의 골수(骨髓)까지 알 수 있으니, 무슨 어려움이 있겠습니까?"

이에 목암스님은

"그만! 그대에게 명백히 말해주리라. 입을 벌려 말하는 것은 혓바닥에 있는 것이 아니라는 것을, 뒷날 그대 스스로 알게 될 것이다."

다음 해, 경산(徑山)의 밀암걸(密庵傑, 1118~1186) 스님이 옆에 있는 스님에게 '마음도 아니고, 부처도 아니고, 다른 물건도 아니다(不是心 不是佛 不是物)'이라는 말을 듣고 깨달음을 이루었다.

가태(嘉泰) 2년(1202) 8월 4일, 대중을 모아 설법하고 위의 게송을 보였다. 세수 71세, 법랍 40년이다.

육왕덕광(育王德光) 선사

八十三年　　彌天罪過
末後殷勤　　盡情說破

여든 세 해 동안
지은 죄가 하늘에 가득하구나
마지막에는 정성스럽게
마음을 다하여 설파(說破)하겠노라.

[해설]
　스님(1121~1202)의 호는 졸암(拙庵)이고 강서(江西) 사람이다.
21세에 동산(東山) 광화사(光化寺)의 보길(普吉) 스님을 따라 출가
하였다. 15년간 여러 곳을 유력(遊歷)하다 월암선과(月庵善果,
1079~1152)·응암담화(應庵曇華, 1103~1163)·백장응(百丈應) 등,
51명의 덕 높은 스님들을 친견했다. 육왕(育王) 대혜종고(大慧宗
杲, 1089~1163)를 모시며 깨달음을 얻었다.

　처음엔 광효사(光孝寺)에 살다 영은사(靈隱寺)로 옮겨 살았다.
송(宋)나라 효종(孝宗)이 그에게 귀의하여 내관당(內觀堂)에 살도록
칙령을 내리고 '불조선사(佛照禪師)'란 호를 내렸다.
　73세에 항주(杭州) 경산(徑山)에 살았으며, 83세가 되던 해 3월
초 사람들에게 말하기를

"나와 세상의 인연이 곧 다할 것 같다."

그리하여 20일이 되자 사람들을 모아놓고 이별의 말을 나누니 구절마다 모두가 법문의 요지가 아닌 것이 없었다.

목욕하고 옷을 갈아입고 앞의 게송을 남긴 후, 정좌한 채 입적했다.

시호는 '보혜종각대선사(普惠宗覺大禪師)'이다.

동산 길(東山 吉) 선사

八十四年老比丘　　萬船施設不如休
今朝廓爾忘緣去　　任聽橋流水不流

향년 84세 늙은 비구가
온갖 일을 해보아도 쉬느니만 못 하네
오늘 아침 미련 없이 모든 인연 잊고서 떠나가
다리는 흘러가고 물은 흐르지 않는 소리를 들으리.

[해설]
　동산사(東山寺)의 길(吉)선사는 민(閩) 사람이다.
　제자로 불조덕광(佛照德光, 1121~1203)이 있다.
　도와 학문이 높고 말솜씨가 좋아 고명한 사대부들이 즐겨 왕래
하였다.
　길 선사는 도량산(道場山) 왕림(王林) 선사의 법제자다. 노년에
남민(南閩) 개원사(開元寺)의 수좌승으로 있을 때, 점심 공양을 하
다가 위의 게송을 읊고 그 자리서 잠자듯 입적했다.

　스님은 일찍이 덕산스님의 방(棒)에 대하여 송을 남겼다.

　入門便棒　　七顚八倒
　市地普天　　一時勘破

문에 들자마자 몽둥이 맞으니
일곱 번 엎어지고 여덟 번 자빠지며
하늘 땅 온 누리를
일시에 감파하였네.

또한 임제스님의 할에 대하여도 송을 하였다.

入門便喝　　夜叉羅刹
大地山河　　一時惡發

문에 들자마자 할을 당하니
야차와 나찰들이
산하대지에서
일시에 발악을 하도다.

천동여정(天童如淨) 선사

六十六年　　罪犯彌天
打個觔跳　　活陷黃泉
咦　　　　　從來生死不相干

예순여섯 해
죄가 하늘에 가득하다
뚫고 뛰어나가
살아서 황천에 빠지다
애닲다. 예로부터 생과 사에 상관치 않나니.

西來祖意庭前柏　　鼻孔曜曜大眼睛
落地枯枝才踦跳　　松蘿咘隔笑掀勝

서쪽에서 온 조사의 뜻은 뜰 앞의 잣나무요
콧구멍 요요하여 푸른 눈동자를 대한다
마른 가지는 땅에 떨어지고 재주는 뛰어 넘치네
소나무 잘 어우러져 통쾌히 웃네.

[해설]
　스님(1162~1228)은 절강(浙江)사람으로 자는 정장(淨長) 또는
장옹(長翁)이다. 명리를 탐하지 않고 호방한 성품을 지녀서 정장

154

(淨長), 키가 커서 '장옹여정(長翁如淨)'이라고도 불렸다.

조동종의 계승자이면서도 대혜종고의 제자 졸암덕광(拙庵德光), 무용정전(無用淨全)에게도 배웠다. 또 임제종 선사들과도 가깝게 지냈다.

천태학과 계율을 배우고, 여러 곳을 다니다 열아홉 살에 설두산(雪竇山) 자성사(資聖寺)에서 조동종의 족암지감(足庵智鑑, 1105~1192)선사를 찾아갔다.

처음 대면하였을 때 지감선사가 물었다.

"자네 이름이 무엇인가?"

"여정(如淨)이라 합니다."

"더럽혀진 적도 없는데 무엇을 깨끗이 한단 말인가?"

그러자 여정은 대답할 수가 없었다.

하루는 여정이 "제게 정두(淨頭, 청소를 전적으로 맡는 직무)를 시켜 주십시오."하고 청하자 지감이

"더럽지도 않은데 무엇을 청소한다고 하느냐? 만약 대답을 한다면 네게 정두 일을 시키마."

하자 또 대답할 수가 없었다. 몇 달이 지나자 지감은 여정을 방으로 불러들였다. 지감이 말했다.

"예전에 한 번 와서 손가락을 조이는 고문을 한 적이 있지, 말할 수 있겠느냐?"

하니 여정이 막 말을 하려는데 꾸짖으며 내쫓았다. 이렇게 하기를 몇 차례 하여 여정을 깨우치게 하였다. 하루는 여정이 주지스님(지감)에게 가서 말했다.

"제가 이제는 대답할 수 있습니다."

그러자 지감이

"울타리를 벗어났다고 네 마음대로 하는 거냐? 어떻게 대답할

터냐?"라고 말하자

여정이 말을 하려 하니 지감이 즉시 그를 때렸다. 그리하여 여정은 깨닫는 바가 있게 되어

"제가 대답할 수 있습니다."라고 연거푸 외치니 지감이 웃으며 그에게 정두 일을 시켰다.

이때 깨닫고 지감선사로부터 인가를 받았다.

'뜰 앞의 잣나무[前栢樹子]'의 공안으로 깨달음을 얻었다.

지감의 법을 이었다. 다음은 오도송이다.

通身是口掛虛空　　不管東西南北風
一等與渠談般若　　滴丁東了滴丁東

온 몸은 입이 되어 허공에 걸렸는가
동서남북 바람을 가리지 않고
바람과 더불어 반야를 노래하네
뎅그렁 뎅, 뎅그렁 뎅.

천동선원에서 주지를 지낼 때도 밤 11시까지 좌선하고 오전 2~3시에 일어나 또 정진에 들어갔다. 후학들의 교육에는 아주 엄격해 이런 생활을 하루도 거르지 않았다고 한다.

1225년 황제의 명에 따라 천동(天童)에 산지 4년째, 입적하면서 위의 열반송을 남겼다.

저서로는 『여정선사어록(如淨禪師語錄)』 2권·『여정선사속어록』 1권이 있다.

영은지선(靈隱之善) 선사

來也如是　　去也如是
來去一如　　清風萬里

오는 것도 그렇고
가는 것도 그렇다
오가는 것이 같으니
천지에 맑은 바람뿐이구나.

[해설]

　스님(1152~1235)은 호주(湖州) 사람으로 속성은 유(劉)씨이다.

　열세 살에 삭발 입산하였다. 제정원(齊政院)에서 공부할 때 은사 스님의 가르침에 그 대의(大意)를 확연히 체득하였다.

　그 뒤 불조덕광(佛照德光, 1121~1203) 선사를 찾아 깨달음을 얻었다. 그러나 만족하지 않고 강로(康盧)에서 10년을 면벽하고 앉아 있었다. 그때 주위의 학자들이 '묘봉화상(妙峯和尙)'이라 불렀다.

　만년에 영은(靈隱)에 은거하였다.

　불조덕광의 법을 이은 이가 14명이었지만, 그중 영은지선이 가장 수승한 법을 보였다.

만송행수(萬松行秀) 선사

八十一年　　只此一語
珍重諸人　　切莫錯擧

팔십일 년
다만 이 말 뿐이나니
여러분 진중하여
어긋나지 말지어다.

[해설]

　스님(1165~1246)은 하남(河南) 출신으로 성은 채(蔡)씨이다.

　자는 보은(報恩).

　일찍이 정토사(淨土寺)에 출가하였다. 뒤에 장경사(長慶寺)에 이르러 승묵광(勝默光) 선사를 친견하였다.

　승묵 선사의 간절한 지도로 오랫동안 수행을 하였다. 그러나 현처가 없으므로 화두를 바꾸어 수행케 하였다.

　그 뒤 대명사(大明寺) 설암(雪巖) 선사를 뵙고 종지(宗旨)를 얻었다.

　만년에 출가 본사(本寺)인 정토사에 돌아와 만송헌(萬松軒)을 짓고 자적하니 스님을 '만송노인(萬松老人)'이라 불렀다.

　연경(燕京)의 보은에 있을 때 종용암(從容庵)을 세우고, 굉지정각(宏智正覺, 1091~1175) 스님의 『백송(百頌)』을 평창(評唱)하여

『종용록(從容錄)』을 지었다. 또 『청익록(請益錄)』 2권, 『조등록(祖燈錄)』이란 저서도 남겼다.

　원(元)의 정종제(定宗帝) 원년(1246)에 입적하면서 앞의 게송을 남겼다.

북간거간(北磵居簡) 선사

不待時人　　　以道自勵
吾餘世緣兩日

사람을 기다리지 말라
도로써 자신을 격려해야지
내 남은 세상 인연 이틀뿐이네.

[해설]

　스님(1164~1246)은 사천(四川) 동천(潼川) 사람이다.

　태주(台州) 반야사로 출가하여, 보은사(報恩寺)에 옮겨 살다 정자사(淨慈寺)로 모셔져 살았다.

　영은사(靈隱寺)에 살 때 하루는 웃으며 말했다.

　"내 날이 다가오오." 그리하여 치절도충(癡絶道沖, 1169~1250)을 추천하여 그를 대신하게 하였다.

　위의 게송을 읊고, 목욕을 하다 83세에 입적하였다.

동곡명광(東谷明光) 선사

東谷片雲收　　月圓當古渡
寒驚白鳥飛　　夜宿無影樹

동쪽 골짜기에 한 조각구름 걷혀
보름달 옛날같이 건너 가네
찬 기운에 놀라 깬 백조 날으고
밤에는 그림자 없는 나무 밑에 잔다.

[해설]
　스님(?~1252)은 강소(江蘇) 상주(常州) 사람으로 육왕(育王)에
살다 영은(靈隱)으로 이주하였다.
　1252년 입적했다.

치절도충(癡絕道沖) 선사

末後一句　　無可商量
只要個人　　直下承當

마지막 한 마디
가히 헤아릴 수 없구나.
다만 그대들은
바로 본래 모습을 살펴라.

[해설]

　스님(1169~1250)의 법명은 도충(道沖), 법호는 치절(癡絕)이다. 임제종 스님이다. 성도(成都) 성자사(聖慈寺)에서 경론을 배우고 익혔다. 천복사(薦福寺) 송원숭악(松源崇嶽, 1132~1202) 아래서 참구하여 수좌가 되고, 후에 조원도생(曹源道生)문하에서 깨달음을 얻었다.

　밀암함걸(密庵咸傑, 1118~1186)의 직손으로, 3대 명찰로 일컬어지는 경산사(徑山寺)·천동사(天童寺)·영은사(靈隱寺)로 옮겨 살았다. 후에 경산사(徑山寺)의 제일좌(第一座)가 되었다.

　법화사(法華寺)의 개산조사가 되었다.

　『치절도충선사어록』 2권이 있다.

무준사범(無準師範) 선사

來時空索索13)　　去也赤條條14)
更要問端的15)　　天台有石頭

올 때 빈손으로 왔다가
갈 때는 알몸으로 가는 것
누가 이 밖의 뜻 물으면
천태산에는 돌이 있다 하리.

[해설]

　스님(1178~1249)은 사천(四川) 사람이다. 성은 옹(雍)씨.

　아홉 살에 음평산 도흠(道欽)을 의지하여 출가하였다. 경전을 두루 살피고 외우는 재주가 보통이 아니었다. 어릴 때부터 영특하였으며 재치 있는 말솜씨를 지니고 있었다.

　그 뒤 '명요(名堯)'라는 노숙(老宿)을 만나 좌선법을 익혔다.
　명요 화상이 '선이 무슨 물건이며, 앉은 게 누군가?' 하는 말씀을 받아 밤낮으로 정진하니 하루는 조금 깨달은 바 있었다. 다시 파암조선(破庵祖先, 1135~1211) 선사를 만나 수행하던 중, 조선

---

13) 색색(索索): 두려워하는 모양. 쓸쓸함〔天文志〕索索如樹.
14) 조조(條條): 조목조목이. 어지러워지는 모양.〔孟郊〕條條脆如.
15) 단적(端的): 여러 말 할 것 없이 다잡아. 간단하고 분명한 모양. 명백함.

(祖先) 선사와 영은(靈隱) 선사가 법에 관한 말씀을 나누는 것을 듣고 문득 깨달아 다음의 오도송을 남겼다.

見猶離見非眞見　　還盡入還無可還
木落秋空山骨露　　不知誰識老瞿曇

견(見)이 오히려 견을 여의면 진견(眞見)이 아니며
돌아갈 것이 다 돌아감에 돌아갈 것이 없으며
나뭇잎 떨어진 가을 허공에 산 뼈가 드러나니
뉘 있어 늙은 구담(瞿曇)을 알으리.

그리고 불조(佛照) 선사에게 참배하였다. 파암조선(破庵祖先)의 법을 계승했다.

초산(焦山), 설두(雪竇), 육왕(育王), 숭산산림(嵩山山林) 등을 거쳐, 1233년 이종제(理宗帝)의 부름을 받고 입궁(入宮), 법요(法要)를 설하여 '불감선사(佛鑑禪師)'라는 호를 받았다.

쌍경사 몽암스님을 찾아뵙자 몽암스님이 물었다.
"어디 사람인가?"
"검주(劍州) 사람입니다."
"그렇다면 칼을 가지고 왔는가?"
이에 불감스님은 '악!'하고 할을 한 번 하였다.
몽암스님이 다시 말하였다.
"까마귀 머리가 말이 많군."
이는 불감스님의 머리카락이 유달리 까맣기 때문에 당시 사람들이 그를 '까마귀머리' 라고 불렀던 것이다.
그 후 파암스님을 시봉하였는데, 한 번은 겸도인이 법문을 들으러 방장실로 들어가는 차에 따라 들어갔다.

파암스님은 겸도인이 오는 것을 보고 물었다.
"요사이 원숭이는 어떠한가?"
"원숭이를 잡지 못하였습니다."
"잡아서 무엇 하려고?"

불감스님은 이 말을 듣고 가슴속이 활짝 열렸다.
다음은 파암조선 스님이 내린 전법게다.

진리는 곧기가 활줄과 같은데
무엇을 묵묵하고
무엇을 다시 말로 하려는가
내가 지금 잘 부촉하니
마음을 표하자면
본래 증득할 바가 없느니라.

간당행기(簡堂行機) 선사

六十餘年返故鄉　　沒踪跡處妙難量
眞風遍寄知音者　　鐵笛橫吹作散場

육십 여년 고향을 등졌는데
흔적 없는 곳에 생각키 어려워라
참 모습 아는 이
쇠피리 불어 죽을 곳 만들리.

[해설]

　송대 스님으로, 호는 간당(簡堂)이다. 양(楊)씨다. 풍모와 재주가
빼어났던 그는 25살에 출가했다. 성품이 맑고 온화하여 항상 자
비로웠다. 평생 육신의 안락함이나 영화, 명예를 멀리했다.
　혹 납자에게 조그마한 잘못이 있어도 덮어주고 보호하며
　"사람이라면 누군들 허물이 없겠는가. 허물을 고치는 데에 장점
이 있는 것이다."

　천태산 호국사(護國寺)에서 차암경원(此菴景元, 1094~1146) 선
사를 친견하고 체득한 바가 있었다. 그의 덕화가 널리 알려지면서
　한 젊은 스님이 법회 자리에서 대들듯이 물었다.
　"청정한 성품이 뭡니까? 당장 눈앞에 내 놓아 보십시오."
　"성미가 급하구나."

"성품자리를 보아 단박에 부처가 되는 것이 달마의 종지라 했습니다. 매일 청소나 하고, 농사나 짓고, 나무토막처럼 웅크리고만 있으니, 언제 해탈하고 언제 부처가 되겠습니까."

스님이 젊은 납자를 앞으로 불렀다.

"도를 배운다는 것은 나무를 심는 것과 비슷해서 작은 씨앗을 심어 정성스럽게 물을 주고, 거름을 주며 때를 기다려야지. 그렇게 세월이 지나 잎이 무성해져야 베어다 땔감으로 쓰고, 좀 더 자라면 서까래도 만들고, 더 자라면 기둥도 만들고, 더 오래 묵어야 대들보로 쓸 수 있지."

그러면서 스님은 환하게 웃으며 젊은 스님의 손을 잡고

"자네는 어떤 부처가 되고 싶은가? 땔감 부처가 되고 싶은가, 서까래 부처가 되고 싶은가, 아니면 기둥이나 대들보 부처가 되고 싶은가? 세상에 허튼 일이란 없어. 노력한 만큼 쓸모도 커지는 거야."

허당지우(虛堂智愚) 선사

八十五年　　佛祖不識
掉臂便行　　太虛絶跡

여든다섯 해
부처도 조사도 알지 못하네.
미련 없이 떠나노라
누리에 흔적 없이.

[해설]

　스님(1185~1269)의 호는 허당(虛堂). 경산에 살아 '경산지우(徑山智愚)'라고도 한다.

　환오 이후의 7세손으로 속성은 진(陳)씨다.

　열여섯 살 때 보명사(普明寺)로 출가하여 설두(雪竇), 정자(淨慈) 스님을 거쳐 금산(金山)에 이르러 운암보우의 법을 이었다.

　일본의 많은 스님들이 그의 문하에서 수행했다.

　저서로는 『허당화상어록(虛堂和尙語錄)』 10권이 있다.

종리(宗利) 선사

吾年九十頭雪白　　世相應無百年客
一相道人歸去來　　金臺坐斷乾坤窄

내 나이 구십, 머리는 눈이 내린 듯
세상에는 으레 백년객(百年客) 없네.
일상도인(一相道人)이 돌아감이여
금대에 앉으니 건곤이 비좁네.

[해설]
　송(宋)의 종리는 신성(新城) 벽소(碧沼)에 살면서 10년 동안 염
불삼매를 닦았다.
　나중에 도미산(道味山)에 들어가 암자를 짓고 일상(一相)이라고
불렀다.
　15년이 지나 어느 날 제자에게
　"내가 푸른 연꽃[碧蓮花]가 허공 속에 가득한 것을 보았다."하더
니, 3일 후에 다시
　"부처님이 오셨다."하고는 위의 게를 쓰고 조용히 입적하였다.

난계도륭(蘭溪道隆) 선사

用處晴術　　三十餘年
打飜筋斗　　地轉天旋

쓸 곳에 말끔히 씀이
서른 해 남짓
뒤집히고 곤두박질하니
땅과 하늘이 빙빙 도는구나.

[해설]
　스님(1213~1278)은 송대(宋代) 사천(四川) 출신으로 염(冉)씨
다. 열세 살에 출가하여 무준사범·치절도충(癡絶道沖)·북간거간(北
磵居簡)을 친견했다. 또 양산(陽山)으로 가 무명성(無明性)을 친견
하고 명주(明州), 천동(天童)에 닿았는데 일본에서 선종(禪宗)이 막
성행하고 있다는 소리를 들었다.
　1246년(33세)에 제자 의옹(義翁), 용강(龍江) 등을 데리고 일본
으로 건너와 큐슈와 교토에 머물며 임제종을 설파했다.
　건장사(建長寺)와 건인사(建仁寺)에 살았다.
　가을 어느 날 병이 보이더니 목욕하고 옷을 갈아입고는 결가부
좌를 하고 앉아 위의 게송을 읊고 바로 입적했다.
　나이 66세 때 '대각선사(大覺禪師)' 호를 받았다. '선사(禪師)'란
말은 이때부터 쓰이기 시작했다.

고봉원묘(高峰原妙) 선사

來不入死關16)　　去不出死關
鐵蛇17)鑽入海　　撞倒須彌山18)

와도 사관(死關)에 들어온 일이 없으며
가도 사관을 벗어나는 일이 없네
쇠로 된 뱀이 바다를 뚫고 들어가
수미산을 쳐 무너뜨리도다.

[해설]
　스님(1237~1295)은 강소(江蘇) 출신으로 성은 서(徐)씨이다.
　열다섯 살에 밀인사(密印寺) 법주(法主)스님을 의지하여 출가하
여 천태교학을 배웠다. 스물두 살에 단교묘륜(斷橋妙倫) 선사에게
가르침을 청하니 선사는 '만 가지 법이 하나로 돌아가니, 하나는
어디로 돌아가는고?(萬法歸一 一歸何處)'의 화두로써 수행하게 하
였다. 이 화두에 매달려 먹는 것과 잠을 잊은 채 참구했다.

---

16) 사관(死關): 고봉 스님께서 천목산에서 작은 집을 지어 16년간 문
　　턱을 넘지 않고 끝내 이곳에서 임종하셨는데 그 집의 이름.
17) 철사(鐵蛇) : 쇠 뱀. 선가(禪家)의 이야기 가운데 있는 술어.
18) 수미산(須彌山): 묘고(妙高)·묘광(妙光)·안명(安明)·선적(善積) 4주
　　세계의 중앙. 금륜(金輪) 위에 우뚝 솟은 높은 산. 둘레에 칠산팔
　　해(七山八海)가 있고 그 밖에 철위산이 둘려 있어 물속에 잠긴 것
　　이 팔만(八萬) 유순, 물 위에 드러난 것이 팔만 유순이며 꼭대기
　　는 제석천, 중턱은 사왕천의 주처이다.

설암조흠(雪巖祖欽, 1216~1287) 선사가 북간탑(北磵塔)에 계신다는 소식을 듣고 흔연히 품에 향을 품고 가서 그 문을 두드렸다. 조흠 선사는 '무엇이 너의 송장을 끌고 왔는가?'라며 오직 무(無)자만 공안하게 하였다.

그 뒤 쌍경(雙徑)에서 꿈속에 홀연히 단교 선사께서 제시한 화두에 의정(疑情)이 생겨 3일 밤낮을 눈을 붙이지 않았다. 하루는 소림(少林)의 기일(忌日)에 삼탑(三塔)에 나가 오조법연(五祖法演)의 영정에 붙인 찬(讚)을 보게 되었다. '백 년 삼만 육천 일, 되풀이 되는 것이 원래 이 놈이다(百年三萬六千朝 反復元年是無漢)'라는 구절을 읽는 순간, '송장을 끌고 다니는 이놈이 무엇인고? 라는 화두를 깨쳤다.

그 때 깨달음을 얻었다. 스물네 살이었다. 다음은 오도송이다.

原來只是舊時人　　不改舊時行履處

원래 다만 옛 사람이
옛 가던 곳을 바꾸지 않네.

그 뒤 몇 년 지나서 노스님(설암)을 따라 천녕(天寧)으로 가는 도중에 노스님이 물으시기를
"일간(日間) 좋은 때 주인을 얻는가?"
"주인을 얻습니다."
"잠이나 꿈속에서도 주인을 얻는가?"
"됩니다."
"푹 잠들었을 때 꿈도 없고 생각도 없고 보는 것도 듣는 것도 없을 적에는 너의 주인공이 어디 있는가?"
하시는데, 그만 꽉 막혀 대답할 말을 찾지 못했다. 노스님께서

"오늘부터 부처를 배우려고도 말고 법을 배우려고도 말고 옛 것을 궁구하고 지금 것을 분별하려고도 말라. 그저 배고프면 밥 먹고 곤하거든 잠자고 잠이 깨거든 정신을 차려 나의 일각(一覺)하는 주인공이 필경 어느 곳에 안심입명 하는가 라고 생각하라."

하셨다. 그러나 잘 되지 않았다.

스스로 결심하기를 '일생을 팽개치고 바보가 될지언정 이 도리를 명백히 하고야 말겠다.'고 서원하였다. 그 뒤 5년이 지난 어느 날 잠자리에서 옆의 스님이 목침(木枕)을 밀어붙이는 '툭탁' 하는 소리에 활연히 깨달았다.

스님은 항상 삼관어(三關語)를 문 앞에 써 붙여놓고 후학들을 제접하였다. 삼관어를 통과하지 못하면 문을 열어 만나주지도 않았다.

첫째, 밝은 해가 허공에 떠서 비추지 않는 곳이 없거늘, 무엇 때문에 조각구름에 가리었는가?

둘째, 사람마다 그림자가 있어서 한 걸음도 옮기지 아니하되, 무엇 때문에 밟혀지지 않는가?

셋째, 온 대지가 불구덩이이다. 무슨 삼매를 얻어야 불에 타지 않겠는가?

고봉원묘 선사는 계율에 엄격하였으며, 계율을 전수받은 사람이 수만 명에 이르렀다. 30년을 고봉산에 은거하여 '고봉고불(高峯古佛)'이라 불렸다.

저서로는 『고봉대사어록』 2권이 있다.

성종제(成宗帝) 원정(元貞) 원년(元年, 1295)에 대중에게 세상 인연이 다했음을 알리는 설법을 마친 후 입적했다.

무학조원(無學祖元) 선사

來亦不進　　　　去亦不後
百億毛頭獅子現　百億毛頭獅子吼

와도 또한 나아가지 못하고
가도 또한 물러나지 못하네.
백억 털끝에 사자가 출현하여
백억 털끝에 사자가 포효하네.

諸佛凡夫同是幻　若求實相眼中埃
老僧舍利包天地　莫向空山撥冷灰

부처니 중생이니 모두 꼭두각시
만약 진리를 구한다면 눈 속의 티끌이네
나의 사리는 천지를 덮었나니
부질없이 찬 잿더미 속에서 찾지 말지어다.

[해설]

　스님(1226~1286)의 자는 무학(無學) 또는 자원(子元)이다. 원오
(圓悟)의 4대손으로 명주(明州) 경원(慶元) 사람이다.
　무준사범(無準師範)의 아들이다. 항주(杭州)의 정자거간(淨慈居簡)
에게 출가하였다.

사범을 모시면서 나무판 두드리는 소리에 깨달음을 얻었고 대주(臺州) 진여사(眞如寺)에 살았다.

원병(元兵)이 난을 일으키자 온주(溫州)의 능인사(能仁寺)로 피하였는데 원(元) 병사가 칼날을 그의 목에 들이대도 얼굴색 하나 변하지 않고 다음의 게를 읊으니 병사가 칼을 쓰지 못하고 물러가 버렸다.

乾坤無地卓孤筇　　喜得人空法亦空
珍重大元三尺劍　　電光影裏斬春風

천지간에 외로운 지팡이 세울 땅 없으나 기쁘도다
나도 비었다[人空]는 것을 법공(法空) 모두 깨달았도다
원나라 시퍼런 칼로 내 목을 벤다하더라도
봄바람을 칼로 베는 그림자로다.

일본으로 건너가 건장사(建長寺)에 살다가, 시종(時宗) 장군이 원각사(圓覺寺)로 모셔 시조가 되었다.

시호는 '불광선사(佛光禪師)'이고 어록 몇 권이 남아 있다.

경당각원(鏡堂覺圓) 선사

甲子六十三　　無法與人說
任運自去來　　天上只一月

갑자생 예순셋
한 마디 설법도 한 적이 없다네.
스스로 오고 감이
하늘의 달처럼 떠있네.

[해설]
　스님(1244~1306)은 송조(宋朝) 사천(四川) 사람이다.
　환계(環溪) 스님의 유일한 제자로 그 법을 이었다.
　홍안(弘安) 2년 불광(佛光)을 따라 일본으로 건너가 북조씨(北條氏)의 귀의를 받아들여 흥선사(興禪寺)에 살다가 건인사(建仁寺)의 주지로 지냈다.
　시호는 '대원선사(大圓禪師)'이다. 제자로는 무운의천(無雲義千)이 있다.
　일본 선종 24파 가운데 하나로 알려져 있다.

서간자담(西礀子曇) 선사

來無所來　　去無所去
皎日麗天　　消風匝地

와도 오는 바가 없고
가도 가는 바가 없으니
태양이 하늘에서 빛나고
바람은 땅을 두루 하네.

[해설]
　스님(1249~1306)은 송대(宋代) 태주(台州) 출신으로 황(黃)씨이다.

　광경사(廣慶寺)로 출가하였으며, 키는 7척이나 되고 눈빛은 사람을 꿰뚫는 듯하였다.

　17세에 여러 지방을 다니며 석루(石樓), 석범(石帆)을 뵙고 석범의 법을 이었다. 1279년(30세)에 일본으로 건너가 성일(聖一), 난계(蘭溪)의 극진한 대우를 받았다. 그 다음 해 원(元)으로 돌아와 환계(環溪)를 따랐다. 1285년 태주 자암사(紫岩寺)에 살다 1299년(51세)에 일산일녕(一山一寧)에게 자리를 물려주고 다시 일본으로 건너가 건장사(建長寺)에 살았다.

　1306년 1월 28일 집정자(執政者) 진시(眞時)에게 이별을 고하는 게송을 맡겼다. 세수는 58세이다.

열당조은(悅堂祖誾) 선사

緣會而來　　緣散而去
撞倒須彌　　虛空獨露

인연이 되니 왔다가
인연이 다하여 가네.
수미산을 후려쳐 꺾어 버리니
허공이 홀로 드러나네.

[해설]

　열당조은(悅堂祖誾, 1234~1308)스님은 강서성 출신이다.

　임제종 스님으로 13살 때 출가하여 개석지붕(介石智朋)의 법을
이었다. 자세한 수행이력은 전해지지 않는다.

일산일녕(一山一寧) 선사

横行一世　　佛祖呑氣
箭已離絃　　虚空墜地

세상살이
부처와 조사의 기를 삼킴이여
화살은 시위를 떠나
허공은 땅에 떨어짐이여.

[해설]
　스님(1247~1317)은 원오(圓悟) 이후의 7세 손(孫)이다.
　절강(浙江) 대주(臺州) 사람으로 성은 호(胡)씨다.
　1299년 일본으로 건너가 건장사(建長寺) 등, 여러 절에 살다가
후에 칙명(勅命)에 의해 남선사(南禪寺)에 살았다.
　저술로는 『일산국사어록(一山國師語錄)』이 있다.

동리홍회(東里弘會) 선사

無始無終　　不生不滅
虛空消殞　　大海枯竭

비롯함이 없고 다함이 없다
남이 없고 죽음도 없다
허공을 태워 죽이니
바다가 말랐구나.

[해설]

　스님(?~1318)은 송대(宋代) 명주(明州) 사람이다. 어려서 출가하
여 여러 곳을 다녔다.

　월담원(月潭圓)의 법을 이어 받았다.

　1309년 일본으로 건너가 처음엔 선흥사(禪興寺)·건장사(建長寺)
에 살았다.

천목중봉(天目中峯) 선사

我有一句　　分付大衆
更問如何　　無本可據

나에게 한 말씀 있나니
대중에게 나누어 주노라
다시 묻노니 어떠한가
본시 아무 생각 없는 것을.

[해설]

　스님(1263~1323)은 항주(杭州) 출신으로 성은 손(孫)씨이다.
　열다섯 살에 출가해서 연비예불(燃臂禮佛)하고 『법화경』·『원각
경』·『금강경』 등 모든 경전을 섭렵하고 선정을 익혔다.
　참선을 하게 된 동기는 전등(傳燈)을 열람하다가 암마라녀(菴摩
羅女)가 만수(曼殊)에게 묻기를
　"생(生)이 불생(不生)인 이치를 분명하게 알면서도 무엇 때문에
생사에 유전하는가?"하는데 이르러 의문이 일어나던 차, 명산(明
山) 스님의 지시로 천목산 사자원(師子院) 고봉원묘(高峰原妙,
1238~1295) 스님을 찾아갔다. 고봉 스님은 평소 고고, 냉엄하셨
지만 스님을 보고서는 흔연히 맞이하였다.
　고봉 스님을 스승으로 사자원에서 구족계를 받고, 그 이듬해 흘
러가는 시냇물을 보고 깨달음이 있어 고봉 스님을 찾아갔으나 고

봉 스님은 오히려 때려 내쫓았다.

그때 민가에서는 동남동녀(童男童女)를 관가에서 선발해 간다는 유언비어가 돌고 있었는데 스님이 고봉 스님에게 묻기를

"갑자기 누가 와서 동남동녀를 가리라고 하면 스님께서는 어떻게 하시겠습니까?"

"나는 다만 그에게 죽비를 주겠다."

스님이 이 말씀에 크게 깨달았다. 이때 고봉 스님이 다음과 같은 진찬(眞讚)을 써 주었다.

我相不思議　佛祖不能視
獨許不肖兒　見得半邊鼻

내모양은 부사의(不思義)라
불조(佛祖)도 짐작 못 하나
오직 못난 우리 아이가
나의 코 반쪽을 본다.

그리고 법을 묻는 이들에게는 앞으로 스님에게 물으라고 시사하셨다.

영종제(英宗帝) 2년 선정원(宣政院)이 청하여 경산(徑山)에 머물게 하였으나 가지 않았다. 중가산(中佳山)에 띳집을 짓고 환주암(幻住庵)이라 하고 여기서 여생을 마치고자 하였다.

1323년 봄에 출가한 전후를 스스로 살펴 덧없는 자취를 이야기 한 뒤 뒷일을 부촉하였다. 어느 문안하는 이가 있어 스님이 말씀하기를 "주암은 천정이 새서 뚫어지고 울타리와 벽이 무너졌으니 오래 머무름은 불가하다(幻住庵上漏旁穿 籬坦壁倒 不可久住也)" 하였다.

학인들이 약 들기를 권하였으나 사양하며

"청산(靑山)과 백일(白日)이 인정에 굽히겠느냐." 하셨다.

그 해 8월 13일 외호하는 스님에게 별도로 글을 써 보냈다. 그리고 14일 위의 임종게를 쓰고 입적에 들었다. 세수 61세, 법랍 37세였다.

명종(明宗) 치화 2년에 '지각선사(智覺禪師)'라고 시호하였다. 또 순치(順治) 황제도 '보응국사(普應國師)'라는 시호를 내렸다.

스님의 저서 『신심명벽의해(信心銘闢義解)』는 우리나라 선원에서도 많이 읽히고 있었는데, 1976년 12월에 명정(明正) 스님이 번역하여 많이 유포되었다.

저서로 『어록(語錄)』이 있다.

원수행단(元叟行端) 선사

本無生滅　　焉有去來
氷河發燄　　鐵樹華開

본시 나고 죽음 없나니
어찌 오고감이 있으랴
찬물에 불꽃이 피나니
무쇠 나무에 꽃이 피는구나.

[해설]

　스님(1255~1341)은 대주(臺州) 출신으로 성은 하(何)씨이다.

　열두 살에 숙부가 승려로 있는 화성원(化城院)에 입산하였다. 열여덟 살에 구족계를 받았다. 뒤에 남쪽으로 가서 장수선진(藏叟善珍) 선사에게 참알하였다. 선진 선사가

　"너는 무엇하는 사람인가?"
　"태주(台州)"
　하니 선진 선사가 문득 할을 하셨다. 원수행단 선사가 좌구를 펴니 선진 선사가 다시 할을 하셨다. 원수행단 선사가 좌구를 거두니 그때 선진 선사가
　"너에게 30방을 주니 참배하고 가거라."
　하는 말씀에 깨달았다.

184

뒤에 삭봉산(朔鳳山) 자복사(資福寺)에 머무니 많은 학인들이 모여 들었다.

대덕(大德) 7년 성종(成宗) 황제가 '혜문정변선사(慧文正辯禪師)'라는 호를 내렸다.

순종황제(順宗皇帝) 지정(至正) 원년에 가부좌하고 입적에 들었다.

영산도은(靈山道隱) 선사

還源歌　　還源歌
還源一吹脫娑婆
哩哩囉

근원으로 돌아가는 노래나 부르자
근원으로 돌아가는 노래나 부르자
환원가를 한 번 부르며 사바세상을 벗어난다
리리라.

[해설]
　스님(1255~1325)은 항주(杭州) 사람이다.
　어려서 출가하여 설암(雪岩)을 친견하고 그의 법을 이었다. 설암
은 장주(漳州) 사람으로 54세에 강서(江西) 앙산(仰山)의 주인이
되었으며 법굴제일(法窟 第一)이라 불리었다.

　원(元) 세조(世祖)의 존경을 받았으며 72세에 입적하였다.
　제자로는 허곡(虛谷)·도량(道場)·고봉(高峰)·철우(鐵牛) 등이 있
다. 도은은 1319년 일본으로 건너가 건장사(建長寺)에 살았다.
　2월 2일 서거하니 세수는 71세이다.

청졸정징(淸拙正澄) 선사

毘嵐卷空海水立　　三十三天星斗濕
地神怒把鐵牛鞭　　石火電光追不及

아지랑이 하늘을 말아 바닷물에 서니
삼십삼천의 별들이 젖네
지신이 노하여 쇠 소를 채찍함이
번갯불보다 빠르구나.

[해설]

　스님(1274~1339)은 원대(元代) 복주(福州) 유(劉)씨이다. 열다섯에 출가하여 개원사(開元寺)에서 수계하였다.

　여러 지방을 다니며 호암(虎岩)·동암(東岩)·월정(月庭) 등을 친견했다. 고림(古林)·동해(東海)·축전(竺田) 등과는 함께 수행 정진을 했다.

　52세에 제자 영기(永鎮) 등과 함께 일본으로 건너가 남선사(南禪寺)에 살았다.

　1339년 정월 10일 입적하였다. 세수는 66세이다.

명극초준(明極楚俊) 선사

七十五年　　一條生鐵
大地紛碎　　虛空迸裂

일흔 다섯 해
한 가닥 무쇠
대지가 가루처럼 부서지고
허공은 쪼개져 튀어나온다.

[해설]

　스님(1262~1336)은 원대(元代) 명주(明州) 출신으로 황(黃)씨이다. 열두 살 때에 영암사(靈岩寺)로 가서 횡천기(橫川琪)·호암복(虎岩伏) 등을 만나 정진 후 호암의 법을 이어받았다.

　금릉(金陵) 봉성사(奉聖寺)로 출가하였다. 영은(靈隱)·천동(天童), 경산(徑山)·정자(淨慈) 등, 여러 산을 둘러보았으니 모두 그를 제일좌(第一座)라고 청하였다.

　67세에 일본으로 건너가 대판(大阪)에 광엄사(廣嚴寺)를 창건하였다. 건장사(建長寺)에 살면서, 1336년 9월 27일 앞의 게송을 남기고 입적했다.

석옥청공(石屋淸珙) 선사

靑山不著髑尸骸　　死了何須掘土埋
顧我也無三昧火　　先前絶後一堆柴

청산이 썩은 시체를 두지 않나니
죽은 뒤 흙을 파랴
나를 돌아보며 삼매화 없고
앞을 보매 한 무더기 장작 없구나.

[해설]
　스님(1272~1352)은 소주(蘇洲) 출신으로 성은 온(溫)씨이다.
　20살 때 본주(本州)의 숭복사(崇福寺) 영유(永惟)스님을 의지하
여 출가 하였다. 다시 3년 지나 구족계를 받았다.
　하루는 어느 스님이 지팡이 짚고 삿갓을 쓰고 지나가는데, 스님
이 어느 곳에 계시는가 물었다.
　"나는 지금 천목산(天目山) 고봉원묘(高峰原妙, 1237~1295) 스
님을 뵈러 가는 길이니 같이 가겠는가?" 하시기에 흔연히 함께
가서 고봉스님을 뵈었다.
　고봉스님이
　"너는 무엇하러 왔는가?"
　"큰 법을 구하러 왔습니다."
　"큰 법을 어찌 쉽게 구하겠는가?"

"제가 오늘 스님을 뵈오니 큰 법을 어찌 숨깁니까?"

고봉스님은 묵연히 법기임을 알고 '만법귀일(萬法歸一)'의 화두를 주었다. 3년을 정진하였으나 계합하지 못하여 다른 곳으로 떠나려 하였다. 고봉스님이

"호주(湖州) 도량사(道場寺) 급암(及庵)스님에게 가서 수행하여라."

급암스님을 뵈니

"어디서 왔는가?"

"천목산에서 왔습니다."

"무엇을 지시하던가?"

"만법귀일입니다."

"네가 아는 것이 무엇인가?"

스님이 대답을 못하였다. 급암스님이

"이는 사구(死句)니라."

스님이 간절히 지시를 구하였다.

"부처님 계신 곳에 머물지 말고 부처님 없는 곳에 급히 달아나는 뜻이 무엇인가."

스님이 대답하였으나 계합하지 못하였다.

"이것 또한 사구(死句)로다."

스님은 알지 못하는 사이에 땀이 흘렀다. 뒤에 입실하니 다시 앞에 있었던 이야기로 질문하셨다. 스님이

"마상견로(上馬見路)입니다."

스님이 웃으며

"6년을 머물러도 아는 게 이것뿐인가?"

하시는 말씀에 분발하여 떠났다가 길에서 머리를 들어 바람이 부는 것을 보고 활연히 깨달았다. 돌아와 급암스님에게

"부처님 계시는 곳에서 머물지 않으니 이것은 사구(死句)요, 부처님 머물지 않는 곳에서 급히 지나침도 사구입니다. 제가 오늘 활구(活句)를 알았습니다."

"네가 무엇을 알았는가?"

스님이 게송으로 대답하였다.

다음은 오도송이다.

清明時節雨初晴　　黃鶯枝上分明語

청명한 시절에 비가 개이고
노란 앵무새는 나무 위에서 노래하는구나.

그때야 스님께서 인가하셨다.

뒤에 하무산(霞霧山)에서 초암을 짓고 천호(天湖)라 이름 하였다. 여가에 게송을 엮었으니 〈산거가(山居歌)〉가 그것이다. 당호(當湖)에 복원선사(福原禪寺)를 새로 지어 스님을 모시려 하였으나 응하지 않았다. 그때 평산처림(平山處林)스님이

"승려란 마땅히 법을 펴는 게 중대한 의무인데 혼자서 한가히 지냄이 될 말이냐."

라고 하시어 이에 번연히 일어나 후학들을 제접하기 7년간 하시었다. 이때 우리나라의 백운경한(白雲景閑, 1299~1375) 스님과 태고보우(太古普愚, 1301~1382) 스님이 각각 전법제자가 되었다. 그 뒤 늙었음을 핑계하여 천호(天湖)에 다시 은거하였다.

원나라 순종(順宗)황제가 스님의 법과 덕을 사모하여 향(香)을 보내고 황후가 금란가사를 보냈다.

지정(至正) 12년(1352년)에 세상 인연이 다했음을 알리고 앞의 게송을 남겼다.

스님이 세상을 떠나면서 백운경한스님에게 전해줄 것을 부탁한

사세송(世辭頌)이다.

白雲買了賣淸風　　散盡家私撤骨窮
留得一間芽草屋　　臨行付與丙丁童

흰 구름을 사려고 맑은 바람을 팔았더니
살림살이가 바닥나서 뼈에 사무치게 궁색하네
남은 건 두어 칸 띠로 얽은 집 하나뿐이니
세상을 떠나면서 그것마저 불 속에 던지노라.

천암원장(千巖元長) 선사

平生饒舌   今日敗闕
一句轟天   正法眼藏

평생토록 많은 말을 했지만
오늘은 입을 꼭 다물겠다
그러나 하늘을 진동하는 꼭 한 마디만은 하겠노라
정법이 안장.

[해설]
　스님(?~1357)의 자는 ‘무명(無明)’이고 월주(越州) 출신이다. 동(董)씨다. 열아홉 살에 영지사(靈芝寺)로 출가하였다. 영은사에 살다 무주(婺州) 우룡산(優龍山)으로 옮겨 살았다.
　특히 우리나라 나옹혜근(懶翁慧勤, 1320~1376) 스님은 중국 각지를 편력하다 평산처림(平山處林)과 천암원장으로부터 선의 요체를 배웠다.
　시호는 ‘불혜원감(佛慧圓鑒)선사’이며, 사호(賜號)는 ‘보응묘변(普應妙辨)’이다.

초석범기(楚石梵琦) 선사

眞性圓明　　本無生滅
木馬夜鳴　　西方日出

참 성품은 밝고 둥글어
본래 생멸이 없나니라
나무 말이 밤에 울어
서쪽에서 해가 뜨나니.

[해설]
　스님(1296~1370)은 명주(明州) 출신으로 성은 주(朱)씨이다.
　네 살에 부모를 잃고 아홉 살에 천녕(天寧) 영조사(永祚寺) 눌옹
(訥翁)스님을 의지하여 입산하였다. 처음은 경전을 배웠다.
　하루는 『수능엄경(首楞嚴經)』을 읽다가 깨달은 바 있었다. 그때
가 스무 살 때이다. 그 뒤 스승을 의지하지 않고 많은 경전을 보
았다.
　원수행단(元叟行瑞, 1255~1341)선사가 경산(徑山)에 계심을 알
고 찾아가니 계합하는 바가 없었다. 6년이 지난 어느 날 잠자고
일어나 새벽 북 두드리는 소리를 듣고 활연 대오하였다. 이때 웃
으며
　"경산의 콧구멍이 오늘 나에게 왔다"고 하였다.
　홍무(洪武) 3년에 가부좌하고 앞의 게송을 쓰고, 몽당(夢堂)스님

194

에게

"사형님 나는 오늘 갑니다."

"어디로 가는가?"

"서쪽으로 갑니다."

"서쪽에는 부처님이 계시고 동쪽에는 부처님이 없는가?"

이에 스님은 큰 소리로 할! 하고 가셨다.

걸봉세우(傑峰世愚) 선사

生本無生　　滅本無滅
撒手便行　　一天明月

남이란 본래 남이 없으며
죽음이란 본래 죽음 없나니
두 손 털고 훨훨 떠나니
하늘엔 둥근 달만 외로이 떠 있네.

[해설]

　스님(1301~1370)은 서안(西安)에서 출생, 성은 여(余)씨이다.

　어머니 모(毛)씨의 꿈에 관세음보살이 청의동자(靑衣童子)를 보
내온 것을 보고 스님을 잉태하셨다.

　스님은 어려서부터 불탑에 예배하기를 좋아하였다.

　20살에 고악(孤嶽)스님을 의지하여 입산하고 피를 뽑아 금강경
을 써서 스님께 올렸다.

　고애(古崖)스님과 석문(石門)스님에게 법요를 듣고 주야로 정진
하여도 계합하지 못하더니 뒤에 지암(止巖)스님에게 '마음도 아니
고 부처도 아니고 물건도 아니다'는 화두를 교시 받아 정진하더니
드디어 의정(疑情)을 일으켜 침식을 잊을 정도였다.

　어느 날 좌선하고 앉았는데, 옆의 스님이 읽는 〈증도가〉 중 '망
상도 제하지 아니하고 진(眞)도 구하지 아니한다.'는 구절을 듣고

활연 대오하였다. 그리하여 다음의 오도송을 남겼다.

時時觀面不相逢　娘生氣力喫盡窮
夜半忽然忘月指　虛空撰出日輪紅

때때로 얼굴을 맞대어도 서로 만나지 못하고
부모에 받은 기력 바닥까지 다 하였네
깊은 밤 홀연히 달 가리킨 손 잊으니
허공은 한 바퀴 붉은 해를 선출했나니.

지암스님의 인가를 받고 3년을 섬기다가 서안(西安) 복혜사(福慧寺)를 중창하였다. 시호는 '불지홍변(佛智弘辯)선사'다.

명 태조 3년, 군수 황씨의 수륙재에서 돌아와 대중에게
"힘써 정진하여 입도(入道)하라" 이르고, 위의 임종게를 남겼다.

노중무온(恕中無慍) 선사

七十八年　　無法可說
末後一句　　露柱饒舌
嗚

칠십팔 년을
한 법(法)도 이야기 하지 않았는데
마지막 한 구절이
드러나 시끄럽네
애닯아라.

[해설]
　스님(1308~1386)은 태주(台州) 출신으로 성은 진(陳)씨이다.
　호는 영산(靈山) 또는 공실(空室).
　경산(徑山)의 원수행단(元曳行端, 1255~1341)선사에게 득도하
였다. 제방의 큰 스님네를 10년 동안이나 두루 찾아 수행하였으
나 얻은 바 없었다.
　대주(臺州) 자택산(紫擇山)의 축원묘도(竺元妙道, 1257~1345)
선사에게 참문하였다. 묘도(妙道)선사는 40년간 산에서 내려오지
않았던 스님으로, 밀암함걸(密庵咸傑, 1118~1186) 선사의 4대손
이다.
　묘도선사를 찾아가서 의문을 물으려하니 묘도선사가 할을 하였

다. 그 할 소리에 문득 깨달았다. 그때의 오도송이다.

狗子佛性無　　春色滿皇都
趙州東院裏　　壁上掛胡蘆

개에게 불성이 없음이여
봄빛이 장안에 가득하구나
조주의 동원 속에
벽에 호로박을 걸도다.

홍무(洪武) 19년에 조금 앓더니, 문병 온 스님과 선(禪) 이야기를 나누다가 그 자리에서 단정히 앉아 입적했다.

지근(智勤) 선사

今年五十五　　脚未蹋寸土
山河是眼睛　　大海是我肚

올해 쉰다섯
발에는 한 치의 흙 밟지 않았다
산하는 내 눈동자
큰 바다는 내 배(肚)이다.

[해설]

　스님의 행적은 없다.

　위의 게송은 열반송은 아닌 것 같다. 열반 몇 년 전에 열반을
예측하고 쓴 것 같다.

　스님의 법어가 있다.

　어느 스님이

　"어떤 것이 빈손에 호미를 잡은 것입니까?"

　"그렇게 꼭 믿기만 하라"

　"어떤 것이 걸으면서 물소를 타는 것입니까?"

　"그대는 어디서 왔는가?"

　경업(經業: 太平興國 4년 연례행사로 승려들에게 경전의 실력을
테스트 한 일)을 할 때 스님은 이름을 쓰지 않았다.

　통판(通判) 이헌(李憲)이

"선사여, 세존께서도 글을 아셨습니까?"
"천하 사람이 다 안다."

　순화(淳化) 초 어느 날, 병도 없었는데 목욕물을 준비시켜 목욕하고는 세상 인연이 다했음을 알리고 앉은 그대로 원적하셨다.
　본산(本山)에 탑을 세웠는데 3년 지나서 문인들이 탑을 뜯고 무덤[龕]을 열어보니 살아생전 모습 그대로 머리카락도 자라 있었다. 그 후 다시 새 탑에 모셨다.

청교(淸皎) 선사

吾年八十八　　滿頭垂白髮
顗顗[19]鎭雙峯　　明明[20]千江月

黃梅[21]揚祖教　　白兆承宗訣
日日告兒孫　　勿令有斷絶

내 나이 여든 여덟이면
머리는 흰 터럭이 덮이리니
몽싯 몽싯한 안산의 쌍봉이요
밝고 밝은 천 강물이 달이라.

황매께서 조사의 가르침을 폈는데
백승이 받들어 퍼뜨린다
날마다 자손들에게 알리노니
끊임이 없도록 하라.

---

19) 옹옹(顗顗): 온건하고 깊이 삼감. 물결이 높은 모양.
20) 명명(明明): ① 아주 환하게 밝음. 〔詩經〕 明明上天, 照臨下土. ②
　　명덕(明德)이 있는 사람을 밝혀 등용함.
21) 황매(黃梅): 인도의 히말라야 산을 영축산 또는 황매산이라고 함.
　　황매산의 약자로 쓴 것인데, 즉 부처님을 의미함.

[해설]

스님은 복주(福州) 출신으로 성은 왕(王)씨이다.

처음엔 정주 태양산(太陽山) 제2세 주지로 있었다.

어느 스님이

"스님은 누구의 곡조를 부르며, 종풍(宗風)은 누구의 것을 이으셨습니까?"

"해사암(楷師岩) 곁에 상서로운 구름이 있고, 보수봉(寶壽峰) 앞에 법의 우레가 울린다."

뒤에 근주 사조산 제1세 주지로 계셨다.

위의 게송은 스님이 일흔 살 때 세상 인연의 다함을 예언하며 쓴 것이다. 순화(淳化) 4년 8월 23일 입적하였다. 그때 여든 여덟이었다.

그러니까 임종하기 18년 전에 열반을 예측한 것이다.

명초덕겸(明招德謙) 선사

鼇刀叢裏逞全威　　汝等應當善護持
火裏鐵牛生犢子　　臨岐誰解溱吾機

칼끝이 총총한 속에 위력을 내어
그대들은 이 일을 잘 지녀라
불 속의 무쇠 소가 새끼를 낳으니
갈림길에 뉘라서 나의 참뜻 알리요.

[해설]
　스님의 행적은 살펴 볼 길 없다. 그러나 어록이 돋보인다.
　어느 스님이
　"사자가 굴에서 나오기 전에 어떠합니까?"
　"날쌘 새매도 쫓지 못한다."
　"굴에서 나온 뒤는 어떠합니까?"
　"만 리에 분분하게 설친다."
　"나오려다 나오지 못할 때 어떠합니까?"
　"험준하다."
　"위로 향하는 일이 어떠합니까?"
　"잡[簾]"
　"어떤 것이 법신을 꿰뚫는 한 구절입니까?"
　"북두 뒤에서 몸을 뒤치느니라."

204

"12시 가운데 어떻게 향해 나아갑니까?"

"금강을 땅 위에서 던지라."

"문수와 유마가 마주 앉아 무엇을 이야기했습니까?"

"이미 갈건(葛巾)과 사모(紗帽)를 벗어 저쪽으로 던졌다."

"어떤 것이 스님의 가풍(모습)입니까?"

"꼭꼭 씹어서 맛보는 이의 솜씨가 좋으니라"

"연기 없는 불을 어떤 사람이 쪼입니까?"

"눈썹을 아끼지 않는 사람이다."

"화상께선 쪼이실 수 있습니까?"

"그대는 나에게 몇 개의 눈썹이 있다고 여기는가?"

스님은 명초산(明招山)에서 40년간 후학들을 제접하셨다.

그리고 수많은 법어와 거량이 있었다.

이 세상 인연이 다했음을 알고 상당(上堂)하여 대중에게 알렸다.

그날 밤 발을 펴면서 시자에게

"옛날 석가여래는 두 발을 내 보이면서 백 가지 보배 광명을 놓으셨는데 오늘 나는 얼마나 되는 광명을 놓는다고 여기는가?"

"옛날의 학림(鶴林)이 오늘의 화상입니다."

스님이 손으로 눈썹을 쓰다듬으며

"나를 저버리는 것이 아닌가?"

하시고 앞의 게송을 읊었다.

게송을 마치고 편안하게 앉아 조용히 떠나셨다.

청활(淸豁) 선사

世人休設路行難　　鳥道羊腸咫尺間
珍重苧谿谿畔水　　汝歸滄海我歸山

사람들아 갈 길 어렵다 말하지 말라
좁고 구부러진 길 바로 거기 거기더라
저 계곡의 개울물 잘들 가거라
그대는 바다로 나는 산으로.

[해설]
　스님은 복주(福州) 사람이다. 어려서 슬기롭고 영특하였다.
　고산(鼓山) 흥성(興聖) 국사를 의지하여 입산한 뒤 대장산(大章
山) 계여암주(稧如庵主)에게 참문(參問)하였다. 어느 날 수룡스님이
물었다.
　"스님은 어떤 존속을 보고 왔으며, 거기서 얻은 바가 있는가?"
　"일찍이 대장(大章)대사를 뵙고 믿을 자리를 얻었을 뿐입니다."

　이에 수룡 스님이 상당(上堂)하여 대중들에게
　"청활 스님은 나와서 향을 피우고 얻은 바를 말하라."
　"향을 피워 들었으나 아직 깨닫지는 못했습니다."
　수룡 스님은 퍽 만족하셨다.
　어느 스님이

206

"가난한 집에 도적을 맞았을 때엔 어떠합니까?"

"다 가져가지는 않는다."

"어째서 다 가져가지 않습니까?"

"도적이 원래 그 집의 어버이니라"

"어버이라면 어째서 도적이 되었습니까?"

"안에서 호응하는 이가 없으면 밖에선 어쩔 수 없다."

"갑자기 그를 잡아 없애면 공은 뉘 게로 돌아갑니까?"

"상을 준다는 말은 듣지도 못했다."

"그러면 수고하여도 공은 없겠습니다."

"공은 없지 않으나 이룬다 하여도 차지하지 않는다."

"이미 공을 이루었다면서 왜 차지하지 않습니까?"

"듣지 못했는가. 태평은 원래 장군은 이룩하지만, 장군이 태평을 누리지 못한다."

"어떤 것이 서쪽에서 오신 뜻입니까?"

"변방 사람이 우는데 본토 사람이 슬퍼한다."

스님이 세상 인연이 다 되었음을 알고 함께 있던 대중을 두고 혼자 산으로 들어가 때를 기다릴 때, 저계(苧谿)의 돌다리를 건너면서 앞의 게송을 지었다. 어찌 생각하면 은밀한 의미의 임종게가 아니다. 하지만 임종의 시일을 알고, 또 그 준비의 하나로 쓴 것이다. 열반의 모습이 특이하여 수록하였다.

스님은

"내가 죽으면 시체를 날짐승들에게 보시하여라. 탑을 쌓거나 무덤을 하지 말아라."고 간곡한 부탁을 한 후, 호두산(湖頭山) 반석 위에 앉아 담연히 떠났다. 제자 계인(戒因)이 산에 가서 우연히 스님의 좌탈입망한 모습을 발견하였다. 유언에 따라 7일을 두었으나 벌레가 생기지 않았다.

현응정혜(玄應定慧) 선사

今年六十六　　世壽有延足
無生22)火熾然　　有爲23)薪不續
出谷與歸源　　一時俱備足

올해 예순여섯
세상 수명은 길고 짧음이 있나니
무생(無生) 불은 타오르고
유위의 장작불 끊으려 한다.
골짜기에서 나오거나 근원에 돌아감이
모든 것이 동시에 갖추어지리.

[해설]
　스님은 천주(泉州) 진강현(晉江縣) 사람이다. 성은 오(吳)씨이다.
　어려서 출가하여 개원사(開元寺) 구불원(九佛院)에서 구족계를
받고 대장경을 다 보았다. 백주 백룡도회 스님을 뵙고 마음자리를
깨달았다.

---

22) 무생(無生): 모든 법의 참 모습은 생멸이 없다는 것. 아라한, 열반
　　의 뜻. 다시 생을 받지 않는다는 뜻.
23) 유위(有爲): 인연으로 말미암아 지어지는 모든 현상, 이런 현상에
　　는 반드시 생(生)·주(住)·이(異)·멸(滅)의 형태가 있다. 구사(具舍)
　　의 75법 중 72법. 유식(唯識)이 백법 중 94법 생멸하는 온갖 법
　　의 총칭.

청활(清豁)스님을 뵈니 서로 뜻이 같으므로 청활스님의 주선으로 청양산(靑陽山)에서 20여년을 지냈다.

그 뒤 보구원에 계셨다. 어느 스님이

"어떤 것이 제일의(第一義) 입니까?"

스님의 대답이

"어떤 것이 제일의인가?"

"학인이 스님께 여쭈었는데 어째서 스님께선 학인에게 거꾸로 물으십니까?"

"그대가 아까 물은 것이 무엇이지?"

"제일의입니다."

"그대는 거꾸로 물었다고 여기는가?"

"어떤 것이 옛 부처님의 도량입니까?"

"올 여름에는 1,500명의 스님이 있다."

개보(開寶) 8년에 스님이 세상인연이 다 했음을 알고, 입적 8일 전에 모든 인연 있는 사람에게 알리고 이 게송을 썼다.

임종할 시각이 되어

"내가 죽거든 상복을 입거나 울어서 어지럽게 하지 말라"

이 말씀을 마치고 앉은 그대로 열반에 들었다.

스님의 문도는 1,500명이나 되었다.

서봉지단(瑞峰志端) 선사

來年二月二　　別汝暫相棄
蕪灰散四林　　勿占檀那地

내년 이월 이일에
그대들을 버리고 떠나리니
태운 재가 사방에 흩어져
시주의 땅을 차지하지 않게 하라.

[해설]
　여기 수록된 게송은 예언 게송이다.
　스님은 복주 출신으로 그곳 남간사(南澗寺)에서 수행하였다.
　스물네 살 때에 명진(明眞) 스님을 찾아갔는데, 어느 날 어떤
스님이 명진 스님에게
　"어떤 것이 만상 가운데 홀로 드러난 몸입니까?"
　하니 명진스님은 잠자코 한 손가락을 세웠으나, 물었던 스님은
알지 못했다. 이 광경을 보고 스님은 크게 깨달았다.
　명진 스님에게
　"아까 그 스님이 묻던 것을 저는 알만 합니다."
　"그대는 어떤 도리를 보았는가?"
　스님도 한 손가락을 들고서 말했다.
　"이게 무엇입니까?"

이를 보고 명진스님이 아주 흡족해 하셨다.

스님이 개보(開寶) 원년 8월에 앞의 예언적 게송을 지어 두었다. 이 게송이 시자에 의하여 전해졌다.

과연 이듬해 2월 초이튿날 스님은 평소와 같이 공양을 마치고 상당(上堂)하여 대중을 하직했다.

이때에 원응(圓應)스님이

"구름도 노을도 근심에 싸이고, 대중이 슬퍼하는데 스님께서 한 마디 이별의 말씀도 없으시니 일러주시기를 청합니다."

스님이 발 하나를 들어보였다. 이에 원응스님이

"법의 거울이 여기에 임하시지 않으면 보배 달은 다시 어디를 비치겠습니까?"

"그대의 경계가 아니다."

"그러면 거품이 났다 꺼져도 다시 물로 돌아가고 스님께서 가시나 오시나 본래 그대로 이겠습니다."

스님이 기침 소리를 냈다. 다시 어느 스님이 몇 가지 일을 물으니 스님은 모두 대답한 뒤에 자리에서 내려와 방장으로 돌아갔다. 해시(亥時)가 되니

"세존께서 열반에 드신 날이 언젠가?"

대중스님들이 모두 대답했다.

"2월 15일 자시(子時)입니다"

"나는 지금 자시 전에 간다."

말을 마치자 원적하셨다.

남악현태(南嶽玄泰) 선사

今年六十五　　四大將離主
其道自玄玄　　簞中無佛祖

不用剃頭　　不須澡浴
一堆猛火　　千足萬足

올해 육십 다섯
사대가 주인을 떠나려 하나니
도는 본래부터 깊고 깊어
거기는 부처도 조사도 없나니.

머리를 깎지 말고
목욕도 시키지 말라
한 무더기 사나운 불길이면
천만 번 만족하리.

[해설]

　스님의 자세한 행적은 없다. 평소 한 번도 비단옷을 입지 않으
셨다.

　처음 덕산스님을 뵈었다. 뒤에 석상(石霜)스님을 친견하고 입실
하였다. 문도(門徒)를 기르지 않기로 맹세하였다. 찾아오는 이들을

전부 평범한 도반으로 대하였다.

　임종할 때가 되어도 주변에 아무도 없었다. 몸소 문 밖에 나가 스님 한 분을 불러 화장 준비를 부탁하고 위의 게송을 말했다. 게송을 마치고 단정히 앉아 한 발을 드리우고 떠났다.

미령(米嶺) 선사

祖祖²⁴⁾不思義　　不許常住世
大衆審思惟　　　畢境只這是

조사(祖師)들이 부사의 하셔서
세상에 늘 있기를 허락치 않나니
대중은 잘 생각해 보라
끝끝내 이것뿐이다.

[해설]

　스님의 자세한 모습은 보이지 않는다. 다만 법문 한 구절만이
있다.

　어느 스님이 스님에게 묻기를

　"어떤 것이 누더기 밑에서 할 일입니까?"

　"더럽거든 그대 마음대로 혐의하라마는 구름이나 노을빛이 되지
는 않는다." 하시었다.

　스님이 열반에 들기 전에 앞의 게송을 남기셨다고 한다.

---

24) 조조(祖祖): 조사(祖師)와 조사. 조사는 한 종파의 선덕(先德)으로써
　　후세 사람들의 귀의, 존경을 받는 스님. 보통 한 종파를 세운 스
　　님을 말함.

지통(智通) 선사

擧手攀南斗　　廻身倚兆辰
出頭天外見　　誰是我般人

손을 들어 십자성 더듬고
몸을 뒤쳐 북극성에 기댄다
머리를 내밀어 하늘 밖에서 보노니
누가 나와 같은 사람이던가.

[해설]

　귀종사(歸宗寺)에 있으면서 차례로 법당을 도는 일이 있었는데, 그것을 하다가

　"나는 이미 크게 깨달았다."

　고 선언하였다.

　귀종(歸宗)스님이

　"그대는 어떤 도리를 보았기에 크게 깨달았다고 하는가?"

　"비구니는 원래 여자로써 된 것입니다"

　이에 귀종스님이 묵묵히 인가하시었다.

　법화사(法華寺)에서 임종할 때에 앞의 게송을 남겼다.

목진종랑(木陳從郞) 선사

三十年來住木陳　　時中無一假功成
有人問我西來意　　展似眉毛作麼生

삼십년간 목진산에 살았지만
그동안 이룬 공 하나 없네
누군가가 나에게 서쪽에서 온 뜻을 묻는다면
눈썹을 깜짝인들 무엇하리요.

[해설]

　스님은 당나라 때의 인물로, 조주의 제자로 알려져 있지만 정확하지가 않다. 행적에 관한 것은 깨끗이 없는가 보다. 다만 법문한 구절만 잡힌다.

　어느 스님이

"둥우리의 학을 놓아주어 구름 곁으로 날아간 때가 어떠합니까?"

"나는 한 빛이 아니라고 여긴다."

　금강(金剛)이 쓰러지니 어느 스님이

"자신이 금강이면서 어찌하여 쓰러집니까?"

　스님이 선상(禪床)을 두드리며

"행(行)·주(住)·좌(坐)·와(臥)가 아니냐."

위산법보(潙山法寶) 선사

八十翁翁輥繡毬　　輥來輥去不知休
如今輥向千峰頂　　坐看潙山水牯牛

팔십 노인 힘겹게 비단 공을 굴리는데
굴리고 또 굴리며 그칠 줄 몰랐네
이제는 천봉 꼭대기로 굴리며
위산의 수고우(水牯牛)를 타고 앉으리.

[해설]
자세한 행적을 알 수 없다. 대혜(大慧) 스님의 법제자이다.
어려서 출가했다.
만년에 대혜산에서 살았다.

소산광인(疎山光仁) 선사

我路碧空外　　白雲無處閑
世有無根樹　　黃葉風送還

나의 갈 길은 푸른 하늘 저쪽
흰구름 한가하여라
세상엔 뿌리 없는 나무 있어
바람 곁에 가랑잎만 오락가락 하누나.

[해설]

　스님의 자세한 행적은 찾을 수 없다. 다만 키가 작았던 모양이
다. 그러나 말씨가 능숙하였다. 어느 스님이
　"어떤 것이 부처님들의 스승입니까?"
　"왜 소산(疎山) 늙은이에게 묻지 않는가?"
　스님이 나무로 만든 뱀[木蛇]를 가지고 있으니, 어느 스님이
　"손에 있는 것이 무엇입니까?"
　스님이 번쩍 들면서
　"조(曹)씨네 딸이다"
　"어떤 것이 화상의 가풍입니까?"
　"자 가웃되는 머리 수건이니라"
　"어떤 것이 자 가웃되는 머리 수건입니까?"
　"둥근 속에서 얻을 수 없는 것이니라."

218

소산선사가 말 잘하기로 유명한 백두인이라는 스님의 속을 떠보기 위해

"말 잘하는 백두인이 아니냐?"

"부끄럽습니다."

"그래 입이 얼마나 되느냐?"

"온 몸 전부입니다."

"그렇다면 똥오줌은 어디에다 싸느냐?"

"스님 입 속에다 싸겠습니다."

"내게 입이 있다면 내 입 속에다 싸겠지만, 내게 입이 없으면 어디에 누겠느냐?"

이 말에 말대꾸를 못하자 소산선사는 그 스님을 곧바로 후려쳤다.

운문선사는 이 백두인 스님에 대해

"말을 해서 속을 들키는 중 같으니, 몽둥이 30대는 맞아야겠구나. 사자새끼라고 하려던 참이었는데…" 라고 했고, 소산선사에 대해서는

"소산이 오늘은 얼음처럼 녹고 기와처럼 부서져버렸다."고 했다.

저서로 『사대송(四大頌)』·『약화엄장자론(略華嚴長者論)』이 있다.

회암혜광(晦菴慧光) 선사

叢林毒種元聰侍者　　卭耐吾宗滅汝邊也
吾今高枕百無憂　　　聰汝時撾塗毒鼓25)

총림의 독종 원총 시자야!
우리 종문을 일으키지 못하면 너에 가서 우리는 멸망하리
나는 편히 누워 아무런 근심 없으니
총아! 너는 수시로 도독고를 울려라.

[해설]
귀봉사 주지를 오래 하였다.
설당도행(雪堂道行)스님의 법을 이었다.
세상 떠날 때 원총(元聰)이란 제자에게 남긴 게송이다.

---

25) 도독고(塗毒鼓): 표면에 독을 발라놓은 북인데, 그 북소리를 듣는
　　사람은 모두 죽는다고 한다.

자백진가(紫柏眞可) 선사

一笑由來別有因　　那知大塊不容塵
從茲收拾娘生足　　鐵樹花開不待春

내가 한 번 웃음은 본디 까닭이 있나니
어찌 알았으랴, 천지가 이 몸 용납지 않을 줄을
이제 어머니 낳아주신 몸 거두려 하니
무쇠나무에 꽃 핌은 봄을 기다리지 않아도 좋으리라.

[해설]
　자백진가(紫柏眞可, 1543~1603)스님은 17세에 출가했다.

　진가스님은　연지주굉(蓮池袾宏, 1535~1615)·감산덕청(憨山德淸, 1546~1623)·우익지욱(藕益智旭)과 함께 명나라 '4대 고승'으로 불리었다. 이 네 사람은 한결 같이 평생 염불로 화두를 삼았다.

　감산덕청과 함께 대장경을 간행했다. 불교를 중심으로 유교와 도가(道家) 등을 아우르는, 모든 종파의 주장을 상호보완적인 관점에서 통합하려고 노력하였다.

　저서로 『자백존자전집』 30권이 있다.

청조(淸照) 선사

彌陀口口稱　　白毫念念想
持此不退心　　決定生安養

입으로는 미타를 부르고
생각으로는 백호를 생각하라
이렇게 하여 나태한 마음이 없으면
반드시 안양에 왕생하리.

[해설]

　송(宋)나라 스님으로, 법명은 혜형(慧亨)이다. 호를 '청조율사'라
하였다. 무림(武林) 연수사(延壽寺)에 살았다. 처음에는 영지(靈芝)
를 의지하여 계율을 읽혔으나 60년 동안 정업(淨業)만을 닦았다.
사람을 대할 때마다 반드시 염불을 권장하였다.

　송나라의 호인거사는 관직이 선의(宣義)였다
　평소에도 불법을 믿었으나 극락정토를 알지 못하다, 나이 84세
가 되어 병이 들었다. 그의 아들이 청조율사를 맞이하여 가르침을
간청하였다
　청조율사가 호인거사에게 물었다
　"공은 안심입명(安心立命)할 곳을 아십니까?"
　"마음이 깨끗하면 불토도 깨끗할 것입니다."

"공은 평생을 스스로 돌아보아 잡념에 물 든 적은 없습니까?"

"세간에서 사는 몸이 어찌 잡념이 없을 수 있겠습니까"

"그렇다면 어떻게 마음이 청정하고 국토가 청정할 수 있겠습니까"

"한 번 아미타부처님 명호를 부름으로 해서 어떻게 능히 80억 겁의 생사중죄를 면할 수 있습니까?"

"아미타불은 큰 서원과 오랜 수행으로 위덕이 광대하신 분으로 광명의 위신력은 불가사의합니다. 그래서 한 번 그의 명호를 부름으로 해서 한량없는 죄를 소멸할 수 있습니다. 마치 밝은 햇살 아래 서리가 녹는 것과 같다 할 것입니다. 무엇을 다시 의심하겠습니까?"

호인거사는 마침내 깨닫고 그날로 스님을 불러 염불하게 하였다. 다음날 청조율사가 다시 왔다.

호인거사가 "스님께서는 어찌 이렇게 늦으셨습니까? 두 분 보살님(관세음보살과 대세지보살)이 강림하신 지는 이미 오래 되었습니다" 하니 청조율사가 대중들과 함께 큰 소리로 염불하자 호인거사가 합장하고 운명했다.

강자임(江自任)이라는 사람이 어느 날 꿈에, 보좌(寶座)가 허공에서 내려와 '혜형(慧亨) 율사가 자리에 앉을 것이다' 말하는 꿈을 꾸었다.

그때 마침 도반인 손(孫) 거사가 미리 혜형에게 고별을 알리고 집에서 결인(結印)을 맺고 죽었다. 스님이 가서 향을 사루고 돌아와 제자들에게 말하기를

"손거사도 갔으니 나도 가야겠다."하고는 대중을 모아 염불하고 위의 게를 설하고 갔다.

대미성선(大眉性善) 선사

住世五十八年　　了邰人間報緣
而今撒手歸去　　大千世界坦然

세상에 머문 지 쉰여덟 해
인간 업보 인연 다하여
지금 손을 떼고 돌아가니
대천세계가 그저 편안하고 담담하구나.

[해설]

스님(1616~1673)은 황벽종, 천주(泉州) 허(許)씨이다.

그의 부친은 일본으로 떠돌이 여행을 떠나고 난후, 모친에게는
아주 효순하였다. 모친이 죽자 외삼촌에게 의탁하였다. 정업(淨業)
을 닦고 은원융기를 따라 비은(費隱)을 친견하였다.

명찰을 찾아다니다가 복건(福建)으로 돌아와 영각(永覺)과 서로
믿고 지냈다. 은원융기의 초청에 응하여 일본으로 가자 그도 함께
장산사(長山寺)로 가서 흥복사(興福寺)와 숭복사(崇福寺)를 왕래하
였다.

이것은 그가 임종할 때 남긴 게이다.

은원융기(隱元隆琦) 선사

西來柳栗振雄風　　幻出檗山不宰功
今日身心俱放下　　頓超法界一眞空

서쪽에서 온 바람이 버들과 밤나무 웅풍을 떨치고
꼭두각시가 벽산에서 나오는 것은 재상의 공이 아니다
오늘 몸과 마음 다 놓아버리니
댓바람에 법계를 뛰어넘으니 진공(眞空)이구나.

[해설]

　스님(1594~1678)은 황벽종조(黃檗宗祖)이며 명대(明代)의 복주(福州) 출신이다. 임(林씨)이다. 아홉 살 때부터 학문을 시작하였다. 어느 날 고요한 밤 같이 수학하던 동료와 함께 나무 밑에서 별자리를 보던 중 느낀 바가 있어 불법에 귀의하게 되었다. 스무 살 때 스승을 찾아 각지를 돌아다녔다.

　서른여섯 살 때 황벽산으로 들어가 감원(鑑元)에게 예를 올린 뒤 출가했다. 비은(費隱)을 참견하고 마흔 일곱 살 때 그의 법을 전해 받아 임제종을 바르게 전했다. 예순 셋에 그는 일본으로 건너가 7월에 장기(長崎)에 도달하여 숭복사에 머물렀다.

　그 이듬해 강호(江戶, 지금의 동경)로 가서 장군(將軍)을 알현하고 경도에서 황벽산 만복사(萬福寺)를 열었다.

　일본에 임제종의 선맥을 전했다.

즉비여일(卽非如一) 선사

生如是　　　死如是
坐斷生死關　觸破沒巴鼻

삶이 이와 같고
죽음이 이와 같다
앉아서 생사의 관문을 끊고
부딪쳐 파비를 부수었네.

[해설]
　스님(1606~1671)은 명나라 때의 복청(福淸) 출신으로, 속성은 임(林)씨이다. 15살에 황벽산에 가서 밀운(密雲)을 스승으로 모시고 수행했다.
　황벽종의 은원융기의 가르침을 받았다.
　순치(順治) 4년, 문모(聞母)가 병이 들자 여일은 쾌유를 빌었다. 황벽의 당당사(當堂司)로 되돌아오던 중 산불이 나는 통에 깨달음을 얻었다.
　위의 게송을 쓰고 차를 마신 후 바로 입적했다. 세수 쉰여섯 살이었다.

혜림성기(慧林性機) 선사

來也錯　　　　去也錯
一隻草鞋活如龍　打飜筋斗錯錯錯

오는 것도 잘못이요
가는 것도 잘못이라
한 짝의 미투리를 용같이 살려서
뒤집어 엎어버리니 잘못, 잘못, 잘못이로다.

[해설]

　스님(1609~1681)은 황벽종(黃檗宗)이다. 복주(福州) 출신으로 속성은 정(鄭)씨이다. 어릴 때부터 불법을 높이 받들었다. 명말청초(明末淸初)에 출가하여 보타산(普陀山)에서 수행을 하였다.

　마흔 살에 은원용기를 만나고 그를 따라 일본으로 건너가 그 법을 이어받았다.

　늙고 병이 들자 스스로 연이 얼마 남지 않았음을 알고 용흥원(龍興院)으로 물러나 은거했다. 비니단(毘尼壇)을 여니 모여 든 이가 500여 명이었다. 병이 깊어지자 대중을 모아 뒷일을 분부하고 이 게를 남겼다.

　세수 73세였다.

심월흥주(心越興儔) 선사

五十有餘年　　遊生死海中
擺手沒巴鼻　喝!

어느 듯 쉰 살이 되었네
생사의 바다에서 노닌지가
손을 열어 코를 막도다
할!

[해설]

　스님(1642~1699)은 조동종 문도이다. 명대(明代) 항주(抗州) 출신으로 장(蔣)씨다. 보은사 감석(欽石)에게 출가했다.

　서른 살 때 우리나라 취미수초(翠微守初, 1590~1668)를 친견하였다. 그는 청조하의 세상에는 나가기 싫다하여 서호영창(西湖永昌)에서 은거하였다.

　위 게는 세수 57살 때 그가 입적 시에 시자에게 읊은 것이다.

응연요개(凝然了改) 선사

行年八十七　　相違在今夕
撤手威音前　　金烏叫天碧

여든 일곱 해를 살았건만
오늘 저녁 서로 어긋난다
억겁 전에 손을 떼니
태양은 푸른 하늘에서 우는구나.

[해설]
　스님은 숭양(嵩陽) 출신으로 금(金)씨다.
　송정(松庭)을 만났을 때였다. 송정이
　"'길에서 죽은 뱀을 만나면 죽이지 마라. 밑 없는 바구니가 차면 돌아오라.' 이런 말이 있는데 만약 변변찮게 선을 닦는 사람이라면 이 말에서 어떻게 깨달을 수 있겠는가?"하자 요개가 물었다.
　"이는 등이 땅에 닿으면 안 된다는 말인가요?" 그러자 송정이
　"나를 웃기는구나" 하자 요개는 어쩔 줄을 몰라 하였다.
　송정이 이에 "네가 지옥에서 무슨 그릇을 찾는거냐?"하니 요개는 더욱 불안하였다. 하루는 송정이 법당에 올라가 말했다.
　"한 마디가 대단히 뛰어나니 당대에 제일이로다."
　요개는 크게 깨닫고 출가하여 송정을 조사(祖師)로 삼았다.
　영락(永樂) 신축(辛丑)년 사람들을 모아놓고 작별인사를 하였다.

독담성영(獨湛性瑩) 선사

我有一句　　別於大衆
若問何句　　不說不說

나에게 한 글귀
대중보다 유별나다
만약 무슨 소리냐고 묻는다면
말하지 않겠다 말하지 않겠다.

[해설]

스님(1628~1706)은 황벽종이다. 복건(福建) 출신으로 주(奏)씨
이다. 유교집안에서 태어났으나 어머니가 사망하자 인생무상을 느
꼈다.

열여섯 살에 서운사(捿雲寺)로 출가했다.

선신(亙信)·은원융기·고산영각(鼓山永覺) 등을 참견하여 힘써 정
진을 했다.

스물일곱 살에 은원화상을 따라 일본으로 건너가 설법하며 보
림사(寶林寺) 등지에서 주석했다. 세수 일흔아홉 살에 입적하면서
남긴 게다.

제자로는 원통(圓通)·열봉(悅峰) 등이 있다.

어록 30권이 있고, 기타 저작이 10여 권 있다.

보사회악(報恩懷岳) 선사

山僧十二年26)來擧唱宗教　　諸人怪我什麽處
若要聽三經27)五論28)　　　　此去開元寺咫尺

산승은 십이 년 동안 으뜸가는 가르침을 제창했는데
여러분은 나의 어디를 잘 모르는가
삼경과 오론의 깊은 뜻 듣고자 하면
여기서 개원사가 지척 사이이다.

[해설]
　여기 수록된 것은 게송이 아니다. 스님께서 임종 직전 상당하여 대중에게 보인 법문이다. 이렇게 간략한 법문을 하시고 그 자리에서 세상을 떠나셨다. 특수하므로 수록하였다.

---

26) 십이년(十二年): 스님이 종풍을 드날린 시기.
27) 삼경(三經): 불경 가운데 특히 삼부를 뽑은 것. ①진호(鎭護) 국가의 삼부경(법화경·인왕경·금광명경) ②미륵보살의 삼부경(상생경·하생경·성불경) ③대일여래 삼부경(대일경·금강정경·소실다경) ④법화삼부경(법화경·무량의경·관보현경) ⑤정토삼부경(무량수경·관무량수경·아미타경)
28) 오론(五論): 율종에서 쓰는 다섯 부의 논(論)으로, 비니모론·미득륵가론·선견론·살바다론·명료론)

선계(善繼) 선사

佛祖弘化　貴平時節因緣
緣與時違　化將焉托
吾將歸矣

부처님 조사님 넓으신 은혜
참으로 귀한 것
인연 어긋날 때
몸 바꾸나니
나는 돌아가리라.

[해설]

어머니 왕씨 꿈에 어떤 스님이 흰 부용꽃을 주는 꿈을 꾸고 잉
태되었다. 태어나면서 말을 하였으며, 또한 어머니가 부처님 명호
를 부르면 합장하곤 하였다.

천태(天台) 천복사에서 수행하였다.

영명선사의 후신으로 태어났다는 설이 전해진다. 또 선계선사의
후신이 벼슬을 한 무상거사 송렴이라는 설이 있다.

요선(了宣) 선사

性相忘情　　一三無寄
息風不行　　摩訶室利

마음 모습 가지가지
하나도 셋도 기특함이 없네
번뇌 쉬어 행함 없으니
크나큰 안식을.

[해설]

　사명(四明)에서 태어났다.

　명주(明州) 보림사(寶林寺)에 입산하여 처음 경전을 배웠다.

　법화참법을 27년이나 하였다. 경에 박식하였으며, 평생을 수행에만 전념하였다.

원진(原眞) 선사

四十二年　　無作無修
有生有滅　　大海一漚
眞歸無歸　　心空淨遊

마흔 두해
지음도 닦음도 없네
태어나면 멸함이 있나니
큰 바다 물거품 하나
참으로 돌아간다는 것은 돌아감이 없음이니
마음 비어 깨끗한 놀음.

[해설]
　호는 용장(用藏).
　흥성사(興聖寺)에 출가하여 처음은 천태교관(天台敎觀)을 수행하
였다. 계행이 남다르게 고고하였다.
　법화 수행을 하였으며 공안을 터득하였다.

영기(永鎮) 선사

十五年侍甁　　萬里渡溟
扶桑日頭出　　唐土打三更

십오 년 간 병을 모시고
만 리의 어두운 강을 건너네
동쪽에는 해가 솟아오르고
당나라 땅에는 삼경을 치네.

[해설]
　원대(元代) 사람이다. 청졸정징(淸拙正澄, 1274~1339)을 따라
일본으로 건너가 남선사(南禪寺)에 살았다.
　병으로 세상을 떠날 때, 이 게송을 지어 스승에게 올렸다.

도독지책(塗毒智策) 선사

四大旣分飛　　煙雲任意歸
秋天霜月夜　　萬里轉光輝

사대 이미 흩어져
영혼도 뜻 따라 돌아간다
가을 하늘 달밤에
만리 이어지는 빛 밝구나.

[해설]

　송대(宋代), 임안부(臨安府) 경산사(徑山寺) 스님이다.

　호는 도독(塗毒).

　어려서부터 총명했으나 세상일에는 흥미를 가지지 못했다. 출가
하여 삼장(三藏)을 익히고 대원(大圓)스님을 만나 참선 수행을 했
다.

　세상 떠날 때 대중을 모아 놓고 상당설법하고, 위의 열반송을
남겼다.

약우(若遇) 선사

本自無家可得歸　　雲邊有路許誰知
溪光搖落西山月　　正是仙潭夢斷時

본래 집이 없으니 돌아갈 곳 있으랴만
구름 속에 길이 있는 줄 누가 알랴
계광(溪光)에 서산 달이 지니
바로 선담(仙潭)에서 꿈을 깰 때네.

[해설]
　송나라 스님이다.
　30년간 정진하며 정토발원을 하였다.
　세상 떠나는 날, 목욕하고 옷 갈아입고 대중들에게 『관경(觀經)』
을 읽게 하고 단정히 앉아 묵묵히 있더니
　"정토가 앞에 나타났다."하고 위의 게송을 보이고 떠났다.

설당도행(雪堂道行) 선사

識則識自本心　　見則見自本性
識得本心本性　　正是宗門大病

안다는 게 스스로 본래 마음을 알고
본다는 게 스스로 본래 성품을 본다
본래 마음 본래 성품 앎이
바로 이게 우리네 큰 병이구려.

[해설]

　구주 오거산(烏巨山)에서 오래 살았다. 호는 설당(雪堂).

　부귀한 집안에서 태어났으나 교만함이 없었다. 평소 근검절약하여 물질에 대해서는 철저히 멀리했다.

　오거산에 머물 때 쇠거울을 가져온 납자가 있었는데, 스님은 그에게

　"시냇물이 맑아 머리카락도 비추어 볼 만한데, 이를 쌓아둔들 무엇하겠느냐."

　그러고는 끝내 물리쳐 버렸다.

　설당스님이 말하였다.

　"천리나 되는 튼튼한 둑도 개미떼에게 무너지고, 아름다운 흰 구슬도 흠 때문에 쪼개진다. 하물며 위없는 오묘한 도를 황금제방

238

이나 백옥 따위에 비하겠으며, 탐욕과 성내는 마음이 개미의 파괴나 옥의 흠집 정도이겠는가.

중요한 것은, 뜻을 확고부동하게 세우고 정밀하게 닦아 나아가며, 견고하게 지키고 완벽하고 훌륭하게 수행하는데 있는 것이다. 그런 뒤에야 자신을 이롭게 하고 다른 사람도 이롭게 할 수 있다."

또 말하였다.

"배우는 사람은 혈기(血氣)가 심지(心志)를 이기면 소인이 되고, 또한 혈기를 이기면 단정한 사람이 된다. 올바른 인재는 혈기와 심지가 가지런하여 도를 체득한 현성이 된다.

어떤 사람이 억세고 괴팍하여 곧은 충고를 받아들이지 못함은 혈기 때문에 그렇게 하는 것이며, 단정한 인재가 착하지 못한 일을 강요했을 때 차라리 죽을지언정 마음을 바꾸지 않는 것은 심지 때문에 그렇게 하는 것이다."

세상 떠난 후, 다섯 빛깔의 영롱한 사리를 남겼다.

석계심월(石溪心月) 선사

未到雙林見舊遊　　眉橫新月眼橫秋
寒喧未擧宜光明　　因甚橋流水不流

쌍림에 가기 전에 옛 놀던 벗 만나니
눈썹은 초승달 눈은 가을
인사 나누기 전에 의련히 물어야지
어찌하여 다리는 흐르는데 물이 흐르지 않느냐?

[해설]

스님은 사천(四川) 미주(眉州) 사람이다.

송대 오조법연(五祖法演) 문하다.

경산(徑山)에서 법회를 열고 스님들에게 위의 게송을 들려주고
입적에 들었다.

문하에 무상조(無象照)·대휴념(大休念)을 배출하였다.

법인(法印) 선사

我與彌陀本無二　　二與不二竝皆離
我今如是見彌陀　　感應道交難思議

나와 미타 본래 둘 아니나
둘이니 둘 아니니 하는 것 모두 버렸네
나 이제 이렇게 미타를 친견하니
감응과 사귐 부사의하네.

[해설]

　송(宋)의 법인은 30년 동안 사명(四明) 광수사(廣壽寺)에서 살면서 일심으로 정토를 찾았다.

　나중에 병이 들어 대중을 모아 『관경(觀經)』을 읽게 하고 사흘 동안 부처님의 명호를 부르더니, 문인에게 "나는 가야겠다." 하고 말하였다.

　어떤 이가 게(偈)를 간청했더니, 위의 게송을 쓰고는 단정히 앉아 입적하였다.

월계(月溪) 선사

講經說法數十年　　度生無生萬萬千
待等此日世緣盡　　徧滿虛空大自在

여러 해 동안 부처님 말씀 전하였다
지은 인연 많구나
오늘 이승 인연 다하여
저 허공에 자유로워라.

[해설]

　스님(1878~1965)의 어머니 육(陸)씨는 평소 채소를 먹고 항상
염불 생활을 하였다. 스님은 열두 살에 『난정집서(蘭亭集序)』를 읽
다가 '나고 죽음이 또한 큰일이다. 어찌 통탄하지 않으랴' 하는
구절에서 생사 문제에 의혹을 가졌다.

　그의 선생에게, '어떻게 하여야 나고 죽지 않는가?' 하고 물었
다. 선생은 공자의 말씀인 '태어난 것도 모르는데 어찌 죽음을 알
랴'며, "나고 죽음은 불가(佛家)에서 배워야 한다."고 일러 주었다.

　열아홉 살에 진단대학(震旦大學)을 졸업하고 출가를 결심하였다.
　부처님 앞에서 손가락 두 개를 연비하면서 발원하여 스물네 살
에 우수산(牛首山) 철암대덕(鐵巖大德)에 참문하였다.
　그 해 8월 어느 날 밤, 바람이 불어 오동잎 흔들리는 소리에

깨달아 다음의 송을 읊었다.

本來無佛無衆生　　世界未會見一人
究竟了解是這個　　自性還是自己生

본래 부처도 중생도 없는데
세계에 한 사람도 보지 못했다
끝내 이것을 알면
스스로의 성품이 오히려 그대로이네.

홍콩 만불사(萬佛寺)를 창건했다. 현재 그곳에 등신불로 남아있
다.

1965년 3월 23일, 스님이 열반에 들기 전에 그의 제자에게
"내가 열반에 든 뒤 8개월 되는 날 관을 열어 보아 내 육신이 깨
끗하면 그대로 금을 입혀 모셔라."하는 유언을 남겼다.

홍콩은 아열대 기후라 8개월간 시신이 썩지 않는다는 것은 불
가능한 일이다. 그러나 스님이 예언한 8개월이 된 11월에 관을
열어 보니 오관(五官)이 모두 깨끗하므로 그대로 금을 입혀 등신
불로 모셨다.

무명승(無名僧)

身在華中佛現前　　佛光來照紫金蓮
心隨諸佛往生去　　無去來中事宛然

부처님이 나타나시어
부처님 광명 자금련 되었네
마음은 부처님 따라 왕생하나니
가고 옴이 없는 게 분명하구나.

[해설]
게송만 전한다.

244

면(勉) 시자(侍子)

生本不生 　死亦非死
祕魔擎叉 　俱胝竪指

남[生]도 본래 남이 아니요
죽음 또한 죽음 아니로다
비마스님은 나무집게를 만들어 가르쳤고
구지화상은 손가락을 바로 세웠었지.

[해설]
　육왕사에 살면서 참선하였다. 요절하였다고 전하고 있다.

　어느 날 옥궤사(玉几寺) 전단나무 숲 속의 경안(經案) 옆에 앉아
있다가 우연찮게 규(珪) 장주가 스님들과 함께 강론하는 것을 보
게 되었다.
　한 스님이, '향상사(向上事)가 무엇이냐?'고 묻자, 규 장주는 두
손으로 그의 주먹을 비틀어 머리 위에 얹어놓은 후 합장하고 '소
로 소로…' 하는 걸 보고 깨달음을 얻었다고 한다.

　세상을 떠날 때 위의 게송을 남겼다.

방(龐) 거사(居士)

但願空諸所有　　慎勿實諸所無
好住世間　　　　皆如影響

모든 것 다 비었나니
참으로 있는 것 아니다
세상에 머무는 것
그림자와 메아리 같나니.

[해설]

　거사(?~ 808)님은 이름이 온(蘊)이요, 자는 도현(道玄)이다.
　형양(衡陽) 사람으로 아버지는 태수(太守, 지금의 군수)였다.
　마조스님과 석두스님의 회상(會上)에서 수행하여 깊은 뜻을 깨
달았다. 약산유엄(藥山惟儼, 745~828) 스님과 단하천연(丹霞天然,
736~824)스님 등과 더불어 지기지우(知己之友)가 되어 일생을
선사 못지않게 철저히 수행하다가 입적했다
　원래 부자로 잘 살다가 견성오도한 후에 전답은 가난한 사람들
에게 나누어 주고 가재도구는 동정호(洞庭湖)에 내던져 버렸다. 그
리고 초가삼간에서 대바구니와 조리를 만들어 생계를 유지하며
살았다.
　형양의 남쪽에 살았는데 암자를 서쪽에 세워 수행하였다. 부인
과 아들딸이 있었는데, 일가족 모두가 깨달음을 얻었다.

처음에 석두희천(石頭希遷, 700~790)선사를 찾아가서 정중히
예배를 올리고

"만법과 더불어 벗하지 아니한 사람이 어떤 사람입니까?"

하고 물었더니 석두 선사는 아무 말 없이 손바닥으로 거사의
입을 틀어막았다. 여기서 거사는 깨달았다.

그 뒤 어느 날 석두스님이

"그대는 나를 만나본 뒤로 매일 하는 일이 무엇인가?"

"만일 매일 하는 일[日用事]을 물으신다면 입을 열어서 답할 도
리가 없습니다."

"그런 것을 내가 알기 때문에 내가 지금 묻는 것이 아닌가?"

하고 선사가 다그쳤더니, 거사가 다음의 게송을 지어서 바쳤다.

日用事無別　　惟吾自偶諧
頭頭非取捨　　處處勿張乖

날마다 하는 일 다른 것이 아니니
오직 나 스스로 어울려서 노네
어느 것이라도 취하거나 버릴 것이 아니고
어느 곳에서도 마음에 맞거나 어길 게 없네.

朱紫誰爲號　　丘山絶點埃
神通竝妙用　　運水及搬柴

높은 벼슬 부귀영화 다시 일러 무엇하랴
큰 산 작은 산이 모두가 먼지인 것을
신통과 묘용이여
물 긷고 나무 하는 것이로다.

석두 선사는 거사의 이 게송을 보고 그대로 인가하셨다.

"자네는 앞으로 중이 될 것인가? 그대로 속인으로 눌러 살 것인가?"

"생각나는 대로 하겠습니다."

그 뒤 마조도일(馬祖道一, 709~788) 선사를 찾아가 물었다.

"만법으로 더불어 벗하지 않는 자가 이 무슨 사람입니까?"

"네가 한 입으로 서강(西江)의 물을 다 마시면 비로소 너에게 그것을 말해 주리라."

거사는 이 말씀에 크게 깨달아 다음의 오도송을 남겼다.

十方同聚會　　個個學無爲
此是選佛場　　心空及第歸

시방이 한 자리에 모여서
저마다 무위도를 배우니
이것이 부처를 가리는 마당이요
마음이 공한 것을 깨달아 급제함이로다.

거사가 어느 날 집에서 조리를 엮으며

"어렵고, 어렵고, 어렵구나. 열 섬의 깨알을 나뭇가지 위에 펴는 것 같구나."

하였더니 부인이 말하기를

"쉽고, 쉽고, 쉽구려. 침상에서 내려와 발로 땅을 밟는 것과 같구려."

한다. 그랬더니 딸 영조가 말하기를

"또한 어려운 것도 아니요, 쉬운 것도 아니다. 백초두상에 조사의 뜻이로다."

248

라고 하였다.

거사님이 입적하려 할 때 딸 영조(靈照)에게 말하기를

"모든 것은 환화(幻化)요 실체가 없는 것, 너의 하기에 따라 생
멸한다. 잠깐 나가서 해의 높이를 보고 한낮이 되거든 알려다오"
하였다. 영조는 문밖에 나갔다가 급히 알렸다.

"벌써 한낮입니다. 게다가 일식(日蝕)이군요. 잠깐 나와서 보십
시오."

"설마 그럴 리가?"

"그러합니다."

거사님이 일어나 창가에 갔다. 그 사이 영조는 거사님이 앉았던
자리에 올라 가부좌하고 곧 숨을 거두었다. 거사님은 돌아와 그것
을 보고 웃으면서

"딸 녀석 굉장히 빠른 솜씨군"

하고는 나무를 주워 다비를 하였다. 7일이 지나서 간공(干公,
그 마을 군수)이 문안 왔다. 거사님은 손을 공의 무릎에 얹고 잠
시 공을 보고 앞의 게송을 읊었다. 말을 마치자 말할 수 없는 향
내가 방에 가득하더니, 단정히 앉은 채 깊은 생각에 잠긴 모습이
었다.

시체를 태워 재를 강이나 호수에 버리라는 유언에 따라 우공이
장례를 하며 거사님의 아내에게 소식을 전하였다.

아내는

"저 바보 딸과 미련한 늙은이가 나한테는 말도 없이 가버렸으니
이것 참겠는가."

하며 아들에게 알리러 가니 화전을 일구고 있었다. 어머니가

"방공(龐公, 아버지)은 영조하고 가버렸다"

고 말하니 아들은 삽을 놓고 애[嗔]!하고 답하더니 조금 있다가

선 채로 숨이 끊어졌다. 어머니는

"어쩌면 이 미련한 자식 바보 꼴이냐"

하며 다비하였다. 얼마 안 있어 부인은 마을의 집집마다를 두루
찾아다니며 작별을 알리고 자취를 감추었다고 한다.

우(祐) 상좌

來不入門　　　　去不出戶
打破虛空　　　　更無回互
拍手呵呵歸去來　　白運散盡靑山露

와도 문을 들어 온 일 없고
가도 문을 나가지 않아
허공을 깨뜨리니
회호(回互)할 일 다시 없어
손뼉 치며 웃음 짓고 돌아가는데
흰 구름 흩어지니 푸른 산이 드러나네.

[해설]
　일생을 걸망 하나 메고 선원을 떠돌며 수행하였다.
　정주(鼎州) 천왕사(天王寺)에서 대중들에게 "나는 간다." 하므로,
어느 스님이 게송을 지어 달라고 하니 위의 송을 지어 보였다. 그
리고는 가부좌를 하고 떠났다.
　장사 지내려다 이름을 부르니 다시 눈을 뜨고
　"여러분들에게 누를 끼치지 않겠으니 모두 잘들 있으시오" 하고
인사하였다.

양억(楊億) 거사

漚生與漚滅　　二法29)本來齊
欲識眞歸處　　趙州30)東院31)西

거품이 생겨나 꺼지는 것
두 가지가 본래부터 같은 것이니
참으로 돌아 갈 곳 알고자 하는가
조주(趙州) 동원(東院)의 서쪽일새.

[해설]

처사님(974~1020)은 신도로써 한림학사 공부시랑(工部侍郎)이었다. 자는 대년(大年), 건주(建州) 포성(浦城) 사람이다.

어려서부터 글재주가 뛰어나고 아주 영특하다는 소문을 듣고 태종(太宗)이 11세 된 그를 불러서 비서성(祕書省) 정자(正字)로 임명할 정도였다. 문장이 화려했다.

80권에 달하는 『태종실록(太宗實錄)』과 『국사(國史)』를 편수하는 데 참여했다

처음에는 불교를 모르다가 학사 이유면(李維勉)의 권유에 의해 발심하여 참선에 뜻을 두었다. 남창 태수로 있을 때, 많은 스님들

---

29) 이법(二法): 나고 죽음을 말함.
30) 조주(趙州): 중국 스님(778~897)으로 임제종. 남전보원(南泉普願)의 제자.
31) 동원(東院): 절 이름.

을 청해 법문을 들으며 정진하였다. 후에 여주(汝州) 광혜상총(廣
慧常總) 선사를 친견하고 깨달음을 얻었다. 사실 광혜스님으로 인
해 오도하였지만 뒤에 별봉(鼈峰) 스님의 제자가 되었다.

처사님이 임종하기 하루 전날, 손수 앞의 게송을 써서 이준(李
遵, ?~1038)에게 전하라는 말을 남기고 입적하였다.

이때 나이는 47세, 시호는 '문(文)'이다.

양걸(楊傑) 거사

生亦無可戀　　　死亦無可捨
太虛空中之乎者也　將錯就錯
四方極樂

삶도 연연할 것 없고
죽음도 버릴 것 없네
허공 속의 한 점 구름인 듯
기왕 착오한 일
서방극락에 나아가네.

[해설]

　송(宋)나라 때 무위주(無爲州) 사람으로, 호는 무위자(無爲子)다.
　이른 나이에 급제하여 관직이 상서주객랑(尙書主客郞)이 되어
양절(兩浙)의 형옥(刑獄)을 다스렸다.

　그는
　"중생의 근기는 날카롭고 둔한 차이가 있으나, 누구나 알 수 있
고 누구나 행할 수 있는 법문은 오직 서방정토일 뿐이다. 일심으
로 관념(觀念)하여 어지러운 마음을 거두기만 하면 부처님의 원력
에 의지하여 반드시 왕생할 수 있다."
　『천태십의론(天台十疑論)』과 『미타보각기(彌陀寶閣記)』·『안양삼십

찬(安養三十贊)』·『정토결의집서(淨土決疑集序)』 등을 지어, 널리 극
락정토를 알리고 미래 중생을 깨우쳤다.

　만년에는 미타장육존상(彌陀丈六尊像)을 그려놓고 늘 그를 대해
관념(觀念)했다. 떠나는 날, 부처님이 와서 맞이하는 것을 감응하
고 단정히 앉아 떠났다.

전상조(錢象祖) 군수(郡守)

菡萏香從佛國來　　瑠璃地上絶纖埃
我心淸淨超於彼　　今日遙知一朶開

연꽃 향기는 불국에서 풍겨오고
유리의 땅에는 티끌도 묻지 않았네
나의 마음은 저보다 깨끗하여
오늘에야 비로소 한 송이 꽃이 핀 걸 알겠네.

[해설]

　송(宋)의 전상조(?~ 1211)는 호가 '지암(止菴)'이다.

　날마다 정토발원을 더 충실히 수행하지 못하는 것을 안타까워
하였다.

　향주(鄕州)에 〈지암고승요(止菴高僧寮)〉를 지어 스님들을 맞이하
여 도를 담론하는 장소를 만들었다.

　좌상(左相)을 사직하고 돌아와서는 더욱 수행정진에 힘썼다.

　가정(嘉定) 4년(1211) 2월에 작은 병을 앓더니 위의 게를 썼다.

　3일 후 어떤 스님이 병문안을 하였는데,

　"나는 삶도 탐하지 않고 죽음도 두려워하지 않습니다. 하늘에
태어나지도 않고 인간이 되지도 않고, 오직 정토를 왕생하고자 할
뿐입니다" 말을 마치자 가부좌하고 바로 떠났다.

곽(郭) 도인(道人)

六十三年打鐵　　日夜扇搒不歇
今朝放下鐵鎚　　紅爐變成白雲

육십삼 년을 쇠를 두들겨
밤낮으로 풀무가 쉴 새 없었네
오늘 아침 쇠망치를 버리고 나니
붉은 화로가 흰 눈이 되었구나.

[해설]
　집안 대대로 철공 일을 하였다.
　경덕사(景德寺) 충 선사를 가까이했는데, 어느 날 충 선사를 찾아가니
　"그대가 중요하다고 생각하는 것을 버리고 스스로에게 묻고 참구하기만 하면 해내지 못할 것이 없다"는 법문을 듣고 정진하였다.
　어느 날 충 선사가 상당법문을 하였는데
　"선악은 뜬구름 같아서 정처 없이 일어났다 꺼졌다 하는 것과 같다" 이 말에 깨달았다.
　세상을 떠날 때 친구 친척들과 작별하고, 위의 게송을 남기고 결가부좌하고 떠났다.

황타철(黃打鐵) 거사

叮叮璫璫　　久鍊成剛
太平將近　　我往西方

딱딱! 쿵쿵!
오랫동안 단련하여 무쇠가 되네
태평이 가까워 오니
나는 이제 서방으로 가네.

[해설]

　송(宋)의 황타철은 담주(潭州) 사람으로, 원래는 군인 출신이다. 쇠를 다루는 일로 생계를 삼았다. 타철은 본래 이름이 아니라 대장간에서 쇠붙이를 치는 일을 한다하여 붙여진 이름이다. 집안이 가난해 항상 곤궁을 면치 못하였다.

　하루는 대장간 앞으로 어느 스님이 지나가기에 공손히 예배드리고

　"저는 전생에 지은 복이 없어 살림살이가 넉넉지 못합니다. 도를 닦아서 후세에는 잘 될 수 있는 법을 가르쳐 주십시오."

　"말해주는 것은 어렵지 않으나, 내 말을 믿고 그대로 할 수 있느냐?"

　"꼭 하겠으니 가르쳐 주십시오."

　"아미타부처님을 지성으로 염하면 반드시 극락정토에 왕생하여

무량겁에 무량한 복을 받을 것이다."

  그때부터 8년간 망치를 칠 때마다 입에서 염불을 끊이지 않았다. 떠나는 날 목욕하고 새 옷으로 갈아입고, 대장간으로 들어가 달군 쇠붙이를 한 손에 들고 한 손에는 망치를 들었다. 한 번 탁! 두드리면서 위의 송을 말하고는 그대로 떠났다.
  그 순간 하늘에서 미묘한 음악이 울리며 몸에서는 향내가 풍겨 집안을 가득히 채웠다고 한다.
  그 게송이 호남지방에 널리 퍼져 염불하는 사람이 많게 되었다.

오경(吳瓊) 거사

似酒皆空　　問甚禪宗
今日珍重　　明月淸風

술과 같이 다 공한 것
무슨 선종 따위를 물으랴
오늘은 부디 안녕히
명월청풍과 같이.

[해설]

　송(宋)의 오경(?~1153)은 임안(臨安) 사람이다.

　본래 스님이었으나 도를 버리고 환속하여, 두 번 장가들어 아들
둘을 얻었다.

　짐승을 잡고 술을 파는 등, 온갖 일을 했다. 푸줏간에서 닭이나
오리 따위를 죽여 이것을 치켜들고는 "아미타부처님! 이 몸 어서
데려가오."하며, 연신 부처님 명호를 불렀다. 칼로 고기를 썰 때마
다 염불을 그치지 않았다.

　나중에 눈 위에 계란만한 혹이 생기자 몹시 두렵고 걱정이 되
었다. 처자식을 떠나 초암을 짓고 염불과 예참으로 밤낮을 잊을
정도였다.

　소흥(紹興) 23년(1153) 사람들에게

　"경(瓊)이 이젠 내일 술시(戌時)에 떠나오."하니 사람들이 모두

비웃었다.

　다음날 저녁 베옷으로 술을 바꾸어 마시고는 위의 게송을 지었다. 그리고는 단정히 앉아 합장 염불하다가, "부처님이 오셨다."하고는 떠나갔다.

최(崔) 노파

西方一路好修行　　上無條嶺下無坑
去時不用著鞋襪　　脚踏蓮花步步生

서방으로 가는 길 수행하기 수월하여
위에는 고개도 없고 아래는 구덩이도 없네
갈 때는 신이나 버선도 필요 없어
걷기만 하면 연꽃이 걸음마다 피네.

[해설]

　송나라 동평(東平) 양(梁)씨의 유모였던 최 노파는 치주(淄州) 사람이다. 평생 채식만 하였고, 매우 순박하여 남과 시비를 다툴 줄 몰랐다.

　주모(主母)인 조(晁)씨는 선학(禪學)에 마음을 쏟고 있었으나, 최 노파는 조석으로 곁에서 그저 아미타불만을 일심으로 부를 뿐이었다. 염주를 갖고 있지 않아 몇 천만 번이나 불렀는지도 알 수 없었다.

　나이 72세(1148년)에 병이 들어 소화를 시키지 못하고 설사만 하는 상태에서도 염불일심은 더욱 돈독하였다.

　잠시 병이 멎자 노래를 지어 끊임없이 불렀다.

　누군가 "누구의 노래인가?" 하고 물으니, "내가 지었어!" 하였다.

262

"할머니는 언제 가시려오?" 하니,
"신시(申時)에 갈거야." 하였다.
과연 그 시각에 갔다.
스님들의 법을 따라 화장했더니, 혀만은 타지 않고 연화와 같은
형상을 하고 있었다.

오신수(吳信叟) 진사(進士)

吳信叟 歸去來
三界無安不可住
西方淨土有蓮胎
歸去來

오신수여
돌아가자
삼계는 편치 않아 머물만한 곳 아니다
서방정토에 연태(蓮胎)가 있으니
돌아가자.

[해설]
  송(宋)의 오자재(吳子才)는 호가 '신수(信叟)'다.
  벼슬을 사직한 후, 미리 관을 만들어 놓고 밤에는 그 속에 누워 동자에게 관을 두드리게 하였다. 관에 누워 게송을 읊으며 스스로 한 줄씩 화답하기도 하였다.
  병 없이 떠나갔다.

한국편

사복(蛇伏) 스님

往昔釋迦牟尼佛   娑羅樹³²⁾間入涅槃
于今亦有如彼者   欲入蓮花藏³³⁾界寬

옛날 석가모니부처님
사라수 나무 밑에 열반 하셨네
지금도 그와 같은 이가 있어
연화장 세계에 들어가려 하네.

[해설]
　신라 때 스님으로 사동(蛇童)이라고도 하였다.
　신라 서울 만선불리에 사는 과부가 남편 없이 아들을 낳았는데 열두 살이 되어도 말을 못하였고, 일어나지도 못하여 이름을 사복이라 하였다.
　어느 날 어머니가 별세하므로 고선사(高仙寺)의 원효스님에게
　"스님과 내가 옛날에 경전을 싣고 다니던 암소가 죽었으니, 함께 장사 지내지 않겠는가?"하였다.
　원효스님이 사복의 집에 가서 포살하기를
　"나지 말라, 죽는 것이 고통이니라. 죽지 말라, 나는 것이 고통

---

32) 사라수(娑羅樹): 나무이름. 이 나무숲에서 석가모니 부처님이 열반 하셨다.
33) 연화장(蓮花藏): 연화세계 즉, 극락세계.

이니라."고 하였다.

사복이

"말이 너무 길다."

하며 고치기를

"나는 것도 죽는 것도 고통이니라."

하였다. 둘이서 상여를 메고 활리산(活里山) 동쪽 기슭에 이르러 원효스님이

"지혜 호랑이를 지혜 숲 속에 장사지냄이 그 아니 마땅하랴."

하니 사복이 앞의 게송을 부르며 띠 풀을 뽑으니, 명랑한 세계에 칠보로 장엄한 누각이 있어 그곳으로 어머니 시체를 메고 들어가니, 땅이 오므라졌다.

위의 이야기는 삼국유사에 있는 기록이다.

진감(眞鑑) 국사

萬法皆空　　吾將行矣
一心爲本　　汝等勉哉

모든 법은 다 공적한 것이니
나는 장차 떠나련다
한마음으로 근본을 삼아
너희들은 부지런히 노력하여라.

[해설]

스님(774~850) 스님의 법휘(法諱)는 혜소(慧昭), 시호는 진감(眞鑑)이다. 전주 출신이며, 속성은 최씨이다.

스님의 집안은 불교신앙이 독실하였다. 스님의 나이 열두 살(785년)에 당(唐)으로 가는 사신을 따라 창주(滄州)의 신감대사(神鑑大師) 문하에 들어갔다.

32세 때(810년) 숭산(嵩山) 소림사(少林寺)에서 구족계를 받았다. 종남산(終南山)에 들어가 선 수행을 하여 독자적인 선사상을 형성했다.

불교음악인 범패를 최초로 도입하고, 지리산 쌍계사에 산문(山門)을 열고 많은 가르침을 폈다. 중국으로부터 차나무를 들여와 차문화 발전에도 많은 공헌을 했다.

스님은 45년만인 830년(57세)에 귀국하여 상주 장백사(長栢寺)에서 법을 설하니 사람들이 구름처럼 모여 들었다고 한다. 흥덕왕은 도의국사와 진각국사를 일러 '두 보살'이라 칭했다.

민애왕(愍哀王, 838년 즉위)은 '혜조(慧照)'란 법명을 '혜소(慧昭)'로 바꾸어 법륜을 넓게 비쳐달라고 하였다.
신라 헌강왕(49대)이 '진감(眞鑑)선사' 시호를 추증하였다.
세수 77, 법랍 41세로, 앉아서 열반에 들었다.

도윤쌍봉(道允雙峰) 국사

生也有涯　　吾須遠邁[34]
汝等安揰[35]　雲谷[36]永輝

삶이란 끝이 있는 것이니
나는 멀리 가려 한다
너희들은 조용히 옮겨서
운곡(雲谷)에서 길이 빛나도록 하여라.

[해설]

　스님(798~868)은 구산선문의 하나인 사자산(師子山)의 개산조
사(開山祖師)이다. 호는 쌍봉(雙峰). 휘는 도윤이다. 경기도 시흥출
신으로 속성은 박(朴)씨이다.

　18세에 양친의 슬하를 떠나 귀신사(鬼神寺)에 갔다. 『화엄경』을
공부하였으나 '원돈(圓頓)을 가르치는 화엄이 어찌 심인(心印)을
전하는 선과 같으리오.'하면서 당나라에서 수학할 것을 결심하였
다.

　825년(헌강왕 17년) 조정의 사신과 함께 당나라에 가서 남전보
원(南泉普願) 선사에게 인사를 올리니 남전은 법기임을 알고 심인

---

34) 원매(遠邁): 입적을 뜻함.
35) 안천(安揰): 다른 스님에 옮겨서.
36) 운곡(雲谷): 승려사회를 뜻함.

(心印)을 전했다. 그런 한편 '나의 법인(法印)이 신라로 간다(吾宗 法印 歸東國矣)'고 탄식하였다고 한다.

847년(문성왕 9) 범일(梵日)과 함께 22년 만에 귀국하여 금강 산에 머무르며 후학들을 지도하였는데, 경문왕(景文王)도 그때 그 에게 귀의하였다. 경문왕이 스님의 법덕을 우러러 봉은사에 머물 도록 하였다. 868년 4월 18일, 세수 71세, 법랍 44세로 입적에 들었다.

왕은 스님의 탑을 '철감선사징소지탑(澈鑑禪師澄昭之塔)'이라 하 였다.

입적 때 오색광명이 입에서 나와 공중에 상서로운 상이 퍼져 나갔다 하여 '서기만천철감국사(瑞氣滿天澈鑒國師)'라고도 한다.

스님의 자취는 『조당집』과 『선문보장록(禪門寶藏錄)』에 기록되어 있다.

법맥은

```
                      ┌ 도균(道均, 신라)
마조(馬祖) ―남전(南泉)―│
                      └ 도윤(道允) - 징효(澄曉) - 종홍(宗弘)
```

무염(無染) 국사

古之吏尙如是　　今之禪宜勉旃

예전의 관리들도 오히려 이러했으니
지금의 선도(禪徒)들은 마땅히 힘쓸지어다.

[해설]

무염(無染, 801~888)국사는 신라 무열왕의 8대손으로 태어났다. 속성은 김(金)씨, 법명은 낭혜(朗慧), 법호는 무염(無染), 탑호는 백월보광(百月寶光)이다.

어머니가 팔이 긴 천인으로부터 연꽃을 받는 꿈을 꾸고 잉태하여, 법장이라는 서역(西域) 스님이 십호계(十護戒)를 주는 꿈을 꾸고 낳았다고 한다. 어릴 때부터 합장하는 습관이 있었으며, 놀이를 할 때에도 언제나 불상(佛像)을 그리고 탑 쌓기를 즐겼다고 한다. 아홉 살 때에는 불경을 읽고 외워 '해동신동(海東神童)'으로 불렸다.

12세에 설산(雪山) 오색석사(五色石寺)의 법성(法性)스님에게 출가했다. 마곡산(麻谷山) 보철(寶徹)의 법맥을 이어받았다.

어느 날, 스승이 아무 말도 없이 나뭇가지를 손에 쥐어주고 홀연히 열반에 드셨다. 이에 무염국사는 천지가 진동하는 듯한 깨달음을 얻었다.

272

이때의 오도송이다.

筏師旣捨矣　舟子何繫焉

큰 배를 이미 버렸거늘,
어찌 작은 배에 매여 있으리오.

스님은 평소 빨래와 공양, 모든 것을 스스로 했다. 그 이유를
제자들이 물으니,
"산이 나를 위하여 더럽혀졌는데, 내가 어찌 몸을 편안히 할 수
있겠는가."라고 말씀하셨다.
진성여왕 2년에 세수 89, 법랍 77세로 성주사에서 입적했다.

도선(道詵) 국사

乘緣而來　　緣盡則去
理之常也　　何足悲傷

인연 따라 왔다가
인연이 다하면 가는 것은
이치의 당연한 것이리니
어찌 슬퍼하랴.

[해설]
　스님(827~898)은 신라 유암(雩岩)에서 태어났다. 속성은 김(金)
씨다. 어머니의 꿈에 밝은 구슬[明珠] 한 개를 얻는 태몽이 있었
다. 일설에는 신라 태종 무열왕의 서손(庶孫)이라 하나, 검증할 길
이 없다.
　어려서 영특함은 추종을 불허할 정도였다. 열다섯 살까지 유교
경전을 읽었다. 다섯 살 때 스스로 불경 읽기를 결심하고 월유산
(月遊山) 화엄사(華嚴寺)에 가서 입산하였다.

　화엄사에서 『화엄경』을 공부하는데 한 번 들으면 깊은 이치까지
궁구하며 같이 배우는 동료들로부터 신동이란 별명을 들을 정도
였다. 그러면서도 만족하지 않고
　"대장부로서 집을 떠나 도를 닦으려 함은 스스로 부처님의 도를

깨닫는데 있나니, 어찌 문자 교리에만 매달리겠는가.'하고 재발심하였다.

선종(禪宗)으로 유명한 곡성 동리산(桐裏山)의 개산조사(開山祖師) 혜철(惠徹, 785~861) 대사가 중국의 마조도일(馬祖道一, 709~788)의 제자 서당지장(西堂智藏, 735~814)에게 전법하여 동리산에서 불법을 펼치고 있음을 알고 찾아갔다.

혜철대사 문하에서 '무설설(無說說) 무법법(無法法)'이라는 법문을 듣고 3년 만에 오묘한 이치를 깨달았다. 혜철대사로부터 전법을 받았다.

23세에 천도사(穿道寺)에서 25년간 산 속에서만 수행하였다는 기록도 있다. 또한 옥룡사에서 많은 세월을 보냈으므로 '옥룡자(玉龍子)'라는 별명이 있을 정도다.

도선의 음양지리설(陰陽地理說)과 풍수사상은 고려와 조선을 통하여 크게 영향을 끼친 학설이다. 도선의 사상은 일찍이 고려 태조 왕건(재위: 918~943년)의 탄생과 고려의 건설에도 영향을 주었다

헌강왕(憲康王)은 스님의 법덕을 추모하여 궁중에 맞아들여 설법을 듣기도 하였다. 스님은 왕의 간청에도 사양하고 산으로 갔다.

옥룡사에서 백여 명의 대중을 모아놓고 열반을 예언하였다. 그리고는 선정에 들어 좌탈입망으로 열반에 들었다. 세수 72세.

옥룡사 북쪽 기슭에 탑을 세우고 효공왕은 '요공선사(了空禪師)'란 시호와 함께 탑호는 '증성혜등탑(證聖慧燈塔)'이라 하였다.

뒤에 현종(顯宗)은 '대선사(大禪師)'의 호를, 숙종(肅宗)은 '왕사(王師)'의 호를, 인종(仁宗)은 '선각국사(先覺國師)'의 시호를 내렸다. 의종(毅宗) 때에 비를 세웠다.

징효절중(澄曉折中) 국사

三界皆空　萬緣俱寂
吾將逝矣　汝等勉旃
守護禪門　無墮玄旨
以報祖佛

세상일 허망하나니
온갖 인연도 부질없어라
나는 가려고 한다
너희들은 힘써서
선문을 수호하여
현묘한 뜻을 저버리지 말고
불조의 은혜에 보답하기 바란다.

[해설]
　스님(826~901)은 황해도 봉산에서 태어났다.
　시호는 징효(澄曉), 법명은 절중(折中), 탑호는 보인(寶印)이다.
나면서부터 비범한 일이 한 두 가지가 아니었고, 일곱 살 때 스님
들이 걸식하는 것을 보다 사모하여 출가하게 되었다.
　스님이 양친을 벗어나 출가하려니 양친이 별세하였다.
　열다섯 살에 부석사(浮石寺)에 참예하여 『화엄경』을 읽고 『십현
담(十玄談)』의 묘의를 탐구하였다. 열아홉 살에 장곡사(長谷寺)에서

구족계를 받고 금강산 도윤쌍봉 대사를 찾아 갔다. 도윤대사는 당나라에서 마조도일의 법맥을 이은 사자산의 개산조이다.

스님은 도윤 문하의 대표적 인물이다.

스님의 회하에 1천여 명의 문도가 있었다.

종홍정지(宗弘靖智)에게 전법하고, 901년 3월 19일 위의 열반송을 남기고 앉은 채로 입적했다.

세수 74세, 법랍 56세였다.

탑비는 944년(고려 혜종 1) 강원도 영월군 흥녕선원에 세워졌으며, 현재 보물 제612호로 지정되어 있다.

낭공(朗空) 국사

生也有涯　　吾將行矣
守而勿失　　汝等勉旃

삶이란 끝이 있어
나는 이제 떠나리니
이 법을 잘 지켜 잃지 말고
너희들은 힘쓰고 노력하여라.

[해설]
　스님(833~916)은 경남 하동 출신이다.
　아버지는 문장이 뛰어났다. 어머니 꿈에 어떤 스님이 '속세의
인연으로 어머님의 자식이 되기를 원합니다.'하였다. 그 꿈 이후,
파·마늘·고기 등을 먹지 않고 열 달이 되어 태어났다.
　스님은 태어나면서 골격이 비범하였다. 어려서 놀이를 할 때마
다 모래를 모아 탑을 쌓고 나뭇잎을 따서 향을 삼아 부처님께 예
배하는 행동을 하였다.
　일곱 살 때부터 공부를 시작하였는데 침식을 잊을 정도였다.
　열다섯 살이 되어 하루는 아버지에게
　"어버이의 은덕은 세속에서 다 갚을 길이 없습니다. 부모와 자
식의 정이 지중하더라도 반드시 이별하게 되니 한세상 덧없이 보
내기보다 출가하여 도를 닦아 망극한 은덕을 갚고자 합니다."

아버지는 숙세의 선근이 있음을 알았다. 그리고 태몽의 신비함을 기억하고 허락하였다.

출가한 사찰은 알 수 없으나, 해인사에서 『화엄경』을 터득하였다. 문장이 뛰어나 당대의 최치원과 겨룰 정도였다. 최치원보다는 25살이 많지만 서로 존중했다.

스물네 살 때 복천사(福泉寺)에서 구족계를 받았는데, 계행이 철저했다. 강릉 사굴산(闍崛山) 범일국사(梵日國師, 810~889)를 찾아가 제자가 되었다. 범일회상에서 10년을 수행하다가 중국으로 가는 사신과 함께 당나라에 갔다. 석상경저(石霜慶諸, 807~888) 선사의 법을 전해 받았다. 법계는 다음과 같다.

육조혜능(六祖慧能, 638~713)-청원행사(靑原行思, ?~740)-석두희천(石頭希遷, 700~790)-약산유엄(藥山惟儼, 745~828)-천황도오(天皇道吾, 748~807)-석상경저(石霜慶諸, 807~888)-낭공(郎空).

고국을 떠난 지 15년 만에 돌아왔다. 효공왕(孝恭王)의 초청으로 궁중에서 법회를 열고, '국사'의 칭호를 받았다. 선덕왕 역시 스님을 존경하여 왕명으로 남산 실제사(實際寺)에 주석케 하였다.

신덕왕 5년(916년) 2월 12일, 앞의 임종게를 보이며 법상에 앉아 조용히 열반에 들었다.

석남산사(石南山寺, 경북 영일군 장기면, 현재는 폐사지) 서쪽 봉우리에 안치하였다. 이듬해 11월에 이장하려 감실을 열어 보니 살아생전 모습 그대로였으며, 색깔 또한 변하지 않았다.

제자에는 숭신(崇信)·주해(周解)·임간(林侃) 등, 500여 명이 있었다.

신덕왕(神德王)은 '낭공대사(郎空大師)'라 시호하고, 탑호를 '백월서운지탑(白月栖雲之塔)'이라 추증하였다.

광자(廣慈) 국사

生也有限　　滅而未定
吾今欲行　　各自珍重
佛言波羅提木叉37)汝大師
吾亦以此言囑汝
汝等遵行　　吾不死矣

삶이란 한계가 있어도
죽음에는 결정된 시기가 없나니
나는 이제 가려고 하니
각자 조심하고 노력하여라.
부처께서 '계율이 너의 스승이다' 말씀하셨기에
나도 이 말로써 너희에게 당부하노니
너희들이 실행한다면
나는 영원히 죽지 않으리라.

[해설]

　스님(864~945)의 법휘(法諱)는 윤다(允多), 자는 법신(法信)으로
경사(京師) 출신이다.

---

37) 바라제목차(波羅提木叉): 승려가 지켜야할 계율에 관한 조항을 모
　　아둔 것이다. 계는 율장(律藏)에 있는 낱낱의 조항을 가리키고, 그
　　낱낱 조항의 전체를 바라제목차(波羅提木叉)라고 한다.

효자의 가문으로 알려진 집안에서 자랐다.

여덟 살 때에 출가할 뜻을 부모에게 아뢰었으나 거절당하였다. 그러나 뜻을 거두지 않고 재삼 말씀 올려 뜻을 이루었다.

구산선문 동리산 혜철(惠徹)스님의 법맥을 이었다.

동리산에 있을 때 산적이 절에 왔다. 스님은 초연히 좌선만 하고 있었는데, 산적들이 스스로 무릎을 꿇고 참회를 간청한 일이 있었다.

스님은 82세 때 대중을 불러 앞의 열반송을 부르고, 향을 피워 일념으로 염불을 하다 입적하였다.

문도로는 정민(貞珉) 등, 수없이 많다.

곡성 태안사에 탑과 비가 있다. 보물 제 274호다.

원종(元宗) 국사

心生法生   心滅法滅
仁心卽佛   寧有種乎

마음이 일어나면 법이 일어나고
마음이 없어지면 법이 없어지나니
어진 마음이 바로 부처님이거니
어찌 따로 종자가 있으랴.

[해설]

　스님(869~958)은 신라의 왕족으로 태어났다. 속성은 김씨로 계림 하남(河南) 출신이다. 법명은 찬유(璨幽)다. 아버지는 국고(國庫)를 지키는 창부랑중(倉部郎中)이었다.

　어머니의 꿈에 신인(神人)이

　"어머니의 아들이 되어서 부처님의 손자가 되기가 소원이오니 인연을 부탁합니다."

　라고 하였다. 그 뒤에 스님이 탄생하였다. 경문왕 9년(869) 4월 4일이다. 태어날 때부터 생김새가 청수하고, 총명하여 한 가지를 들으면 열 가지를 아는 천품을 타고났다.

　열 세 살 되던 해에 아버지에게

　"사내가 세상에 나서 청운의 뜻을 품고 부귀공명의 영화를 떨치는 것도 좋지만, 세속을 뛰어나서 부처님의 도를 터득함이 더욱 귀중한 길이오니 제가 가고 싶은 길을 막지 마소서."

라고 간곡히 청원하였다. 아버지는

"너는 구름 위에 날아가는 학이다. 내가 세속의 인연으로 얽어 둘 수는 없다. 어서 너의 갈 곳으로 가거라."

하며 쾌히 승낙하였다.

스물 두 살 되던 해에 경기도 양주 삼각산 장의사(壯義寺)에서 구족계를 받았다.

상주 삼랑사(三郞寺) 융제(融諦)선사를 찾아가서 도를 묻자

"너는 잘 왔다. 네가 한 가지를 들으면 열 가지를 안다는 총명이 있으니 훌륭한 스승을 인도하여 주겠다."

하시며 광주 혜목산(慧目山) 진경대사(眞鏡大師)를 찾아가게 하였다.

진경대사 문하에서 정진을 하던 어느 날

"백운(白雲)은 천 리에 떠 있거나 만 리에 떠 있거나 똑같은 구름이며, 명월(明月)은 앞산 골짜기를 비추거나 뒷산 골짜기를 비추거나 같은 달이다."라는 말에 무상(無上)의 진리를 터득하였다.

진성왕(眞聖王) 6년에 스님의 나이 26살 때 뜻을 두고 중국에 갔다.

취미무학(翠微無學)의 제자 투자대동(投子大同, 819~914) 회상에서 수행하였다. 투자화상으로부터 법을 전수받고 하직 인사를 드리려 하자 스승이 말한다.

"너무 먼 곳으로 가지 말고, 또한 너무 가까운 곳에도 머물지 말라."

이 말은 들은 스님은

"비록 스님께서 먼 곳이나 가까운 곳에 머물지 말라 하셨지만,

저는 멀거나 가깝지 않은 곳에도 머물지 않겠습니다."

중국에서 30년 간 제방의 선지식을 친견하고 경명왕 5년(922)에 귀국하였다.

고려 태조가 등극한지 4년이었다. 태조는 경주 천왕사(天王寺)에 주지로 있게 하고 선법(禪法)을 자주 청하였다. 태조가 세상을 떠나자 혜종(惠宗) 역시 스님을 존경하여 금란가사를 하사 하였고, 정종(定宗)도 가사법의를 보내왔다. 광종(光宗)은 '증진대사(證眞大師)'란 호를 내렸고 '국사'로 추증하였다.

광종(光宗)의 송덕시(頌德詩)가 있다.

慧目高戀耀海鄉　　眞身寂寂現和光
具中演法開逃路　　鉢裸生蓮入定場
一喝成音收霧淨　　二明離相出鹿涼
玄關遠隔山川外　　恨不奔波謁上房

여주 고달사에서 28년간 주석했다. 이곳에 주석하며 선불교의 꽃을 활짝 피웠다. 고려 광종(光宗) 9년(958) 8월 25일 목욕재계하고 대중이 모인 가운데 방장실에서 좌탈입망 하였다.

세수 90이었다.

대각(大覺) 국사

半輪明月白雲秋　　風送泉聲何處是
十方無量光佛刹　　盡未來際作佛事

초생 달 밝은 밤 흰 구름 오가는 가을
바람이 물소리를 보내나니 어느 곳에 머무랴
우주의 무량한 부처님 나라에서
미래의 세월이 다하도록 중생을 인도하리라.

[해설]

　대각국사(1055~1101)는 개경 출신으로 고려(11대) 문종(文宗)의 넷째 왕자로 태어났다. 법명은 의천(義天), 속성은 왕(王)씨, 호는 우세(祐世). 흔히 대각국사(大覺國師)라고 부르는데, 그것은 시호다

　어머니 인예왕후(仁睿王后)의 꿈에 용이 품에 안기는 태몽이 있었다. 태어난 9월 28일에는 궁중에 이상한 향기가 오랫동안 머물렀다고 한다.

　다섯 살에 글을 배웠는데, 한 번 들으면 천 가지를 알았다. 열 살 전에 『사서삼경』을 통달하였다.

　스님께서 열 한 살 될 적에 문종(文宗)이 여러 왕자를 모아
　"누가 출가하여 나라의 복밭(福田)이 되겠느냐?"
　고 하자 스스로 출가의 뜻을 밝혔다.

1065년 외삼촌인 경덕국사 난원(景德國師 爛圓)을 스승으로 출가하여 계를 받았다

스님은 경덕국사를 따라 영통사(靈通寺)에 가서 불경을 공부하는데 너무나 영특하여 밤낮을 가리지 않을 정도였다.

어느 날 꿈에 중국 화엄대종사 징관(澄觀)법사의 글을 전해 받는 일이 있는 뒤부터 지해(知解)가 증진되었다.

문종은 크게 기뻐하여 열세 살 되던 해에 '광지개종홍진우세승통(廣智開宗弘眞祐世僧統)'의 법호를 내렸다. 그러나 거기에 만족하지 않고 구법의 뜻을 세우고 송나라로 갔다.

천태지자(天台智者) 대사의 탑을 참배하고 탑 앞에서 발원문을 지어서 본국에 돌아가 천태교관(天台敎觀)을 널리 펴기를 서원하였다. 귀국한 뒤에 어머니의 발원으로 국청사(國淸寺)를 창건하고 천태교관을 강설하였다.

그 당시 고려의 불교는 선종과 교종 양종의 대립이 심각하였다. 의천은 각 교단을 통합하여 고려 불교의 파벌갈등과 폐단을 바로잡아 교단을 정리하고, 불교의 가르침을 통해 흉흉해진 민심을 다잡고 올바른 국민사상을 확립시키려고 하였다.

비록 47년이란 짧은 생을 살았지만, 국가발전에는 누구보다 많은 업적을 남겼다.

『고려속장경』 간행과 송나라에 유학하여 새로운 문화를 수입하였고, 천태종을 세워 교단의 통일을 했다.

형인 숙종은 자신의 다섯째 왕자 원명국사 징엄(圓明國師 澄儼, 1090~1141)을 손수 삭발시켜 의천의 제자로 법통을 계승하게 하였다.

송(宋), 요(遼), 일본과 교류하여 불경 4,000여 권을 구입하여 흥왕사(興王寺)에 교장도감(敎藏都監)을 두고 각경불사(刻經佛事)를

하여 대장경 4,769권을 간행하였다.

저서로는 『신편제종교장총록』 3권·『신집원종문류(新集圓宗文類)』 22권·『석원사림(釋苑詞林)』 250권·『천태사교의주(天台四敎儀註)』 3권, 의천의 사후 그의 제자들이 그의 행적과 시 등을 모은 『대각국사문집(大覺國師文集)』 23권 등이 있다.

1101년(숙종 6) 총지사(總持寺)에서, 이른 나이에 병으로 떠났다. 세수 47세, 법랍 36세였다.

원응(圓應) 국사

五陰雲一片　　散滅盡無餘
推有孤輪月　　淸光盖太虛

이 몸은 구름 한 조각일 뿐
흩어지면 아무 것도 없나니
저 외로운 둥근달처럼
맑은 빛은 누리를 덮나니.

[해설]
　스님(1051~1144)은 고려 정종(靖宗) 6년 서원(西原) 보안(保安)
에서 태어났다. 속성은 이씨. 자는 봉거(逢渠), 법명은 학일(學一)
이다. 시호는 원응(圓應)이다.

　여덟 살이 되자 파·마늘 등, 오신채(五辛菜)와 고기를 일체 먹
지 않자 모두들 세상에 머물 사람이 아니라고 하였다.
　열한 살에 입산의 뜻을 스스로 밝히니 어버이는 쾌히 승낙하였
다.
　스님은 진장(眞藏) 법사를 의지하여 입산하였다. 혜함(慧含) 선
사 회상에서 선지(禪旨)를 깨닫고 삼장을 공부했다.
　1084년에 광명사(廣明寺) 선불장(選佛場)에 나가 승과에 급제하
였다.

당시 송나라에서 유학한 대각국사 의천이 천태종을 세우자 많은 승려들이 천태종으로 옮겨갔으나, 끝내 적을 옮기지 않고 선종을 지켰다. 1099년(숙종 4) 의천이 홍원사(弘圓寺)에서 원각회(圓覺會)를 베풀면서 그를 부강사(副講師)로 삼았으나 선과 교를 섞을 수 없다 하여 사퇴하였다.

1108년에 '선사', 1114년에 '대선사', 1122년에 '왕사'로 책봉되었다.

예왕(睿王)은 숭녕(崇寧) 4년(1114)에 '삼중대사(三重大師)'의 호를 내렸다.

1122년 예종은 궁중으로 스님을 모셔 왕사(王師)가 되기를 간청하였으나, 스님은 사양했다. 몇 년이 지나도 계속 간청하므로 뜻을 따르기로 하였다. 인종 역시 왕사로 모셨다.

천회(天會) 4년(1126) 청도 운문사에 가기를 왕에게 간청하였으나 뜻을 이루지 못하다가 천회 11년(1129)에 운문사로 갔다.

인종 22년(1144) 12월 9일 오경(五更)에 삭발하고 목욕한 다음 앉아서 합장하고 입적했다. 세수 93세, 법랍 82세다.

운문사에 비가 있다.

대감(大鑑) 국사

廓落十方界　　同爲解脫門
休將生異見　　坐在夢中魂

끝없는 시방 세계
모두 해탈문이니
엉뚱한 생각을 일으켜
꿈속의 환상에 머물러 있지 말지니.

[해설]

　스님(1070~1159)은 고려 문종 24년에 경남 밀양에서 태어났
다. 속성은 손씨(孫氏). 호는 묵암(默庵)이다.

　여덟 살에 글을 읽고 시를 지었다. 글씨 역시 탁월하였는데 왕
희지체를 잘 썼다. 열세 살에 『육경(六經)』을 통달하였고, 열다섯
살에 명경과(明經科)에 합격하였다.

　숙종(肅宗)이 궁으로 그를 맞아들여 왕자의 학업을 돌보게 하였
다. 그 왕자가 예종(睿宗)이다.

　열아홉 살에 서울 북쪽에 있는 안적사(安寂寺)에 입산하였다. 처
음에는 불경을 접하다가 경으로 만족할 수 없어 선(禪)에 관심을
두었다. 광명사(廣明寺) 진감국사 혜소(慧炤)를 친견하고 선 수행
을 시작하였다.

진감국사는 임제종 제7대 정인도진(淨因道臻)의 법을 받았으므로 대감국사는 임제 9대 법손이다.

작은 암자에서 수행하면서 어머니를 봉양했다. 숙종 10년에 승과에 급제하여 충주 의림사(義林寺) 주지가 되었다.

1106년 예종이 즉위하자 '대사(大師)'의 법계를 품수, 1120년(53살)에 '선사(禪師)'의 법계에 올랐다.

인종(仁宗, 1122년) 7년에 보리연사(菩提淵寺) 주지가 되었다. 절 주변에는 뱀이 많았는데, 스님이 큰 법회를 베푼 뒤로는 뱀이 없어졌다고 한다.

스님은 『사위의송(四威儀頌)』과 『상당법어(上堂法語)』를 송나라 사명(四明) 육왕산(六王山) 광리사(廣利寺)의 개심(介諶)선사에게 보내어 인가를 받았다.

인종 24년(1145) 스님이 일흔 여덟 살 되던 해, 왕은 '왕사(王師)'로 모셨다.

의종 9년(87세)에 병으로 자리에 누웠다가 열반의 뜻을 보이며 앞의 송을 읊었다.

의종 23년 6월 15일 제자들에게

"나의 돌아갈 곳은 내가 스스로 안다. 너희들은 각자 노력하여 도력을 온전히 하고, 나의 다비를 끝내고 명복을 위해 재를 베풀지 말라. 태평성대를 만나서 홀로 조사선을 맛 들였도다. 시원한 나의 쾌락이여, 맑은 바람에 목욕하는 듯." 이렇게 말하고 앉아 합장하고 입적하였다.

국사로 추증되어 시호는 '대감(大鑑)'이다.

보조(普照) 국사 지눌(知訥)

波難月難現　室深燈更光
勤君整心器　勿傾甘露漿

파도가 어지러우면 달이 나타나기 어렵고
방이 깊을수록 등불은 더욱 밝아지도다
그대에게 권하노니, 마음 그릇을 잘 정돈하여
감로의 장물을 기울이지 말지어다.

[해설]

　스님(1158~1210)은 황해도 서흥군 동주(洞州) 출생이다. 속성은 정(鄭)씨, 스스로 붙인 호가 목우자(牧牛子)다. 시호는 '불일보조국사(佛日普照國師)'이다. 탑호는 '감로(甘露)'이다. 법명은 지눌(知訥)이다.

　태어나면서 병약해 고생하였으나 약의 효험이 없었다. 아버지가 부처님께 기원하기를 '병이 나으면 불제자 되기를 서원'하니 병이 나았다고 한다.

　여덟 살에 종휘(宗暉) 선사에게 삭발 입산하여, 구족계를 받았으나 일정한 스승 없이 혼자 정진했다.

　경전에는 큰 관심을 두지 않고 오직 선(禪)에 전념하였다. 스물다섯 살 때(1182년) 승과에 합격했다.

　『육조단경(六祖壇經)』에서 '진여의 제 성품이 생각을 일으키므로 비록 육근이 보고 듣고 깨닫더라도, 진여의 성품은 아무 것도 물들지 않고 항상 자재하다'는 대목에서 크게 깨달았다. 이를 계기로 혜능을 평생의 스승으로 삼았다.

1185년 예천 학가산 보문사(普門寺)에 들어갔다. 그곳에서 『대장경』에 전력하던 중, 『화엄경』 〈여래출현품(如來出現品)〉의 '여래의 지혜가 중생의 몸 가운데 있다'라는 구절과 이통현(李通玄)이 쓴 『신화엄경론(新華嚴經論)』의 '몸은 지혜의 그림자'라는 구절에서 또 한 번 크게 깨달았다. 이로써 선교일원(禪敎一元)의 원리를 발견하고 독자적인 사상을 확립하였다

1200년 송광산 길상사로 옮겨 11년 동안 법을 행하니 승속이 모여들어 총림을 이루었다. 이들을 지도함에 『금강경』, 『육조단경』, 『화엄론』, 『대혜록(大慧綠)』 등을 의지로 삼고 수행, 깊은 뜻을 얻은 이가 많았다.

돈오점수(頓悟漸修)를 강조하였는데, 돈오는 중생의 본성이 본래 깨끗하여 부처와 조금도 다름이 없음을 문득 깨치는 것이고, 점수는 그렇게 깨쳤다 하더라도 번뇌는 쉽게 없어지지 않으므로 '정'과 '혜'를 꾸준히 닦지 않으면 안 된다는 내용이다.

대안(大安) 2년 시자에게
"오늘이 며칠인가?"
"3월 27일입니다."
다시 법복을 여미시고 앞의 임종게를 말하더니 북을 울려 대중을 법당에 모이게 하고 선법당(善法堂)으로 가 평소처럼 설법하였다. 그리고는
"선법(禪法)의 영험은 불가사의한 것이다. 나는 오늘 그 속에 와서 대중을 위해 모두 말하려 한다. 너희들이 일착자(一着子)에 어

둡지 않고 물으면, 이 늙은이도 일착자에 어둡지 않고 대답하리라."

좌우를 돌아보고

"이 산승의 목숨은 다 여러분의 손에 있다. 가로 끌거나 새로 끌거나 여러분에게 일임한다. 근골(根骨)이 있는 이는 나오너라."

어느 스님이 물었다.

"모든 부처님과 조사스님들이 열반하는 것과 오늘 스님이 열반하시는 것이 같습니까? 다릅니까?"

스님은

"너는 여지껏 중노릇하면서 같고 다름을 배웠구나."

그리고는 주장자를 두어 번 내리 친 뒤에

"천 가지 만 가지 법문이 다 이 속에 있느니라."

주장자를 잡고 그대로 입적에 들었다. 세수 53세, 법랍 36세로 시호는 '불일보조국사(佛日普照國師)'이다. 7일이 지나도 얼굴빛이 변하지 않았다고 한다.

저서로는 『정혜결사문(定慧結社文)』·『진심직설(眞心直說)』·『수심결(修心訣)』·『계초심학인문(誡初心學人文)』·『원돈성불론(圓頓成佛論)』·『간화결의론(看話決疑論)』·『염불요문(念佛要門)』·『상당록(上堂錄)』·『법어(法語)』·『가송(歌頌)』 등이 있다.

진각(眞覺) 국사

衆苦不到處　　別有一乾坤
且問是何處　　大寂涅槃門

모든 괴로움 이르지 못하는 곳에
별도로 한 세계가 있으니
누가 그곳이 어디냐고 묻는다면
만상이 고요한 열반의 세계라 하리라.

[해설]
　스님(1178~1234)은 고려 명종(明宗) 8년 전남 화순에서 태어났다. 휘(諱)는 혜심(慧諶), 자는 영을(永乙), 자호(自號)는 무의자(無衣子)다. 속성은 최씨. 속명은 식(寔)이다.
　어머니 배(裵)씨가 천문(天門)이 활짝 열리며, 벼락이 세 번 내리치는 것을 꿈꾸고 잉태하였다. 잉태한지 열 두 달 만에 태어났는데 태를 두른 모습이 마치 스님이 가사를 두른 듯 하였다. 태어난 지 일주일간 울지도 않고 눈도 뜨지 않았으며, 젖을 먹여 누이면 어머니를 등지고 눕곤 하였다.
　어릴 때 아버지를 여의고 어머니에게 입산을 아뢰었으나 거절하므로 뜻을 이루지 못하였다.
　승안(承安) 6년에 사마시(司馬試)에 합격하여 태학(太學)에서 공부하던 중, 어머니 병환으로 귀향하였다. 그때부터 불교에 깊은 관심을 가지고 관불삼매(觀佛三昧)와 불경 탐독에 여념이 없었다.

어머니가 세상을 떠나자 조계산 송광사 보조국사를 찾아가 49재를 올리고 그 자리서 입산하였다. 후에 보조지눌의 법을 이어받았다.

보조국사는 중국의 유명한 선승 설두중현(雪竇重顯, 980~1052) 선사가 들어오는 꿈을 꾼 날 스님이 입산하였던 것이다.

입산 이후 줄곧 참선으로만 수행하였다.

전남 구례 오산(鰲山) 사성암(四聖庵)에 있으며 『선문염송(禪門拈頌)』을 편찬하였다. 이때 오경(五更: 새벽3시~5시)에 시를 읊는데, 그 소리가 너무나 청아하여 십리 밖 마을 사람들이 듣고 잠을 깨기도 하였다.

1205년 가을, 보조 국사가 억보산(億寶山)에 계실 때였다. 선객 몇 사람과 함께 보조국사를 친견하고자 찾아가다가 그 산 밑에서 쉬었다. 아직 암자까지 가지도 않았는데 보조 국사가 시자를 부르는 소리가 들리므로 스님은 이런 게송을 지었다.

呼兒響落松蘿霧　　煮茗香傳石徑風

아이 부르는 소리는 송라의 안개에 떨어지는데,
차 달이는 향기는 돌길의 바람에 풍겨오네.

보조지눌을 친견하고 이 게송을 보였더니 지눌은 머리를 끄덕이며 수중의 부채를 주었다.

이때 스님이 다시 게송을 지어 국사에게 바쳤다.

昔在師翁手裡　　今來弟子掌中
若遇熱忙奔主　　不坊打起淸風

전에는 스승의 손에 있더니
지금은 제자의 손안에 있네
만일 더위에 허덕이며 다닐 때면
맑은 바람 일으킨들 그 어떠하리.

고종은 스님에게 '선사(禪師)'의 호를 내리고 다시 '대선사(大禪師)'의 칭호를 내렸다. 학인이 너무 많이 몰려와 선원을 왕명에 의하여 크게 지었다. 왕이 법요를 물으므로 『심요(心要)』를 책으로 지어 올렸다.

1234년 수선사(修禪寺)에서 입적했다.
저서에 『진각국사어록(眞覺國師語錄)』·『심요(心要)』·『선문염송(禪門拈頌)』·『무의자시집(無衣子詩集)』이 있다.

원묘(圓妙) 국사

不動此念當處現前　　我不去而去
感應道交　　　　　　實非心外

이 생각이 동요하지 않으면 바로 이 자리에 나타나니
나는 가거나 저들은 오지 않아도
서로 감응의 도가 통함에
실상은 마음 밖의 일이 아니로다.

[해설]
　스님(1163~1245)은 고려 인종(仁宗) 11년 경남 의령에서 태어
났다. 자는 안빈(安貧). 성은 서(徐)씨이며, 법명은 요세(了世)다.
　열두 살에 강양 천락사(天樂寺)에서 균정(均定)스님을 의지하여
입산하였다. 스물두 살에 승선(僧選)에 급제하였다.
　영동산(靈同山) 장연사(長淵寺)에서 개당(開堂) 설법하였다. 그때
보조국사(普照國師)가 스님의 명성을 듣고 함께 수행하자는 게송
을 보냈다. 이후, 보조국사의 수선사(修禪寺)에 동참하였다.
　약산난야(藥山蘭若)에서 정진 중 크게 깨달았다. 그리고도 53불
(佛)에 매일 열두 번씩 절하고 염불과 참회를 하루도 거르지 않았
다. 스님들은 그를 '서참회(徐懺悔)'라 불렀다고 한다.

　종일 좌선 한 뒤 저녁때가 되어 대중들을 불러 모아 놓고

"내가 열반에 들고자 한지 이미 오래되었지만 너무 더워서 적당치 않다고 생각하였는데, 이제 입추가 되었으니 때가 좋다고 생각한다. 오십년 동안 산에서 썩은 물건이 이제 가니 각자는 법을 위하여 노력하여라."고 하였다.

제자 천인(天因)이

"세상 떠날 때 정(定)에 든 마음이 곧 정토인데, 다시 어디로 가시렵니까?"

하고 물으니 앞의 게송을 보이셨다. 그리고 가만히 앉아 선정에 들었다. 가까이 가보니 이미 입적한 상태였다. 세수 83, 승랍은 70이었다.

저서로 『삼대부절요(三大部節要)』가 있다.

시호는 '원묘국사(圓妙國師)'이며, 탑호는 '중진(中眞)'이다.

진명(眞明) 국사

今朝臘月38)一日　　看看
三十日39)到來　　正念無忘失

오늘 아침은 섣달 초하루
살펴보고 또 보아라
마지막 날이 이르러도
바른 생각은 잊음이 없나니.

[해설]

　스님(1191~1271) 황해도 수안(遂安)에서 태어났다. 휘는 혼원 (混元). 어머니의 꿈에 감로수를 먹는 꿈을 꾸었다고 한다.

　열세 살에 스스로 출가하기를 원하므로, 태몽과 어렸을 때의 행동을 보아 이 세상의 사람이 아님을 직감하고 허락하였다.

　사굴산(闍崛山) 개산조(開山祖)인 종헌(宗軒) 선사에게 득도하였다. 종헌 선사는 그의 외숙이다.

　매우 영특하여, 처음 경전을 배우는데 한 번 들으면 잊는 법이 없었다.

　선과(禪科)인 상상과(上上科)에 급제하였으나, 뜻을 산림(山林)에 두어 항상 참선 수행을 하였다. 당대의 유명한 쌍봉사(雙峰寺) 청

---

38) 臘月 : 12월.
39) 삼십일(三十日): 목숨이 다한 날.

우(靑牛)스님을 모시고 수행하다, 진각국사를 비롯 청진국사(淸進國師) 몽여(夢如, ?~1252)를 사사하여 심인을 전수받았다.

1252년 8월에 청진국사가 입적하기 전, 조계산의 모든 일을 스님에게 부촉하므로 조계산 제 4세가 되었다. 1259년 5월 11일 '왕사(王師)'가 되었다.

항상 자비로운 마음과 겸손으로 사람을 대하였다. 솔직담백하면서도 해학이 있어 사람들을 기쁘게 하였다

1271년 12월 1일 스님은 방장실에서 앞의 송을 보인 후, 열반의 뜻을 표하였다. 그 후 7일 시자에게 붓을 챙겨 불안선사(佛眼禪師)의 게송을 썼다.

鳥從空裏飛　　入向心中住

새가 허공 속에서 날아와
맘속을 향해 들어와 머문다.

그리고는 평소와 같이 이야기를 나누며 임금님에 올리는 글을 쓰고, 선상(禪床)에 앉은 그대로 열반에 들었다. 세수 80, 법랍 68세이다.

7일 동안 그대로 모셔두었는데 얼굴색이 변하지 않고 팔다리를 펴고 오므림이 평소와 같았으며 이상한 향기가 감돌았다.

국사로 추증되었고, 시호는 '진명국사(眞明國師)', 탑호는 '보광(普光)'이다.

제자로는 자진원오(慈眞圓悟) 국사 등이 있다.

자진(慈眞) 국사

明將行矣　　　不欲多語
生也如着袴　　死也如脫裾

내일 가고자 하니
많은 말을 하고 싶지 않다
태어남이란 옷 입는 것과 같고
죽음이란 옷 벗는 것과 같을 뿐이다.

[해설]

　스님(1215~1286)은 고려 고종(高宗) 2년에 전북 남원에서 태어났다. 어릴 때부터 자질이 뛰어났으며, 성품이 자애로워 주변에는 늘 사람들이 많았다.

　열다섯 살에 조계산 송광사에 입산하여 진각혜심(眞覺慧諶) 문하에서 수행을 시작하였다. 처음 삼장을 익히고 난 후, 선 수행을 게을리 하지 않았다.

　21세 때 선선(禪選)에서 상상과(上上科)에 뽑혔다. 그 뒤 청진선사(淸眞禪師)·진명국사(眞明國師) 등, 많은 선지식 문하에서 수행했다.

　스님은 진각국사에게 득도는 하였지만, 진각국사의 제자 청진선사에게 가르침을 받고, 또 청진선사의 제자 진명선사의 입실제자가 되었다.

41살의 가을에 진명국사가 연로하여 조계산 법주의 자리에서 물러나므로 조계산 제 5세 법주가 되었다.

20년 동안을 조계산을 떠나지 않고 법석을 폈다.

충렬왕(忠烈王) 12년(1286) 2월 12일 고흥군 불대사(佛臺寺)의 불사에서 돌아와 임종을 직감하고 문도들을 불렀다. 어느 스님이 시적법문(示寂法門)을 여쭈었다.

"목우자(牧牛子)께서 '일착자(一着子)에 매(昧)하지 않는다.'고 이르셨는데 화상께서는 매하셨습니까 매하지 않으셨습니까?"

"매(昧)하고 매하지 않음에 모두 저 일을 간섭치 않느니라."

또 한 스님이 묻기를

"이 껍데기를 벗어버리시면 어디에서 다시 뵈오리까?"

"도를 구하여 묻는 대로 나는 가리라."

그리고는 잠시 말이 없다가 앞의 열반송을 읊고 난 후, 바로 그 자리에서 입적했다.

충렬왕은 식음을 전폐할 정도였다. 친필로 시호를 '자진원오국사(慈眞圓悟國師)', 탑호를 '정조(靜照)'라고 썼다.

이듬해 6월 9일 유골을 전남 보성 대원사(大原寺) 서쪽 산등성이에 모셨는데, 쌍무지개 같은 서기(瑞氣)가 있었다. 한 쪽은 스님의 사리탑에 한 쪽은 조계산 송광사에 비쳤다.

스님의 비석은 고흥 불대사(佛臺寺)에 있다.

원감충지(圓鑑冲止) 국사

閱過行年六十七　　及到今朝萬事畢
故鄕歸路坦然平　　路頭分明未曾失
手中纔有一枝筇　　且喜途中脚不倦

나이 예순일곱을 맞아
오늘에 이르러 모든 일 마치니
고향으로 돌아가는 길 넓고 평탄해
앞길은 분명하여 헤맬 일 없겠다
내 수중엔 겨우 지팡이 하나뿐이지만
발걸음 가볍게 하리니 이 역시 기쁘다.

[해설]

　스님(1226~1292)은 고려 고종13년 정안(定安)에서 태어났다.
속성은 위(魏)씨이며, 이름은 법환(法桓)이라 했다가 원개(元凱)라
하였으며, 다시 충지(冲止)라 고쳤다. 호는 밀암(密庵)이다.

　열아홉 살에 문과(文科)에 급제하였다. 일본에 사신으로 다녀오
기도 하였다.

　항상 선림(禪林)생활을 염원하다가, 자진국사 원오(圓悟)스님이
선원사(禪源寺)에서 선풍을 드날림을 알고 그곳에 가서 구족계를
받았다.

　마흔 한 살 때 김해 감로사(甘露寺)에 있을 때다. 자진국사(慈眞

國師)가 입적하므로 그 뒤를 이어 조계산의 제 6세 법주가 되었다. 그 무렵 깨달음을 얻고 오도송을 읊었다.

春日花開桂苑中　　暗香浮動小林風
今朝果熟沾甘露　　無限人天一味同

봄날 꽃들이 계수나무 동산에 피니
그윽한 향기는 소림의 바람을 일으키고
오늘 아침 익은 과일은 감로조차 머금고
무한한 인천은 한 가지 맛이러니.

중국 원(元)나라 세조(世祖)의 초청을 받아 북경에 다녀오기도 하였다.

스님은 육십 일곱(충렬왕 18년) 되던 해 갑자기 대중을 모아 "삶과 죽음은 인간 세상의 의당한 일이니, 나 역시 마땅히 그 이치에 따르리라."하고 앞의 게송을 썼다. 그리고 바로 입적했다.

시호는 '원감국사(圓鑑國師)', 탑호는 '보명(寶銘)'이다.

저서로는 『원감국사가송(圓鑑國師歌頌)』·『조계원감국사어록(曹溪圓鑑國師語錄)』1권·『해동조계밀암화상잡저(海東曹溪密庵和尙雜著)』1권이 있다.

혜감(慧鑑) 국사

廓淸五蘊　　眞照無窮
死生出沒　　月轉空中

吾今下脚　　誰辨玄蹤
告爾弟子　　莫漫捫空

한 물건도 없는 이 몸의 본성은
진실한 조명이 무궁한 것이며
나고 죽고 오르고 잠김은
달이 공중에 있는거와 같을 뿐이다.

나는 이제 가지만
누가 이 현묘한 자취를 가리겠느냐
부탁하노니 너희들은 부질없이
허공을 어루만지지 말지니.

[해설]
　스님(1249~1319)은 고려 고종(高宗) 46년 웅진(熊津)에서 태어
났다. 자는 만항(萬恒)이다.
　성은 박씨이다. 어머니 정씨께서 하늘에서 취막(翠幕)이 내려오
므로 가보니 그 속에 백옥같이 맑은 동자가 들어 있었다. 가까이

306

가니 그 동자가 합장을 하며 품에 들어오는 꿈을 꾸고 태어났다. 어린 나이에 출가, 자리에 눕지 않고 정진하였다.

충렬왕의 명으로 삼장사(三藏寺)에 있었다. 뒤에 낭월사(郎月寺), 운흥사(雲興寺), 선원사(禪源寺)의 주지를 지냈다. 제자가 700명이었다.

충선왕(忠宣王)은 '별전종주중속조등묘명존자(別傳宗主重續祖燈妙明尊者)'라는 호를 내렸다.

충소왕 6년(1319) 송광사(松廣寺)에서, 일찍 일어나 분향하고 목욕 한 뒤 옷 갈아입으시고 대중을 모아

"내가 오늘 가고자 한다."하시고 앞의 게송을 말했다. 그리고 편안히 앉아 두 손을 마주잡고 웃음을 머금은 그대로 입적했다.

그때 석방군(席方郡)의 태백(太白)이라는 사람의 꿈에 스님께서 취막을 타고 하늘로 올라가는 꿈을 꾸었다고 한다. 그날이 바로 입적한 날이었다.

2020년 4월 23일, 고려 후기 선종(禪宗) 경전인 『육조대사법보단경(六祖大師法寶壇經)』이 보물 제2063호로 지정되었다.

『육조대사법보단경』은 1책(64장)으로, 1290년(충렬왕 16) 원나라 선종(禪宗)의 고승 몽산덕이(蒙山德異, 1231~1308)가 편찬한 것이다.

이 책을 당시 고려 수선사(修禪社) 제10대 조사인 혜감국사가 받아들여, 1300년(충렬왕 26년) 강화 선원사(禪源寺)에서 간행한 판본이다. 현재 경상남도 사천시 백천사에 소장돼 있다.

보감(寶鑑) 국사

荊棘林中下脚　　干戈叢裸藏身
今日路頭　　　　果在何處
白雲斷處是靑山　行人更在靑山外

가시 숲 속에 태어나
칼날의 무더기에 몸을 감췄고나
오늘 가는 길이
과연 어디인가
흰 구름 없는 곳이 청산인데
떠나는 사람은 다시 청산 밖에 있구나.

[해설]
　스님(1250~1322)의 속성은 김(金)씨이며 자는 구을(丘乙),
　자호를 '무극노인(無極老人)'이라 하였다. 시호는 보감(寶鑑)국사
이다

　어머니는 민(閔)씨가 복령사(福靈寺) 관음상에 기도하여 태어났
다. 어릴 때 소꿉장난을 할 때도 기와 쪽이나 돌멩이를 모아 놓고
탑이라 하며, 쉴 때는 가만히 벽을 바라보고 사색에 잠겼다.

　용모가 단정하고 성품이 자애로워 친지들이 작은 아미타 부처
님이란 별호로 '소미타(小彌陀)'라고 불렀다.

　열 살 때 무위사(無爲寺)의 천경(天鏡) 선사에게 출가하여, 이후

308

일연선사에게 귀의했다. 선과(禪科)인 상상과(上上科)에 뽑혔으나 수행에만 전념하였다.

충렬왕이 '대선사(大禪師)'의 호를 내렸다. 밀양 영원사(瑩源寺)에 머무르다가 송림사에서 앞의 임종게를 남기고 방장실로 돌아가서 좌선한 채로 입적했다.

저서로는 『어록』 2권·『가송잡저(歌頌雜著)』 2권·『신편수륙의문(新編水陸儀文)』 2권·『중편염송사원(重編拈頌事苑)』 30권 등이 있다.

각진(覺眞) 국사

即心即佛江西老[40]　非心非佛物外翁
齟鼠聲中吾獨住　涅槃生死本來空

마음이 부처라고 한 이는 강서의 노인
마음도 부처도 아니니 누리 밖이 주인이여
박쥐의 소리에 나홀로 머무나니
열반과 생사는 본래 없나니.

[해설]

　스님(1270~1355)의 어머니는 항상 대승(大乘) 경전을 독송하였
는데, 하루는 한 거사가 와서 머물겠다는 꿈을 꾸고 스님이 태어
났다.
　8세 때, 백암산(白巖山) 정토사 일린(一麟)에게 출가해, 열 살에
원오(圓吾) 국사에 나가 삭발 입산하였다.
　각처로 다니며 오직 선정을 익혔다.
　만년에 불갑사(佛甲寺)에 머물 때 꿈에 쓴 시가 있다.

君賜篁城佛甲山　人言倦鳥己知還
殷動薦祝如天壽　從此邦基萬古安

---

40) 강서노(江西老): 석가모니 부처님을 뜻함.

1355년 6월에 백암사(白巖寺)에서 작은 병을 보이더니, 7월 27일에 선상(禪床)에 앉아 문도들에게 앞의 게송을 읊었다. 그리고 그 자리에서 암연히 떠나셨다.

　나라에서 '각진국사(覺眞國師)'라 시호를 내렸다.

담당(湛堂) 국사

今日則有　　　明日恐無
光陰其可把玩乎

오늘은 있지
내일에는 없을까 염려되구나
세월을 어찌 잡아 볼 수 있으랴.

[해설]
　스님의 자세한 행장은 알 길이 없다.
　호는 월계(越溪), 자는 담당(湛堂). 성징은 이름이다.
　송광사 16국사 중 제 9세 자오(慈悟)국사 담당성징(湛堂聖澄)으로 알려져 있다.
　전설에 의하면 스님은 금나라 태자로서 고려의 사문(沙門)이 되었다고 한다.

백운경한(白雲景閑) 선사

人生七十歲　古來亦希有
七十七年來　七十七年去
處處皆歸路　頭頭是故鄕

何須理丹揖　特地欲歸鄕
我自本不有　心亦無住所
作灰散四方　勿占檀那地

인생 칠십은
옛 부터 드문 일이다
77년 전에 왔다가
77년 살다 가나니
곳곳에 다 돌아갈 길이요
모두가 바로 고향이거늘.

무엇하러 배와 노를 장만하랴
특히 고향에 돌아가고자 하리
내 몸은 본래 없는 것이요
마음도 또한 머무는 곳 없나니
재를 만들어 사방에 흩고
시주의 땅을 점령하지 말라.

　백운경한(白雲景閑, 1298~1374) 스님은 전라도 고부에서 태어났다. 어려서 출가하여 스승 없이 전국의 사찰을 다니면서 수행하다가 법을 위하여 1351년 중국 원나라로 갔다.

　그곳에서 인도 출신으로 원나라에 머물던 지공(指空)화상에게 법을 묻고, 하무산(霞霧山) 천호암(天湖庵)에 주석하고 있던 석옥청공(石屋淸珙) 선사의 법맥을 이어받았다.
　태고보우(太古普愚)와 나옹혜근(懶翁慧勤)스님과 함께 국운이 시련을 맞았을 때 당시 불교계를 이끌었다.
　1353년 정월 어느 날 정진 중에, 영가현각 스님의 〈증도가〉에서 깨달음을 얻었다. 석옥청공 스님이 이를 보고 인가하였다.
　스님의 오도송이다.

　黃面瞿曇不良久　室中維摩亦不默
　恰似吹毛新發硏　外道天魔處不得

　금빛 얼굴의 부처님은 유구한 세월도 없나니
　방장실의 유마힐도 침묵하지 않도다
　선의 본바탕은 새로이 연마한 취모리
　외도와 천마(天魔)도 넘보지 못하네.

　스님은 임종이 왔음을 알고 문도들을 불러 놓고
　"옛사람은 말하기를, '항상 일체가 공(空)임을 알아서 한 가지 법도 마음에 걸리지 않으면, 그것이 모든 부처님의 마음 쓰는 곳이다'하였다. 그대들은 부지런히 수행하시오. 내가 지금 물거품처럼 꺼진다 해서 그 때문에 슬퍼하지 마시오."
　1374년 여주 취암사에서 77세로 입적했다.

훗날 그의 어록 서문을 썼던 이구(李玖)는 '천진하고 거짓이 없
어 형상을 빌려 이름을 팔지 않았으니, 진경(眞境)에 노니는 사람
이었다.'고 스님을 표현하고 있다.
　　『백운화상어록』과 『불조직지심체요절(佛祖直指心體要節)』의 저서
가 있다.

나옹혜근(懶翁惠勤) 국사

七十八年歸故鄉　　天地山河盡十方
刹刹塵塵皆我造　　頭頭物物本眞鄉

칠십팔 년 고향으로 돌아가나니
이 산하대지 온 우주가 다 고향이네
삼라만상 모든 것은 내가 만들었으며
이 모든 것은 본시 내 고향이네.

[해설]

　스님(1320~1376)은 경북 영해(寧海) 사람이다. 속성은 아(牙)씨요, 이름은 원혜(元惠)이며, 호는 강월헌(江月軒)이다.

　어머니 꿈에 금빛 나는 매가 날아와서 머리를 쪼고 알을 품안으로 떨어뜨리는 것을 보고 스님을 잉태하였다. 출생하니 골격이 기이하고 외모가 비범했다.

　어려서 출가하고자 하였으나 부모가 만류하였다. 스무 살 되던 해에 어느 날, 이웃 친구가 죽는 것을 보고 어른들에게 묻기를, "사람이 죽으면 어디로 가느냐?"고 했으나 아는 사람이 없으므로 비통한 생각을 품고 있었다. 그러다가 홀연히 집을 벗어나 문경 공덕산 묘적암(妙寂庵)의 요연(了然)선사에게 가서 있더니, 하루는 삭발하고 입산을 허락해 줄 것을 간청하였다. 그때 요연 선사가
　"무엇하러 삭발하는가?"

"삼계를 초월하여 중생을 이롭게 하려고 합니다."

"여기 온 물건은 무엇이냐?"

"듣고 말하고 하는 것이 왔거니와 보려 해도 볼 수 없고, 들으려 해도 들을 수 없고, 찾으려 해도 찾을 수 없으니 어떻게 닦아야 합니까?"

"나도 너와 같아서 알 수 없으니 다른 스님께 가서 물어라."

하였다.

그리하여 스님은 그 날로 그곳을 떠나 여러 곳을 찾아다니며 양주의 회암사(檜岩寺)에서 4년간 참선을 하여 깨달은 바 있었다. 그때 일본 스님 석옹(石翁)이 선상(禪床)을 두드리며,

"대중들은 듣느냐?" 하고 물었을 때 스님은 다음의 오도송을 보였다.

禪佛場中坐　　惺惺着眼看
見聞非他物　　元是舊主人

선불장 가운데 앉아
번쩍이며 눈을 들어보니
보고 들음이 다른 물건 아니라
본래 옛 주인이로다.

스스로의 정신적 경지를 나타내는 스님의 '자찬(自讚)'이란 송이 있다.

打破虛空出骨　　閃電光中作窟
有人問我家風　　此外更無別物

허공을 찢어서 뼈다귀를 드러내고
번쩍하는 저 빛 속에 굴을 판다
누가 내 가풍이 무엇인지 묻는다면
이 밖에 또 다시 별다른 것 없도다.

  그 뒤 중국에 들어가 연경(燕京)에 있는 법원사(法源寺)의 지공(指空) 스님을 만나 2년간을 참구하였다. 입실을 허락한 지공스님이 게를 읊었다.

禪無堂內法無外　　庭前柏樹認人愛
清凉臺上清凉日　　童子數沙童子知

선에는 안이 없고 법은 밖이 없건만
뜰 앞의 잣나무 사람의 정을 아누나
청량대 위에는 밝은 해
동자가 헤아린 모래는 동자가 알리라.

이 게를 듣고 난 스님이 화답하는 게를 지어 올렸다.

入室堂內出無外　　刹刹塵塵禪佛場
庭前柏樹更分明　　今日夏初四月五

들어감에 안이 없고 나감에 밖이 없어
나라마다 티끌마다 선불장이요
뜰 앞의 잣나무가 다시 분명하니
오늘이 사월 오일이로다.

  지공 스님은 스님이 큰 법기임을 알고, 사제의 관계를 맺었다.

그 뒤 평강(平江)의 휴휴암(休休庵)을 거쳐 평산처림(平山處林, 1270~1361) 선사를 친견하니,

"어디서 온 스님인가?"

"서울에서 왔습니다."

"어떤 사람을 보고 왔는가?"

"서천지공(西天指空)을 보고 왔습니다."

"지공은 날마다 무엇을 하는가?"

"날마다 천검(千劍)을 쓰고 있습니다."

"지공의 천검은 두고 너의 일검(一劍)을 가져오너라."

하였을 때, 스님이 좌구(坐具)를 들어 쳤다. 그때 평산 스님은 "이 도적놈이 나를 죽이는구나." 하였다. 이에 스님이 평산 스님을 일으키며,

"나의 칼은 사람을 죽이기만 하는 게 아니라 살리기도 합니다."

이에 평산 스님은 크게 기뻐하여 스님에게 차를 대접하였다. 이후 법의와 불자(拂子)를 표신으로 주었다.

그 뒤 지공 스님에게서도 법의와 불자를 받고 1358년 귀국하였다. 1371년 왕사(王師)가 되었다.

저서로는 『나옹화상가송(懶翁和尙歌頌)』·『나옹화상어록(懶翁和尙語錄)』 각 1권이 있다.

태고보우(太古普愚) 국사

人生命若水泡空　　八十餘年春夢中
臨終如今放皮(俗41)　一輪紅日42)下西峰

사람 목숨 허무해라 물거품일새
80여년 한평생이 봄날의 꿈이어라
인연 다해 이 몸뚱이 버리는 이 날
한 덩이 붉은 해가 서산으로 진다.

[해설]

　스님(1301~1383)은 충남 홍성 출신이다. 성은 홍(洪)씨이며 이름은 보우(普愚)다. 호를 태고(太古) 또는 보허(普虛)라고도 한다. 어머니 정(鄭)씨 꿈에 해가 배를 비추는 꿈을 꾸고 태어났다.

　열세 살에 회암사(檜巖寺) 광지(廣智)선사에게 출가했다.

　열아홉에 가지산(迦智山) 총림에서 '만법귀일(萬法歸一)'의 화두로 수행했다.

　용문산 상원암(上院庵)과 성서(城西) 감로사(甘露寺)에서 정진하여 의단을 타파하였다. 그때 십이대원(十二大願)을 세우고 관음보살께 예배하였는데, 7일 동안 자리에서 움직이지 않고 정진에 들었다.

---

41) 피대(皮俗): 가죽주머니. 곧 육신을 일컬어 가죽주머니라 함.
42) 일륜홍일(一輪紅日): 여기선 국사 자신을 비유하였음.

잠시 조는 사이에 청의동자(靑衣童子) 두 사람이 와서 병과 잔을 받들고 이상한 백탕(白湯)을 스님에게 드리니 받아 마셨다. 그로부터 깨달음이 있어 게송을 지었다.

趙州古佛路　　坐斷千聖路
吹毛覿面提　　通身無孔竅

조주에 사는 옛날의 조사
앉은 채 천성의 길 끊었네
칼날을 바로 눈앞에 대어도
온몸엔 하나의 구멍도 없네.

一亦不得虛　　踏破家中石
回看沒破跡　　看者亦已寂

하나도 얻는 것 없는 곳에서
집안 돌 모두 밟았네
돌아보면 밟을 자취도 없고
본다는 것도 이미 고요 하여라.

了了圓妥妥　　玄玄光朔朔
佛祖與山河　　無口悉吞剋

분명하고 둥글어 한 곳으로 치우치지 않는데
그윽하여 광명은 빛나네
부처와 조사 그리고 산하까지도
입 없이 모두 삼켜 버렸네.

狐兔絶潛蹤　　翻身獅子露
打破牢關後　　清風吹太古

여우와 토끼도 자취 감춘 듯
문득 뛰어드는 사자 한 마리
철벽같은 그 관문 때려 부수니
맑은 바람 태고 적 부는 그 바람.

　이때 스님의 나이 서른여덟이었다. 그때 중국 스님 무극(無極)의
권유로 임제(臨濟) 정맥(正脉)인 석옥청공(石屋淸珙, 1272~1352)
을 만나기 위해 중국에 갔다. 그때 스님의 나이 마흔 여섯이었다.
중국 왕실에서 설법하기도 하였다.
　호주(湖州) 하무산(霞霧山)의 석옥청공 스님을 뵙고 스스로 지은
〈태고암가(太古庵歌)〉를 바쳤다. 이에 석옥 스님은 극찬하며 인가
하였다. 이로써 우리나라 임제종의 초조(初祖)가 되었다. 그때 석
옥 화상이 붙인 찬(讚)이다. 일흔 여섯이었을 때다.

先有此菴　　方有世界
世界壞時　　此菴不壞

菴中主人　　無在不在
月照長空　　風生萬籟

이 암자가 먼저 있고
세계가 생겼으니
세계가 파괴되어도
이 암자는 안 무너져.

암자 속의 주인공은
있지 않은 데가 없어
큰 허공에 달 비추듯
일만 피리에 바람 일듯.

그 다음해에 귀국하여 용문산 소설암(小雪庵)에 묻혀 있으니, 공민왕이 사신을 보내어 법을 묻고 왕사(王師)를 삼았으나 거절하고 소설암에서 지냈다. 스님의 나이 여든 둘 어느 날, 위의 임종게를 남겼다

경기도 고양시 신도동 북한산 중턱에 탑과 비석이 있다. 탑호는 '보월승공(寶月昇空)'이고, 시호는 '원증(圓證)'이다.

환암혼수(幻菴混修) 선사

任運騰騰度一生　　病中消息更惺惺
無人識得吾歸處　　窓外白雲橫翠屏

임운자재로 등등하게 일생을 보내었는데
병중의 소식 까지도 더욱더 성성하구나
나의 가는 곳을 아는 사람 없건만
창밖의 흰 구름 푸른 울타리에 서렸구나.

[해설]

　스님(1320~1392)은 평안북도 용천 출신이다. 자는 무작(無作), 호는 환암(幻庵), 법명은 혼수(混修)다.

　12세에 어머니의 권유로 계송(繼松)에게 출가했다.

　공민왕에게 불법을 가르쳤으며, 계율이 철저했다. 선교(禪敎)뿐만 아니라 모든 경전에 통달했다.

　금강산에서 오랫동안 수행하였으며, 특히 『능엄경』에 통달하였다.

　공민왕이 회암사(檜巖寺)에서 살기를 청하였으나 가지 않고, 오대산 신성암(神聖庵)에 머물렀다. 그 때 고운암(孤雲庵)에 있던 나옹(懶翁)스님과 자주 교류했다. 1383년 우왕이 '국사(國師)'에 봉했으나 기뻐하기보다 게를 지어 이르기를

三十年來不入塵　　水邊林下養情眞
誰將擾擾人間事　　係縛逍遙自在身

30년 동안 속세에 들어가지 아니하고
물가와 수풀 밑에서 참된 성정(性情)을 길렀는데,
누가 시끄러운 인간사를 가지고
자유자재 소요하는 이 몸을 묶으려 하는고.

　문장과 글씨에도 뛰어났다. 많은 시문이 있다.

고봉(高峰) 선사

淸淨本然極玲瓏　　山河大地絶點空
昆盧一體從何起　　海印能仁三昧通

七十八年歸故鄕　　山河大地盡十方
刹刹塵塵43)皆我作　　頭頭物物44)本眞鄕

청청 본연하여 지극히 영롱하나니
산하대지가 점이 끊겨 공하도다.
비로 부처님은 어디에서 이는가?
해인은 능인께서 삼매로 통달했네.

78년 만에 고향에 돌아가나니
온 천지 시방 세계 이 길 뿐이구나
찰찰 진진은 다 내가 만든 것
두두물물은 본래 나의 참다운 고향이로다.

[해설]
　 스님(1351~1428)은 고려 충정왕(忠定王) 3년, 황해도 신천(愼
川)에서 태어났다.

---

43) 찰찰진진(刹刹塵塵): 티끌 같은 세계, 곧 무수한 세계.
44) 두두물물(頭頭物物): 갖가지 물건. 물건마다.

성은 김씨이며, 휘는 법장(法藏) 또는 지숭(志崇), 법호는 고봉(高峰)이다.

스무 살에 입산하였다. 승선(僧選)에 급제하였다.

나옹(懶翁)스님의 심인(心印)을 받았다.

스님은 머리가 길어도 깎을 줄 몰랐고, 항상 표주박을 차고 다녔으며, 풀피리[草笛]를 잘 불었다.

안동(安東)에 청량암을 지어 놓고, 산으로 강으로 마을로 다니며 자유롭게 30년을 보냈다.

조선 태조(太祖) 4년 낙안군(樂安郡) 금둔사(金芚寺)에서 자다가 절을 짓는 꿈을 꾸었는데, 이튿날 송광사에 가니 꿈에 보던 경치가 그대로 적중하여 그때부터 송광사를 중창하였다.

송광사 16국사 중 맨 마지막 국사다.

세종(世宗) 10년(1428) 어느 날 큰북을 쳐 대중을 모이게 했다. 앞의 계송을 읊고 분향하고, 가부좌 한 채 담연히 입적했다.

함허득통(涵虛得通) 선사

湛然空寂本無一物　　神靈光赫洞徹十方
更無身心受彼生死　　去來往復也無罣碍
臨行擧目十方碧落　　無中有路西方極樂

고요하여 공적하니 본래 한 물건도 없으며
신령스러운 빛이 밝고 밝아 온 세상에 뚜렷하여라
다시는 몸과 마음이 생사를 받음 없으니
오고 감에 아무런 거리낌이 없나니
나아가려다 눈을 뜨니 온 세상이 뚜렷하여라
없는 가운데 길이 있으니 서방극락이로다.

[해설]

스님(1367~1433)은 전라도 남원 출신이다. 성은 유(劉)씨이며,
이름은 수이(守伊)다. 휘(諱)는 기화(己和), 호는 득통(得通), 또는
무준(無準)이다. 거처하던 방(房)의 이름은 함허당(涵虛堂)이다.

아들이 없자 어머니는 자비대성(慈悲大聖)에게 기도하였다. 어느
날 밤 꿈에 대성(大聖)이 어린애를 데리고 와서 그의 품에 넣어주
는 꿈을 꾸고 태어났다.

스물두 살 때, 이웃 친구의 죽음을 보고 무상함을 느껴 관악산
의상암(義湘庵)에 가서 삭발 입산하였다. 그 이듬해에 양주 회암사

에 가서 무학왕사(無學王師)를 뵙고 법요를 들었다. 여러 곳에서 수행하다 다시 회암사에서 정진했다.

천마산 관음굴 불희사(佛禧寺)에서 정진하던 어느 날, 자신도 모르게 깨달음을 얻고 계송 두 구절을 읊었다. 그리고 해우소에 들어갔다가 나와 통(桶)을 씻으며, 문득 뒤의 두 구절을 다시 읊은 것이 다음의 송이다.

行行忽廻首　　山骨立雲中
惟此一事實　　餘二則非眞

가다가 갑자기 머리를 돌리니
산의 뼈가 구름 가운데 섰도다
오직 이것은 한 개의 사실
둘이면 참이 아닐세.

열세 살 때 오대산 영감암(靈鑑菴)에서 나옹스님의 진영(眞影)에 제사한 뒤에 이틀 밤을 그 암자에서 쉬었다. 꿈에 어떤 신승(神僧)이 나타나 말하기를

"그대의 이름은 '기화(己和)'라 하고, 호를 '득통(得通)'이라 하라."

저서에 『원각경소(圓覺經疏)』 3권·『금강경오가해열의(金剛經五家解說誼)』 2권·『현정론(顯正論)』 1권·『반야참문(般若懺文)』 2권·『윤관(綸貫)』 1권이 있다.

가평군 현등사에 부도가 있고, 봉암사에는 비가 있다.

경성일선(慶聖一禪) 선사

八十人間命　　迅如一電光
臨行忽擧目　　活路是故鄕

팔십년 사람의 목숨
빠르기가 번갯불 같구나
떠남에 이르러 문득 앞을 바라보니
탁 트인 이 길이 바로 고향이로다.

年逾八十似空花　　往事悠悠亦眼化
脚末跨門還本國　　故圓桃李已開花

어느 듯 흘러 간 여든 해에
지난 일 모두가 환영이네
문을 나서기 전에 이미 고향에 이르렀나니
옛 동산엔 지금도 복숭아꽃 배꽃이 활짝 피었네.

[해설]

　스님(1488~1568)은 울산에서 태어났다.

　호를 '휴옹(休翁)', 당호는 '경성(慶聖), 또는 경성(敬聖), 선화자
(禪和子)'다.

　어려서 부모를 여의고 돌봐주는 사람이 없어 이곳저곳을 떠돌

330

아 다녔다. 열세 살에 경주 단석산(斷石山) 해산(海山)스님 문하에
서 수행하다가 지리산 벽송지엄(碧松智儼) 스님에게 밀지를 전수
받았다.

열여섯 살에 구족계를 받고 스물네 살에 묘향산 문수암(文殊庵)
에서 옷 한 벌과 발우 하나로 수행에 전념하기를 3년 되던 어느
날, 작은 구멍으로 들어오는 빛을 보고 깨달았다.

다음은 오도송이다.

趙州露刀劍　　寒霜光燄燄
擬議問如何　　分身作兩段

조주의 칼 뽑음이여
서릿발 같은 빛이 나는구나
여하를 묻는 이 있으면
몸을 두 쪽으로 내리라.

그 뒤 지리산 벽송지엄(碧松智嚴) 대사에게 게송을 보이니, 단번
에 법기임을 알고 다음의 게송을 스님에게 주었다.

風颼颼月皎皎　　雲冪冪水潺潺
欲識這個事　　須參祖師關

바람은 솔솔 불고 달빛은 교교히 밝으며
구름은 자욱하고 물은 잔잔하도다
이러한 도리를 알려거든
반드시 조사의 관문에 들어가라.

스님은 출가 당시 입었던 누더기 한 벌로 평생을 보냈다고 한

다. 평소와 다름없이 법문을 하고 난 후, 앞의 임종게를 남겼다. 조금 있다가 다시 마지막 수의 임종게를 쓰셨다.

입적을 하자 몸에서 오색 광명이 일어나 일주일간 비쳤다고 한다.

선조 1년(1568) 겨울 스님의 입적 후, 청허휴정(淸虛休靜)은 경성 스님을 찬(讚)하는 글을 남겼다.

師初來也　　一顆明珠
師今去也　　五箇神珠
入火不變　　入水不
常寂常照　　劫石須臾

스님이 처음 올 때는
하나의 밝은 구슬이더니
이제 떠난 뒤에는
다섯 개의 신비스런 구슬이라
불 속에 들어가도 변치 않고
물속에 들어가도 젖지 않네
늘 고요하고 늘 비추니
겁석(劫石)도 잠시였어라.

청허휴정(淸虛休靜) 선사

千計萬思量　　紅爐一點雪
泥牛水上行　　大地虛空裂

천 생각 만 생각이
화로의 한 점 눈일 뿐
진흙 소는 바다위로 달리고
지구와 허공은 부서지누나.

[해설]

　스님(1520~1604)은 전북 완산(完山)에서 태어났다.

　성은 최씨이다. 자는 현응(玄應), 이름은 여신(汝信)이며, 법명은
휴정(休靜)이다. 스스로 호를 청허(淸虛)라 하였다. 오랫동안 묘향
산[西山]에 살았으므로 '서산(西山)'이라 하여, 지금은 '서산대사'로
불린다.

　세 살이 되는 해 사월 초파일에 아버지가 등(燈) 아래 취해 잠
들었는데, 한 노인이 나타나 '꼬마 스님을 뵙고자 왔을 뿐'이라고
하며 두 손으로 어린애를 번쩍 들고서는 몇 마디 주문을 외운 다
음 아이의 머리를 쓰다듬으며 "이 아이의 이름을 운학(雲鶴)이라
하시오."하였다. 그러므로 스님의 어릴 적 이름은 운학이라 불렸
다.

어릴 때 돌을 세워놓고 부처님이라 하기도 하고, 모래를 쌓아올리고서는 탑이라고 하며 놀기도 하였다. 아홉 살 때 부모가 세상을 떠나 이사증(李思曾)의 양자로 입적되었다.

지리산에서 부용영관(芙蓉靈觀 1485~1571) 선사의 설법을 듣고 가슴의 멍울이 풀어지는 느낌이 있었다. 그리하여 숭인(崇仁)에게 삭발, 입산하였다. 경성일선으로부터 수계(授戒)를 받고, 21살 때 부용영관의 법을 이었다.
정진에 몰두하던 어느 날, 낮에 닭 울음소리를 듣고 문득 마음의 문이 활연히 열려 다음의 오도송을 지으셨다.

髮白心非白　　古人曾漏洩
今聞一聲鷄　　丈夫能事畢

터럭은 희어도 마음은 희지 않다고
옛 사람이 누설 했나니
이제 닭소리 한 번 들으니
장부의 할 일을 다 했어라.

忽得自家底　　頭頭只此爾
萬千金寶藏　　元是一空紙

홀연히 내 것[自心]을 알고 보니
일마다 다만 이것이구나
천만 보장(寶藏)이
원래가 빈 종이일세.

다음은 금강산 미륵봉 아래 암자를 짓고 수행하다 기쁨이 솟아

334

나 지은 송이다.

主人夢說客　　客夢說主人
今說二夢客　　亦是夢中人

주인은 객에게 제 꿈 이야기 하고
객은 주인에게 제 꿈을 이야기 하누나
이제 두 꿈 이야기하는 나그네
이 또한 꿈속의 사람일세.

그뿐 아니라 『서산대사집(西山大師集)』에 수록된 수많은 시문(詩文)은 지금도 고전으로 빛나고 있다.
선조(宣祖) 37년(1604년) 묘향산 원적암에서 설법을 마치고 자신의 영정(影幀)을 꺼내 그 뒷면에

80년 전에는 네가 나이더니
80년 후에는 내가 너로구나.

하는 시를 한 수 적고, 위의 임종게를 남기고 가부좌로 입멸하였다. 스님이 입적한지 28일간 방안에 기이한 향기가 가득하였다.

허응보우(虛應普雨) 선사

幻人來入幻入鄉　　五十餘年作戲狂
弄盡人間榮辱事　　脫僧傀儡[45]上蒼蒼

꼭두각시 인생으로 꼭두각시 세상에 들어와서
오십여 년 광대놀이 하였구나
인간 영욕의 일을 부질없이 지내고
중의 탈을 벗고 저 푸른 하늘 올라가네.

[해설]
　스님(1509~1565)의 고향이나 출생지에 대한 자세한 기록은 전해지지 않는다.
　법명은 보우(普雨), 법호는 나암(懶庵), 당호가 허응당(虛應堂)이다. 어려서 부모를 여의고, 양주 용문사에 들어가 지행 선사의 행자로 지내다 15세에 금강산 마하연으로 출가했다. 이곳에서 정진하기를 6년이 되는 해 어느 날, 흐르는 물소리를 듣고 활연대오하여 다음의 송을 남겼다.

爾名山意欲觀　　杖藜終日苦攀
行行忽見山眞面　　雲自高飛水自湲

---

45) 괴뢰(傀儡): 꼭두각시.

336

도라 이름 지은 산을 보고 싶어서

지팡이 짚고 하루 종일 고생고생 기어오르니

가고 또 가다가 홀연히 산의 참모습 보았노라

구름 절로 높이 날고 개울 물 절로 졸졸 흐르네.

당시는 배불정책으로 많은 사찰이 사라지고, 수행자들이 핍박받던 불교의 암흑시기였다. 이때 명종(1545~1567)이 12세에 즉위하여 문정왕후가 수렴청정을 했다. 신심이 돈독한 문정대비는 불교중흥을 위하여 양주 회암사에 있는 허응보우(虛應普雨)를 맞아들였다.

문정왕후의 두터운 신임을 받고, 쇠망하는 불교를 부흥시키기 위해 혼신의 힘을 기울였다. 그러나 보우의 처벌을 요구하는 유생들의 상소가 끊이지 않았다. 문정왕후가 죽자 '희대의 요승(妖僧)'으로 몰려 제주도로 귀양을 갔다. 그곳에서 제주목사 변협에 의해 참형되었다. 이때 스님의 나이 56세였다.

앞의 게송은 그때 남긴 것이다.

송운(松雲)스님은 보우스님을

"대사가 동방의 작은 나라에 나서 백세에 전하지 못하던 법을 얻었는지라. 지금의 학자들이 대사로 하여금 나아갈 곳을 얻었고, 불교가 마침내 끊어지지 않았으며 대사가 아니었다면 영산(靈山)의 풍류와 소림(小林)의 곡조(曲調)가 없어질 뻔 하였다."고 하였다. 송운은 사명(泗溟)대사를 말한다.

저서로는 『허응당집』상·하·『나암잡저(懶庵雜著)』·『수월도량몽중문답(水月道場夢中問答)』·『권념요록(勸念要錄)』 각 1권이 전한다. 『허응당집』은 스님이 평생 쓴 시를 엮은 것이다.

정관일선(靜觀一禪) 선사

平生慙愧口喃喃46)   末後了然超百億
有言無言俱不是   伏請諸人須自覺

평생토록 떠든 것이 부끄럽기 짝이 없네
최후에 남김없이 모든 경계 넘고 보니
말을 해도 안 해도 모두 다 틀린 수작
바라오니 그대들은 모름지기 자각하소.

[해설]

스님(1533~1608)은 중종(中宗) 28년에 태어났다.

속성은 곽(郭)씨 연산(連山) 사람이다.

어머니 꿈에 어떤 사람이 쌍구슬을 주기에 받는 태몽이 있었다
고 한다.

열다섯 살에 입산하여 백하선운(白霞禪雲) 스님에게서 법화경
및 경전을 배웠으나, 늦게 서산대사(西山大師)를 만나 심인(心印)을
받았다.

금강산 희봉암(喜奉庵)에서 7년간 수행하다 어느 날 봄, 산을
바라보며 쓴 것으로 오도송은 아니지만 스님의 정신적 경계를 살
피는데 도움이 될 것 같아 수록한다. 이 게송은 서산대사를 만나

---

46) 남남(喃喃): 지루하게 지껄임. 독서하는 소리(寒山詩仙書一雨卷, 樹
下讀喃喃).

기 전에 쓴 것이다.

好在金剛山　　長靑不起雲
簞瓢宜早去　　風雪夜應分

금강산에 있기를 좋아했나니
항상 푸르러 구름 일지 않구나
표주박 들고 일찍 거닐었으니
눈보라는 밤에 분분 하였어라.

선조 41년(1608년)에 보개산(寶蓋山)에서 문도들에게 마지막 법
문을 하고 난 후 남긴 임종게다.
　『정관집(靜觀集)』이란 어록이 있다.

사명유정(四溟惟政) 선사

四大假合　　　今將返眞
何用屑屑47)往來　勞此幻軀
吾將入滅　　　以順大化48)也

이 몸이 거짓으로 머무르다가
이제는 참다운 세계에 돌아가려 하는데
무슨 까닭에 부질없이 왔다 갔다 하면서
오가는 것은 헛된 몸만 수고로이 할 따름이니
나는 고요한 세계에 돌아가서
법신의 덕화(德化)를 따르겠노라.

[해설]

사명유정(1544~1610)선사의 법명은 유정(惟政), 자는 이환(離幻), 법호는 종봉(鍾峯) 또는 송운(松雲), 시호는 자통홍제존자(慈通弘濟尊者)이다.

서산대사의 수제자로서 경남 밀양출신이다. 어려서부터 유난히 총명하였다. 일찍 부모를 여의고 김천 직지사(直指寺)의 신묵(信默)스님에게로 출가하였다. 그 뒤 묘향산 보현사(普賢寺)의 서산휴정(西山休靜)을 찾아가서 선리(禪理)를 참구하였다.

---

47) 설설(屑屑): 불안한 상태.
48) 대화(大化): 우주에 순응한다는 뜻.

1592년에 임진왜란이 일어나자 승병을 모아 혁혁한 공을 세웠다. 선조는 그의 공을 포상하여 '선교양종판사(禪教兩宗判事)'를 내렸다.

1586년 43세 되던 해 봄, 옥천산 상동암(上東庵)에서 정진하던 중 수미단 부처님 법신의 서광(西光)을 보고 깨달음을 얻었다. 오도송이다.

西風吹動雨初歇　　萬里長空無片雲
虛室戶居觀衆妙　　天香桂子落粉紛

서쪽바람이 불어오자 비로소 비 개이니
높고 넓은 하늘에 조각구름 한 점 없네
빈 선실에 고요히 앉아 모든 묘리를 생각하니
천향의 계수 열매가 어지럽게 떨어지네.

광해군(光海君) 2년(1610) 8월 26일 가야산 홍제암에서 앞의 열반송을 보이고 유연히 떠났다.

경남 밀양 무안에 비석이 있는데, 오늘날도 국내외 큰일이 있을 때마다 경이를 낳는다.

해인사 홍제암(弘濟庵) 옆에 부도와 비가 있다.

저서로는 『사명당대사집』 7권과 『분충서난록』 1권 등이 있다.

부휴선수(浮休善修) 선사

七十三年幻遊海　　今朝脫殼⁴⁹⁾返初源
廓然空寂元無物　　何有菩提生死根

칠십 삼년을 꼭두각시 세상에서 놀다가
오늘 탈을 벗고 본래의 세계로 돌아가네
확연히 텅 비어서 원래 한 물건도 없는데
어찌 보리와 생사의 근본이 있으랴.

[해설]

　스님(1543~1615)은 중종(中宗) 38년 전북 오수(獒樹)에서 태어
났다.

　아버지 김씨와 어머니 이씨는 서원을 세우고 기도하기를, '만약
아들이면 공문(空門)에 출가시키겠다.'는 원력을 하였다. 어느 날
신승(神僧)이 구슬을 주기에 받는 꿈을 꾸었다.

　열 살에 지리산 신명(神明) 스님을 의지하여 득도하였다. 뒤에
부용영관(芙蓉靈觀, 1485~1570)대사의 법을 이었다.

　당대에 사명대사(四溟大師, 1544~1610)와 더불어 숭유억불로
몰락하던 조선불교를 일으키는데 많은 노력을 했다. 두 사람을 일
컬어 '이웅(二雄)'이라 불렀다.

　광해군 7년 11월, 송광사에서 쌍계사 칠불암으로 옮겨왔다.

---

49) 탈곡(脫殼): 껍질을 벗는다는 뜻. 죽음을 의미함

제자 벽암각성(碧巖覺性, 1574~1659)에게 법을 전한 뒤, 세수 73세, 법랍 57세로 인연을 거두었다.

제월경헌(霽月敬軒) 선사

泥牛入海沓茫然　　了達三世一大緣[50]
何事更生煩惱念　　也來齋閣[51]乞陳篇[52]

진흙소가 바다에 들어 그저 멀리 아득하나
삼생의 한 큰 인연을 환히 깨쳤거니,
무슨 일로 번뇌로운 생각이 다시 일어나
재각(齋閣)에 달려와서 묵은 시를 청하는가.

[해설]

　제월경헌(霽月敬軒, 1544~1633)스님은 전남 장흥에서 태어났다. 속성은 조씨(曺氏)이다. 법명은 경헌(敬軒), 자는 순명(順命), 법호는 제월(霽月)이다. '허한거사(虛閑居士)'라 자호(自號)하였다.

　어릴 적부터 골상이 빼어나고 성품이 덕스러웠다. 또래들과 어울릴 때는 불사(佛事)놀이를 즐겨했다. 10살 때 부모를 여의고 할아버지 슬하에서 자랐는데, 15세에 장흥 천관사로 들어가 옥주(玉珠) 선사를 은사로 출가했다.
　원철(圓哲)선사, 지리산 현운중덕스님에게 삼장(三藏)을 배우고,

---

50) 일대연(一大緣): 삶과 죽음의 모든 인연.
51) 재각(齋閣): 스님의 방.
52) 진편(陳篇): 책, 서적.

1576년 묘향산 서산대사에게 참학하였다. 문자에 얽매여 있던 스님은 서산대사의 부처님 법으로 달마가 서쪽에서 온 뜻을 밝히자, 한꺼번에 의문이 풀렸다.

다시 금강산 내원동에 들어가 묵언으로 용맹정진을 했다. 그로부터 3년이 지난 늦은 봄, 비가 온 뒤 온 누리를 밝게 비추는 보름달을 보고 크게 깨달았다. 오도송이다.

飄如雲不繫　　皓大明無痕
採藥蓬萊島　　烹茗方丈雲

구름처럼 나부껴 매이지 않고
달처럼 밝아 그 흔적 없네
봉래도에서 약을 캐고
방장의 구름에 차를 달이네.

묘향산에서 서산(西山)대사에게서 선을 수행하여 심인을 전수받았다.

30년을 금강산에서 납자를 제접하다 치악산 영은사로 옮겼다. 2년 후(인조 10년), 다시 보개산으로 오면서 '여기가 나의 인연터다.' 하며 입적에 들었다. 세수 90세, 법랍 76세다.

저서로 『제월집(霽月集)』이 있다.

기암법견(奇巖法堅) 선사

打破虛空埋日月　　山河大地一坑藏
病中不病者何去　　溪水金剛今古聲

허공을 부수어 해와 달 파묻으니
산하대지를 구덩이에 감추노라
병든 속에 싱싱한 놈 어디로 가나
금강산 시냇물이 고금에 한가지네.

[해설]

　기암법견(奇巖法堅, 1552~1634) 스님은 서산대사의 뛰어난 제
자 중 한사람이다. 지리산과 금강산에서 수행했다. 외전에 능통하
고 금강산에 머물 때 많은 시(詩)를 지었는데 지금도 전해진다.
『기암집(奇巖集)』이 있다.

　스님의 정신세계를 엿볼 수 있는 시 한 수를 더 살펴본다.

一片秋聲落井桐　　老僧驚起問西風
朝來獨步臨溪上　　七十年光在鏡中

한 조각 가을소리 오동나무에 떨어질새
늙은 중 놀라 일어나 서풍에 물음한다

아침부터 홀로 개울가에 노닐더니
칠십년 지난날이 거울 속에 되비친다.

다음은 스스로 지은 만사(輓詞)다.

溪水流別山　　挽歌入雲間
黃泉知何許　　無限去不還

물은 산 밖으로 흐르고
상여 소리 구름골로 가고 있네.
황천은 어디메쯤 있는가
간사람 다시는 되돌아오지 않네.

중관해안(中觀海眼) 선사

一隻龜毛箭　　三彈兔角弓
嵐風吹處坐　　直射破處空

한낱 거북이 털 화살로
몇 번 토끼뿔 활에 퉁겨 보노니
스치는 바람결에 앉아
바로 쏘아 허공을 부시노라.

[해설]

　스님(1567~1636)은 중종 21년에 전남 무안에서 태어났다.

　법호는 중관(中觀), 성은 오(吳)씨이다. 어려서 워낙 비범하여
신동이라 불리었다.

　처음에는 처영(處英)스님은 은사로 출가하였으나, 뒤에 서산대사
에게 심인을 전수받아 중관파(中觀派)의 1세가 되었다. 임진왜란
때에 승의병(僧義兵)으로 참가하여 왜적을 무찌르는데 공헌이 많
았다. 서산대사의 제자다.

　만년에는 지리산 귀정사(歸正寺) 소은암(小隱菴)에 주석하였다.
제자로 청간(淸侃)·정환(正還)·설매(雪梅) 등이 있다.

　소은암은 고려시대 구곡각운(龜谷覺雲, ?~?) 스님이 『선문염송
(禪門拈頌)』을 저술하였던 곳이다. 각운스님은 그때 붓 끝에서 사
리가 나왔다고 한다.

귀정사에 중관 스님의 부도가 있다.

저서로 『중관대사유고(中觀大師遺稿)』·『죽미기(竹迷記)』·『화엄사 사적(華嚴寺事蹟)』 등이 있다.

인조 14년, 지리산에서 임종게 2수(首)를 남기고 입적하였다. 여기 수록된 것은 끝의 수이다.

三山危孟律渴　　天男玉女將何遇
月之初八廿四間　一笑可知行當發

임성충언(任性沖彦) 선사

七十餘年遊夢宅53)　　幻有幻養未安寧
今朝脫却歸圓寂　　古佛堂前覺月54)明

칠십여 년 꿈속에서 노닐면서
빈 몸을 기르노라 공연히 애썼네
오늘 아침 내던지고 고향으로 돌아가니
옛 부처 집 앞에 마음 달이 밝아라.

[해설]

　스님(1567~1638)은 명종 22년 12월 19일 전주 봉상(峯上)에서 태어났다.
　호는 임성(任性), 법명은 충언(沖彦).
　열여덟 살 때 천정(天定)스님에게 출가하여, 탄연(誕衍)스님에게서 구족계를 받았다.

　스물네 살 때 정관일선(靜觀一禪, 1533~1608) 스님을 친견하고 그 법을 받았다.
　평생 후학들에게 선을 지도했다. 1618년 스님이 덕유산에서 은거하며 수행했다는 굴(窟)이 있다.

---

53) 몽택(夢宅): 사바세상을 뜻함.
54) 각월(覺月): 마음의 달.

1638년(인조 16) 3월 29일, 두 손을 단정히 모으고 앉은 채 입적했다. 세수 72, 법랍 54년이다.

 제자로 송파각민(松坡覺敏, 1596~1675)이 있다.

 덕유산 무주구천동에 탑이 있다.

편양언기(鞭羊彦機) 선사

本是無一物　　何處超歡悲

본래 한 물건도 없나니
어느 곳에 기쁨과 슬픔이 있으랴.

[해설]

　편양언기(鞭羊彦機, 1581~1644) 선사는 선조 14년 경기도 안성에서 태어났다. 법호는 '편양당(鞭羊堂)'이다.

　평안도 어느 목장에서 양치기 생활을 하면서 얻은 이름이다. 어머니가 일월을 품에 품는 꿈을 꾸고 태기가 있었다고 한다.

　11세에 유점사의 현빈(玄賓)선사에게 출가, 19세에 금강산 백화암(白華庵)에서 깨달음을 얻었다. 뒤에 서산대사에게서 그 심법(心法)을 받았다. 오도송이다.

雲走天無動　　舟行岸不移
本是無一物　　何處起歡悲

구름이 달리지 하늘은 움직이지 않는 법
배가 갈뿐 언덕은 가지 않는 것을
본래 아무것도 없는데
어디에 기쁨 슬픔 있으리오.

352

雲邊千疊嶂　　檻外一聲川
若不連旬雨　　那知霽後天

구름 가에는 천 겹의 산봉우리
난간밖에는 철철철 개울물 소리
만일에 장맛비가 아니었다면
어찌 비개인 청정하늘을 알았으랴.

스님은 선과 교를 함께 가르쳐 명성을 떨쳤다.
시문(詩文)이나 선과 교에 대한 법문은 간결하고 쉬웠다.
숯장수와 물장수를 하면서 시정(市井)에 나와 중생을 교화하였
다.

편양언기 스님의 법맥은, 서산대사 유정(惟政, 1544~1610) -
청허휴정(淸虛休靜, 1520~1604) - 편양언기 - 풍담의심(楓潭義
諶, 1592~1665) - 월담설제(月潭雪霽, 1632~1704) - 환성지안
(喚醒志安)으로 이어진다.
묘향산 내원암(內院庵)에서 입적했다.
『편양당집』 2권이 있다.

고한희언(孤閑熙彦) 선사

空來世上　　特作地獄滓矣
命布骸林　　麓以飼鳥獸

공연히 이 세상에 와서
지옥의 찌꺼기만 만들었구나
내 뼈와 살을 저 숲속에 버려 두어
산짐승들 먹이가 되게 하라.

[해설]

　스님(1561~1647)은 명천에서 태어났다.

　12살 때 칠보산(七寶山) 운주사(雲住寺)에 입산했다. 18년 동안
경전 공부를 했으나 더 이상 깨달음을 얻지 못하자 덕유산에서
부휴(浮休) 선사의 제자가 되어 수행했다.

　3년 동안 부휴스님을 시봉하면서 '수행을 하는 데는 마음이 중
요하지 겉치레는 중요하지 않다.'라는 생각을 하였다. 그 이후, 일
생 동안 거친 밥을 먹고 누더기 옷을 입었으며, 머리가 길어도 깎
지 않았다. 아주 청빈하고 무소유로 일생을 보냈다. 열반송에도
그대로 나타난다.

　예순 살 되던 해다. 광해군은 청계사에서 선조대왕의 천도재를
지내기 위해 증사(證師)가 되어 달라는 부탁과 함께 금란가사를

받았다. 재가 끝난 후, 금란가사를 벗어놓고는 홀연히 자취를 감추었다.

　입적할 때에 문인(門人) 각원(覺圓)에게

　"내가 죽거든 몸을 불태우지 말라. 굶주린 짐승들에게 보시할 것이니, 그냥 나무 위에 걸어두라"는 간곡한 부탁을 남겼다. 그래도 차마 그럴 수 없어 다비식을 거행했다.

　다음날 새벽, 활활 타오르던 불길이 잦아들자 거센 바람이 다비장을 휘몰아쳤다. 검은 재가 바람에 날려 사라지고 검은 구름이 걷히자 나무위에는 스님의 머리뼈가 걸려 있었다고 한다.

소요태능(逍遙太能) 선사

解脫非解脫　　涅槃豈故鄉
吹毛光爍爍55)　口舌犯鋒鋩56)

해탈이 해탈이 아니거니
열반이 어찌 고향이랴
이 마음 칼날이 시퍼렇게 번득이니
쉽사리 말하다 그 칼날에 다치리.

[해설]
　스님(1562~1649)은 조선 명종 17년에 전남 담양에서 태어났다. 성은 오씨, 호는 소요(逍遙), 법명은 태능(太能)이다.
　어머니 꿈에 신승(神僧)을 보고 스님이 태어났다.
　열세 살에 전북 백양사(白羊寺) 진(眞) 화상을 찾아가 축발하였다. 부휴선수(浮休善修, 1543~1615)에게 경전을 배웠다.

　스무 살에 묘향산의 서산대사를 뵈었을 때 서산 대사는 다음의 송을 지어 심인을 전했다. 서산 문하의 소요문파(逍遙門派)의 제1세가 되었다.

---

55) 삭삭(爍爍): 빛나는 모양(李陵·詩) 一三星列.
56) 봉망(鋒鋩): 날카로운 성질.(孟郊) 慷慨丈夫志 可以耀鋒鋩.

可笑騎牛者　　騎牛更覓牛
斫來無影樹　　憔眞水中漚

가히 우습다, 소를 탄 자여
소를 타고서 소를 찾고 있구나
그림자 없는 나무를 베어다가
물 가운데 거품을 녹일지니라.

20여 년간의 두타 행을 그만두고 스승 휴정이 있는 묘향산을
다시 찾아 용맹정진에 들었다. 영하 40℃의 추위가 계속되는 한
겨울 어느 날, 국사는 눈바람에 나뭇가지가 부러지는 모습을 보고
깨달음을 얻고 지은 게송이다.

一人生二口　　數立幾番成
千里逢金客　　庭前枯木榮

한 사람이 두 입을 가졌으니
자주 섰지만 몇 번 이루었으랴
천 리 먼 길에 금객을 만나니
마당 앞에 고목이 되살아나는구나.

다음은 스님의 또 다른 정신적 경계를 여실히 볼 수 있는 시다.

花笑階前雨　　松鳴檻外風
何須窮妙旨　　茲個是圓通

뜨락에 내리는 비에, 꽃은 웃음 짓고
난간 밖 바람에 소나무 운다

참선을 해야만 깨닫는가
있는 그대로가 원만한 깨달음인 것을.

병자호란 때에 인조가 남한산성으로 피난하자 서성(西城)을 수축하였다. 인조 27년 11월 21일 스님의 나이 여든 여덟에 문인(門人)을 모으고 앞의 게송을 손수 적으시고 입적하였다.

보개산 심원사·지리산 연곡사·두륜산 대둔사에 탑이 있으며, 연대사에 비석이 있다.

358

취운학찬(翠雲學璨) 선사

生死一理　　恒寂恒照
有何生死　　旣無生死

나고 죽음이 하나여서
이 마음 항상 고요하여 지혜롭나니
어찌 생사가 있으랴
이미 생사는 없도다.

[해설]

　스님(1572~1651)은 12월 9일 강화에서 태어났다.
　어려서 놀이를 할 때도 탑을 쌓는 시늉과 불공 올리는 흉내를
곧잘 내어서 '손거사'라는 별명으로 불리었다.
　열다섯 살에 스스로 인정(印淨)화상을 찾아가서 입산했다.
　금강산에서 서산대사로부터 의발을 전수받았다.

　항상 화엄경을 독송하더니 뒤에 면벽 9년을 했다. 운달산에서도
한 자리에서 5년을 지냈다. 그 뒤 보개산 심원사에서
　"부모를 버리고 출가하였으니 일생을 헛되이 보내지 말고, 그리
고 한속하지도 말고 부지런히 수행하여 생사를 벗어나도록 각자
힘써라" 하는 간곡한 부탁과 함께 그 자리에서 인연을 거두었다.
　보개산 심원사에 비석과 부도가 있다.

태호(太浩) 선사

八十人間事　　猶如一夢漚
願親無量壽57)　常樂逐忘憂

팔십년 인생살이
꿈속의 물거품 같구나
아미타불 친견하여
항상 즐거이 근심 잊기 원하노라.

[해설]

　스님(1564~1652)의 속성은 장(張)씨.

　호는 호연(浩然).

　열다섯 살에 전남 장흥의 천관산(天冠山) 일종(一宗) 선사에게
득도했다. 그 외에 자세한 행적은 없다.

　서른 살에 속리산 정관일선(靜觀一禪)선사에게 입실, 전법을 받
았다. 정관스님 문하에는 임성충언·호연태호·무염계훈(無染戒訓)
등이 있는데, 후에 '정관문파(正觀門派)'를 이루었다.

　1652년 3월에 앞의 임종게를 남기고 떠났다.

　평소 정토발원을 열심히 했다고 한다.

---

57) 무량수(無量壽): 무량수여래불의 준말.

춘파쌍언(春坡雙彦) 선사

天地爲吾棺槨具　　只這棺槨置何丘
眞身廣博無邊表　　成毁存亡一點疣

우주로 나의 널[棺]을 만들었으니
이 널을 어데다 둘까
이 몸은 넓고 넓어 끝이 없어라
있고 없는 것은 한 점 먼지일 뿐이다.

[해설]

　스님(1591~1658)은 선조(宣祖) 24년 8월 14일 평안남도 안주(安州)에서 태어났다. 호는 춘파(春坡).

　부모님을 여의고 일곱 살에 묘향산에서 서산대사에게로 출가했다. 서산대사 문하에서 경전을 섭렵하고 제방을 순례하다가 금강산에서 송월응상(松月應祥) 스님의 심인을 받았다.

　금강산의　선암(禪庵)·영원암(靈源庵)·현불암(現佛庵)·현등암(懸燈庵) 등에서 정진하며, 밤에도 침구를 펴는 일이 없었다.

　효종(孝宗) 9년 5월 11일, 세수 67, 법랍 53세로 입적하였다. 입적 하루 전날 목욕 삭발하고 옷 갈아입고 향 사루고 앉아 앞의 임종게를 남겼다.

벽암각성(碧巖覺性) 선사

大經58)八萬偈59)   拈頌60)三十卷61)
足以兼二利   何須別爲頌

대경(大經)에 팔만의 게송이 있고
염송이 삼십 권이나 되니
이 두 경에 불자행(佛子行)을 밝혔거니
또다시 무슨 게송을 말하랴.

[해설]

스님(1575~1660)은 충남 보은에서 12월 23일 출생했다.

속성은 김씨, 법명은 '각성(覺性)', 자는 '징원(澄圓)' 호는 '벽암
(碧巖)'이다.

열네 살에 설묵(雪黙) 스님에게 득도하였다.

부휴선수(浮休善修)의 법을 이었다.

화엄학의 대가이며 인조반정(仁祖反正) 때는 남한산성의 팔방도
총섭(八方都摠攝)으로 임명되어 의병군을 이끌며 3년 만에 성을
다 쌓았다. 그 공으로 '원조국일도대선사(圓照國一都大禪師)'의 호
를 받았다.

---

58) 대경(大經): 여기서는 팔만대장경을 뜻함.
59) 팔만게(八萬偈): 팔만대장경을 의미함.
60) 염송(拈頌): 고려 무의자 스님이 편찬한 조사 어록.
61) 삼십권(三十卷): 염송이란 책은 30권으로 되었음.

평생 좌선하면서 배움을 청하는 사람에게는 무자참구(無字參究)를 권했다. 사람을 대할 때는 항상 공손하고 자비심이 깊었다. 또한 어부들에게 불살생계(不殺生戒)를 설하여, 어부 가운데 어망을 불태우고 참회하는 사람도 있었다는 이야기가 전한다.

구례 화엄사에서 세수 86, 법랍 72세로 입적했다.
화엄사에 비가 있다.
제자로 취미수초(翠微守初, 1560~1668)·백곡처능(百谷處能, 1617~1780)·모운진언(暮雲震言, 1622~1703) 등이 있다.
저서로 『선원집도중결의(禪源集圖中決疑)』·『간화결의(看話決疑)』와 승려의 죽음에 따른 의식을 제정한 『석문상의초(釋門喪儀抄)』가 있다.
스승의 시문집인 『부휴당집(浮休堂集)』 5권을 편찬했다.

허백명조(虛白明照) 선사

却盡燒三界　　　靈心萬古明
泥牛62)耕月色　　　木馬63)掣風光

세상은 부서지고 불타도
신령한 마음은 영원하네
진흙 소 달빛을 갈고
나무 말은 풍경을 이끌고 가네.

[해설]

　스님(1593~1661)은 선조 27년 12월, 충남 홍성에서 태어났다. 열세 살에 묘향산의 진영(晉英)화상을 의지하여 득도하였다.

　선교(禪敎)에 통달하였으며, 일찍 사명대사의 제자가 되었다.

　인조(仁祖) 4년에는 강원도 감사(監司)에 천거되었으며, 의병대장이 되어 승군(僧軍) 4천여 명을 거느리고 안주(安州)성을 지켰다.

　1637년 정월에 인조가 항복하여 청나라 군사가 물러간 뒤, 조정에서는 그 공을 높이 사서 '가선대부 국일도대선사 부종수교 복국우세 비지쌍운 의승도대장등계(嘉善大夫　國一都大禪師　扶宗樹敎　福國祐世　悲智雙運　義僧都大將登階)'의 호를 내렸으나, 국왕이 청

---

62) 니우(泥牛): 진흙소이지만, 4차원세계에서 있는 상상의 언어.
63) 목마(木馬): 나무 말. 니우와 같음.

나라에 항복한 것이 통분하여 받지 않았다.

　그 뒤 구월산 패엽사(貝葉寺)에 머무르면서 경을 강의하였다. 만년에는 묘향산 보현사(普賢寺) 선방의 조실(祖室)로 있으면서 참선 공부하는 학인들을 지도하였다.

　스님의 시 한 편이다.

　汨沒紅塵萬事違　　回頭三十二年非
　西園風雨夜來急　　桃李無言春自歸

　하찮은 일에 골몰하여 만사를 그르쳤으니
　되돌아보매 삼십이 년 모두 다 곁가지뿐
　서쪽 뜰엔 밤바람 빗소리 급한데
　복숭아꽃은 말이 없고 봄 저 홀로 가고 있네.

　묘향산 불영대(佛影臺)에 토굴을 짓고 3년 동안 머물렀다. 하루는 묘향산 여러 암자를 둘러본 뒤 우물물을 마시다가 "나는 이제 가네."라고 말한 뒤, 보현사에 와서 임종게를 남기고 9월 8일 입적했다. 세수 69세다.

　저서로 『허백당시집』 있다.

풍담의심(楓潭義諶) 선사

奇恠這靈物[64]　　臨終尤快活
死生無變容　　皎皎[65]秋天月

이상스러워라 이 영물
죽을 때에 더욱 좋네
생사에 변함없이 밝기는
가을 하늘 밝고 밝은 달이어라.

[해설]
　스님(1592~1665)은 선조 25년 강화도 통진(通津) 출신이다.
　법명은 의심(義諶), 호는 풍담(楓潭), 속성은 문화 유(柳)씨다.

　어머니 꿈에 구슬을 먹는 태몽이 있었다 한다. 열여섯 살에 성
순(性淳)화상을 의지하여 입산하였다.
　뒤에 편양언기(鞭羊彦機, 1581~1644)선사의 법제자가 되었다.
법을 전해 받은 뒤, 당대의 고승 소요태능(逍遙太能)·벽암각성·기
암(奇巖) 등 문하에서 수행하다 다시 금강산으로 돌아갔다.
　다음은 편양언기 스님이 내린 전법게다.

---

64) 영물(靈物) : 신령스런 물건. 여기서는 심성을 뜻함.
65) 교교(皎皎) : 달빛이 밝은 모양.

얻었다는 것 본래 얻은 바가 없으며
전한다는 것 또한 가히 전할 바가 없네
지금에 전할 것 없음을 부촉하노니
동쪽 서쪽이 같은 한 하늘이니라.

『화엄경』 등, 대승경전과 선교(禪敎)에 다 통달하였다.
『화엄경』과 『원각경』에 오래 침잠, 오류를 바로잡고 경전의 의미를 쉽게 이해할 수 있도록 힘썼다.

1665년 3월 8일 금강산 정양사(正陽寺)에서 세수 75, 법랍 58세로 입적했다.
경기도 김포 문수사에 풍담대사 탑비가 있다.

취미수초(翠微守初) 선사

侍者請偈答曰　　吾常笑諸方所爲
況自爲之耶　　辛勿眂撓定心

임종에 제자가 게송을 청하니
나는 다른 이들이 임종게 남기는 것을 비웃었거늘
스스로 남기겠느냐
정심(定心)을 어지럽히지 말라.

[해설]
　스님은 선조 23년(1590~1668) 서울에서 태어났다.
　충신 성삼문의 후손이다. 자는 태혼(太昏)이다.
　어려서 어버이를 잃고 형에게 출가의 뜻을 폈으나 이루지 못했
다. 어느 날 밤에 담장을 뛰어 넘어 성 밖으로 나가 설악산에 머
물고 있던 제월경헌(霽月敬軒) 스님을 찾아가 득도하였다.
　부휴선수(浮休善修)대사의 각별한 관심을 받으며 수행했다. 부휴
스님은 그가 법기임을 알고 그의 상수제자 벽암각성스님에게 부
탁하여 그의 법을 이었다.
　덕행이 고매하여 각지에서 많은 사람들이 몰려들었다고 한다.

　현종(顯宗) 1년 6월에 작은 병을 앓을 때, 부사(府史) 홍석구가
약(藥)을 올리니

"목숨이 두려워서 약을 먹을 수 있으랴" 하고 거절하였다.

대중을 모아

"내가 곧 떠날 것이다. 너희들은 각자 믿음으로 스스로 마음을 두호하고 밖으로 허랑히 방황하지 말라."

이렇게 결별의 법어를 남기니 시자가 임종게를 청하였다. 위의 내용을 보면 그때 스님은 평소 남들이 임종게 남기는 것을 아주 하찮게 여기셨던 모양이다.

그리고는 자신이 기거하던 방을 돌면서 무량수불을 염하다가 서쪽을 향해 앉아 그대로 입적에 들었다.

저서로 『취미대사시집』이 있다.

송파각민(松坡覺敏) 선사

幻身夢宅歌　　水月空花也
請君試但看　　何處有去來

이 몸은 꿈이러니
수월(水月)과 헛꽃이로다다
그대는 볼지어다
어느 곳에 오감이 있느뇨.

[해설]
　스님(1596~1675)은 3월 3일 충주에서 태어났다.
　속성은 노(盧)씨, 법명은 각민(覺敏), 호는 송파(松坡)다.
　어머니 서씨 꿈에 달을 품는 태몽이 있었다.

　용모가 단정하였고 기골이 수려하였다. 충청(忠淸) 안찰사가 길
을 지나다가 한 번 보고 데리고 가서 공부하게 주선하였다. 그러
나 늙으신 어머님의 간곡한 뜻으로 집에서 수학하였다.
　스님이 스스로 입산의 뜻을 보였을 때, 어머니는 울면서 허락하
였다. 치악산 각림사(覺林寺) 송운(松雲, 사명대사)스님의 아우뻘
되는 한계(寒溪) 대사를 은사로 하여 입산하였다.
　뒤에 가야산 치선사(緇禪寺)에서 소요태능(逍遙太能) 문하에서
수행하였다.

370

비슬산(琵瑟山) 호구(虎丘)대사에게서 경을 공부했다.

구천동에서 7년간 임성충언(任性沖彦)대사 문하에서 안거하는 등, 당대의 선지식을 두루 찾아다녔다.

깨달음을 얻은 후, 임성충언스님으로부터 전법을 받았다. 해인 사에서 오랫동안 후학들을 위하여 경을 가르쳤다. 그러나 한 번도 자신을 '남의 스승'이라 자처하지 않았다. 당대의 종장들이 대부 분 그에게서 공부할 정도로 높은 경지를 개척했다. 제자로는 동운 (東雲), 반운(伴雲) 등, 10여 명이 넘는다.

가야산 해인사에서 입적했다. 용연사에 승탑과 탑비가 있는데, 열반 당시의 모습은 기록이 없다.

저서로는 『해의(解疑)』가 있다.

직지사에 있는 스님의 진영에 실린 찬(讚)이다.

氣采食困束則眠　　眉毫白頂珠圓
本來無一物　　　　月滿空潭雲在天

나물 캐서 먹고 피곤하면 잔다네
눈썹은 희고 이마는 둥글어
본래 한 물건도 없는 것,
달은 하늘 연못에 가득하고 구름은 하늘에 있다

동계경일(東溪敬一) 선사

常開頂門眼　　不關生死路
靑風吹太虛　　萬古活一道

지혜의 눈은 언제나 열려있으니
태어나고 죽음의 길은 아무 상관이 없네
허공에 맑은 바람 불고 있으니
만고에도 정녕 살아 있을 하나의 도여.

[해설]

　동계경일(東溪敬一, 1636~1695)스님은 조선 세조의 후손으로
경북 칠곡 출신이다. 법명은 경일(敬一), 법호는 동계(東溪),
　일곱 살 때 어머니가 세상을 뜨자 출가를 결심했다.
　출가에 가장 큰 영향을 미친 사람은 신해(信海)스님이었다. 이후
금강산 유점사로 출가해 벽암스님 문하에서 경전공부를 시작했는
데 워낙 뛰어나 스무 살 무렵에 경전을 모두 통달했다고 한다.
　이후 전국 선지식들을 찾아다니며 수행에 정진했다. 문장에도
뛰어나 소설과 시를 많이 남겼다.
　스님의 시 한 편을 소개한다.

可笑騎牛更覓牛　　不須頭上更安頭
曹溪鏡裡元無物　　天下禪流面壁求

가히 우습구나 소에 타고서 다시 소를 찾다니
모름지기 머리 위에 머리를 얹지는 않는 법
조계의 거울 속엔 원래 아무 물건 없건만
천하의 선승들은 면벽하고 찾는다네.

『동계집(東溪集)』이 있다.
1695년(숙종 21) 3월 15일 입적했다. 세수 60, 법랍 46세다.

송계원휘(松溪圓輝) 선사

携手一生將養底　　擧頭物物非他物
臨行付與丙丁童　　莫向人前輕漏洩 咄
雪夜泥牛走入海　　雲中蒭狗66)吠天明

손잡고 일생을 기르고 나니
돌아 볼 때 물건마다 다른 물건 아니네
돌아갈 때 이 몸을 불더미에 던지노니
이 몸을 누구에게 말하지 말지어다. 허허
설야의 진흙 소는 바다에 뛰어들고
구름 속 추구들은 하늘을 보고 짖는구나.

[해설]

　인조 8년(1630~1694) 10월 18일 태어났다. 집안이 매우 부유
하였다. 어머니의 꿈에 예쁜 연꽃 한 송이를 품는 태몽이 있었다.
　어려서 스스로 어버이에게 출가의 뜻을 아뢰었다.
　지운(智運)장로를 의지하여 득도하였다.
　용문산 풍담의심(楓潭義諶, 1592~1665)선사에게서 심인을 전수
받았다.
　묘향산 백운암에서 칠엽암(七葉菴)에서 입적에 들었다.

---

66) 추구(蒭狗): 짚으로 만든 개. 옛날 중국에서 제사 때 썼음.

월담설제(月潭雪霽) 선사

道生道死擔板漢[67]   非生非死豈中途
說破兩般生死字   殺人劍[68]與活人劍[69]

생사를 말하는 사람은 어리석나니
생사가 아니라고한들 어찌 중도이랴
생사의 글자를 설명했으니
살인검이며 활인검이다.

[해설]

　스님(1632~1704)의 법호는 월담(月潭)이다.

　13세에 출가하여 설악산 숭읍(崇揖)스님에게 귀의했다.

　영평 백운사 풍담(楓潭)스님이 한 번 보고 기이하게 여겨 가르침을 주었다. 함께 묘향산으로 가서 선(禪)·교(敎)의 종지(宗旨)를 강설했다. 환성지안(喚醒志安, 1664~1729)스님에게 의발을 전했다.『화엄경』·『선문염송』에 특히 뛰어났다.

　금강산 정양사에 있다가 만년에 금화산 징광사로 옮겨가서 입적했다. 탑비는 전라도 징광사에 있다.

---

67) 담판한(擔板漢): 생과 사를 가리는 사람.
68) 살인검(殺人劍): 사람을 죽이는 칼.
69) 활인검(活人劍): 사람을 살리는 칼.

풍계명찰(楓溪明察) 선사

幻海浮沈度幾春　　鬖頭[70]又作弄傀人

꿈같은 세상 허술한 무대에서 몇 년을 오르내렸나
또다시 꼭두각시 삶을 희롱하누나.

[해설]

인조(仁祖) 18년(1640~1708) 대대로 높은 관직이 이어진 서울의 명문가인 박(朴)씨 가문에서 태어났다.

자는 취월(醉月), 호는 풍계(楓溪)이다.

열한 살에 스스로 춘천 청평사(清平寺) 신양암에 환적의천(幻寂義天)스님을 찾아가 득도하였다.

금강산 풍담의심(楓潭義諶)대사 회상에서 선교(禪教)를 수행하여 그 법을 이었다. 용문산, 오대산, 금강산, 청양산 등지에서 수행 정진에만 몰두했다.

시와 문장에 뛰어났다. 시는 소탈하고 자연을 소재로 한 시가 많다. 저서로 『풍계집(楓溪集)』이 있다.

숙종(肅宗) 34년(1718) 6월 3일 작은 병을 보이더니, 7일에는 문인을 불러 '내일 사시(巳時)에 내가 간다.'고 알리고 때가 되어 서쪽을 향하여 합장하고 인연을 거두었다.

---

70) 봉두(鬖頭): 머리를 풀어헤친 상태.

상봉정원(霜峰淨源) 선사

雪色白和雲白　　松風帶露靑

눈빛은 희어서 구름처럼 희구나
솔바람 이슬 머금어 푸르구려.

[해설]

　광해군(光海君) 13년(1627~1709)에 영변부에서 태어났다.
　어려서 스스로 출가의 뜻을 세우고, 완월추성(玩月秋聲)스님을
의지하여 입문하셨다.
　처음 삼장을 배워 수행하다가 서른 살(1656년) 때 풍담의심(楓
潭義諶)선사에 참문하여 그 심인을 전수받았다.
　스님은 『열반경』 등 300여 부(部)를 암송하셨다. 전국을 다니며
불법을 펼쳤다.

　1709년 2월 8일 용문산에서 입적할 즈음 문인들에게
　"세계는 성주괴공(成住壞空)이 있고 몸에는 생로병사가 있어서
시작이 있으면 끝이 있는 법이니 이것이 무상한 몸인 것이다. 너
희들은 본연의 모습을 간직하여 슬픈 생각을 일으키지 말아라."
　하시고는 그 자리에서 인연을 다하였다.
　팔공산 동화사·청주 보살사·문경 봉암사·예천 용문사 등, 인연
있었던 곳에 탑과 부도로 모았다.

월저도안(月渚道安) 선사

浮雲自體本來空　　本來空時太虛空
太虛空中雲起滅　　起滅無蹤本來空

뜬구름 자체가 본래 없는 것
본래 없으니 누리도 비었음이여
누리에 뜬구름 일어났다 사라지고
오가는 자취 없어 본래 비었음이여.

[해설]

　스님은 선조 15년(1638~1715) 평양에서 태어났다.

　아버지 유보인(劉輔仁)과 어머니 김씨 사이에 오랫동안 아들이
없어 금강산 어느 사찰에서 기도를 하였다. 하루는 해가 쌍으로
뜨는 꿈을 꾸고 잉태하였다.

　아홉 살에 스스로 입산의 뜻을 굳혀 소종산(小鐘山) 천신(天信)
화상에게로 출가했다. 뒤에 금강산에 들어가 풍담의심(楓潭義諶)
화상 문하에서 20년간이나 산을 나오지 않고 수행하였다. 그때
어느 날 깨달음의 경계를 읊은 것이 다음의 송이다.

　三月年年花滿山　　紅紅白白間班班
　如何此日非前日　　雪滿千峰萬壑間

378

해마다 삼월에는 꽃이 산에 가득하여라
붉고 흰 점들이 사이 사이 피었구려
어찌하여 오늘은 전날과 같지 않은가
눈만이 여러 봉우리에 가득하구나.

인조 22년에 묘향산으로 옮겨 법당(法幢)을 세우니 모여드는 대중스님들이 너무 많았다.

『화엄경(華嚴經)』〈회현기(會玄記)〉는 스님의 노스님 되시는 편양스님 그리고 은사이신 풍담스님 그리고 스님에 이르러 3대에 거쳐 완성을 본 명저(名著)이다.

『화엄경』·『법화경』에 유달리 밝았다. 그리고 대승경전을 많이 인경(印經)하여 각처에 배포하기도 하였다.

효종(孝宗) 6년(1715) 4월 1일 묘향산 진불암(眞佛庵)에서 입적했다.

서산 대사 문하의 편양파(鞭羊派)의 법을 이었으며, 당대의 많은 선덕(禪德)들을 배출하였다.

『월저집(月渚集)』이란 어록과 『불조종파지도(佛祖宗派之圖)』가 있다.

환성지안(喚惺志安) 선사

山鳴三日　　海水騰沸

산이 사흘을 울고
바닷물이 넘쳐 오른다.

[해설]
　스님(1664~1729)은 강원도 춘천에서 태어났다.
　성은 정(鄭)씨, 법명은 지안(志安), 자는 삼락(三諾), 호는 환성
(喚惺)이다.
　열다섯 살에 미지산(彌智山) 용문사(龍門寺)에서 출가, 상봉(霜峰)
선사에게 구족계를 받았다. 열일곱 살에 월담설제(月潭雪齊) 선사
를 만나 정진을 하였는데, 월담 스님은 첫 눈에 법기임을 알았다.
그때 마음의 경계를 읊은 것이 다음의 송이다.

　壁破南通北　　簷疏眼近天
　莫謂荒凉苦　　迎風得月先

　벽을 무너뜨리면 남북이 통하나니
　처마 성글어 눈은 하늘에 가까우리
　쓸쓸함이 괴로움 아니니
　바람으로 먼저 달을 얻나니.

경전에 대한 학식이 뛰어나 설법할 때는 정연한 논리로 사람들에게 감동을 주어 수많은 제자들이 몰려들었다.

27세 때 직지사에서 개설한 화엄법회에 참석하였는데, 당시 화엄강주였던 모운진언(慕雲震言, 1622~1703) 스님은 지안 스님의 학덕과 깊은 선지를 보고 법석을 물려주고 떠났다.

춘천 청평사(淸平寺)에 계실 때 연못에 물이 갑자기 막혀 연못을 파 보니 비석이 하나 있었는데, '유충관부천리래(儒衷冠婦千里來)'라고 적혀 있었다. 유충(儒衷)은 지(志), 관부(冠婦)는 안(安), 천리(千里)는 중(重), 래(來)는 래(來)의 뜻으로, 즉 '지안이 다시 온다'는 뜻이다.

1729년 금산사(金山寺)에서 열린 화엄법회에는 1,400여 명이 모였다. 법회관계의 일로 무고를 받아 호남의 옥에 갇혔다가 곧 풀려났으나, 반대 의견 때문에 다시 제주도에 유배되었다. 도착한 지 7일 만에 병을 얻어 입적했다. 세수 65, 법랍 51세다.

법맥은 청허휴정(淸虛休靜)-편양언기(鞭羊彦機)-풍담의심(楓潭義諶)-월담설제(月潭雪齊)-환성지안(喚惺志安)-호암체정(虎巖體淨)-설파상언(雪坡尙彦)으로 이어진다.

저서로는 『선문오종강요(禪門五宗綱要)』 1권과 『환성시집(喚惺詩集)』이 있다.

허정법종(虛靜法宗) 선사

脫殼超然出範圍　　虛空撲落無蹤跡
木人71)唱拍哩囉囉72)　　石馬73)倒騎自適

초연히 털어버리니
허공도 부서져서 자취마저 없구나
나무사람 리라라 노래 불러
석마를 거꾸로 타고 스스로 즐기나니.

[해설]
　스님은 현종 11년(1670~1733)에 태어났다. 자는 가조(可祖),
호는 허정(虛靜)이다.
　열두 살에 옥잠(玉岑) 스님에게 의지하여 득도하였다.
　도정(道正) 대사에게 화엄학(華嚴學)을 배웠다. 뒤에 향산(香山)
에 가서, 월저도안(月渚道安)스님 회상에서 낮에는 경전을 배우고
밤에는 참선을 수행하였다.
　'진리가 너 자신에게 있다.'라고 하는 화엄의 원돈법계설(圓頓
法界說)을 공부하다가 크게 깨달았다.
　20세에 묘향산에 들어가 월저도안에게 대장경을 배웠고, 도안

---

71) 목인(木人): 선(禪)의 차원에서 일컫는 상상의 언어.
72) 리라라(哩囉囉): 흥겨움을 표현한 형용사.
73) 석마(石馬): 선(禪)의 차원에서 일컫는 상상의 언어.

의 제자 추붕설암(雪岩秋鵬, 1651~1706)의 법을 이었다

영종(英宗) 9년에 향산 남정사(南精舍)에서 입적했다.

세수 63, 법랍 52세다.

그의 법맥은 휴정(休靜)-편양언기-월저도안-추붕-법종으로 이어
진다.

저서에는 『허정집(虛靜集)』 2권이 있다.

낙암의눌(洛巖義訥) 선사

性鏡74)元無竟　　　心枰75)本自平
頭頭皆顯露　　　　物物總圓明
戒弟子裵藏骨留影

본성의 거울은 원래 끝없어
본심의 저울은 본래 평정하네
이 성품 이 마음 누리에 나타나니
물건마다 모두 다 둥글고 분명하구나
유골을 감추고 그림자도 남기지 마라.

[해설]
　스님(1665~1737)은 구미 해평에서 태어났다.
　속성은 박씨, 휘(諱)는 의눌(義訥), 자는 능허(凌虛), 호는 낙암
(洛巖)이다.
　어릴 때 어느 스님을 보고 스스로 불교에 귀의할 뜻을 품었다.
　열두 살에 대곡사(大谷寺)에서 축발하였다. 뒤에 황악산 직지사
의 모운진언(暮雲震彦) 대사에게 구족계를 받았다.
　28세에 양평 용문산 상봉정원(霜峰淨源, 1627~1709)에게서 심
인을 전수받았다.

---

74) 성경(性鏡): 성품의 거울, 때 묻지 않은 마음자리.
75) 심평(心枰) : 마음의 저울, 때 묻지 않은 마음자리.

서산휴정(西山休靜)에서 편양언기(鞭羊彦機)로 이어지는 법맥을 계승했다.

스님은 세상의 명성에 초월하여 항상 중도를 중시했다. 행동과 말로 실천할 뿐, 자신을 드러내기를 꺼려했다.

전형적인 수행자인의 모습과 항상 웃음 띤 얼굴이었다. 손에서는 염주를 놓지 않았다.

1737년 7월 10일 저녁, 비슬산 유가사에서 임종에 앞서 문도들에게 앞의 게송을 보였다.

비석이 유가사(瑜珈寺)에 있다. 해인사에는 스님의 진영이 모셔져 있다

무경자수(無竟子秀) 선사

一星76)揮破三盲夢77)　　隻杖撞開大寂78)關
萬古堂堂眞面目　　何時何處不相看

하나의 별빛 맹인의 꿈 부수고
한 가닥 지팡이 대적(大寂)의 문 열었네
만고의 당당한 진면목
어느 때 어느 곳인들 서로 볼 수 없으랴.

[해설]

　스님(1664~1737)은　2월 13일 전주에서 태어났다.

　자가 고송(孤松), 법호는 무경(無竟), 속성은 남양 홍씨(洪氏)다.
어머니 김씨 꿈에 석불이 스님으로 변하여 아들 되기를 원하는
꿈을 꾸었다고 한다.

　열두 살에 문무(文武)스님을 의지하여 불교에 귀의하였다. 뒤에
운문사(雲門寺)에서 추계유문(秋溪有文)스님을 친견하고 그 심인을
받았다.

　선과 교학에 정통했을 뿐 아니라 유가 경전과 노장의 학문까지
두루 섭렵하고 시문에도 뛰어났다. 서른 살에 처음 강석(講席)을

---

76) 일성(一星): 하나 별. 부처님이 별을 보고 오도[見星悟道] 하신 것
　　을 의미함.
77) 삼맹몽(三盲夢): 맹인의 꿈. 즉, 사바세계를 의미함.
78) 대적(大寂): 열반을 의미함.

열었는데 사방에서 문도들이 몰려들었다.

　스님은 부용영관(芙蓉靈觀)의 법맥을 이은 6세가 된다.

　부용영관(芙蓉靈觀)-청허휴정(淸虛休靜)-정관일선(靜觀一禪)-임성충언(任性沖彦)-원응지근(圓應智根)-추계유문(秋溪有文)-무경자수(無竟子秀)

　숙종 때 전국 고승 49명을 초청하여 사나사(舍那寺)에서의 법회를 마지막으로 주관했다. 그 후 저술에 힘쓰다 1737년 7월 22일, 쌍계사에서 대중에게 결별의 법문과 함께 그때 앞의 게송을 남겼다.

　입적 시 가뭄이 심하던 하늘에서 번개가 치며 서기(瑞氣)가 있었다. 다비식을 할 때도 몇 번의 이적이 일어났다고 한다.

　부도는 전북 완주 송광사에 은사인 추계선사 옆에 나란히 있다. 『무경집(無竟集)』 5권, 『불조선격(佛祖禪格)』 등이 있다.

설봉회정(雪峰壞淨) 선사

浮雲來無處　　去也亦無蹤
細看雲來去　　只是一虛空

뜬구름 와도 온 곳 없고
가도 가는 곳 없어라
뜬구름 오가는 것 자세히 보니
다만 허공뿐이네.

[해설]

스님(1678~1738)은 전남 영암 출신이다.

속성은 조(曹)씨, 법명은 회정(懷淨), 호는 설봉(雪峰)이다. 자는 윤중(允中)이다.

아홉 살에 달마산의 조명(照明) 화상에게 출가하여 열여섯 살에 구족계를 받았다.

밖으로 꾸밈을 싫어하여 옷이 떨어져도 꿰매지 않았고, 머리와 수염이 길게 자라도 깎지 않고 지냈다. 봉두(蓬頭)로 다니며 어느 곳에나 얽매임을 싫어했다.

성품이 인자하여 항상 사람들을 따뜻하게 대했다. 외딴섬에 들어가 홀로 은거하며 수행정진에 몰두하기도 했다.

화악문신(華岳文信, 1626~1707)의 법을 이었다.

다음은 오도송이다.

平生消日無拘檢　　酒肆茶坊信意遊
漢地不收秦不管　　又騎驢子過楊州

평생 소일하여도 소탈함에 얽히지 않았도다
술집이나 다방에 놀아도
한나라 진나라가 간섭하지 않음은
나귀 타고 양주를 지날 뿐이로다.

스님의 임종게를 봐도 역시 청풍납자의 면목이 여실히 드러난
다. 어찌 죽음 앞에 꾸밈이 있으랴만, 스님의 한 생애가 무척이나
맑고 깨끗한 것 같다.
남들의 눈에는 봉두난발이라 그 참됨을 어이 알겠는가. 스님의
그 유유자적한 별계(別界)의 왕자를 아무도 몰랐으리라.
범부의 눈으로는 꼴사납고 처량하게 보였겠지만 모든 경지를
넘어선 선사의 입장에선 꾸밀래야 꾸밀 것도 없는 세계에서 사신
것 같다.
돌아가시기 전날 저녁에 손수 앞의 게송을 적으셨다.

홍문관 부제학(副提學) 유진상(兪鎭商)이 비명(碑銘)을 지었다.
달마산 미황사에 탑과 비석이 있다.

동파홍해(東坡弘解) 선사

人生如幻又如夢　　八十年來換舊顏
在世各無毫末善　　死將何物答冥官[79)]

삶은 꼭두각시 또한 꿈이러니
팔십에 바꾸누나 옛 얼굴로
살아생전 조그마한 착함 없으면
죽어서 명관에게 무슨 답하리.

[해설]

스님의 행적에 관한 자료는 전무하다. 무척 애석하다.

필자가 임종게 자료를 찾아 헤매다 가야산 해인사에 들렀을 때
는 삼복이었다. 해행당(解行堂)에 모셔 두었던 조사들의 진영(眞影)
을 해행당 수리 관계로 모두 경학원(經學院)에 임시로 모셔 두고
있었다.

해인사 그 많은 진영 가운데 유일하게 임종게 한 수가 적혀 있
었다. 참으로 다행이었다. 그런데 '무위자(無爲子)'라고 되어 있었
다. 흔히 진영에는 후세사람들이 한 찬(讚)이 많은데, 임종게를 적
는 경우는 드물었다.

훗날 그가 동파홍해(東坡弘解)스님이라는 걸 알았다. 지금은 해
인사성보박물관에 소장되어 있다.

---

79) 명관(冥官): 죽어 저승에 가면 살아생전 죄와 선을 심판하는 판관.

진영 오른쪽에 '청허 5대손(淸虛五代孫)'이란 영제(影題)를 통해 그가 청허스님의 후손임을 짐작할 수 있다. 아마 1700년대 후반 까지 활동한 스님이라 생각된다.

영해약탄(影海若坦) 선사

凝圓一相誰能嗅　　闊步乾坤露裸裸⁸⁰⁾
踏着自家不壞珍　　獨尊獨貴唯稱我

呵呵呵是什麼⁸¹⁾　　淨酒灑沒可把

뚜렷한 이 모양을 뉘라 말하랴
천지에 활보하여 나 홀로 분명하다
자기의 영원한 경지 스스로 밟고 나면
홀로 높고 홀로 귀해 '나'라고 할뿐이네

하하하 이것이 무엇인가
맑고 끝없이 잡을 수 없으라.

[해설]
　현종(顯宗) 8년(1667~1754) 전남 고흥 분천에서 태어났다.
　열 살에 능가사(楞珈寺)에서 득우(得牛)장로에게 입산하였다.
　열일곱 살 때에 무용(無用)스님을 뵙고 교화를 입었으며, 지만응
세(持滿應世)의 법을 이었다.

---

80) 나나(裸裸): 거짓 없는 모양. 분명한 사실.
81) 시심마(是什麼): 이것이 무엇인가, 이때의 이것은 내가 나에게
　　던지는 질문. 선에서의 공안의 하나.

스승 지만응세스님 법맥은 부휴선수-벽암각성-취미수초-백암성총-지만응세-영해약탄으로 이어진다.

영조 4년(1728)에 있었던 이인좌(李麟佐)의 난에 스님의 문하생 100여 명을 거느리고 참견하여 공을 세웠다.
갑술(甲戌) 정월에 풍암세찰(楓巖世察, 1688~1765)에게 전법하고 앞의 임종게를 남겼다.
전남 고흥의 능가사와 송광사에 탑이 있다.

용담조관(龍潭慥冠) 선사

先登九品[82]蓮臺[83]上　　仰對彌陀舊主人[84]

먼저 극락세계 연화대에 올라
아미타불 옛 주인을 뵈오리라.

[해설]
　스님(1700~1762)은 숙종 26년 4월 8일 전남 남원에서 태어났
다.
　어머니가 용이 승천하는 꿈을 꾸고 태어났다. 열다섯까지 유교
경전을 배웠다.
　열여섯 살 때 아버지가 세상을 떠나고 감로사(甘露寺)의 상흡(尙
洽)장로를 의지하여 입산하였다.
　스물한 살에 화엄사 상월새봉(霜月璽封, 1686~1767)화상을 뵈
니, 상월스님은 한 눈에 법기임을 알고 입실을 허락하였다.

　지리산 견성암(見性菴)에서 『기신론(起信論)』을 읽다가, 홀연히
부처님 말씀의 근본을 확연히 깨달았다. 그 당시 느낌을 절실히
표현한 오도송이다.

---

82) 구품(九品): 극락세계의 상생 상품에 속하는 세계.
83) 연대(蓮臺): 연화대(蓮花臺)의 준말. 극락세계에 있는 세계.
84) 구주인(舊主人): 옛날에 모셨던 주인. 즉 스님께서 사바세계
　　오시기 전에 극락세계에 계셨다는 뜻.

一衲松窓月　　無言獨坐時
箇中無限意　　誰許鬼神窺

누더기 입은 스님이 창가에
말없이 홀로 앉아있어
이 가운데 끝없는 뜻
귀신이 엿봄을 허락하랴.

영조 25년(1749)년 겨울, 상월화상이 의발을 전하며 내린 전법
게다.

從上傳來道具　　傳付於龍潭
龍潭休忽也

위로부터 전해 내려오는 도구를
용담에게 전하노라
용담은 소홀히 하지 말라.

영조 38년(1762)에 실상사(實相寺)에서 열반에 들었다.
세수 63, 법랍 44세다.
『용담집(龍潭集)』 어록이 있다.

화월성눌(華月聖訥) 선사

飜身轉一擲 　 涼月碧峯西

이 몸을 내던지니
달빛은 서쪽 봉우리에 있누나.

[해설]

　화월(1690~1762)스님의 소상한 행적은 알 수가 없어 못내 섭섭하다. 환성지안(喚惺志安, 1664~1729)선사의 법을 이었다.

　환성지안 스님의 수많은 제자 가운데는 용암신감(龍巖神鑑)·화월성눌(華月聖訥)·호암체정(虎巖體淨)·포월초민(抱月楚旻)·설송연초(雪松演初, 1676~1750)·함월해원(涵月海源) 등이 있다

　용성진종(龍城震鐘, 1860~1940) 또한 화월스님을 은사로 출가했다.

　대제학(大提學) 서명응(徐命膺)이 쓴 비명(碑銘)이 있다고 하나 어디에 있는지 확인할 길이 멀다.

　여기 수록된 스님의 임종게로써 스님의 모습을 나름으로 살피는 게 좋으리라.

　1762년 봄 어느 날 문인을 불러 열반을 알렸다. 제자 탄경(坦慶)은 합장하고 십념(十念)을 하니, 스님은 앞의 게송을 보였다.

396

우계념일(友溪念一) 선사

生如是　　死如是
如是而己　　生死又何關於是怪底

나는 것도 이러하고
죽는 것도 이러하여
이러할 따름이다
생사에 무슨 관계있으랴. 그저 괴상스럴 뿐이나니.

[해설]
　스님의 영정이 통도사 영각(影閣)에 봉안되어 있다.
　통도사 영각에 많은 스님들의 영정이 있지만, 오직 스님의 영정
에만 임종게가 있을 뿐이다.
　언제 어디서 무슨 일을 하셨는지 살필 길이 없다.
　어찌 보면 그게 더 깨끗한지 모른다. 그러나 사바세계는 모양이
있어도 범부의 눈에 다 보이지 않는데, 모양마저 없으니 참으로
아쉽다.
　다만 임종게에서 느끼는 허철한 심경을 읽을 수 있다.
　삶과 죽음이 둘이 아닌 별계(別界)를 수용하셨던 것만은 사실이
다.

벽하대우(碧霞大愚) 선사

生來寄他界　　去也歸吾鄉
去來白雲裡　　且得事平常

태어나서 타향에서 살다가
이제 내 고향으로 돌아가네
오고가는 흰구름 속에
평상심을 얻었노라.

[해설]
　스님(1676~1763)의 법명은 대우(大愚), 호는 벽하(碧霞).
　속성은 박씨, 전남 영광 출신이다. 해남 대둔사 제7대 강사.
　어머니 꿈에 푸른 새가 날아 들어오는 꿈을 꾸고 태어났다. 어렸을 때, 이상한 새가 날아 와서 슬프게 우는 울음소리를 듣고 스스로 출가의 뜻을 품었다.
　처음 조연(照淵)장로를 의지하여 입산하였다. 화악문신(華岳文信, 1629~1707)에게 경을 배우고, 뒤에 환성지안(喚惺志安)스님에게서 선을 배웠다. 고암선사에게서 계율을 전해 받았다.

　서산대사의 5대 법손으로 전해지고 있다.
　스님의 가풍을 알 수 있는 것은 동시대의 환성지안선사께서 스님을 찬한 송구(頌句)가 있다.

398

西江萬里水　　一口能吞之

서강 만리의 물을
능히 한 입에 다 머금었네.

라고 칭송했으며, '동국대종장(東國大宗匠)'이라 하셨다.
대흥사 13대종사(大宗師) 중 일곱 번째에 스님이 있다.
1763년 6월, 스스로 앞의 송을 적으시고 인연을 거두었다.

상월새봉(霜月璽封) 선사

水流元去海　　月落不離天

물은 흘러 바다로 돌아가고
달은 져도 하늘을 떠나지 않네.

[해설]

　숙종 13년(1687~1766) 정월에 순천에서 태어났다.

　법명은 새봉(璽封), 자는 혼원(混元), 법호는 상월(霜月), 속성은
손(孫)씨다.

　어머니 김씨 꿈에 범승(梵僧)이 구슬을 주기에 받고 태어났다고
한다.

　열한 살에 순천 선암사에 극준(極俊)장로를 의지하여 삭발하였
다. 16세에 화악문신(華岳文信)스님에게 구족계를 받았다. 18세에
설암추붕(雪巖秋鵬, 1651~1706)의 문하에서 정진하다 의발을 전
해 받았다. 서산휴정-편양언기-풍담의심-월저도안으로 이어지는
법맥을 계승했다

　26세 되던 해 가을, 달빛 아래서 학(鶴)이 노니는 모습을 보고
깨달음을 얻고 지은 오도송이다.

　身遊一片仙巖寺　　夢想千秋月鶴亭
　霜後幾看新竹綠　　雪中惟對古松靑

400

이내 몸 일편단심 선암사에 머물고,
꿈속같이 끝없는 세월 달 아래에 학처럼 깃들어 있네
서리가 내린 후 바라보니 댓잎은 더욱 푸르고
눈이 온 후에 생각하니 소나무 더욱 청청하다.

1713년에 선암사에 강원을 개설했는데, 많은 학인들이 구름처럼 몰려들었다. 이를 본 무용수연(無用秀演)스님은 당대 최고 강백으로 이름이 높던 '환성지안 이후 제1인자'라 칭송했다.

다음은 해붕전령(海鵬展翎, ?~1826)스님이 상월새봉 스님을 위해 올린 경찬으로 『해붕집』에 실려 있다. 해붕스님은 부휴선수의 후손이다.

道德仁義之法中王也　　獸中麒百獸隨之
禽中鳳凰百禽之者

도덕과 인의의 법왕이다
짐승 가운데는 기린으로 온갖 짐승들이 그를 따르고
날짐승의 봉황으로 많은 날짐승이 그를 따른다.

대둔사(大芚寺)에 머물던 영조 24년(1766) 10월, 작은 병을 보이더니 문도들을 불러 떠날 것을 알렸다.

사리를 거두어 묘향산 선암사, 대둔사 3곳에 부도(浮屠)를 세웠다.

제자로 용담조관(龍潭慥冠)이 있다.

『상월집(霜月集)』 어록이 있다.

함월해원(涵月海源) 선사

身與白雲來幻界　　心隨明月向何方
生來死去惟雲月　　雲自散兮月自明

육신은 구름 따라 이 세상에 왔나니
마음은 달빛 따라 어디로 가는가
나고 죽음이 구름과 달 같나니
구름 사라지니 달빛만 밝아라.

[해설]
　숙종 17년(1691~1770) 함흥에서 태어났다. 성은 이(李)씨.
　법명은 해원(海源), 자는 천경(天鏡), 법호는 함월(涵月)이다.
　어머니 조(趙)씨가 바다에서 큰 고기를 얻는 꿈을 꾸고 잉태하
였다.
　세 살 때 어머니를 여의고, 14세 때 함경도 도창사(道昌寺)에서
석주(釋舟)스님을 의지하여 입산하였다. 영지대사(英智大師)에게서
구족계를 받았다. 그 뒤 여러 선지식을 두루 찾아 법을 구하던
중, 환성지안(喚惺志安, 1664~1729)의 법맥을 이었다.

　용맹정진 10년만인 가을의 어느 날 밤 입정에 들어있는데, 갑
자기 불어온 회오리바람에 낙엽이 창에 떨어지는 모습을 보고 깨
달음을 얻고 지은 게송이다.

範圍天地大　　絶對有何悰
可笑觀心者　　量空又繫風

돌아보니 천지는 삼천대천세계
견줄 수 없는 마음 어떻다 말하리
이렇게 맑고 밝은 마음
그 크기와 무게를 어떻게 논하리.

삼장(三藏)에 해박하였으며, 특히 『화엄경』·『염송(拈頌)』에 밝았다. 또한, 수행과 지계(持戒)가 엄정하고 인욕행(忍辱行)이 남달라서 모든 사람의 존경을 받았다. 항상 천불(千佛) 명호(名號)를 외우셨다.

40년을 한결같이 이타행(利他行)을 실천하여 굶주린 사람이나 헐벗은 사람에게 자신의 의복과 음식을 공양하였다. 염불을 하면서 입적에 들었다. 세수 79, 법랍 65세다.

석왕사(釋王寺)에 탑, 대둔산(大芚山)에 비가 있다.
저서로는 『천경집』 2권이 전한다.

추파홍유(秋波泓宥) 선사

惺惺[85]一着子[86]　　何死又何生
留爾傳空鉢　　　　吾行莫絆情

신령스런 이 마음
어찌 죽고 어찌 나랴
너희에게 빈 발우 전하나니
내 갈 길을 잡지 말라.

[해설]

숙종 42년(1716~1774) 경기도 광주(廣州)에서 효령대군의 후
손으로 태어났다. 호는 추파(秋波)이다.

19세에 지리산 백련사에서 삭발하였다.

법맥은 선수(善修)-각성(覺性)-진언(震言)-정혜(定慧)-성안(性眼)-
홍유로 이어진다.

만년에는 주로 염불에 귀의하여 후학을 가르쳤다. 유교에도 밝
았으며, 빼어난 문장으로 이름을 얻었다.

저서로 『추파집(秋波集)』 3권과 편지글을 모은 『추파수간(秋波手
柬)』 1권이 있다.

---

85) 성성(惺惺): 항상 깨어 있는 모양. 신령스런 상태.
86) 일착자(一着子): 깨끗한 마음.

영종(英宗) 50년(1774)에 경남 산청의 청암사(淸巖寺) 심적암(深寂庵)에서 입적했다.

심적암에는 영정이 있고, 탑은 옥류동(玉流洞)에 있다. 심적사에 있는 '추파당대사부도비'는 경상남도 유형문화재 제388호로 지정되어 있다.

위의 임종게 말고 또 하나의 임종게가 전한다.

衲子平生慷慨志　　時時堅起般若刀
好從一念彌陀佛　　直往西方極樂橋

납자 한 평생 강개한 뜻으로
시시때때로 반야의 칼을 곧추세워라
한마음으로 아미타불을 잘 따르면
서방세계 극락의 다리를 곧장 건너가리.

그리고 보니 임종게가 두 편이 되는 셈이다. 하여 필자 임의로 선택하여 수록하였다.

호암체정(虎巖體淨) 선사

講說多差失　　問西還答東
今朝大笑去　　楓巖87)衆香中

쓸데없이 빈말을 너무 많이 지껄이고
서쪽을 물으면 동쪽으로 대답했네
오늘 아침 크게 웃고 돌아가나니
풍악(楓嶽)은 뭇 향기 속에 은은하네.

[해설]

　스님(1687~1784)은 숙종 13년, 전북 고창군 흥양에서 태어났다. 어렸을 때 입산하였다.
　법명은 체정(體淨), 법호는 호암(虎巖), 성은 김씨이다.
　대흥사(大興寺) 13대 강사(講師)중의 10번째 스님이다.
　환성지안스님의 법맥을 이어받았다.

　통도사, 해인사에서 오래도록 경전을 후학들에게 가르쳤다. 문하에 항상 수백 명의 스님들이 모여들었다.
　만년에 "부업(父業)을 이어 나의 법을 보전하라. 너는 능히 이 세상을 나의 집으로 하여 학문을 부지런히 닦고 행업을 조심하라.
　이 행을 당연히 기약하고 기약하되 또한 너의 둔한 근기에 분

---

87) 풍악(楓嶽): 금강산의 옛 이름.

406

부하노라."하고는 금강산 표훈사(表訓寺)의 원통암(圓通庵)으로 갔다. 이곳에서 정조(正祖) 8년(1784)에 열반에 들었다.

세수는 62, 법랍은 47세이다.

스님의 진영에 제자 연담유일(蓮潭有一, 1720~1799)스님이 다음의 찬(讚)을 붙였다.

몸은 광명당이요, 마음은 신통장이며
눈의 맑기는 사대해요 눈썹은 삼천장이라
손으로 제석천왕을 쥐어박고
그물로는 백만 용상을 얽어매었다
하루 아침 크게 웃고 금강산으로 가니
만이천봉이 진신(眞身)의 모습이더라.

괄허취여(括虛取如) 선사

七十年間事　　依稀夢中人
澹然同水月　　何有去來身
幻來從幻去　　來生幻中人
幻中非幻者　　是我本來身

칠십년 겪은 일이
꿈속의 인생
담담하기 물속의 달같이
어찌 오가는 몸 있으랴
꼭두각시로 왔다 꼭두각시로 가나니
오가는 것 꼭두각시 인생
이 중에 꼭두각시 아닌 것
이것이 본래 나의 몸이구려.

[해설]

　괄허취여(括虛取如, 1720~1789)선사는 경북 문경시 산양면에서 태어났다. 법명은 취여(取如), 법호는 괄허(括虛)이다.

　어려서부터 매우 영민하여 경서(經書)를 한 번 배우면 모두 외웠다고 한다.

　14세 때 문경 사불산(四佛山) 대승사(大乘寺)에서 능파(凌波)스님을 은사로 출가, 진속(眞俗)선사에게서 구족계를 받았다. 그 뒤

환암(幻庵) 스님에게 선을 배우고, 담숙(曇淑) 스님의 법을 이었다. 계율을 지킴에 있어서 티끌만큼도 어긋남이 없었다. 환성지안(喚惺志安) 선사의 법통을 이었다.

영남의 여러 사찰에서 법을 가르쳤다. 상주 남장사와 사불산 운봉사(지금의 금룡사)를 중수하는 등, 불교의 중흥에 힘을 기울였다. 운봉사에서 정진하고 계실 때, 산의 그윽하고 깊은 모습을 보고 확철 대오하여 다음의 송을 남겼다.

山中人方在空谷　　坐蒲團方女蘿衣
翠丈環而爲屛　　　白雲飛而爲有
朝採葉方落松　　　暮採秀方燁芝
石泉兮冷冷　　　　我齒方自潔
杳然方與世相違　　風埈方不到丈室

산 속 사람이 빈 골짜기에 사노라니
부들 방석에 앉아도 비단옷일세
푸른색 높은 산 둘러 병풍이요
흰 구름 날아 휘장이 되네
아침에 채취한 잎은 낙락송인데
저녁에 뜯은 잎은 향초로다
바위틈에서 솟은 물은 차고도 찬데
내 이를 닦으니 스스로 맑아졌다
아득한 자연 속세는 더욱 멀고
저 세상 회오리바람도 내 방에는 못 드네.

정조13년(1789)에 경북 운봉사(雲峯寺) 양진암(養眞庵)에서 가부좌에 합장한 모습으로 입적에 들었다. 세수 69, 법랍 57세다.

저서로는 『괄허집』 1권이 있다.

일광(一光) 선사

法江仗釰立靈臺　　他僕一光脫殼埃
父母未生前面目　　淸風徐佛月明來

법회(法會)에 칼을 잡고 영대에 서서
저 일광은 이 몸을 벗는구려
부모가 낳기 전 본래 나의 모습이여
맑은 바람 스쳐가고 달빛은 다가오네.

[해설]

　스님의 행적에 관한 자료는 한 구절도 구할 수 없어 애석하다.

　다만 이 임종게는 범어사 미륵전에 있는 조사(祖師) 영정(影幀)에 있는 것을 필자가 기록하였다.

　범어사 미륵전에 많은 영전이 모셔져 있지만, 모두 뒷사람들이 찬(讚)을 하였다. 임종게를 기록한 것은 유일하게 스님뿐이었다.

　스님의 행장이 드러나지 않아 언제 어디서 누구에게 수행하였는지 알 길 없으나, 그 영정의 인상을 봐서, 그리고 여기 수록된 게송의 내용을 봐서 선사임은 속일 수 없다.

　그리고 열반 앞에서 출격 장부답게 당당히 육신의 남루한 옷을 벗고 인연의 물결 따라 여유 있게 떠나신 것 같다.

　스님은 스스로 이렇게 살폈다.

　　趙州何多事　　謾說栢樹子　　緣楊千絲裡　　黃鶯任上下

포운응원(浦雲應元) 선사

非心非佛　　即心即佛

마음도 아니고 부처도 아니지만
마음이 곧 부처이네.

[해설]

　스님의 행적은 있으나 생몰연대에 대한 기록은 어디에서도 찾을 수가 없다. 전남 강진에서 태어났다.

　속성은 김씨이며, 법명은 응원(應元)이다. 호는 포운(浦雲).

　어려서 고향을 떠나 우연히 해남 대둔사(大芚寺, 지금 해남 대흥사의 옛 이름)에 들렀다가 스님들의 모습을 보고 발심하였다. 은암정호(銀岩正浩)스님을 의지하여 입산, 법을 이었다.

　법맥은 청허휴정(淸虛休靜)-편양언기(鞭羊彦機)-풍담의심(楓潭義諶)-월담설제(月潭雪霽)-환성지안(喚醒志安)-호암체정(虎巖體淨)-연담유일(蓮潭有一)-의암창인(義庵昌仁)-은암정호(銀庵正浩)-포운응원(浦雲應元)- …으로 이어진다.

　월출산에서 암자를 짓고 서원을 세워 홀로 기도를 하기도 했다. 이후 계룡산 등지에서 오래 머물렀다. 계룡산 어느 골짜기에서 하루는 앞의 게송을 적어놓고 입적에 들었다. 사실 앞의 게송은 스님의 독창적 게송이 아니다. 하지만 임종 직전에 평소에 품었던 한 구절을 적는 경우도 있다. 그런 뜻으로 여기에 수록한다.

연담유일(蓮潭有一) 선사

人之死生　　如晝夜之開合　　何筆爲悲

사람이 죽고 사는 것
밤과 낮이 바뀌는 거와 같나니
슬퍼할 것 있으랴.

[해설]
　숙종 46년(1720~1799) 4월 30일 전남 화순에서 태어났다.
　자는 무이(無二), 법호는 연담(蓮潭).
　다섯 살에 글을 배우기 시작하여, 열두 살에 맹자를 배웠다.
　일곱 살에 아버지를 여의고, 열세 살에 어머니마저 여의었다.
　열여덟 살에 승달산(僧達山) 법천사(法泉寺)의 성철(性哲)을 따라
출가했다.

　보흥사(普興寺) 영허(靈虛)스님에게 사집(四集)을, 벽하대우(碧霞
大愚)스님에게 『능엄경』, 축서사의 영곡(靈谷)스님으로부터 「원각
경」, 보림사의 용암(龍岩)스님에게 『기신론(起信論)』과 『금강경』 등
을 공부했다.
　불법을 배우고 수행정진을 위해서는 스승을 가리지 않고 모두
찾아다니며 배웠다. 이러한 구도열은 저술의 깊이와 넓이를 더하
는 스님의 사상체계로 나타나는 계기가 되었던 것이다. 당대 최고

의 학승이며 선승으로 추앙받았다.

뒤에 호암체정(虎巖體淨)의 유일한 전법 제자가 되었다.

31세 때부터 30년 간 금강산 보림사(寶林寺)에서 『반야경』과 『원각경』을 강의했다.

스님의 저서로 『화엄청량소(華嚴淸凉疏)』는 오늘날도 많이 애용되고 있다.

금강산 보림사 삼성암(三聖庵)에서 문도들에게 앞의 게송을 말씀하시고 그 자리에서 입적하였다.

저서로는 『서장사기(書狀私記)』·『도서사기(都序私記)』·『선요사기(禪要私記)』·『절요사기(節要私記)』·『금강하목(金剛蝦目)』 1권·『원각경사기(圓覺經私記)』 2권·『현담사기(玄談私記)』 2권·『연담집(蓮潭集)』이 있다.

해남 대흥사에 비가 있다.

와월교평(臥月敎萍) 선사

幻身難保　　世緣易謝
吾何久住　　爾等愼哉

이 몸 보존하기 어렵나니
세상은 하직하기 쉽나니라
내 어찌 오래 머물 수 있으랴
너희들은 자중(自重)하라.

[해설]

스님(1750~1822)은 영조 26년 전남 곡성에서 태어났다.
휘는 교평(敎萍), 호는 와월(臥月), 속성은 지(池)씨이다.

열두 살에 고향의 태안사(泰安寺) 무성(无性)스님께 출가했다.
열다섯 살에 묵암최눌(黙庵最訥, 1717~1790)스님께 선(禪), 그리
고 봉암(鳳巖)장로께 경전을 배웠다. 뒤에 묵암선사의 전법 제자가
되었다.

묵암스님은 화엄학의 대가로 많은 제자를 두었다. 선(禪)은 와월
스님, 교학은 봉봉과 성봉에게 전했다. 부휴선수 문중으로, 풍암
세찰(楓巖世察, 1688~1765)로부터 법을 전해 받았다.

와월스님은 정조 16년(1792)에 송광사 사적(寺蹟)을 정리하였으

414

며, 순조 원년(1801)에 송광사에서 묵암선사와 영해약탄(影海若坦) 스님 문집을 간행했다.

태안사에서 『금강경 간정기(刊定記)』와 『화엄품목(華嚴品目)』과 『제경회요(諸經會要)』 등을 간행하여 널리 베풀었다.

스님은 글씨에 뛰어났다. 태안사와 송광사에 스님의 글씨가 지금도 남아 있다. 1822년 2월 10일 태안사에서 입적했다.

응해대용(應海大溶) 선사

無常迅速　　汝其勤哉
吾往極樂　　勿悲勿淚

무상함은 빠르나니
너희들은 부지런 하여라
나는 극락에 가나니
슬퍼하지 말고 눈물 지우지 말지어다.

[해설]
　스님의 자세한 행적은 찾을 길 없다.
　전라도 어느 절에 살았던 것 같다는 추측만 있을 뿐이다.
　사실 선사의 행적을 찾는다는 것은 뒷사람들의 부질없는 짓인
지도 모른다. 모양이 있어도 다 보지 못하는데, 보이지 않는 것을
어떻게 더듬을 수 있으랴.

416

율봉청고(栗峯青杲) 선사

不去西方國　　　蓮池己出蓮
雲炳⁸⁸⁾都盡處　　日月淨當天

서쪽나라 가지 않고
극락세계 연꽃 폈네
구름 연기 없는 곳에
해와 달은 눈부시네.

[해설]
　영조(英祖) 13년(1738~1823) 전남 순천에서 태어났다.
　속성은 백씨(白氏), 법명은 청고(青杲), 호는 율봉(栗峯)이며 자는 염화(拈花)다.
　어머니께서 해가 서산에 지는 것을 받은 태몽이 있었다고 한다.

　열아홉 살(1756년)에 무구대준(無垢大俊)스님을 의지하여 입산했다. 운월숙민(雲月淑敏)스님에게 구족계를, 환암탁계(喚庵卓戒) 선사에게 선지(禪旨)를 받았다. 뒤에 청봉거안(青峯巨岸, 1720~?) 선사의 법을 이었다.
　금강산 마하연에서 오래 수행하셨다.
　스님에게는 일화가 많다.

---

88) 운연(雲炳): 구름과 연기, 즉 사바세상을 뜻함.

평소 소승(小乘)을 철저히 배격한 탓인지 하루는 사미승이 공손히 예의를 갖추고 스님을 나오게 하였다. 스님은 얼떨결에 따라 나갔는데, 변소 주위에서 사미승이 온데 간 데 없었다.

　　스님은 나한각을 부수어 버리려는 마음을 먹고 아침에 방망이를 들고 나한각에 가니, 젊은 스님들이 몰려와서 만류하였다.

　　스님들의 꿈에 나한들이 현몽하여 '스님이 노여워 나한각을 부수려하니 용서해 달라'고 하여 한바탕 웃고 말았다는 것이다.

　　산삼을 캔 일화며, 산돼지로 밭을 갈았다는 이야기도 전설처럼 전한다.

　　평소에 추사는 스님을 존경하였다. 스님의 입적 후, 사람들이 스님에 대해 그릇된 생각을 갖고 있는 것을 알고 '율사시적게(栗師示寂偈)'를 지어 세상 사람들에게 알렸다. 추사는 선사의 뜻을 기리기 위해 마하연의 바위에다 세상 사람들이 와서 보도록 이 게를 새겨놓았다.

> 花落有實　　月去無痕
> 　誰以花有　　證此月無
>
> 有無之際　　實師之眞
> 彼塵妄者　　執跡以求
>
> 我若有跡　　豈留世間
> 妙吉相屹　　法起峰靑

> 꽃은 지면 열매를 남기고
> 달은 가면 흔적이 없네
> 누가 꽃의 유(有)를 들어
> 저 달의 무를 증명하리오.

418

유(有)와 무(無)의 경계는
실로 스님의 진리라오
진망에 허덕이는 자는
자취에 집착하여 구하네.

내가 만약 자취를 남겼다면
어찌 세간에 머물렀으리오
묘길상은 우뚝 솟아 있고
법기봉은 푸르구나.

순조(純祖) 23년(1823) 세수 86, 법랍 67세로 혼연히 입적했
다.

화악지탁(華嶽知濯) 선사

窮劫[89]歷終諸善行　　萬法歸一[90]一歸空
自家本事未成就　　　九十年光幻夢中

오랜 세월, 좋은 일 다했네
만 법은 하나로, 하나는 없는 데로 돌아가네
내 할 일 그대로 남았으니
구십년 한평생이 꿈속의 일이어라.

[해설]

　스님(1750~1839)은 청주 한씨(韓氏). 법호는 화악(華嶽)이다.

　어릴 때부터 영특하고 행실이 남달랐다고 한다.

　삼각산(三角山)에 오래 계셨으므로, 스스로 호를 '삼봉(三峯)'이
라 하였다.

　어릴 때 세상이 싫어 스스로 황해도 백천 강서사(江西寺) 성붕
(性鵬)스님을 의지하여 입산하였다. 금강산, 보개산(寶蓋山), 삼각
산 등지에서 오래 살았다.

　『수능엄경(首楞嚴經)』을 만 번 읽고 깨달음을 얻었다고 한다.

　불교학에 통달하고 시문에 뛰어났다. 추사 김정희와의 친분이

---

89) 궁겁(窮劫): 오랜 세월.
90) 만법귀일(萬法歸一): 모든 법은 하나로 돌아간다. '만법귀일 일귀
　　하처(萬法歸一 一歸何處)'란 화두가 있다.

두터웠다. 스님은 함월해원(涵月海源) 선사의 법손이다.

문손(門孫)인 보월혜소(寶月慧昭)스님은 『삼봉집(三峰集)』 발문에서, '사미(沙彌) 때 그를 금강산 유점사(楡岾寺)에서 뵈니, 칠순에 접어들었는데 용모는 단정하고 우아하였다. 정신은 청명하였을 뿐만 아니라, 목소리도 낭랑하고 만면에 자비를 띠고 사람들을 교화하므로 진실로 세상에 나온 부처님 같았다.'고 기록하고 있다.

또 혜소스님은 지탁스님의 진영에 다음의 찬(讚)을 붙였다.

冥心法界　　傍通九流
謙謙自卑　　萬德攸依
七坐道場　　兩奉聖旨
佛幡登空　　法住般若

마음법계를 맑히고
구류와 소통하나
스스로의 겸손함으로
만덕을 베풀고
일곱 번 주지를 하고
두 번 성지(聖旨)를 받으니
불당이 허공에 드날리고
법 그대로 지혜로우시네.

1839년 5월 5일 금강산 장안사(長安寺) 지장암(地藏庵)에서 문인 화담경화(華潭敬和, 1786~1848)에게 뒷일을 부촉하고 위의 임종게를 남겼다.

통도사와 김룡사에 진영이 있다. 100여 명 제자 가운데 화담경화(華潭敬和)가 가장 뛰어났다.

인파유안(仁波由安) 선사

橫抽寶劍案靈臺　　殺活奇權手端開
龍將雲雨飛神變　　風得虛空任往來

비껴 찬 보검 뽑아 영대 위에 놓으니
생사의 기이한 방편이 손끝에 열리고
용이 비구름을 이끌고 신이를 일으키니
바람은 허공을 얻어 마음대로 다니네.

[해설]

　인파(仁坡, ?~1846))스님은 해인사 백련암에 주석하시며 도풍을
떨친 몇 몇 스님 중의 한 분이다. 시와 글을 잘 지었다.
　다음은 스님의 오도송이다.

樹樹皆生新歲葉　　花花爭發去年枝
故鄕千里眞消息　　今日明明91)的的92)知

나무마다 새해 되면 새잎이 나지만
꽃은 언제나 묵은 가지에서 피네
고향 천리 참 소식

---

91) 명명(明明): 아주 환하게 밝음(詩經)…上天.
92) 적적(的的): 명백한 모양(淮南子)…者獲　提提者射.

오늘 분명히 알겠네.

스님에 대한 일화가 많다. 그러나 행적에 대한 자세한 기록은 남기지 않았다.

입적 후 다비식이 있던 날 저녁, 마당에 홀연히 오색광명이 나타났다고 한다. 오색광명이 나타난 곳으로 가보니 스님의 사리가 놓여져 있어 그 자리에 '인파당사리탑(仁波堂舍利塔)'을 세웠다. 해인사 백련암에 진영이 봉안되어 있다.

위의 임종게는 해인사 백련암의 원통전 주련에 있는 것이다.

화담경화(華潭敬和) 선사

大明不能破長夜之昏　　慈母不能保身後之子
汝等努力勤修勿取後悔

태양도 한밤중의 어둠은 밝힐 수 없고
어머니도 죽은 뒤에는 자녀들을 돌볼 수 없다
너희들은 부지런히 수행으로 후회 없이 하여라.

[해설]

　정조 10년(1786~1848) 4월 18일 경남 밀양에서 태어났다.

　법명은 경화(敬和), 법호는 화담(華潭)이다. 어머니 박(朴)씨 꿈에 맑은 시냇물에서 은가락지를 얻는 태몽이 있었다.

　어려서부터 파, 마늘, … 등을 먹지 않았다고 한다.

　열여덟 살에 양주(楊州) 화양사(華陽寺) 월화(月華)스님을 의지하여 입산했다. 율봉청고(栗峯靑杲, 1738~1823)스님에게 구족계를, 화악지탁(華嶽知濯, 1750~1839)선사의 법을 이었다.

　보개산 석대암(石臺庵), 금강산 마하암(摩訶庵), 해인사 등지에서 40년간 솔잎과 죽을 먹고, 29년간 장좌불와로 정진했다.

　스님의 법맥은 휴정-편양-풍담-월담-환성-완월-한암-화악으로 이어진다.

　가야산 해인사에서 수행할 때 명월(明月)을 씹어 삼키는 꿈을 꾸고 깨달음이 열려 다음의 오도송을 남겼다.

424

我今解了知來性　　如來今在我身中
我與如來無差別　　如來卽是我眞如

내가 지금 여래성을 알았음은
여래가 나의 몸에 있음이로다
나와 여래가 차별 없음은
여래가 곧 나의 진여이니라.

『화엄경』·『열반경』·『팔양경(八陽經)』 등, 여러 경전에 주석(註釋)
을 달았다. 화엄법회를 55회나 주관한 화엄강백으로 유명했다. 스
승 지탁스님 역시 화엄학의 최고봉이었다.

문장에도 뛰어나 추사 김정희와는 나이차를 넘어 친분이 두터
웠다. 계행을 철저히 지켜 율사로도 이름이 높았다.

다음은 화악지탁스님이 내린 전법게다.

빈손에 한 자루의 칼을 든 나그네
전해 줄 물건이 없네
법왕의 대보인(大寶印),
이미 참 제자에게 전했네.

봉은사(奉恩寺)에 계실 때는 워낙 청법대중(聽法大衆)이 많아 몰
래 금정산 범어사로 피신하기도 하였다.

헌종(憲宗) 14년(1848) 봄에 경기도 가평 운악산 현등사에서
병을 보이시기에 임종의 기미를 알고 어느 스님이

"어떤 것이 임종의 소식입니까?"하고 물으니, 그때 앞의 게송을
남겼다.

세수는 63, 법랍 48세이다.

영산경순(影山敬淳) 선사

山是影山山　　影是影山影
山影無二處　　都盧是影山

산은 영산(影山)의 산이요
그림자도 영산의 그림자
산과 그림자 가르지 않는 곳에
오롯이 영산이로다.

[해설]

　스님(1789~1883)의 호는 영산(影山), 법명은 경순(敬淳)이다.
　어릴 때 출가하였다. 불교설화에 의하면, 영산스님과 허주스님
이 나온다.
　영산스님은 전북 고창 선운사에 출가했고, 허주스님은 순천 송
광사로 출가했다. 영산스님은 선(禪)에 뛰어났고, 허주스님은 교
(敎)에 뛰어났다.

　통도사에 계실 때는 스스로 원하여 일을 하셨고, 관음사에 계실
때는 선을 지도했다. 송광사에 계실 때는 가난한 스님들을 위하여
화주(化主)를 하셨다. 공양은 때가 아니면 절대 하지 않았다고 한
다.
　어느 날 영산스님이 다음의 게송을 남기고 선운사를 떠났다.

天下太平春　　四方無一事
非我而誰　　　山霞朝作飯
羅月夜爲燈　　指我而言

천하가 태평한 봄이라
사방에 할일이 없네
이것이 누구인가? 바로 나로다
산안개로 아침을 지어먹고
넝쿨 속 달로 등불을 삼으니
이것이 바로 나를 가리켜 하는 말이로다.

1883년 11월 24일 관음고사(觀音古寺)에서 단정히 앉아 열반에 들었다. 그날 밤 절 주위가 불이 난 것과 같았다고 한다.

앞의 열반송은 선암사(仙巖寺)의 경성(景星)스님의 꿈에 영산스님이 스스로를 찬탄하는 게송을 일러주기에 기록하였던 것이라고 한다.

여기에 수록하게된 것은 금정산 선주암 석정스님께서 외우고 계신 것을 옮겼다.

허주(虛舟) 선사

生而死　　　　死而生
苦海漚之起沒　來而去
去而來　　　　似嶺雲之聚散
涅槃路頭現在

태어났다 죽고
죽었다가 태어나는 것이
바다의 거품이 일어났다 사라짐과 같나니
왔다가 가고
갔다가 오는 것은
구름이 모였다 흩어졌다 하는 것과 같나니
열반의 길은 완연하고나.

[해설]

순조 6년(1806~1888) 3월 13일 태어났다. 송광사로 출가했다. 어려서 부모를 다 여의고 걸인으로 다녔다.

송광사 삼일선원(三日禪院) 귀암(歸庵)스님이 항상 16나한에게 유망한 상좌 두기를 기원하였던바, 어느 날 꿈에 노스님이 말씀하시기를 "아침 일찍 산문에 걸인 아이가 올 터이니 맞이하라"는 현몽이 있었다. 과연 그날 허주스님이 왔기에 축발하였다.

선암사 침명(枕溟)스님께 경전을 배웠고 송광사 인파(仁波)스님

428

으로부터 선지(禪旨)를 전수 받았다.

헌종 10년(1884) 송광사 은적암에서 정담(靜潭)스님으로부터 법을 전해 받았다. 위의 영산스님과 함께 호남의 쌍죽으로 이름을 떨쳤다. 영산스님이 선암사를 떠날 때 허주스님도 다음의 게송을 남기고 송광사를 떠났다.

四顧無與親　　六方無與疎
步步無遺彩　　行行眞虛舟

사방을 돌아보아도 친한 이 없고
육방을 살펴보아도 친하지 않은 이 없네
걸음걸이마다 그림자 남기지 않아
가는 곳마다 빈 배로다.

선암사·태안사·칠불암·불일암·능가사·백운암·대흥사·견성암·내원암 등에서 정진했다.

대원군의 부름을 받아 보아 보개산(寶盖山) 초암(草庵)과 지장암, 고산(高山) 운문사(雲門寺)에서 기축불사(祈祝佛事)를 했다.

가는 곳마다 사부대중이 몰려들었다.

고종 25년(1888) 10월 13일 입적했다.

범해각안(梵海覺岸) 선사

妄認諸緣希七年　　窓蜂事業摠茫然
忽登彼岸騰騰運　　始覺浮漚海上圓

헛된 인연 잘못 알고 살아온 77년이여!
창가에 부딪치는 벌처럼 해온 일도 부질없어라
훨훨 털고 문득 저 언덕에 올라가면서
비로소 바다 위에 거품인 줄 이제 알았네.

[해설]

　범해각안(梵海覺岸, 1820~1896)스님은 전남 완도에서 태어났
다. 경주 최씨. 법호는 범해(梵海), 또는 두륜산인구계(頭輪山人
九階). 자는 환여(幻如), 법명이 각안(覺岸)이다.

　집안이 가난해 학문을 배우지 못하고 어릴 적부터 사찰 등으로
한지를 팔러 다녔다. 그러나 매우 총명하여 한 번 배우면 그 이상
의 것을 알았다고 한다.

　1833년 두륜산 대둔사의 호의시오(縞衣始悟)스님을 은사로 출가
했다. 초의(草衣)스님으로부터 구족계를 받았다.

　1846년에 호의스님의 법을 이어 진불암(眞佛庵)에서 개당하여
『화엄경』과 『범망경(梵網經)』을 강설하고, 22년간 전국의 사찰에
서 선리(禪理)를 가르쳤다.

　다음은 스님의 오도송이다.

參盡名家最後尋　　因緣厚薄可知今
長春浪送長春洞　　梵海勤求梵海心
詩和竹間題竹葉　　宴開松下廳松琴
去留有數庸何挽　　桂月團團照兩襟

몸과 마음을 다하여 도를 생각함으로
길고 깊은 인연 오늘에까지 이어졌네
장춘을 물처럼 흘려보냈는데 다시 장춘동일세
범해가 일구월심 구하는 것이 범해 마음인데
대나무 속에서 시와 함께 찻잔만 기울인다
소나무 아래서 소나무와 벗하여 거문고 소리 즐기다 보니
덧없이 세월만 가고 낡은 수레바퀴처럼 되었고
팔월의 교교한 달빛만 양 가슴속에 남았네.

　일생을 참선과 더불어 글을 쓰고 시를 지었다. 초의 선사의 법을 이었다. '차 생활이 곧 부처님의 생활이라고' 할 정도로 평생 차와 더불어 정진했다. 많은 시와 차시(茶詩)를 남겼다. 주석하던 대둔사에 '다화일여(茶話一如)'라는 글귀가 남아 있다.

　저서로는 고승전인 『동사열전(東師列傳)』을 비롯하여 『범해선사 유고(梵海禪師遺稿)』·『범해시고(梵海詩稿)』·『경훈기(警訓記)』·『유교 경기(遺敎經記)』·『사십이장경기(四十二章經記)』·『사략기(史略記)』· 『동시선(東詩選)』 등이 있다.

　대둔사에서 세수 77, 법랍 64세로 입적했다.

제봉운고(霽峯雲皐) 선사

人間萬事夢中緣　　自性彌陀在目前
海濶風淸雲己散　　一帆風送向西天

세상만사 꿈속 일처럼 덧없는데
존재의 바탕에는 아미타불 눈앞에 완연하네
일진청풍에 구름 흩어지고 바다 열리니
돛단배 하나 바람에 실려 서천으로 가누나.

[해설]

스님(1820~?)의 법명은 운고(雲皐)이고 법호는 제봉(霽峯)이며, 당호는 제산운사(霽山雲史)다.

어려서 출가하여 고승들을 찾아다니며 불경을 배워 관통했다.

본래 영남지방 출신인데, 중간에 전주 위봉사로 옮겨 주석하면서 후학들을 지도했다. 뛰어난 문장력으로 해남 대흥사의 초의(草衣)와 조계산 선암사(仙巖寺)의 해붕(海鵬), 초엄(草嚴) 스님 등과 더불어 이름을 떨쳤다. 초의와 함께 『진묵조사어록(震默祖師語錄)』을 간행하였다

스님은 지식이 심원하고 문장이 뛰어났다. 초청하면 어디든 나아가 설법하였고, 찾아오는 사람들과 언제나 허심탄회하게 어울렸다.

스님은 자신의 영정(影幀)을 보고 직접 글을 지었다. 전주 종남산 송광사(松廣寺)에 영정이 있다.

'세상의 모든 일은 마치 꿈속에서 일어나는 일들처럼 덧없기 그지없는 것이다. 그러나 한 번 존재의 내면에 눈길을 돌려 보자.
결코 존재는 덧없는 것 뿐 만은 아니다.
존재의 바탕[自性]에는 저처럼 완연히 아미타불이 자리하고 있다. 다만 생래의 근원적 욕심과 맹목적인 덧없는 삶에의 집착이 일으킨 운무에 휩싸여 대부분의 사람들이 그것을 확인하지 못하고 있을 뿐이다. 그런데 한줄기 맑은 바람에 운무 흩어지매 바다는 시원스레 열리고, 돛단배 하나가 풍랑 잦아진 잔잔한 바다 위로 서녘을 향해 항해한다.
아미타불은 순풍을 만난 돛단배에 몸을 의지하고 여여 부동한 모습으로 본향인 서천(西天)으로 되돌아간다.'

스님의 법맥은 청허휴정-편양언기-풍담의심-월담설제-환성지안-용암-대암-송계-영주-동운-의봉-구담-제봉으로 이어진다.

무념(無念) 선사

寂寂93)本故鄕   惺惺94)是我家
現前古佛路95)   不昧是何物96)

고요함이 본고향이요
분명한 마음이 내 집이로다
옛 부처 오간 길에 홀로 드러나
꺼지지 않는 이것이 무슨 물건인고.

[해설]
　스님(?~1929)의 행장은 알 길 없다.
　다만 석정(石鼎, 1928~2012)스님의 제공으로 이 게송을 기록할 따름이다.
　당대의 고승 백학명(白鶴鳴, 1867~1929)스님이 입적하시던 해 9월 21일 사시에 팔공산 동화사에서 열반에 드셨다는 구전만 의지할 따름이다.

---

93) 적적(寂寂): 쓸쓸하고 고요함. 寂然 「劉禹錫」 月露滿庭人寂寂.
94) 성성(惺惺): 영리한 모양. 「上蔡語錄」 敬是常惺惺法.
95) 고불로(古佛路): 옛 부처의 길.
96) 하물(何物): 무슨 물건, 어떤 물건, 마음을 두고 이르는 말.

완해(玩海) 선사

八十三年住世者　　　幻來幻去幻中人
幻中非幻圓明物[97]　　是我本來不去身[98]

팔십삼 년 세상에 머문 사람
헛되이 왔다 헛되이 가는 꼭두각시 인생
헛됨 속에 헛되잖은 두루 밝은 이 물건
나의 본래 오감 없는 몸이고녀.

[해설]
　스님(1847(?)~1930)의 행장 역시 알 길 없다. 석정스님의 기억에 의해 여기 기록할 따름이다.
　1930년 1월 18일 밤 11시 열반에 들었다는 사실 외에는 전하는 게 없다. 아마 스님은 83년간 사셨던 모양이다. 그리고 누구에게도 자기를 드러내지 않은 삶을 살았는지도 모른다.

　동국역경원 원장을 지낸 운허용하(耘虛龍夏, 1892~1980) 스님께서 1976년 1월 5일 팔공산 파계사에 들르셨을 때, 우연한 이야기 끝에 완해스님이 노(老)스님이 되신다는 사실을 알게 되었다. 다른 자료를 구하지 못해 안타까울 따름이다.

---

97) 원명물(圓明物): 두루 밝은 물건. 영원히 사라지지 않는 마음자리.
98) 불거신(不去身): 가지 않는 물건. 죽지 않는다는 뜻.

경허성우(鏡虛惺牛) 선사

心月孤圓　　光吞萬像
光境俱忘　　復是何物

마음 달이 외로 둥글어
빛은 만상을 삼키누나
빛과 만상을 모두 잊을 때
무슨 물건이 있겠는가.

[해설]

　스님(1846~1912) 전주에서 태어났다. 성은 송(宋)씨이다.
　아홉 살 때 경기도 의왕 청계사 계허(桂虛) 화상을 의지하여 입
산, 계룡산 동학사 만화(萬化)스님에게 경전을 배웠다.
　어느 날 청계사로 가는 도중, 홍역이 극심한 마을을 지나다 생
사에 대한 자신의 무력함을 깊이 깨달았다. 발걸음을 돌려 동학사
로 돌아와 학중(學衆)들을 해산시킨 뒤, 자신도 강사의 자리를 사
양했다. 그리고는 두문불출하고 불철주야 참선에 몰두하였다.
　큰 칼을 세워 턱에 받치고 백일을 기약하고 용맹정진하고 있던
어느 날, '사람이 죽어서 소가 되어도 콧구멍 없는 소가 된다'는
이처사(李處士)의 말을 듣고 깨달았다. 스님의 나이 서른한 살 때
이다.
　다음은 오도송이다.

忽聞人語無鼻孔　　頓覺三千是我家
六月燕岩山下路　　野人無事太平歌

문득 사람이 콧구멍 없다는 말 듣고
몰록 깨달으니 삼천세계가 나의 집이구나
유월 달 연암산 아래 길을 걸으니
야인은 일이 없어 태평가를 부르네.

서른두 살 때에 홍주 천장사(天藏寺)에서 용암혜언(龍巖慧彦, 1779~ ?) 화상의 법을 이었다.
만공·혜월·수월·제산·방한암 스님 등, 많은 제자를 두었다.
어록으로 『경허집(鏡虛集)』이 있다.

59세에 자취를 감춘 후, 머리를 기르고 유관(儒冠)을 쓰고 스스로를 '난주(蘭州)'라 하였다. 갑산(甲山) 웅이방(熊耳坊)에서 어느 날 원상(圓相)을 그리고 입적하면서 위의 열반송을 남겼다.
세수는 64, 법랍은 56세다.
제자인 만공(滿空)스님이 스님의 다비를 보면서 지은 게송이다.

시비에 물들지 않은 바람 같은 나그네가 있어
난덕산 아래 겁외가를 그쳤도다
나귀의 일도, 말의 일도 다 재가 되어 쓰러지니
날은 이미 저물고 먹지도 못하는 소쩍새가 '솟적다' 우네.

제산정원(霽山淨圓) 선사

黃岳五十年　　今朝始出山
兜率99)何處在　拈起柱杖100)看

황악산에서 오십년 지내다
오늘에사 비로소 산을 떠나누나
도솔천은 어디메뇨
지팡이를 세워 자세히 볼지어다.

[해설]

스님(1862~1930)은 철종(哲宗) 13년에 경남 합천군 가야면 구원리에서 태어났다. 속성은 선산(善山) 김씨이다.

열네 살(1873년)때 해인사 신해(信海)스님을 의지하여 입산하였다. 법명은 정원(淨圓)이다.

서른 살에 경허(鏡虛)스님을 친견하고 참선을 시작했다. 그리고 심인을 얻었다.

스님은 탁주를 좋아하여 '탁배기 수좌'라는 별명을 얻을 정도로 파격적인 행을 많이 한 스님이었다. 그러나 어려운 일에는 누구보다 앞장서는 보살행을 실천했다. 중년에 이르러 스님은 모범적인

---

99) 도솔(兜率): 도솔천내원궁을 뜻함. 도솔천내원궁은 불교의 이상계의 하나인 극락의 33천 가운데 하나.
100) 주장(柱杖): 주장자의 약자. 주장자는 고승들이 나들이 할 때 쓰는 지팡이. 또는 법문을 할 때 법구로 쓰기도 함.

수좌가 되었다.

해인사에 있을 당시 경허선사로부터 "자네는 어디 가든지 50~60명의 수좌는 거느릴 수 있는 사람이야." 라는 말을 들을 정도로 계행도 엄정했다. 스님은 1913년(41세) 봄, 대중들을 이끌고 황악산 직지사(直指寺)로 향했다.

만년에는 황악산 직지사에 오래 계셨다.

직계제자로는 탄옹(炭翁)-관응(觀應, 1910~2004) - 녹원(綠園, 1928~2017)스님으로 이어진다. 직지사에 '제산정원선사비'가 있다. 비명은 한암중원(漢巖重遠, 1876~1951) 스님이 썼다

경오년(庚午年) 8월 23일 69세로 열반에 들었다. 승랍 56세.
입적에 들기 전 문인 등이 물었다.
"생이란 무엇입니까?"
"본래 불생(不生)이거늘 어찌 죽음이 있겠는가. 바람이 고동치고 불이 바다 밑을 태우니 천만고에 다만 이러할 뿐이로다."
스님은 이 말을 남기고 좌탈 입망에 들었다.

혜월혜명(慧月慧明) 선사

一切有爲法　　本無眞實相
於相義無相　　卽名爲見性

일체의 함이 있는 법은
본래 진실한 상이 없도다
상에서 상 없음을 안다면
성품을 보았다고 하느니.

[해설]

　스님(1861~1937)은 철종 13년, 충남 예산군 덕산면 신평리에
서 태어났다. 본관은 평산(平山) 신(申)씨다.

　열두 살 되던 해에 덕숭산의 정혜사(定慧寺)로 출가했다. 목숨을
연명하기 힘들 정도로 가난한 것이 출가 동기였다.

　은사는 혜안(慧安)스님으로 친척간이었다.

　3년 동안의 행자기간을 거쳐 혜명(慧明)이라는 법명을 받았다.

　열아홉 살이 될 때까지 정혜사에서 관음(觀音) 정진에 몰두하였
다.

　스님은 까막눈이었으므로 염불 주력 이외는 수행 방법이 없었
다. 그 해 은사가 환속하면서 연암산 천장암에서 선풍(禪風)을 날
리기 시작한 경허선사에게 스님을 보냈다.

　경허선사는 혜명스님이 글을 깨우칠 수 있도록 도왔다. 스물세

살이 되던 해(1884년)부터 보조국사(普照國師) 지눌(知訥, 1158~1210)의 『수심결(修心訣)』을 가르쳤다.

이때 혜명스님은 『수심결』 서두에 임제의현(臨濟義玄, ?~867)선사의 법어인 '네 눈앞에 항상 뚜렷하여, 홀로 밝고 형상 없는 그것이라야, 비로소 법을 말하고 법을 듣느니라.'하는 대목에서 큰 의문을 갖게 된다.

이 무렵 어느 날 경허선사가 말했다.
"알겠느냐? 어느 물건이 설법하고 청법하느냐? 형상이 없되 뚜렷한 그 한 물건을 일러라"
이 말씀을 듣고 의문이 더욱 깊어졌다.
밥을 먹을 때나 밭에서 일할 때는 물론 잠잘 때까지도 이 한 생각을 가지고 일념으로 정진한지 6일째 되는 날이었다. 경허스님이 짚을 굴속으로 넣어주며 말했다.
"내일은 길을 떠나야 하니 짚신을 하나 지어 놓거라."
스승의 뜻에 따라 짚신 한 켤레를 삼은 다음 모양새를 내기 위해 틀에 넣은 후 신골을 치는 망치 소리에
'이 한 물건[一物]이 무엇인가'하는 의심이 환하게 열렸다.
경허선사는 '혜월(慧月)'이라는 법호와 더불어 다음과 같은 전법게를 내렸다. 스님의 나이 29세가 되던 1890년 봄의 일이다.

了知一切法　　自性無所有
如是解法性　　卽見盧舍那

依世諦倒提唱　無生印靑山脚
一關以相塗糊

일체법을 깨달아 알면,
자성에는 있는 바가 없는 것
이같이 법성을 깨쳐 알면
곧 노사나불을 보리라.

세상 법에 의지해서 그릇 제창하여
문자와 도장이 없는 도리에 청산을 새겼으며
고정된 진리의 상에 풀을 발라 버림이로다.

혜월스님은 아주 검소하고 순박하여 소지품이라고는 발우 한
벌에 약간의 옷가지와 작은 이불 하나가 전부였다. 잠을 잘 때도
맨바닥에, 고된 노동일에도 잠깐 눈을 붙였다 일어났다. 자신의
몸은 전혀 돌보지 않고 불쌍하거나 사정이 딱한 사람을 보면 가
지고 있던 재물을 남김없이 보시했던 스님이었다.

스님은 거처를 옮길 때마다 그곳의 불모지를 개간하여 논밭을
일구어 사람들은 '개간(開墾)선사'라고 불렀다. 항상 손에서 괭이
와 호미를 놓지 않고 곡식을 심어 가꾸고 땔나무를 하고, 짚신을
삼고, 새끼를 꼬았다. 스님은 종정으로 추대된 뒤에도 솔방울을
주우러 다녔다.

1937년 6월 16일 평소처럼 산에 가서 솔방울을 주운 다음 절
로 돌아오고 있었다. 늘 쉬어가던 곳에 앉은 스님은 백양산과 마
을을 바라본 후, 자리에서 반쯤 일어나더니 그대로 원적에 들었
다.
스님의 법맥은 운봉(雲峰) - 향곡 - 진제스님으로 이어진다.
세수 76, 법랍은 62세다.

보륜(寶輪) 선사

圓覺[101]堂及圊厠[102]室　　染淨無碍君知否
吾施此處入涅槃　　三世佛祖皆證明

원각당이 따로 있나 칙간도 거기인데
더럽고 깨끗함이 하나인 그 이치
나 여기서 열반에 드나니
삼세 모든 불조(佛祖) 함께 증명하소서.

[해설]

　보륜(?~1931)스님에 대해서는 석정스님의 도움으로 수록하게
되었다.

　1931년 7월 10일 열반에 들었다. 평안도 지방에서 포교에만
진력하였다는 근거뿐이다.

　뒤에 김어수 씨의 이야기로는, 석왕사(釋王寺)의 스님으로 경전
에 탁월한 식견이 있었다고 한다.

---

101) 원각(圓覺): 부처님의 원만한 깨달음.
102) 청측(圊厠): 뒷간, 변소 「法苑珠林」 於四門 名作 圊厠給人便利.

용성진종(龍城震鍾) 선사

諸行之無常   萬法之俱寂
匏花[103]穿籬出[104]   閑臥麻田上

모든 행이 떳떳함이 없고
만법이 다 고요 하도다
박꽃이 울타리를 뚫고 나가니
삼밭 위에 한가로이 누웠도다.

[해설]

스님(1864~1940)은 전북 장수 출신이다. 법명은 진종(震鍾), 법호가 용성(龍城)이다.

어느 날 어머니의 꿈에 한 스님이 찬란한 법복을 입고 방으로 들어오는 꿈을 꾸고 태어났다고 한다.

어려서부터 자비롭고 슬기로웠다. 성격이 무척 정갈스러워 비리고 냄새나는 것, 시끄러운 것을 싫어하였다.

16살 때 해인사 극락전 화월(華月)스님을 의지하여 입산하였다.
선곡(禪谷, 1898~1968)율사로부터 비구계와 보살계를 받았다. 선곡스님은 출가이전에 깨달음을 얻은 것으로 알려져 있다.

---

103) 포화(匏花): 박꽃.
104) 이출(籬出): 울타리를 벗어 나오다.

용성스님은 칠불암(七佛庵) 대은(大隱)율사의 법맥을 이었다.

고운사 수월(水月)스님에게 수행의 길을 제시받고 23세 되던 해 선산 금오산에서 용맹결사 정진 끝에 깨달음을 성취하고 다음의 오도송을 읊었다.

金烏千秋月　　洛東萬里波
漁舟何處去　　依舊宿蘆花

금오의 달은 천년 그대로인데
낙동강의 파도는 만 리이런가
고깃배는 어디로 가고
갈대꽃만 옛날 그대로구나.

다시 금강산 표훈사(表訓寺)에서 무융(無融)선사에게서 무자(無字) 화두를 받고, 보광사 도솔암에서 정진하다가 두 번째 깨우침을 얻었을 때의 게송이다.

挑雲獲霧尋文殊　　始到文殊廓然空
色色空空還復空　　空空色色重無盡

먹구름을 물리치고 망상의 안개로 문수를 찾아
비로소 진실 본성에 이르러니 확연히 공이로다
물질과 공공인 다시 공으로 돌아가네
실체가 없고 물질이 없고 거듭 대함이 없도다.

그 뒤 지리산 금강대(金剛臺)와 순천 송광사 삼일암(三日庵)에서 하안거 중, 『전등록』에 나오는 청원행사(淸原行思, ?~740)의 법어를 보다가 세 번째의 깨달음을 얻었다.

五蘊山中尋牛客　　獨坐虛堂一輪孤
方圓長短誰是道　　一團火炎燒大千

오온 산 가운데서 불성인 소를 찾는 나그네가
텅 빈 집에 홀로 앉았는데 달이 훤하게 비추도다
모나고 둥글고 길고 짧은 이것이 누구의 도인가
한 덩어리 불꽃이 대천 번뇌를 불태우는구나.

그 뒤 스님은 수많은 경전의 역경(譯經)과, 많은 저서를 남겼다.
만해 한용운과 함께 불교계 대표로 독립선언에 참여한 독립운동
가 33인중 한 사람이다.

1924년 4월 28일 경전을 읽다가 왼쪽 이[齒] 사이에서 사리가
나왔다. 아무 데나 던졌는데 밤에 방광(放光)하더니, 그 뒤 두 차
례 더 방광하였다고 한다.

1940년 음력 1월 21일 용성스님이 서울 대각사에서 제자 스님
을 찾았다.

"이제 절단 나버렸구나. 쇠에서 녹이 슬어 쇠가 상하게 되었구
나"

스님은 같은 해 2월 23일 다시 제자스님에게

"나는 내일 새벽 관음재일에 가련다. 그 동안 수고가 많았다.
앞으로 더욱 수고해 다오."

세상 인연이 다 되었음을 알고 옆에 있던 고암(古庵)스님이

"이 몸이 흩어질 때 어느 곳을 향하여 갑니까?"

하고 물으니 앞의 게송을 말씀하시고 단정히 앉아 원적에 들었다.

만해스님이 찬(撰)한 사리탑이 해인사 용탑선원(龍塔禪院) 옆에
있다.

『화엄경』 12책, 『능엄경』·『금강경』·『대승기신론』·『원각경』·『팔

446

상록』·『선문촬요』·『금강삼매경』·『범망경』·『지장경』 등, 역경사업
에도 많은 공헌을 하였다.
『용성어록(龍城語錄)』이 있다.

만공월면(滿空月面) 선사

我不離汝　　汝不離我
汝我未生前　未番是甚麼

나는 너를 여의지 않았고
너는 나를 떠나지 않았도다
너와 내가 나기 전에는
살피지 못한 것이 이 무엇인고.

[해설]

　스님(1871~1946) 3월 7일 전북 태인 출신이다.

　어머니 김씨 꿈에 신령스런 용이 구슬을 토하자 황홀한 빛이
서리어 그 빛을 받는 꿈이 있었다.

　열세 살 때 절에서 과세(過歲)하면 장수하고 신수가 길하다는
말을 듣고 금산사에서 처음 부처님 상(像)을 친견하니, 기쁜 마음
이 솟아 그 길로 출가의 뜻을 세웠다.

　열네 살 때 천장사(天藏寺) 태허(泰虛)스님에게 사미계를 받았
다.

　스물세 살 때부터 '만법귀일(萬法歸一) 일귀하처(一歸何處)'라는
화두로 정진하기 시작했다.

　1895년 7월 25일, 온양 봉곡사(奉谷寺)에서 정진 중, 서쪽 벽
을 바라보니 홀연히 일원상(一圓相)이 나타났다. 그 다음날 새벽

쇠송을 할 때 '응관법계성(應觀法界性) 일체유심조(一切唯心造)'를 외우다가 홀연히 마음이 열리어 다음의 오도송을 읊었다.

空山理氣古今外　　白雲淸風自去來
何事達摩越西天　　鷄鳴五時寅日出

공산의 이기(理氣)는 세월 밖에 있나니
흰 구름 맑은 바람에 스스로 오가네
무슨 일로 달마는 서천에서 왔나
닭은 축시에 울고 해는 인시에 뜨나니.

이듬해 여름 해제 날 서산 부석사의 경허스님을 뵙고 지금까지의 공부 이야기를 올리니, "불꽃 가운데서 연꽃이 피었다"고 극찬하셨다. 그리고 무(無)자 화두를 받았다.
통도사 백운암(白雲庵)에서 정진하던 여름 장마철이었다. 새벽 종소리를 듣고 또 한 번 깨달았다.
1901년 말(31세) 경허스님으로부터 전법게와 함께 '만공(滿空)'이란 호를 받았다.

雲月溪山處處同　　叟山禪子大家風
慇跌分付無文印　　一段機權活眼中

구름 달 시냇물 산 곳곳마다 같은데
수산선자의 대가풍이여
은근히 무문 인을 부촉하노니
한 조각 권세기틀이 눈 속에 살았구나.

1905년 덕숭산(德崇山)에 금선대(金仙臺)라는 한 칸 집을 짓고 지냈다.

1946년 10월 20일 목욕 후, 단정히 앉아 거울에 비친 자기 모습을 보고,

"자네와 내가 이제 이별할 인연이 다 되었네 그려."하며, 껄껄 웃고 문득 입적에 들었다.

『만공어록』이 있다.

운봉성수(雲峰性粹) 선사

西來105)無文印106)　　無傳亦無受
若離無傳受　　　　鳥兔107)不同行

서쪽에서 온 문채 없는 법인은
전할 것도 받을 것도 없는 것일새
전하느니 받느니를 뚝 떠나면
해와 달은 동행하지 않으리라.

[해설]

　스님(1899~1946) 경북 안동에서 태어났다.

　법명은 성수(性粹)이며 법호가 운봉(雲峰)이다.

　속성은 동래(東萊) 정(鄭)씨다. 어머니가 꿈에 빛을 보고 잉태하
였으며, 태어나는 날 흰빛 서기(瑞氣)가 솟아 동네 사람들이 신기
하게 여겼다.

　어릴 때 향교에서 한학(漢學)을 배웠다.

　열세 살에 부친을 따라 영천 은해사에 불공드리러 갔다가 발심
하여 김일하(金一荷)스님을 의지하여 입산했다. 뒤에 회응(晦應)스
님에게 경전을 배웠다.

---

105) 서래(西來): 서쪽에서 왔다. 불교가 인도에서 전래하였음을 뜻함.
106) 무문인(無文印): 부처님 정법을 어떤 문자로도 표현하지 못한다
　　는 뜻.
107) 오토(鳥兔): 까마귀와 토끼. 여기서는 해와 달에 비유하였음.

스물 셋에 금정산 범어사 금강계단에서 만하스님에게 구족계(具足戒)를 받았다. 스물다섯 살에 청화산 원적사 석교(石橋)율사에게 계율을 익히며 참선을 하기 시작했다.

금강산, 오대산, 묘향산, 지리산 등에서 선지식을 의지하여 수행했다. 참선 수행 10년 째 되는 해 겨울, 백암산 운문암에서 새벽녘에 문밖에 나갔다 먼동이 트는 것을 보고 깨달음을 얻었다. 스님의 나이 서른다섯이었다.

山門驀然寒徹骨　　豁然消却胸滯物
霜風月夜客散後　　彩棲獨在空山水

산문에서 언뜻 뼈에 사무침을 느끼니
가슴의 응어리를 활연히 씻었나니
서리 내리고 바람 부는 달밤 손들이 돌아간 뒤
누각에 홀로 있으니 산과 물이 비었네.

부산 선암사 혜월(慧月)스님이 내린 전법게다. 혜월스님의 심인을 받아 전법제자가 되었다.

一切有爲法　　本無眞實相
於相若無相　　卽名爲見性

일체의 유위법은
본래 진실 된 모양이 없으니
저 모양 가운데 모양이 없으면
곧 이름하여 견성이라 함이라.

부산 기장 묘관음사(妙觀音寺)에서 병환에 계실 때 제자 혜림향

곡((蕙林香谷, 1912~1978)스님이

"스님께서 돌아가시면 어디로 돌아가시렵니까?"

"이웃 마을 시주(施主)네 집에 물소가 되어 가리라."

"그러면 소라고 불러야 합니까? 스님이라고 불러야 합니까?"

"풀을 먹고 싶으면 풀을 먹고 물을 먹고 싶으면 물을 마시리라"
라고 하셨다. 또

"스님께서 입적하시는 날은 어떤 날입니까?"

"토끼 꼬리 빠지는 날이니라."하시었다.

과연 2월은 묘(卯)월이니 토끼 달이라, 2월 그믐날 저녁에 손수
앞의 게송을 적으셨다. 그때에 향곡(香谷)스님이 다시 묻기를

"스님께서 돌아가신 뒤에 저희들은 누구를 의지하리까?" 하였더
니 스님께서 오른 손으로 자리를 치면서 육자배기를 읊으셨다.

"저 건너 갈미봉에 비가 묻어오는구나.

우장 삿갓을 두르고서 김을 매러 갈거나."

하시고는 편안히 드러누워 숨을 거두려 하시기에 향곡스님이
황급히

"스님!"하고 불렀더니

"날 불러 뭣 하려노?" 말씀이 끝나자 바로 입적하였다.

스님 열반에 드신 지 28년 만에 문인 향곡스님이 『운봉선사법
어(雲峰禪師法語)』를 펴내었다.

침운(枕雲) 선사

淸淨如糞枕雲堂　　　　奔忙恰似酒店奴
老漢[108]自有魁術[109]業　　一步人天便盲眼

청정하기는 똥 같은 침운당이여
분망함이 마치 술집 종과 같더니
늙은이 스스로 괴술 업이 있으니,
한 번 걸음에 인천을 눈멀게 하였네.

[해설]

스님의 자세한 행적은 찾을 길 없다.

만공스님과 함께 경허스님의 시봉을 들었던 것 같다. 1896년 경허스님이 범어사 조실로 추대되었을 때, 만공스님과 함께 천장암에서 범어사까지 함께 갔다는 기록이 있다.

『만공어록』에는 만공스님이 쓴 '침운당임종게답송(枕雲堂臨終偈答頌)'과 함께, 위의 임종게 '침운당만송(枕雲堂輓頌)'이 수록되어 있다. 이로써 조금이나마 스님의 면모를 짐작해 볼 뿐이다.

다음은 '침운당임종게답송(枕雲堂臨終偈答頌)'이다.

---

108) 노한(老漢): 늙은이, 늙은 사람을 업수이 여겨 부를 때 씀.
109) 괴술(魁術): 이상한 기술.

五十六年塵陋客　　於今穿鑿一無眞
偶得什方通一路　　大千世界現眞身

56년 동안 티끌에 찌든 객이
이제 생각해 보니 하나도 참된 것이 없도다
우연히 시방을 통하는 한 길을 얻으니
대천세계가 온전히 진신이로다.

　스님은 밀양 표충사에서 설법을 한 후 입적에 들었다고 한다.
아마 오십 여섯에 세상을 떠난 것 같다.
　불세출의 숨은 인물인 것 같은 데, 그 명맥이 없어 안타깝기만
하다. 그러나 스님의 면모가 만공어록에 일부나마 수록되었다는
사실은 참으로 다행한 일이다.

석우보화(石友普化) 선사

囊括[110]乾坤方外[111]擲   杖桃日月袖中藏
一聲鍾落浮雲散   萬朶靑山正夕陽

바랑에 하늘 땅 싸서 시방 밖에 던지고
지팡이 끝 해와 달을 소매 속에 감추노라
쇠북소리 떨어지자 뜬구름 흩어지고
일만 산봉우리 푸른데 이미 석양이구나.

[해설]

석우보화(石友普化, 1875~1958)선사는 경상남도 의령 출신이
다. 법명은 보화(普化), 법호는 석우(石友). 속성은 설씨(薛氏)이다.
어려서부터 사서삼경을 비롯하여 의서(醫書)와 노장철학(老莊哲
學) 등을 공부하여 조예가 깊었다.
어려서 워낙 머리가 영민하여 신동이란 별명이 붙었다.

38살 때 금강산 장안사(長安寺) 연담응신(蓮潭凝信)스님에게로
출가했다. 유점사 동선의정(東宣義淨)율사에게 구족계를 받았다.
부산 범어사에서 보조지눌(普照知訥)의 『수심결(修心訣)』 첫 대
목 '삼계를 윤회하는 고통은 마치 불난 집과 같은데, 어찌 그대로

---

110) 낭괄(囊括): 바랑 또는 주머니에 물건을 싸는 것.
111) 방외(方外): 동서남북 그 어느 곳 밖에.

참고 머물며 오랜 고통을 받으려 하는가. 윤회를 벗어나려면 부처님을 찾는 길밖에 없다. 만약 부처님을 찾으려면 이 마음이 곧 부처님이니…(三界熱惱 猶如火宅 其忍淹留 甘受長苦 欲免輪回 莫若求佛 若欲求佛 佛卽是心…)'라는 구절을 읽고 출가를 결심했다. 그리고 나서 '불각낙루(不覺落淚)하고, 대도(大道)는 실로 이 문중(門中)에 있구나.'라는 생각에 홀연히 깨달음을 얻었다고 한다.

이때의 오도송이다.

山攝爲籬水用扉　　行人到此世情稀
孤庵懶客還多事　　淨掃閒雲補弊衣

산으로 울타리 삼고 물로 싸리문 만드니
나그네가 여기 오면 세상일을 모르더라
외로운 절에 게으른 손님이 도리어 일이 많나니
구름도 쓸고 해진 옷도 꿰매 입도다.

1954년 조계종의 초대 종정으로 추대되었다.

경남 사천(泗川)의 다솔사(多率寺)에 머물다가, 남해의 해관암(海觀庵)을 창건했다.

성품이 매우 청렴하여 신도들의 시주 물에 대한 경계가 엄격했으며, 제자들을 가르칠 때도 조금도 위의(威儀)에 어긋나지 않도록 다스렸다. 석우스님의 모친은 장남을 찾기 위해 나섰다가 출가했다. 용공사(龍貢寺)에 머무는 모친 경담(鏡潭)스님과 우연히 상봉한 일화가 있다.

1958년 2월 15일, 팔공산 동화사(桐華寺)에서 입적했다.

세수 84, 법랍 45세이다. 동화사의 비로전(毘盧殿) 앞에 부도와 탑비가 있다.

금봉(錦峰) 선사

青山文殊眼　　水聲觀音耳
今日世緣盡　　依久水東流

청산은 문수의 눈이요
물소리는 관음의 귀다
오늘 세연이 다했으니
옛것에 의지해 물은 동으로 흘러가는구나.

금봉(錦峰, ? ~1959)스님은 문경 대승사로 출가했다.
경허스님의 수제자였다. 호리호리한 몸매에 키가 컸는데 술과 담
배를 입에 달고 살았다. 힘은 장사였으나 무골호인이었다. 막행막
식을 하면서도 예리한 선지(禪旨)만은 누구도 따를 수 없었다.
평생의 도반인 고봉(古峯, 1890~1961)스님과 거의 비슷한 연배
로 생각된다.

스님에 대한 일화는 수없이 많다.
1922년, 덕숭산 정혜사에서의 일화다. 오전엔 참선을 마치고 오
후만 되면 주막집으로 행했다. 스님은 그날도 마을로 내려가 말술
을 마시고 올라오니 선방에 만공스님이 정진 중이었다.
"만공 내려오너라."며 양손으로 귀를 잡고 마당으로 차버렸다. 마
당으로 떨어진 만공 스님은 한 마디도 없이 금선대로 갔다.

다음날, 만공스님이 금선대로 금봉을 불렀다.

"어제 일을 기억하느냐?"

"기억합니다."

"이(理)로 그랬느냐, 사(事)로 그랬느냐?"

"사로 그랬습니다."

만공스님이 단소로 금봉스님의 엉덩이를 내리쳤다. 찢어진 엉덩이로 40여 일간 고생을 했지만, 이 일로 서로가 서로를 알아본 것이었다.

1950년대 중반 불교정화운동의 산실이던 서울 안국동의 선학원엔 효봉, 동산, 금오, 청담 선사 등 선지식들이 머물고 있었다.
한때 금봉스님도 이곳에 머물게 되었다. 그의 담배 연기 때문에 아무도 한방을 쓰려 하지 않았다.
훗날 종정을 지낸 효봉 스님은 "너희들은 어찌 담배만 보고 금봉의 도는 보지 못하느냐?"고 하며, 스스로 금봉 스님과 한방을 쓰며 금봉 스님 곁에 머물렀다고 한다.

1959년 가을 어느 날이었다. 스님은 홀로 계곡으로 갔다. 계곡물로 목욕을 마친 후, 바위에 앉은 채로 열반에 든 것을 누군가 발견했다.

경하재영(景霞裁英) 선사

人世百年內　別離無送迎
畢竟了此生　孤輪獨照明

사람이 백년을 살아도
죽을 때는 보내거나 맞이하는 이 없네
필경에는 모두 이 생을 마치고
외로운 달처럼 홀로 비칠 뿐이네.

[해설]

스님(1869~1957)의 사리탑과 탑비는 해인사에 있다.

부처님이 행하신 전계 율맥으로 122대의 율사이다.

스님의 법맥은

대은(大隱)-금담증준(錦潭證俊, 1842~1914)-초의의순(草衣意恂, 1786~1866)-범해각안(梵海覺岸, 1820~1896)-제산정원(霽山淨圓, 1862~1930)-용성진종(龍城震鍾, 1864~1940)-경하재영(景霞裁英)-자운(慈雲, 1911~1992)-고암상언(古庵祥彦, 1899~1988))으로 이어진다. 원래는 금담스님이 대은스님의 은사였으나, 제자 대은이 먼저 가피를 받아 금담스님에게 계를 전했다.

법제자로 고봉혜웅(高峰慧雄, 1931~2003) 스님이 있다. 해인사에 사리탑과 탑비가 함께 있다.

인곡창수(麟谷暢洙) 선사

夢幻空華六十七年　　麟谷煙沒流水連天

허깨비 꿈과 67년 세월이여
나 이제 가노니 흐르는 물이 하늘에 뻗침이로다.

[해설]
　인곡스님(1895~1961)은 전남 영광군 출신이다.
　법호는 인곡(麟谷), 대대로 불심이 깊은 집안에서 태어났다.
　1908년 고창 문수사에서 금성 화상을 은사로 출가, 1914년 백양사에서 금해(錦海) 율사를 계사로 구족계를 받았다. 이후 만공, 한암(漢巖) 회상에서 정진했다.

　스님은 원래 천진무구 그 자체였다. 일생동안 수행 정진에만 몰두했을 뿐, 자신의 흔적을 남기거나 드러내려 하지 않았다.
　성불의 대서원(大誓願)을 위해 팔공산의 금당 탑 앞에서 백일간의 용맹정진에 들어갔다. 백일이 가까워 온 어느 날 스님은 비몽사몽간에 상서로운 꿈을 꾸었다. 가사 한 벌을 받아 입는 꿈이었다. 이때 생각하기를
　'부처님의 가르치심이 세상을 제도하는 치료 방책이긴 하나, 좋은 약은 아니다'라는 깨달음을 얻고 지은 송이다.

多年山中覓鯨魚　　添得重重碍膺物
暗夜精進月出東　　忽然擊碎虛空骨

다년 간 산중에서 고래를 찾음에
첩첩이 마음에 답답함만 더하더니
캄캄한 밤 정진 중에 달이 솟아오를 새
홀연히 허공의 뼈를 쳐부수도다.

　스님은 대나무 지팡이, 짚신 한 켤레, 바랑 하나만 매고 다시
정진의 길로 나섰다. 도봉산 망월사에서 주석하시던 용성 스님을
찾아 인사를 올렸다. 용성스님이 인곡 스님의 그릇을 알아보고 대
뜸
　"무슨 물건이 이렇게 왔는고?"
　이에 스님이 주먹을 불쑥 내밀며 답했다.
　"이러한 물건이 이와 같이 왔습니다."
　그러자 용성 화상이 크게 웃으며 "옳고 옳도다."하며 '인곡(麟
谷)'이라는 법호와 함께 다음의 게송을 내렸다. 인곡스님의 나이
서른이 채 되지 않았을 때다.

仁心抱天地　　玄谷又明明
造化從斯起　　亘古不生滅

어진 마음이 하늘과 땅에 두루 하니
깊은 골짜기 또한 밝고 밝음이로다.
온갖 조화가 이를 좇아 일어나니
영원히 생멸하지 않음이로다.

　스님은 1926년(32세) 백양사 운문선원의 조실로 추대되었다.

462

스님은 출가해서 계를 받는 초심자들에게

"자신을 내세우려 하지 말고 언제나 하심(下心)하는 마음으로 정진에 힘쓰라. 청정한 계행을 잘 지키고 넓고 큰 인연을 닦으며, 선정을 잘 닦아서 물러서지 않으면 반드시 큰 광명이 있을 것이다."

"머리를 만져보고 법의를 돌아보고 중노릇 잘 하거라."며 후학들을 격려했다.

평소 시주나 공양물을 받아도 소유하지 않고 받는 즉시 대중에게 나누어 주었다. 입적했을 때도 염주와 발우, 주장자와 『선문촬요』 한 권, 가사 장삼이 전부였을 정도였다.

권위를 내세우기보다는 항상 부드럽고 천진한 법담을 즐겼다. 특히 제자들에게는 '무 자' 화두를 내리며,

"세간의 논과 밭은 제한된 양의 식량을 생산하지만 무(無)자의 밭은 영원한 양식을 생산한다. 재미가 없는 가운데 맛보는 재미가 최고로 훌륭한 맛이니 모름지기 무자의 맛으로 선열을 맛보라."고 당부했다.

어느 날 제자 혜암(慧庵)스님을 불러 "지옥의 고통은 고통이 아니다. 가사 아래에서 사람 몸을 잃는 것이 비로소 고통이니라."는 수행자의 정신을 말한 후, 혜암스님에게 내린 전법게다.

只此一段事　　古今傳與授
無頭與無尾　　分身千百億

다만 이 한 가지 일을
고금에 너에게 전하니
머리도 없고 꼬리도 없음이로되
천 백억으로 몸을 나누네.

스님에 대한 일화는 많다. 그 중에서도 임종에 대한 일화다. 1961년 7월 14일 스님은 문도들에게 자신의 임종을 알렸다.

"오늘이 14일, 삭발하는 날이지? 나도 삭발을 해야겠다. 나는 오늘밤 만물이 잠들었을 때 조용히 가겠노라."

문도들이 사후의 일을 묻고 염불을 시작하자. "모든 것을 주지 자운(慈雲)에게 부탁해 놓았으니 염려 말라."고 이른 후, "내 염불은 내가 다 하고 가니, 나를 위해 염불을 하지 말라."고 당부했다. 그러고는 위의 게송을 읊었다.

임종 시간이 다가오자 옆에 좌정하고 있던 제자 포공스님이

"스님, 기왕에 가실 바엔 내일 15일이 해재일이자 우란분절로 좋은 날이니, 내일 가시면 어떻겠습니까?"라고 물었다.

이에 스님은

"이날이 그날이며 그날이 이날인데, 좋고 나쁜 날이 어디 있겠느냐. 나는 그대로 가겠노라."고 했다.

포공스님이 다시 "그래도 미혹한 중생들에겐 좋은 날이 좋은 것이니, 스님께서 입적 시간을 더 연장할 수는 없습니까?"고 거듭 간청하자,

스님은 "아, 자네들이 그토록 원하니 그러면 내일 가기로 하지."라고 했다.

15일 아침이 되자 스님은 "나 이제 가노라."고 말한 후, 오전 8시 해인사에서 입적에 들었다.

스님이 입적하자 생전 그를 존경하던 통도사 구하(九河) 스님이 애틋함을 담아 조문을 지었다.

麟雲碧海秋聲起　谷月蒼空瑞影寒
昌法眞緣何處去　洙痕無障亦無門

푸른 바다 조각구름 가을을 재촉하니
창공에 뜬 조각달의 상서로운 그림자 차갑구나
스님의 진면목은 어느 곳으로 갔습니까
발자취 걸림 없으니 또한 오고 감이 없도다.

또 당시의 종정 동산스님도 애도의 시를 남겼다.

麟谷禪師何處去　　漢陽城外水東流

인곡 선사여, 어디로 가셨습니까?
서울 바깥의 물이 동쪽으로 흐르도다.

구하천보(九河天輔) 선사

此身不欲百年生　　了達淸眞脫世情
心契彌陀三聖願　　神馳兜率一輪明

紅爐點雪歸何處　　白月香風震法城
無去無來元體性　　逍遙自得任縱橫

이 몸은 백 년의 삶을 원하지 아니하고
세정을 벗어나 청진을 요달코자 했도다
마음이 아미타 삼성의 원과 계합하고
정신이 도솔천으로 달리니 둥근 달이 밝네.

화로 속의 눈은 어느 곳으로 돌아가는가
밝은 달 향기로운 바람 법성에 떨치네
원래의 체성은 감도 옴도 없나니
종횡으로 소요함을 임의대로 맡기노라.

[해설]

　구하(九河, 1872~1965)스님은 울산 울주군 두동면에서 태어났다. 법호가 구하(九河), 법명은 천보(天輔)다.
　어려서 신동으로 불릴 만큼 총명했다. 12살(1884년)때 부모에게 출가의 뜻을 밝히고 집을 떠났다. 열일곱 살 때 천성산 내원사에서 경월도일(慶月道一) 스님을 은사로 사미계를 수지, 표충사의 만화(萬化)스님에게 비구계를 수지했다.

1900년 통도사에서 성해(聖海)스님의 법제자가 되었다. 이때 받은 법호가 '구하(九河)'다.

1905년 통도사 옥련암에서 정진하던 스님은 마음의 문이 열려, 이때 지은 게송이다.

心塵未合同歸宿　　五體投空共歸依

마음에 티끌이 따로 없어 같이 존재하고,
오체를 공중에 던지니 함께 귀의 한다네.

40세의 나이로 통도사 주지로 취임한 스님은 '각 지역포교당 설치', '인재양성', '조선불교 혁신', '선교양종 확립' 등, 근대불교의 개혁 13가지를 약속했다. 초대중앙총무원장(1950년)에 취임하면서 불교정화에 헌신했다

스님은 인재양성이 불교의 미래이며, 조국의 희망이라는 생각으로 경남지역에 많은 학교를 지어 인재양성에 힘썼다.

스님은 1932년 4월 17일 통도사를 출발해 8월 26일 금강산을 순례하며 명승지와 사찰 30여 곳의 모습과 느낀 소감 등을 꼼꼼하게 기록하기도 했다. 하여 90여 편의 시를 남겼다.
다음의 시는 금강산 신계사를 참배한 스님의 소감이다.

집선봉 위 가을하늘 구름 한 점 없이 맑고
땅이 넓고 평평하여 걸음 또한 편하도다
골짜기 외진 곳에 승려들의 집을 지으니
그윽하고 한가로워 물소리만 들리누나.

앞의 게송은 열반송인지는 확실치 않으나, 입적을 예감하고 직접 지은 만사(輓詞)다. 그래서 수록하였다.

구하스님은 1965년 11월 24일 한낮,

"스님들 있으니 그윽하고 한가로워 물소리만 들린다. 나 이제 갈란다. 너무 오래 사바에 있었어. 그리고 다시 통도사에 와야지." 라는 말을 남기고 열반에 들었다.

세수 94, 법랍 82세다.

효봉학눌(曉峰學訥) 선사

吾說一切法　　都是早倂拇
若問今日事　　月印於千江

내가 말한 모든 법은
그거 다 군더더기
오늘 일을 누가 묻는가
달이 천강에 비치니라.

[해설]

　스님(1888~1966)은 5월 28일 평안남도 양덕군 쌍용면에서 태어났다.

　어려서 유달리 영리하였다. 열두 살 때까지 『사서삼경』을 할아버지에게 배워 신동이라 불리었다.

　평양고보를 졸업하고 일본 와세다 대학에서 법학을 공부했다.

　서른다섯 살까지 서울과 함흥에서 판사를 지냈다. 평양의 복심법원(고등법원)에서 한국인 최초의 고등법원 판사가 되었다.

　법관생활 10년째 되던 35살 때, 사형선고를 내리는 판결을 하게 되면서 '과연 인간이 인간을 벌할 수 있는가?'라는 문제에 회의를 일으켜 판사직을 그만 두었다.

　생계를 위해 엿장수를 하며 전국을 떠돌아다니다 서른여덟 살 때, 금강산 신계사의 석두보택(石頭寶澤, 1882~1954) 스님을 찾아가 입산했다.

석두 스님으로부터 '원명(元明)'이라는 법명을 받았다.

늦깎이로 시작된 정진 생활은 누구보다 치열했다.

스님은 '조주 무자' 화두로써 정진하였다.

'깨치지 않고서는 절대 나가지 않으리라' 결심을 하고 토굴에서의 정진이 시작되었다. 1931년 여름 어느 날, 1년 6개월 동안 들어가 용맹정진했던 금강산 법기암 토굴의 벽을 차고 나왔다. 그리하여 다음의 오도송을 남겼다.

海底燕巢鹿抱卵　　火中蛛室魚煎茶
此家消息誰能識　　白雲西飛月東走

바다 밑 제비집에 사슴이 알을 품고
타는 불속 거미집엔 고기가 차 달이네
이 집안 소식을 뉘라서 알랴
흰 구름은 서쪽으로 달은 동쪽으로.

이에 석두스님은 다음의 전법게를 내렸다. 이때가 1928년이다.

春至百花爲誰開　　東行不見西行利
白頭子就黑頭父　　兩個泥牛戰入海

봄이 오니 온갖 꽃, 누굴 위해 피는고
동으로 가면 서로 가는 이익 보지 못하리
흰머리 아들이 검은머리 아버지께 나아가니
두 마리 진흙 소가 다투다 바다에 들어가네.

1954년 통영 미래사를 창건하고, 1962년 정화운동 이후 첫 종
정으로 취임하였다.

1966년 10월 15일 새벽에

"나 오늘 갈란다."

"언제쯤 가시렵니까?"

"오전에 가지"

"스님, 화두 들립니까? 지금도 성성(惺惺)하십니까?"

"응, 응."

그날 오전 10시, 밀양 표충사 서래각(西來閣)에서 입적에 들었
다.

입적하기 며칠 전에 시봉이

"스님 마지막으로 한 말씀 안 하십니까?"

"나는 그런 군더더기 소리 안 할란다. 지금껏 한 말들도 다 그
런 소린데…"

하시며 앞의 열반송을 말씀하셨다.

『효봉어록(曉峰語錄)』이 있다.

밀양 표충사·통영 미래사·송광사에 탑과 비석이 있다.

동산혜일(東山慧日) 선사

元來未曾轉　　豈有第二身
三萬六千朝　　反覆只這漢

원래 일찍이 바꾼 적이 없거늘
어찌 두 번째 몸이 있으랴
삼만 육천 일 아침을
날마다 되풀이하는 것은 다만 이놈뿐일세.

[해설]
　스님(1890~1965)은 충북 단양군 단양읍 상방리에서 태어났다.
휘는 혜일(慧日)이요, 법호는 동산(東山)이다.
　일곱 살에 향숙(鄕塾)에 들어가 열세 살 때까지 공부했다. 열아
홉 살에 고향의 익명학원(益明學院)을 졸업하고 다음 해에 서울의
중동학교(中東學校)에서 외국어를 익혀 다시 의학전문학교에 들어
가 공부하였다.
　1912년 3월 고모부인 위창(葦滄) 오세창(吳世昌)의 소개로 대각
사(大覺寺)의 용성(龍城)선사를 찾아갔다가 그의 법문을 듣고 큰
감화를 받았다. 이후 불교를 공부하다 마침내 1912년 10월 범어
사 주지 성월(惺月)스님을 찾아가 출가하였다.

　마흔 살에 김천 직지사 천불선원에서 3년 용맹정진결사를 마쳤

472

다. 1934년 8월 범어사 금어선원(金魚禪院)에서 하안거 중이었다. 방선 시간에 동쪽 대나무 숲을 지나다가 마침 불어오는 바람에 댓잎이 서로 부딪치는 소리를 듣고 확연히 깨달았다. 은사 용성스님께서 바로 인가 하셨다.

그때의 오도송이다.

書來書去幾多年　　筆頭落處活猫兒
盡日窓前滿面睡　　夜來依舊捉老鼠

그리고 그린 것이 몇 해던가
붓끝이 닿는 곳에 살아 있는 고양이로다
하루 종일 창 앞에서 늘어지게 잠을 자고
밤이 되면 예전처럼 늙은 쥐를 잡는다.

대한불교조계종 종정을 지냈다. 수많은 불제자를 배출하였다. 그 중에서도 혜명(慧明, 1932~2013) 스님이 있다. 일명 무진장(無盡藏, 1932~2013)스님이다.

1965년 범어사에서 음력 3월 23일 열반에 들었다.

범어사 보살계산림을 시작으로 연 3일간 설법을 한 3월 23일, 방생법회를 마지막으로 대중들에게

"다시는 이 자리에 오르지 못한다."는 말씀과 "부귀영화는 뜬구름이요, 벼슬도 재물도 풀잎 위의 이슬이라. 항상 깨끗하고, 당당하게, 자비롭게, 착하게 살라"는 부탁의 말씀을 남기셨다.

그날도 전과 다름없이 대중과 함께 예불과 공양, 도량청소를 했다. 오후 6시 입적에 들었다. 세수 76, 법랍 53세이다.

해안봉수(海眼鳳秀) 선사

生死不到處　　別有一世界
垢衣方落盡　　正是月明時

생사가 이르지 못하는 곳
하나의 세상 따로 있나니
남루한 옷 다하면
비로소 밝은 달 뜨리라.

[해설]

　스님(1901~1974)은 전북 부안군 산내면 격포리에서 출생했다.

　유년시절 서당에서 한학을 배우던 무렵, 어떤 붓 장수로부터 변산의 내소사(來蘇寺)라는 절에 『맹자』를 천 번이나 읽은 고매한 학자가 있다는 말을 들었다.

　내소사에서 한학자 고찬(高讚)선생을 만나 한학 공부를 하던 도중, 그곳의 만허(滿虛, 1908~1950)화상을 의지하여 입산하셨다. 그때 나이 14세 때였다. 이후, 백양사에서 만암종헌(曼庵宗憲, 1875~1957) 화상에게 비구계를 받았다.

　계를 받고 불과 2년째 되던 해(1918)였다. 성도절을 앞두고 몇몇의 학인들과 7일간의 용맹 정진에 동참했다. 당시 선원의 조실이었던 학명(鶴鳴, 1867~1929) 선사로부터 '은산철벽을 뚫으라.'는 화두를 받았다.

마지막 날 저녁 공양 시간을 알리는 목탁 소리와 범종 소리가 들렸다. 그 후, 방선(放禪)을 알리는 죽비 소리가 울리는 순간, 은산철벽이 한꺼번에 무너져 내리는 것을 느꼈다.

다음날 아침 조실스님에게

"사람은 서로 보지 못했는데, 목탁 치는 사람과 종 치는 사람, 죽비 치는 사람의 거리가 얼마나 됩니까?"

학명스님은

"알면 일러 보거라"

"봉비은산철벽외(鳳飛銀山鐵壁外)입니다"

이로써 학명스님으로부터 인가를 받고 읊은 오도송이다.

鐸鳴鍾落又竹篦　　鳳飛112)銀山鐵壁113)外
若人間我喜消息　　會僧堂114)裡滿鉢供115)

목탁소리 종소리 죽비소리 울리니
봉황새가 은산철벽 밖으로 날으도다
누가 즐거운 소식 묻는다면
스님들 모여 만발(滿鉢) 공양하는 것이라 하리.

---

112) 봉비(鳳飛): 스님의 속명이 봉수(鳳秀)이므로, 스스로를 가리키는 뜻임.

113) 은산철벽(銀山鐵壁): 은과 철은 뚫기 어렵고, 산과 벽은 높아 오르기 어려움을 나타낸 것. 손도 대어 볼 수 없고, 이도 안 들어간다는 뜻.

114) 회승당(會僧堂): 스님들이 모이는 큰 방. 여기서는 백양사(白羊寺)에 있는 큰 방을 뜻함.

115) 만발공(滿鉢供): 만발공양(滿鉢供養)의 준말. 만발공양이란 재식이나 아니면 특별한 행사가 있을 때, 스님네들이 대중공양을 하는 것을 뜻함.

평생 염불과 참선, 독경에 의한 수행을 강조했으며, 특히 『금강경』 독송을 권했다.

"오늘 당장 이 시간에 공부하지 않고 내일, 내년, 내생에 공부하겠다면 어리석은 사람입니다. 이 몸뚱이 없어지면 공부할 기회도 없습니다."

항상 스스로를 '범부(凡夫)'라고 겸양하시었다.

내소사 부도전에는 스님의 유훈에 따라, '해안범부지비(海眼凡夫之碑)'라고 이름 하였다.

저서는 『십현담(十玄談)』·『해안반야심경강의』·『해안금강경강의』·『즉심즉불(是心是佛)』·『해안집』 등이 있다.

1974년 4월 1일 전북 부안 서래선림(西來禪林)에서 세수 74세, 법랍 57세로 입적에 들었다.

환성(幻惺) 선사

若論今日事116)　　如水歸干水
落木下蕭蕭117)　　風淸月白裏

오늘 일 말하자면
물이 물에 돌아가는 듯
잎 떨어진 나무 밑 쓸쓸도 하고
바람 맑고 달 밝은 거기 그 속을.

[해설]
　스님(?~1975)은 특히 주역(周易)에 조예가 깊었으며 노장학(老莊學)을 비롯해 제자백가에도 통달하였다. 오랫동안 세속에 묻혀 거사로 선을 닦다가 말년에 문득 출가, 마하가섭법에 따라 계사(戒師)나 증사(證師)없이 계(戒)를 받았다.
　선서(禪書)에는 모르는 곳이 하나도 없었다.
　여기 수록된 임종게는 평소 스님과 인연 있는 석지현(釋智賢)스님의 주선으로 수록하게 되었다. 1975년 11월, 열반에 들었다.

---

116) 금일사(今日事): 오늘 일. 즉 죽음을 뜻함.
117) 소소(蕭蕭): 쓸쓸한 모양. 찬바람 소리(風蕭蕭今易水寒 - 史記).

상월원각(上月圓覺) 조사

諸佛不出世　　亦無有涅槃
死生本空寂　　盈虛一月輪

모든 부처님이 세상에 나오시지 않았고
또한 열반에 든 것도 없다
나고 죽음이 본디 텅 비었으니
찼다가 비우는 것이 한 바퀴 달이로다.

[해설]
　상월원각(上月圓覺, 1923~1974)조사는 강원도 삼척군 노곡면에
서 밀양 박씨 가문의 2대 독자로 태어났다.
　법명은 상월(上月), 법호는 원각(圓覺)이다.
　오늘날 총본산 구인사가 있는 천태종의 중창조이다.

　어려서부터 남다르게 총명했다. 15살 때 출가한 이후 수 년 동
안 바랑을 메고 운수납자가 되어 선지식을 찾아 교학을 익혔다.
　강원도 태백산 기슭 원효대사가 수도했다는 석굴에서 솔잎과
쑥 등으로 연명하며 2년 동안 정진에 들어갔다.
　500년간 맥이 끊겨진 한국 천태종을 중창한다는 표어를 내걸고
'애국불교'·'생활불교'·'대중불교'를 전개했다.
　중생 구제 실천을 위해, 낮에는 일을 하고 밤에는 참선 수행을

하는 주경야선(晝耕夜禪)의 종풍을 세웠다.

　태백산으로 들어가 정진 중 1951년 가을, 반야지를 얻었다.
이때 읊은 오도송이다.

山色古今外　　水聲有無中
一見破萬劫　　性空是佛母

산색은 고금 밖이요
물소리는 있고 없고 중간이로다.
한 번 보는 것이 만겁을 깨뜨리니,
성품 공한 것이 부처님 어머니로다.

　열반 5개월 전인 73년 말에 자신의 탄생축하 법요식에서 다음
과 같은 설법을 했다.

　"만법이 비었으니 나도 장차 가리로다. 한 생각 날 적에 만법이
일어나고 한 생각 멸할 적에 만법이 깨지는 것이로다. 사회의 모
든 사람이 탐하여 바라는 부귀와 영화는 한 조각 구름과 같고 물
거품과 같고 몽환과 같으니라.

　죽음에 임하여 허망함과 개탄할 것이 아니라 살아 있을 적에
무엇이 가장 존귀한 것인가를 항상 생각하고 영원히 빛나고 보람
있고 길이 남는 일이 어떠한 것인가를 마음에 새겨 두어야 하느
니라.

　불도가 따로 있는 것이 아니라 한 마음이 근본이 되며 맑고 바
르고 어질고 봉사하는데 있는 것이니, 부처님의 바른 법을 잘 알
고 잘 보호하며 실천하여 한없는 세상에 길이 낙원의 생활을 수
용할지어다."

　6월 16일 열반에 들었다.

전강영신(田岡永信) 선사

如何是生死苦　　九九飜成八一

어떤 것이 생사의 괴로움인가
구구는 팔십 하나이니라.

[해설]

　스님(1898~1975) 11월 6일 전남 곡성에서 태어났다.
　법명은 영신(永信), 법호는 전강(田岡).
　열여섯 살 때 해인사 인공(印空)스님을 의지하여 입산한 후, 직
지사 제산(霽山)스님에게 수행의 길을 제시받았다.
　8년간 치열한 정진 끝에 24살 되던 해, 한밤중에 태안사의 돌
다리를 건너는데, 계곡의 물소리를 듣는 순간 생사의 구름이 찰나
에 씻겨가 버렸다. 이때의 게송이다.

　昨夜月滿樓　　窓外蘆花秋
　佛祖喪身命　　流水過橋來

　어젯밤 달빛은 누각에 가득하더니
　창밖은 가을 갈대꽃 피었구나
　부처와 조사도 목숨을 잃었는데
　흐르는 물은 다리를 지나오더라.

480

수덕사 금선대 만공(滿空)스님은

"부처님은 별을 보고 도를 깨달았는데, 자네는 저 하늘에 가득 찬 별 가운데 어느 것이 자네의 별인가?"

하고 물으셨다.

스님이 곧 엎드려서 땅을 더듬으니 만공스님은

"착하다 착하다(善哉 善哉)"

라 하시고 다음의 인가게를 내렸다.

佛祖未曾傳　　我亦無所得
此日秋色暮　　猿嘯在後峰

불조가 일찍이 전하지 못했는데
나도 또한 얻은 바 없네
이 날에 가을빛이 저물었는데
원숭이 휘파람은 후봉에 있구나.

서른세 살 때 통도사 조실(祖室)을 비롯하여 61년에 인천 주안동 용화사를 창건했다. 송담(松潭)스님에게 전법하였다.

1975년 1월 13일, 이날 용화사에는 어느 신도의 49재가 있었다. 오전에 재법문(齊法門)을 하시고 점심 공양을 마친 뒤, 뜰을 몇 바퀴 경행 후 방으로 들어와

"나 오늘 가야겠다."

그리고 10분도 안 되어 입적에 들었다.

저서에 『전강(田岡)법어집』이 있다.

명봉(明峰) 선사

解釋斯經無我印　　冥心聖志唯隨順
寒窮碧落春雷震　　枯蟄從玆醒且潤

이 경(經)을 해석해도 나의 마음 안 보이네
아득한 성인의 뜻 그냥 따르나니
찬 기운 다 가시고 봄 우레도 멎었는데
움츠리고 말라진 것 이제부터 피어날까.

[해설]
　스님(?~1975)은 이른 나이에 출가했다.
　많은 경전을 공부했다. 1950~60년대 해인사 강주를 지냈다.
　어느 날 뜰에 빨래가 널려 있는데 바람에 나부끼는 것을 보고 반야지를 터득하였다고 진술한 것을 필자가 직접 들었다.
　다음은 오도송이다.

春風忽見動衣裳
卽是曹溪眞面目
七百雄徒[118]在風幡之下
淸原[119]南岳[120]唯存心動知解

---

118) 칠백웅도(七百雄徒): 그 당시(중국)에 모인 스님들 숫자가 칠백 명이었음.

黃梅[121]衣鉢傳得其人
曹溪不轉亦得其宜

봄바람 문득 옷깃 흔들어
바로 이게 조계의 참모습이여
칠백의 스님들이 바람과 깃발 흔들림을 볼 때
청원과 남악이 오직 마음의 움직임을 알았네
황매산의 의발은 사람을 얻었으니
조계는 굴리지 않았어도 의당하리라.

병석에 7년간 누워있으면서도 후학들에게 경전을 가르치는 의
지를 보였다.
1975년 11월 전주에서 입적했다.

---

119) 청원(淸原): 중국의 청원행사(淸原行思, 660~740) 스님을 말함.
어려서 스님이 되어 육조 혜능에게 법을 받았다. 뒤에 길주 청
원산 정거사에 있으며 크게 불법을 폈다.
120) 남악(南岳): 중국 당나라 때의 남악회양(南岳懷讓, 677~744) 스
님을 말함. 육조 혜능 스님을 15년간 모셨다. 남악 반야사에 들
어가 30년을 있으면서 남악의 선풍을 선양했다.
121) 황매(黃梅): 황매산을 말함. 황매산은 육조 스님이 오래 계셨던
산 이름.

도원(道圓) 선사

吾增善不欲　　我亦何貪在
莫不四恩[122]重　唯以蓮華藏

나는 더 이상 선을 바라지 않고
나 어찌 또한 탐욕이 있으리오
사은(四恩)의 무거움을 말할 수 없어
오로지 연화장으로 갈 뿐이네.

[해설]

　스님(?~1976)의 행장은 알 길 없다. 다만 범어사 동산스님의
상좌였다는 사실만 있다. 1976년 2월 21일 오후, 범어사 극락암
에서 스스로 화광삼매(火光三昧)에 들어 좌탈 입망했다.
　위의 게송은 휴지에 아무렇게나 적어 둔 것을 발견한 것이다.

춘성춘성(春城春性) 선사

八十七年事　七顚八倒起
橫說與竪說　紅爐一點雪

팔십 칠년의 일이
일곱 번 넘어지고 여덟 번 일어나
횡설수설 했으니
붉게 달아오른 화로의 한 조각 눈이구나.

[해설]

춘성(春城, 1891~1977)스님은 강원도 인제군 원통리에서 태어났다. 성은 이(李)씨, 법명은 춘성(春城), 법호는 춘성(春性)이다.

태몽에 하늘에서 동자가 오색구름을 타고 어머니 품안으로 들어왔다고 한다. 어린 시절 유난히 영민했다. 열세 살 때 백담사의 만해 한용운스님에게 출가했다. 만해스님의 유일한 제자이다.

20세에 금강산 유점사에서 동선스님으로부터 구족계를 받았다. 25세에 평안도 안변 석왕사에서 전문강원 대교과를 수료하고, 30세에 설악산 신흥사 주지를 지냈다. 이때 신흥사의 불전답(佛田畓)을 많이 확보했다. 이후 서울 삼청동 칠보사를 창건, 도봉산 원통사를 중창했다.

별칭은 '무애도인(無碍道人)'이다. 육두문자 거침없이 써서 '욕쟁이 스님'으로도 통했으나, 평생을 옷 한 벌, 발우 하나만으로 살다간 무소유의 실천가였다.

3.1운동 후 만해스님이 형무소에 들어가자 옥바라지를 했다. 이때 스승인 만해가 차가운 감옥 마루에 누워있을 것을 생각해서 자신도 불을 때지 않은 방에서 이불도 없이 생활했다고 한다.

스님은 '이불'의 음(音)이 '부처와 이별[離佛]'을 뜻한다며 평생 이불을 덮지 않고 잠을 잤다고 한다. 이 밖에도 스님의 기이한 일화는 너무나 많다.

『화엄경』을 거꾸로 암송할 정도의 학승(學僧)으로, '화엄법사'라 불렸다. 그러나 "교리공부만으로는 깨우칠 수 없다."하여 만공스님을 찾아갔다. 이때부터 본격적으로 선 수행을 시작했으니, 스님의 나이 오십 가까이 되었을 때다.

처음 만공스님을 만났을 때, 만공스님은 춘성스님의 학식이 너무 높고 깊다하여 화두를 주지 않았다고 한다. 깨달음의 경지로 들어가는 데에 있어 많은 지식은 오히려 방해만 될 뿐이기 때문이다.

스님은 정혜사에서 겨울에 불도 지피지 않고 정진을 거듭하다가, 다시 금강산 유점사에서 3년간 용맹정진에 들어갔다.

스님은 스스로 '달마서래의(達摩西來意)?'라는 화두로 참선수행을 했다. 그 후에 만공스님이 그에게 '별전일구(別傳一句)는 재기처(在其處)요'라고 묻는 것을 춘성스님은 우렁찬 목소리로 되받았으나, 만공선사은 이를 수긍치 않았다. 그러나 계속 화두로 삼고 수행하였다.

마지막 동안거 결제일 어느 날 꿈에 만공스님이 그에게 연꽃을 들어 보이는 것을 보고 문득 깨달았다. 그때 나이 50세에 읊은 오도송이다.

滿月靑山無寸樹　　懸崖撤手丈夫兒

만월 청산에 소나무 한 그루 없으니
절벽에 손을 놓으니 대장부구나.

60세 이후 망월사, 강화 보문사 주지 등을 지냈다. 80세까지
망월사 조실로 계셨다.

1977년 8월 22일 의정부 망월사에서 세수 87, 법랍 74세로
입적하였다.

유언에 따라 사리와 재는 서해에 뿌려졌다. 성남시 봉국사에 탑
과 비가 있다.

대안(大安) 선사

心月本是空　　空亦是非空
非空是何物　　劫外春光香

마음 달이 본시 공하였으되
공도 또한 이 공이 아니로다
공이니 아니니 하는 이 물건이 무엇인고?
겁 밖에 봄 광명이 향기롭기도 하여라.

[해설]
　글을 모르고 살았다. 금정산 범어사에서 세상 인연 다하여 열반
당으로 옮길 때 어느 수좌가
　"스님, 이러한 때에 한 말씀해 주시겠습니까?"하였더니
　"무슨 말을 하라 하는가 그대여."하고는 위의 임종게를 읊었다.
　이 임종게를 전해들은 만공스님은 다음의 게송을 붙였다.

生老病死者　　大安之家風
涅槃妙道處　　親是怨讐也

488

혜림향곡(蕙林香谷) 선사

木人嶺上暇玉笛　　石女溪邊示作舞
威音那畔進一步　　歷劫不昧常受用

목인은 고개 위에서 옥피리를 연주하고
석녀는 시냇가에서 춤을 추도다
위음왕불 이전으로 한걸음 나아가라
영원히 밝고 밝아 언제나 수용하리.

[해설]

　향곡스님(1912~1979)은 경북 영일군 신광면에서 불심이 깊은 집안에서 출생했다.

　법명은 혜림(蕙林), 법호는 향곡(香谷)이다. 속성은 김씨.

　1927년(16세)에 출가한 둘째 형님을 만나기 위해 양산의 천성산(千聖山) 내원사(內院寺)에 갔다. 이때 내원사에 계시던 운봉스님을 친견하면서 그 자리에서 출가의 뜻을 세우게 된다. 1929년에 성월(性月)스님을 은사로 사미계, 운봉스님을 계사로 비구계를 수지했다.

　이후 10년간 운봉스님을 시봉하며 정진을 거듭하던 경오년 납월 열사흘 날 문득 느낀 바 있었다. 그때 읊은 것이 다음 송이다.

忽見雨手全體活　　終着機緣總無疑
十年靜座法中臺　　透過威音那邊外
無限乾坤古國裡　　幾度百花鷓鴣啼

문득 두 손으로 전체 삶을 보나니
끝내 의심 없는 기연에 이르렀네
십 년을 정좌함이 법 가운데 자리이다
위음왕 부처님도 그쪽 밖을 지나가나니
무한한 누리는 옛 나라 속에 있고
꽃 속에 자고새는 울며 울며 얼마나 지났던가.

　스님은 1947년 문경 봉암사에서 성철, 청담, 자운, 월산, 혜암, 법전스님 등과 함께 '봉암사 결사'를 했다. 그러던 어느 날 성철 스님으로부터
　"다 죽은 사람을 다시 죽여야 활인(活人)을 볼 것이요, 다 죽은 사람을 다시 살려야 참으로 죽은 사람을 볼 것인데, 그 뜻이 무엇이냐?"는 질문을 받고 무심 삼매에 들어가 21일 동안 침식을 잊고 정진하던 어느 날이었다. 소낙비를 맞으면서 걷다가, 문득 흔들리는 자신의 두 팔을 보고 활연 대오하여 다음의 송을 남겼다.

忽見兩手全體活　　三世佛祖眼中花
千經萬論是何物　　從此佛祖總喪身

鳳巖一笑天古喜　　曦陽數曲萬劫閑
來年便有一輪月　　金風吹處鶴淚新

홀연히 두 손을 보니 전체가 살아났네
삼세의 불조들은 눈 속의 꽃이요

490

천경만론이 모두 무슨 물건이었던고
이로부터 불조들이 모두 몸을 잃었도다.

봉암사의 한 번 웃음 천고의 기쁨이요
희양산 구비 구비 만겁토록 한가롭네
내년에도 또 있겠지 둥글고도 밝은 달
금풍이 부는 곳에 학의 울음 새롭구나.

다음은 1944년 운봉스님으로부터 '향곡(香谷)'이라는 법호와 함께 받은 전법게다.

西來無文印　　無傳亦無受
若離無傳受　　烏兔不同行

서쪽에서 온 형체 없는 진리는
전할 것도 받을 것도 없으니
받고 전하는 이치를 떠나고 보면
까마귀는 날고 토끼는 달리느니라.

향곡스님은 성철스님과 동갑이다. 두 사람은 20대 후반 한창
구도열이 왕성하던 시절 만나 평생을 함께 한 도반이었다.
성철스님은 향곡스님이 열반에 들자
'향곡형을 곡하여(哭香谷兄)'란 글을 남겼다.

哀哀宗門大惡賊　　天上天下能幾人
業緣已盡撒手去　　東家作馬西舍牛

슬프고 또 슬프다. 이 종문의 악한 도적아,

천상천하에 너 같은 놈 몇일런가.
업연이 벌써 다해 훨훨 털고 떠났으니,
동쪽 집에 말이 되든 서쪽 집에 소가 되든.
애닯고 애달프다.

스님의 법맥은 경허 – 혜월혜명 – 운봉성수 – 향곡 – 진제(현재
대구 동화사 조실) 스님으로 이어지고 있다.
1979년 1월 16일, 경남 기장군 월내(月內, 지금은 부산 기장)
에 있는 묘관음사(妙觀音寺)에서 세수 67, 법랍 50세로 열반에 들
었다.

향곡 선사 영전(靈前)에 법제자인 진제 스님은 다음의 게송을
지어 바쳤다.

밝고 밝은 아침 해가 하늘에 비치는 듯
시원스런 맑은 바람 대지에 깔리는 듯
이렇게 해도 옳고 이렇게 안 해도 옳으니
초목와석은 언제나 광명을 놓고 있네.

이렇게 해도 옳지 않고 이렇게 안 해도 옳지 않으니
삼세제불이 삼천 리 밖에 거꾸러짐이로다
애닯다!
밝은 해는 수미산을 감돌고 있고
붉은 안개는 푸른 바다를 꿰뚫었도다.

종대(鍾大) 선사

金剛流落一塵客　　奔走風塵歲月長
如今弄笛歸古路　　無限春風和萬邦

금강산에 살던 나그네
세월만 분주하게 보냈다
이제 피리 불며 옛길 돌아가니
무한 춘풍이 두루하네.

[해설]
　스님(1925~1983(?))의 속성은 김씨.
　금강산 유점사 밀운(密雲)스님을 의지하여 입산하였다.
　유점사 강사를 지냈다. 준제진언을 하여 타심통을 얻기도 하였
다.
　57세로 입적하였다는 설이 있어, 1983년경으로 추측해 본 것
이다.

묵담성우(默潭聲祐) 선사

越彼法界獨尊性　　豈拘生死輪廻相
若人間我來去處　　雲在靑天水在甁

법계를 초월한 법성이야
어찌 생사윤회 상에 걸림이 있으리오
만일 누가 나의 오고 간 곳을 물으면
구름은 맑은 하늘에 있고, 물은 병에 있다 하겠노라.

[해설]

묵담성우(默潭聲祐, 1896~1981)스님은 전남 담양군 수북면에서 태어났다. 법명은 성우(聲祐), 법호는 묵담(默潭)이다.

일찍 부모님을 여의고 11세에 장성 백양사 천경순오(天鏡順旿) 선사에게 출가했다.

36세에 백양사에서 종사(宗師)법계를 받고, 38세에 대종사(大宗師)법계를 받았다. 37세 되던 해 4월, 양주 망월사 선원에서 하안거 중, '뜰 앞의 잣나무(庭前柏樹子)'라는 화두를 참구하다가 뜰 앞의 노송을 보고 깨달음을 읊은 노래다.

靑天雷霆鳴　　天地大擣起
我卽常安閑　　聊與山花笑

푸른 하늘에 천둥소리 울리고
온 천지에 거대한 파도가 일렁이건만
나는 늘 편안하고 한가롭거니
그저 산중에 활짝 핀 꽃과 함께 웃나니.

조계종 제 5대~7대 종정을 지냈다. 태고종이 성립됨에 따라 80세에 제 3~4대 종정을 지냈다.

1981년 1월 13일, '부처님의 계를 스승삼아 공부하되, 스스로 등불을 밝혀 세상을 빛내라'는 말씀과 위의 임종게를 남겼다.

세수 86, 법랍 75세로 좌탈입망 했다.

경봉원광(鏡峰圓光) 선사

야반삼경(夜半三更)에 대문 빗장을 만져 보거라.

[해설]

스님(1891~1982)은 경남 밀양 출신이다. 시호는 원광(圓光), 호는 경봉(鏡峰)이다.

15세에 어머니를 여읜 후, 통도사의 성해(聖海)스님에게 출가하였다.

1908년 3월 통도사에서 청호(淸湖)스님을 계사(戒師)로 사미계(沙彌戒), 1912년 해담(海曇)스님으로부터 비구와 보살계를 받은 뒤, 통도사 불교전문강원에 입학하여 불경연구를 하였다.

하루는 불경을 보다가 '종일토록 남의 보배를 세어도 반 푼 어치의 이익도 없다(終日數 他寶 自無半錢分).'라는 구절에서 큰 느낌을 받고, 참선공부를 시작했다. 내원사(內院寺)의 혜월(慧月)스님을 찾아 법을 물었으나 마음속의 의문을 해결할 수 없었다.

이 때 김천 직지사에서 만난 만봉(萬峰)스님과의 선담(禪談)에 힘입어 통도사 극락암으로 자리를 옮겨 3개월 동안 장좌불와의 정진을 계속했다. 이때 통도사 화엄산림법회(華嚴山林法會)가 있었는데 여기서 철야로 정진하던 중, 4일 만에 오롯한 일원상(一圓相)이 나타나는 경지에 이르렀다.

그러나 번뇌가 완전히 없어지지 않았음을 스스로 점검하고 다시 화두를 들어 정진했다. 1927년 12월 10일 오전 2시 30분, 새벽에 방안의 촛불이 일렁이는 것을 보고 눈앞이 환해지는 것을 깨달았다. 다음의 오도송이다.

我是訪吾物物頭　　目前卽見主人棲
呵呵逢着無疑惑　　優鉢花光法界流

내가 나를 온갖 것에서 찾다가
눈앞에 주인이 깃들었음을 보았네
하하 만나고 나니 의심이 없나니
우담바라 꽃은 법계에 흘러 빛나나니.

18세 때부터 85세까지 67년 동안 매일의 중요한 일을 기록한 일지를 남겼는데, 이 일지에는 당시의 사회상과 한국불교의 변천사를 알 수 있는 귀중한 자료가 남아 있다.
　스님은 글씨뿐 아니라 글 짓는 문장에도 뛰어났다.

　90세까지 법좌에 올라 설법하였는데, 조사어록을 인용하지 않고 자신의 개안(開眼)에 의한 일상어로 설법했다.
　91세 되던 1982년 7월 17일, 명정스님이
　"스님이 가신 뒤 스님을 뵈려면 어떻게 해야 합니까?"는 물음에 "야반삼경(夜半三更)에 대문 빗장을 만져 보거라"는 말을 남기고 원적에 들었다.
　저서로는 법어집인 『법해(法海)』·『속법해(續法海)』와 시조집인 『원광한화(圓光閒話)』, 유묵집인 『선문묵일점(禪門墨一點)』, 서간집인 『화중연화소식(火中蓮花消息)』 등이 있다.

구산수연(九山秀蓮) 선사

滿山霜葉紅於二月花　　物物頭頭大機全彰
生也空死也空　　　　　能仁海印三昧中微笑而逝

온 산의 단풍이 불꽃보다 고우니
삼라만상이 그 바탕을 온통 드러내는구나
생도 공하고 사도 또한 공하니
부처의 해인삼매 중에 미소 지으며 가노라.

[해설]
　스님(1910~1983)은 전북 남원 용성(龍城)에서 태어났다. 진양
소씨(晉陽蘇氏).
　법명은 수련(秀蓮), 법호는 구산(九山)이며, 별호(別號)는 석사자
(石獅子)다.
　모친의 꿈에 밝게 빛나는 큰 별이 품속으로 들어오는 태몽이
있었다고 한다.
　1935년 병으로 신음하던 중, 진주의 한 처사로부터 '본래 청정
한 자성(自性)이거늘 어디에 병이 붙겠는가?'라는 말을 듣고 발심
했다. 그 뒤 백일 천수(千手) 기도를 드린 뒤, 병이 나아 1937년
효봉 스님에게로 출가했다.
　불영산 수도암에서 칠일동안 정진을 하던 중, 밤 9시에 시계의
괘종소리를 듣고 문득 느낀 바 있어 지은 송이다.

一聲呑盡三千界　　時計聲聲長廣舌
狪露這漢九重喝　　金木片片淸淨身

한 번의 짤깍 소리 삼천 대천 세계 다 삼키니
고독한 수행자 아홉 번 '아' 감탄사 발하도다
시계의 째깍 소리, 불법 가르치는 길고 넓은 혀요,
쇠, 나무로 된 시계 부품 법신의 청정한 몸이네.

이 게를 효봉 선사에게 지어 보이자 스님이 전법게를 내렸다.

　1946년 효봉선사를 방장으로 가야총림이 개설되자 해인사에서 지냈다. 그 뒤 스님의 나이 마흔 두 살 때 광양 백운산 상백운암에서 또 한 번 깨달은 바 있어 다음의 송을 남겼다.

深入普賢毛孔裡　　捉敗文殊大地閑
冬至陽生松自綠　　石人駕鶴過靑山

보현의 털 속을 깊이 들어가
문수의 땅에 한가함을 잡나니
동짓달에 볕이 나니 소나무는 스스로 푸르고
돌사람이 학을 타고 청산을 지나네.

　1969년 송광사에 조계총림이 설립되자 초대 방장으로 추대되고, 총림의 후원 단체인 불일회(佛日會)가 창립되어 오늘날까지 전한다.

　1983년 12월 16일, 송광사 삼일암(三日庵) 미소실(微笑室)에서 입적했다.

　저서로는 『칠바라밀(七波羅蜜)』·『석사자(石獅子)』 등이 있다.

혜암현문(慧庵玄門) 선사

行狀衲衣一枝窮　　東走西走走無窮
傍人若問何處走　　天下橫行無不通

누더기 한 벌과 지팡이 하나로
동서를 끝없이 치달렸나니
누가 어디로 달렸느냐 묻는다면
천하를 가로질러 통하지 않은 곳 없었다 하리.

[해설]

스님(1884~1985)은 황해도 백천군 해월면에서 강릉 최씨의 3
대 독자로 출생했다. 법명은 현문(玄門)이며, 법호는 혜암(惠庵)이
다. 만공(滿空)스님의 법을 이어받았다.

모친은 늦게까지 태기가 없던 중 마흔여덟에 스님을 낳았다고
한다. 탄생하던 날 모친의 꿈에 보살님 한 분이 흰 코끼리를 타고
하늘에서 하강하여 꽃과 보배로 장엄한 단 위에 앉아 계시다가
품속에서 감로병 하나를 건네주고 사라졌다 한다.

11세에 부친을 여의고, 경기도 양주군 수락산 흥국사(興國寺)에
입산하여, 15세 때 이보암(李保庵)스님을 은사로 득도했다. 1913
년 성월스님에게 화두를 받고, 그 뒤 만공·혜월·용성스님 등을
모시고 6년간 용맹정진한 뒤에 자성(自性)의 모습을 발견하고 지

500

은 오도송이다.

語默動靜句　　箇中誰敢着
問我動靜離　　卽破器相從

어묵동정 한 마디 글귀를
이 날 가운데 누가 감히 부딪칠 것이냐?
나에게 동정을 여의고 이르는 말을 묻는다면
곧 깨진 그릇은 서로 맞추지 못한다고 하리라.

　그 무렵 속가에 홀로 남은 모친을 모셔 절에서 함께 지냈다. 그
러나 17세 되던 해에 모친마저 타계해, 6년 동안 정처 없이 돌아
다녔다고 한다.
　35세에 만공 스님으로부터 다음의 전법게와 '혜암(慧庵)'이란
법호를 받았다.

雲山無同別　　亦無大家風
如是無文印　　分付惠庵汝

구름과 산은 같지도 다르지도 않고
또한 대가의 가풍도 없구나
이와 같은 글자 없는 인(印)을
혜암 너에게 주노라.

　1984년 말 설립된 덕숭총림(德崇叢林) 초대 방장(方丈)으로 추
대되었다. 1985년 3월 수덕사 염화실에서 세수 101, 법랍 86세
로 입적했다.
　저서로는 『선관법요』 등이 있다.

일우종수(一愚宗壽) 선사

古今大智人　念念知幻身
知幻便離幻　堂堂現本身

七十人間事　一場春夢間
汝曹參此理　坐臥志如山

예나 지금이나 지혜로운 사람조차
생각하면 할수록 허깨비인 것을
허깨비임을 알고 허깨비 속에서 벗어나니
마땅히 본래의 몸이네

칠십년 인간사가
일장춘몽에 지나지 않으니
너의 이치를 깨닫고 나니
마치 앉아 누워 있는 산과 같아지네.

[해설]

　일우종수(1918~1985)스님은 경북 의성군 구천면에서 태어났
다. 법명은 종수(宗壽), 법호는 일우(一愚)다.

　17세(1935년)때 대구 파계사의 벽담(碧潭)스님을 은사로 출가했
다.

1963년 자운성우스님으로부터 계맥을 이어 받은 스님은 종진스님(宗眞, 1940~2019)에게 전수했다.

1947년 봉암사 결사에 참여한 후, 1949년 자운스님이 개원한 통도사 천화율원(千華律院)에서 석암, 일타, 지관스님 등과 함께 율학을 연찬했다. 이로써 경학과 참선수행 그리고 율장에도 깊은 안목을 두루 갖추었다. 그러나 스님은 교학을 벗어나 참선수행을 작심하고 길을 떠났다.

금강산 마하연에서 친견한 만공스님은

"단지 부처될 줄만 알 것이요, 부처가 말을 하지 못할까 걱정하지 말라." 이 말에 '일생을 멍텅구리로 살지언정 말만 따지는 사람이 되지 않겠다.'고 서원했다.

다시 오대산 한암스님을 찾아갔다. 한암스님은

"계로 인하여 정(定)이 생기고 정으로 인하여 혜(慧)가 나온다. 아는 것과 행함이 상응해야 출가수행자라 할 수 있다(因戒生定 因定發慧 解行相應 方名爲僧)"고 했다.

스님은 이 말을 깊이 새겨 담고 대구 동화사 금당의 세존사리탑전에 백일기도에 들어갔다. 하루 한 끼의 공양과 장좌불와로 정진하는 중, 밤중에 사리탑 꼭대기에서 흰색의 서기가 뿜어 나옴을 보고 대신심이 일어 게송을 읊었다.

海東千古月　　江南萬里天
清光無彼此　　欲斷諸存禪

해동의 천고에 밝은 달이
강남의 만 리 하늘에 비치니
그 맑은 빛은 피차가 없으니
이제 제방의 선지를 꿰뚫고 말겠노라.

스님은 온화해 항상 말없이 조용한 모습이었지만, 스스로에게는 서릿발 같은 날카로움과 냉정함으로 다스렸다. 절대 명리를 좇지 않았다. 원칙주의자라 불릴 정도로 부처님 법을 지니고 따르는데 철저했다.

스님이 제자들에게 항상 강조한 말은

"사람은 안팎이 같게 살아야 한다. 특히 수행자는 홀로 있을 때 계행을 더 잘 지켜야 한다. 혼자 있다고 계를 소홀히 해서는 절대 안 된다."

파계사 주지(1964), 의성 고운사 주지를 역임했다.

1985년 10월 10일, 세수 67, 법랍 50년으로 원적에 들었다.

입적 시 상좌가 물었다.

"스님 어찌하면 중노릇 잘 할 수 있습니까"

"여자와 돈에 원수지면 된다."

"나태심이 일어날 때는 어찌하면 됩니까?"

"네 깎은 머리를 쓰다듬어 보거라. 네 머리 깎을 때의 그 첫 마음이 바로 부처님 마음이다."

영암임성(暎巖任性) 선사

法身本無生　　四大元無實
色空無二道　　淸風自去來

법신에는 본시 태어남이 없으니
육신에도 원래 실한 것이 없네
색과 공이 둘이 아니거늘
맑은 바람만이 스스로 오고가네.

[해설]
　스님(1907~1987)은 울산시 울주군 삼남면 출신이다.
　호는 영암(暎巖). 법명은 임성(任性)이다.
　어려서부터 『사서삼경』을 공부하다가 우연히 영가현각 스님의
〈증도가(證道歌)〉 중에 '모든 행이 무상하여 일체가 공하니, 이는
곧 여래의 대원각이로다(諸行無常一切空 卽是如來大圓覺)'이라는
구절을 보고 발심하게 되었다.
　1924년(17세) 양산 통도사에서 주청담(朱靑潭)을 은사로 출가했
다.
　1932년 영암스님은 청담(靑潭)·자운(慈雲)·종묵(宗默)·혜천(慧
天)스님 등과 울진 불영사에서 3년 결사에 들어갔다. 3년 회향일
즈음해 지은 게송이다.

理事本無二　　事事無碍
萬法盡三昧　　樂山樂水去

영암스님의 게송을 듣고 설운(雪耘)스님이 크게 기뻐하며 법을
전수하고 게송을 전했다.

天竺山上月　　佛影照天心
生佛元不二　　暎巖現水月

공사 구별이 엄격하고 청렴결백했다. 언제나 주머니가 둘 달린
옷을 입었다. 오른쪽 주머니에는 공금(公金)을, 왼쪽 주머니에는
사비(私費)를 넣었다고 한다.
월정사에 주석할 당시, 개인적인 일로 강릉에 다녀오는 길에 사
비가 다 떨어졌다. 스님은 공금을 쓰지 않고 대관령을 걸어 넘어
오대산까지 왔다는 일화가 있다.
영암스님은 수행에도 빈틈이 없었다. 평소 생활신조인 '철두철
미'와 '원리원칙'을 그대로 따랐다.

국민훈장 동백장(1984)을 받았으며, 동국역경원장(1979~1987)
에 재임하면서 대장경 및 고전 번역의 공을 남겼다. 두 번의 조계
종 총무원장을 역임했다.

어록으로 『마음 없는 마음』, 유고 법문집 『동쪽 산이 물 위로
간다』가 있다.
스님은 1987년 6월 3일, 회주로 계시던 봉은사에서 입적했다.
세수 80, 법랍 65세다.
스님의 비는 봉은사와 해인사에 있다.

스님은 자신이 돌아갈 때를 느낀 듯, 입적 그 전해 가을에 봉은
사 도량을 거닐다가 남긴 글이다.

偶因經行際　　忽看一葉落
生者必歸滅　　老胡會漏泄

우연히 도량을 거닐다가
홀연히 단풍잎 하나 지는 것 보았네
생긴 것 반드시 멸하는 도리
부처님께서 진작 누설하셨지.

벽안법인(碧眼法印) 선사

靈鷲片雲　　往還無際
忽來忽去　　如是餘時

영축산의 조각구름
오고 감에 때(時)가 없네
홀연히 왔다가 가니
때가 이와 같네.

[해설]

벽안법인(碧眼法印, 1901~1987)스님은 경북 경주시 내남면에서
태어났다. 법호는 벽안(碧眼), 법명은 법인(法印)이다.

35세 때 금강산 마하연에서 당대의 선지식인 석우(石友)스님 회
상에서 정진했다. 그 후, 제방선원을 돌며 화두를 참구하다가 3년
뒤 양산 통도사에서 경봉(鏡峯)스님을 은사로 출가했다. 늦은 나이
에 출가를 했지만 누구보다 치열하게 정진했다.

성품이 청렴결백하고 공사(公私)의 구별에 엄격했다.

스님은 천성산 내원사 선원에서 하안거 정진하던 어느 날, 전신
이 불덩이처럼 열이 났다. 당시 청담스님과 대중들이 "지대방에
가서 쉬라"고 권했지만, 스님은 사양했다. '정진하다 여기서 죽어
도 더 이상 원이 없다'는 생각으로 정진을 멈추지 않았다. 그러나

열은 쉽사리 내리지 않고 머리는 더욱 혼미해지는 것 같았다고
한다. 그렇게 며칠이 흘렀다. 당시 일을 회상한 벽안스님은

"어느 날 갑자기 무엇인가 툭 터지는 폭발음이 들리는 것이었
어. 그런데 불덩이 같았던 몸이 가벼워지면서 마치 구름을 탄 것
처럼, 구름 위에 몸이 둥둥 떠 있는 기분이었지. 막혀있던 것이
몸에서 빠져 나가는 것 같은 느낌이었어. 그 뒤부터 열이 내리고,
몸과 마음이 편안해져서 아무렇지 않았어."

생사를 건 정진으로 새로운 세계를 만났던 것이다.

다음은 오도송이다.

大道元來無繫縛　　玄機何處關形成
九旬磨劍寒霜白　　擊罷祖關各方行

대도는 원래 얽매임이 없으니
현묘한 기틀 어찌 모양에서 찾으랴
구순 안거에 서릿발 같은 지혜의 칼을 가니
조사관을 격파하고 마음대로 노닐리라.

1987년 12월 25일 통도사 적묵당에서 열반에 들었다.
세수 87, 법랍 53세다.

석암혜수(昔嚴慧秀) 선사

回顧八十年　　猶如南柯夢
夢中又說夢　　可笑夢中事

팔십 년 한평생을 회고해보니
마치 남가일몽 같구나
꿈속에서 도 꿈을 말하니
꿈 가운데 일이 가소롭도다.

[해설]
　석암혜수(1911~1987)스님은 경기도 포천에서 태어났다.
　법호는 석암(昔嚴), 법명은 혜수(慧秀)다. 1930년(19세)에 황해
도 구월산 월정사의 한공완허(漢公玩虛)스님을 은사로, 운암(雲庵)
율사를 계사로 수계했다.
　법맥은 경허-혜월혜명(慧月慧明)-석호봉하(昔湖奉何) 선사로부터
이어진다
　덕숭산 정혜선원의 만공스님 회상에서 수행했다. 1942년 어느
날 석암스님이 석호스님에게 물었다.
　"어떤 것이 선의 참된 도리입니까?"
　"입을 열기만 하면 잘못되느니라."하고 돌연히 할(喝)! 했다.

　석암스님은 석호스님의 이 할에 그 자리에서 마음의 눈이 열렸

510

다. 이에 석호스님은 석암스님의 경지를 인가하고 '석암(昔巖)'이라는 당호와 함께 전법게를 내렸다.

汝我本無心　　無傳無受者
無傳無受法　　付與無受者

그대와 내가 본래 무심하니
전해 줄 것도 받을 것도 없으나
전해 줄 것도 받을 것도 없는
법을 주고받을 것 없이 주노라

1951년 범어사 선원에서 수행하던 중, 이 해 통도사에서 자운스님이 개원한 천화율원(千華律院)에서 일타, 지관스님과 오대부율장(五大部律藏) 전서(全書)를 연찬하는데 동참했다.

1965년 범어사 금강계단에서 동산 대종사로부터 전계대화상을 전수했다. 1971년 인재양성을 위해 장학회를 만들고, 1973년 도솔산 내원정사(부산 서구 구덕산)를 창건했다.

1987년 5월 13일 밤 10시 45분 부산 내원정사에서 열반에 들 때, 한 제자가 석암스님에게 물었다.
"어찌하면 중노릇 잘 할 수 있습니까?"
"죽을 때 네가 지금 입고 있는 스님의 옷을 입고 죽을 수 있어야 한다."
법랍 58, 세수 77세다.
저서로 『범망경강설』이 있다.

고암상언(古庵祥彦) 선사

伽倻山色方正濃　　始知從此天下秋
霜降葉落歸根同　　菊味望月照虛空

가야산에 단풍잎이 짙게 물들었으니
이로부터 천하는 가을이로다.
서리 내려 낙엽지면 뿌리로 돌아가지
구월의 보름달은 허공에 빛나느니.

[해설]

　스님(1899~1988)은 경기도 파주에서 태어났다.

　17세 때 불교와의 첫 인연이 시작된 이후, 수행자의 삶을 꿈꾸다가 1916년 가을 서울 종로 대각사에서 용성스님의 『금강경』 법문을 듣고 출가를 결심하게 되었다.

　이듬해 7월 해인사에서 제산(霽山) 스님을 은사로 출가, 해인사에서 용성 스님을 계사로 구족계와 보살계를 받았다.

　천성산 내원사에서 용성선사 지도를 받으며 정진(1938년) 중 깨달음을 얻고 난 뒤의 송이다.

禪定三昧　　亞中日月
凉風吹來　　胞中無事

참선의 깊은 경지
항아리 속 해와 달
시원한 바람 부니
가슴이 후련하네.

용성스님은 다음의 전법게를 내리며 심인을 전했다.

부처와 조사도 원래 알지 못하고
나도 또한 알지 못함이라
운문의 호떡은 둥글고
진주의 무는 길기도 하다.

1952년에 해인사에서 대종사 법계를 품수, 3번의 대한불교조계
종 종정을 역임했다.

청정한 수행의 표본이었던 고암스님은 평생을 자비와 겸손으로
사람들을 불보살 대하듯 했다. 신도들이나 스님들에게 삼배를 받
지 않았다. 평생토록 몸에 배인 하심행(下心行)은 '자비보살의 화
현'이라 불리었다.

1988년 10월 25일 해인사 용탑선원에서 입적했다.

세수 90, 법랍 71세다.

자운성우(慈雲盛祐) 율사

眞性圓明本自空　　光照十方極淸淨
來與淸風逍遙來　　去隨明月自在去

참다운 성품은 둥글고 밝으며 본래 공하여
그 광명 청정하여 온 누리를 밝게 비추나니
올 때는 청풍이 소요하듯 오고
갈 때는 밝은 달을 따라 자재하게 가네.

[해설]

자운성우(1911~1992)대율사는 강원도 평창군 진부면 노동리에
서 태어났다. 일곱 살 때부터 서당에서 『동몽선습』·『사서삼경』 등
을 공부했다.

1926년 16세 때 정초기도를 위해 절에 가는 어머니를 따라 오
대산 상원사에 갔다.

혜운경윤(慧雲敬允)스님으로부터 '세속의 100년 36,000일보다,
출가의 반나절이 더 낫다(百年三萬六千日 不及僧家半日閒).'라는 순
치황제 출가시를 듣고 발심했다.

다음 해인 1927년(17세)출가를 결심하고 상원사 혜운스님을 찾
아가니 스님은 해인사로 떠나고 없었다. 그 길로 다시 해인사로
가서 팔만대장경판전에서 일만 배를 올렸다. 그 해 2월 해인사에
서 혜운스님을 은사로, 남전광언(南泉光彦)화상을 계사로 사미계,

514

1934년 24세에 범어사에서 일봉경념(一鳳敬念, 1863~1936) 율사로부터 비구계를 수지했다.

1935년부터 3년 동안 울진 불영사에서 장좌불와로 용맹정진에 들어갔다. 1938년 도봉산 망월사에서 용성선사로부터 '달마가 서쪽에서 온 깊은 뜻[西來密旨]'에 대해 선문답을 한 다음 오도송을 지어 올렸다.

靑山常運步　　白雲永不動
人踏水底過　　水不着衣裳

푸른 산은 항상 움직이는데
흰 구름은 영원히 움직이지 않네
사람이 물속을 걸어가는데
옷이 물에 젖지 않도다.

용성 스님은 바로 인가하고 의발과 함께 전법게를 내렸다.

1939년 오대산 중대 적멸보궁에서 하루 20시간씩 문수기도 정근을 봉행하던 중, 99일째 되는 날이었다. 푸른 빛 사자를 타고 나타난 문수보살이 나타나 "불교의 중흥을 위해 계율정신을 진작하라"는 계시를 받고, 이후 율장연구를 시작하여 5부 대율을 날마다 서사(書寫), 지송하였다.

1949년 계율 홍포의 원력으로 비구계본(比丘戒本) 1만부·비구니계본(比丘尼戒本) 1만부·사미율의(沙彌律儀) 5천부·사미니율의(沙彌尼律儀) 5천부·범망경(梵網經) 1만부 등, 많은 율전(律典)을 출간 유포하였다.

또 『무량수경』·『아미타경』·『십육관경』·『약사경』·『자비도량참법』 등, 21종에 이르는 경전과 율전의 한글 번역을 하여 출간했다.

1957년 이후, 열반하시는 날까지 하루도 거르지 않고 아미타불 염불 10만 번, 『아미타경』 48편 독송, 아미타불 예경, 1080배 등을 행한 원력보살이시다.

1992년 2월 7일 밤 10시, 해인사 홍제암에서 서쪽을 향해 합장하고 단정히 앉아 '아미타불'의 명호를 칭명하면서 원적에 들었다. 세수 82, 법랍 66세다.

해인사에 행적비와 사리탑이 있다.

퇴옹성철(退翁性徹) 선사

生平欺狂男女群　　彌天罪業過須彌
活陷阿鼻恨萬端　　一輪吐紅掛碧山

한평생 남녀의 무리를 속여서
하늘에 가득한 죄업이 수미산을 지나간다
산 채로 무간지옥에 떨어져 그 한이 만 갈래나 되는데
한 덩이 붉은 해는 푸른 산에 걸렸구나.

[해설]

　스님(1912~1993)은 경남 산청군 단성면에서 태어났다. 호는 퇴옹(退翁), 법명은 성철(性徹).

　어릴 때부터 명민하여 열 살 무렵에 사서삼경 등, 모든 경서를 독파하였다.

　1930년 진주중학을 졸업하고 청소년기부터 동서양의 철학·문학·논리학 등을 탐독하였다. 1932년에 작성된 독서목록을 보면 『철학개론』·『순수이성비판』·『민약론』·『남화경』·『근사록』·『하이네 시집』 등, 80여 권에 이른다.

　1935년경 영가현각(永嘉玄覺)의 『신심명(信心銘)』 중 〈증도가(證道歌)〉를 읽고 마음의 눈이 열려, 지리산의 대원사(大願寺)로 갔다. 거사(居士)의 신분으로 대원사에서 불철주야 정진을 했다. 이런 정진의 구도 열이 출가한 스님 이상이라 주위에서 출가를 권

고했다. 이후, 스스로 다음의 출가시(出家詩)를 짓고 승문에 들었다.

彌天大業紅爐雪　　跨海雄基赫日露
誰人甘死片時夢　　超然獨步萬古眞

하늘에 넘치는 큰일들은 붉은 화롯불에 한 점의 눈송이요
바다를 덮는 큰 기틀이라도 밝은 햇볕에 한 방울 이슬일세
그 누가 잠깐의 꿈속 세상에 꿈을 꾸며 살다가 죽어가랴
만고의 진리를 향해 모든 것 다 버리고 초연히 나 홀로 걸어가노라.

해인사 백련암에서 혜일(慧日)스님을 은사로 출가, 동산(東山)스님으로부터 사미계, 운봉(雲峰)스님으로부터 비구계(1939년)를 수지했다.
1940년(29세) 동화사 금당에서 동안거 중에 깨달음이 있어 다음의 송을 읊었다.

黃河西流崑崙頂　　日月無光大地沈
遽然一笑回首立　　靑山依舊白雲中

황하수 서쪽으로 흘러 곤륜산 정상에 치솟아 올랐으니
해와 달은 빛을 잃고 땅은 꺼져 내리도다
문득 한 번 웃고 머리를 돌려 보니
청산은 그대로 흰 구름 속에 있네.

1965년 문경 김룡사(金龍寺) 하안거 때 처음으로 대중법문으로, 『육조단경』과 『금강경』 및 중도이론을 설법하였다.

1967년에는 해인총림 초대방장으로 취임하였다.

1981년 조계종 제7대 종정으로 추대되었으나 추대식에 참여하는 대신 '산은 산이요, 물은 물이다'란 법어를 세상에 던졌다.

평소 제자들을 직접 지도하면서 '첫째 잠을 적게 자라, 둘째 말하지 마라, 셋째 책을 보지 마라, 넷째 간식하지 마라, 다섯째 돌아다니지 마라'고 당부했다.

저서로는 『선문정로(禪門正路)』·『본지풍광(本地風光)』·『신심명증도가』·『자기를 바로 봅시다』·『돈황본 육조단경』·『영원한 자유』·『백일법문』·『선문정로평석(禪門正路評釋)』 등이 있다.

또 스님의 지도로 『선림고경총서』(전37권)를 번역, 발간했다.

1993년 11월 4일 오전 7시 30분, 해인사 퇴설당에서 "참선 잘하라."는 유훈과 함께 원적에 들었다.

세수 82, 법랍 58세다.

대충(大忠) 선사

煩惱盡處涅槃通　　苦海際時蓮華生
軀殼一末似浮漚　　靈光不滅滿虛空

번뇌 다한 곳에 열반으로 통하네
고해 끝날 때 연꽃 피었구나
이 몸 한갓 물위에 뜬 거품과 같지만
영혼의 빛 불멸하여 허공에 가득하리.

[해설]

　대충(1925~1993) 스님은 1945년(21세) 구인사에서 천태종 중창조인 상월원각 대조사를 은사로 출가했다.

　1960년(36세)에 깨달음을 이루고 상월원각 대조사로부터 인가를 받았다. 1974년 천태종 제2대 종정을 지냈다.

　1993년 10월 구인사에서 원적했다.

　세수 69, 법랍 48세다.

이목서운(二木瑞雲) 선사

無形叩之卽有靈　　三毒火湯過平生
脫却體露還本鄕　　寒月空山屬眞人

형상이 없지만 두드리면 곧 신령스러움이 있고
삼독의 화탕지옥에서 한평생을 지내다
이제 몸을 버리고 고향으로 돌아가니
차가운 달, 빈산이 진리의 몸이로다.

[해설]

　서운(瑞雲, 1903~1995)스님은 경북 칠곡군에서 태어났다.

　호는 이목(二木). 부잣집 아들로 태어난 스님은 일찍 서울의 보
성고보(보성고등학교)에 진학하여 신학문을 배우며, 유교경전과
노장철학에도 통달했다.

　각황사(지금의 조계사) 학생회에 참여하면서 박한영, 한용운스
님 등에게 불교를 배웠다.

　고시에 합격하여 공직자 생활(서울 전매청장)을 하면서 1932년
파계사 성전암에서 금오, 전강스님과 하안거를 마치고 제방선원에
서 정진하는 등, 재가수행을 게을리 하지 않았다. 하지만 6·25
전쟁 때 외동딸을 잃었다. 이 일을 계기로 1950년 11월, 47세라
는 늦은 나이에 생사해탈의 원력을 세운다.

　마곡사에서 제산(霽山)스님을 은사로 입산 득도했다.

파계사 성전암에서 정진을 하던 중, 깨달음의 향기를 다음의 송으로 남겼다.

探貪十年未見花　　眼前紅花花灼灼
山門肅靜天地開　　毘盧遮那門外客

꽃을 찾아 십 년을 방황했으나
이제야 눈앞에 붉은 꽃 타고 있는 것을 보겠네
산속의 고요 속에 천지를 여니
비로자나법신불이 문밖의 손님일세.

1953년 마곡사 대교과정을 졸업하고, 같은 해 직지사에서 대덕 법계를 품수했다.

청담·경산·지효·월하·구산스님과 함께 불교정화운동에 참여했다. 이후 대구 동화사·동학사·봉은사 주지 등, 조계종 총무원장 등을 역임했다.

1983년부터 강화 전등사에 주석하시면서 참선 수행에만 전념했다. 1995년 11월 15일, 법랍 45년, 세수 93세로 입적에 들었다. 공교롭게도 스님은 출가일과 득도일, 열반일이 똑같았다.

『서운선사 법어집』이 있다.

스님이 열반에 드는 날 아침에 일어나 당신의 원적을 예감하고 남긴 게송이다.

人生無常　　世亦無常
今明我去矣　唯者嗚呼
獨自歸去

인생은 무상한 것이다
세상도 역시 무상한 것이다
금명간 나는 떠나가리
아! 누가 나와 함께하리
홀로 본처로 돌아가노라.

일붕(一鵬) 서경보(徐京保)

蛇化登龍一角生　　松潭風雨萬人驚
南城春至魔雲盡　　北嶺夜來禪月明

뱀이 용으로 화하여 뿔 하나가 났는데
송담에는 풍우(風雨)가 일어 만인이 놀라네
남쪽 성(城)에 봄이 오니 마운(魔雲)이 다 없어지고
북쪽 영(嶺)에 밤이 오니 선월(禪月)이 밝아온다.

[해설]

　일붕(一鵬) 서경보(徐京保, 1914~1996) 스님은 제주도 서귀포
출신이다. 1932년(19세) 남제주군 산방굴사(山房窟寺) 혜월(慧月)
스님 문하로 출가했다. 출가 때의 법명은 회암(悔巖)이다.

　1933년 화엄사의 진응(震應)스님에게 수학했다. 1935년 전주
위봉사(威鳳寺)의 춘담(春潭)스님의 법제자가 되면서 '일붕(一鵬)'의
호를 받았다.

　위봉사 강원이 문을 닫으면서 서울 개운사(開運寺) 박한영(朴漢
永)스님의 가르침을 받았다. 일본 유학 후, 동국대 학장을 역임했
다.

　한국 승려박사 1호, 세계 최다 박사학위(71개)소유자, 세계 최
다 저서(677권), 시비(詩碑, 630개) 등으로 등재된 인물로 알려져
있다. 평생을 한국불교를 세계에 알리며 많은 활동을 했다.

화려한 이력은 타의 추종을 불허할 정도다. 그렇지만 그에 대한 평가는 각자에게 맡긴다.

1988년 조계종을 떠나 '대한불교일붕선교종(大韓佛敎一鵬禪敎宗)'을 창종(創宗)했다.

1996년 6월 25일 오전 11시 40분 입적했다.
세수 83, 법랍 64세다.

회광일각(廻光壹覺) 선사

念起念滅卽生死　　無起無滅卽涅槃
古往今來手裏掌　　古往今來手裏掌

생각이 일어나고 생각이 사라짐이 곧 생사요
일어남과 사라짐이 없으면 곧 열반이로다
생사와 열반이 누구로 말미암는 일인가
예로부터 지금까지 손바닥과 손등이니라.

[해설]

　회광일각(廻光壹覺, 1924~1996) 스님은 평안남도 개천군 중남면에서 태어났다. 법명 일각(壹覺). 법호는 회광(廻光).

　교사생활을 하던 중, 나쁜 일을 저지른 학생에게 매를 대다가 '인간 누구에게나 함부로 죄와 잘못을 물을 수 있는가?'라는 근원적인 자기반성을 하게 되면서 출가의 계기가 되었다.

　1947년 지리산 칠불암에서 효봉스님을 은사로 출가했다. 탄허스님을 계사로 사미계를 수지했다.

　송광사 주지, 효봉문도회 회장, 보조사상연구원 총재, 3~4대 조계총림 방장을 역임했다. 평생을 오직 참선수행에 바쳤다.

　평소 참선 수행을 강조한 스님은
　"참선을 하는 시간이 따로 있을 수 없다. 시시각각 하루 스물네 시간, 이틀이면 마흔여덟 시간, 모든 시간이 바로 자신을 비추는 반조의 시간이요, 참선의 시간이 되어야 한다.

　인생살이가 모두 반조의 시간이다. 반찬거리를 사러 가서도, 부부싸움을 하면서도 스스로를 비춰보라. 내가 지금 하고 있는 행위가 무엇인가를 분명히 알지 못하면 한낱 몸뚱이의 움직임일 뿐이고, 그것을 알면 인간의 생명을 가치 있게 이어 나가는 것이라 할 수 있다."

　효봉스님 문하에서 정진 중, 오도송이다.

一擧一投卽禮佛　　言言語語是誦經
若無禮佛誦經時　　閑日樓上一太鐘

　손 한 번 들고 발 한 번 옮기는 것이 곧 부처님 앞에 예배 올리는 것이요
　말 한 마디 한 마디 계속하는 것이 부처님 경전을 외움이 되는 것이다
　만약 그대가 부처님 앞에 예배도 올리지 않고 경전도 외우지 않으면
　한가한 날 누각위에 매달려 있는 하늘보다 더 큰 종을 볼 수 있으리.

　포교에 큰 관심을 두어 불교음악을 태동시키는 큰 역할을 했다
　세계불교도대회에 한국대표로 참가하는 등, 불교의 국제화 및 세계화에 많은 업적을 남겼다.
　1996년 6월 23일 오후 9시 30분, 순천 송광사 삼일암에서 입적했다. 세수 73, 법랍 50세다.

벽성학산(碧城鶴山) 선사

長風八宇霹靂天　　弟兄壎歌團欒筵
秋江霞落法身現　　春芍新開如來親

장풍이 몰아치며 번개 치는 하늘에
아우 형이 노래하는 단란한 자리였네
가을 강에 노을이 지니 법신이 나타나고
봄 작약 새로 피니 여래를 친견하네.

[해설]
　학산(?~1996)스님은 조계종 초대 종정(宗正) 방한암 스님의 법
맥이다. 용성스님의 고향 후배인데 상좌로 받아들였다는 설이 있
다. 그러나 자세한 행적에 대해서는 알 수가 없다.
　다음은 오도송이다.

煩惱妄念頓湯碎　　大地沈下警天動
無人山中無人影　　處處照見唯一人

번뇌 망념이 몰록 사라지니
대지가 꺼지고 하늘은 놀라 움직이고
사람 없는 산중에 사람의 그림자 없는데
가는 곳마다 오직 한 사람만 보이는구나.

보성두석(寶城斗石) 선사

법과 나를 모두 다하니 이것이 멸도너라
남김없이 청정함이 열반심이요
습기와 번뇌가 영원히 생겨나지 않으면
바야흐로 생사대해 고를 건넘이로다.

[해설]
　보성두석(1906~1998) 스님은 함경남도 이원군에서 출생했다.
　법명은 두석(斗石), 법호는 보성(寶城)이다.
　1917년 강원도 건봉사에서 김보련(金寶蓮) 스님을 은사로 득도
했다. 1931년 박한영 스님을 계사로 비구계 및 보살계를 수지했
다.
　한영스님으로부터 '보성(寶城)'이라는 호를 받았다.
　두 번의 태고종 종정(1979, 1994)을 역임했다.

　1998년 7월 서울 봉원사에서 세수 92, 법랍 79세로 입적했다.

인홍(仁弘) 선사

삼세(三世) 불조(佛祖) 가신 길을 나도 가야지
구순 생애 사바의 길 환몽 아님 없도다
일엽편주처럼 두둥실 떠나가는 곳
공중에 둥근 달 밝을 뿐이네.

[해설]

인홍(1908~1997) 스님은 5월 5일 경북 영일군 대송면에서 태어났다.

1941년(34세) 오대산 월정사 지장암 정자(淨慈)스님을 은사로 출가했다. 1945년 서울 선학원에서 동산(東山)스님을 계사로 비구니계를 받았다.

이후 만공스님, 한암스님 회상에서 정진했다.

1949년(42세)에 월내 묘관음사에서 성철스님의 법문을 듣고 지견(知見)이 열렸다. 이후 평생 성철스님의 법과 가르침에 따라 수행, 정진했다.

1957년 울산 언양 가지산(迦智山) 석남사(石南寺) 주지로 취임하여 6.25로 인해 폐허가 된 절을 오늘날 비구니들의 참선도량으로 만들었다. 스님이 열반에 드는 날까지 석남사를 거쳐 간 비구니들이 2천여 명이 넘는다.

성철스님은 평소 인홍스님을 '비구니계의 대들보'라고 표현했다.

스님은 '누워서 편안할 때 지옥고를 받는 중생을 생각하라'는 말을 평생 좌우명으로 삼고, 수행자의 자세에 흐트러짐이 없었다. 성철스님이 '가야산 호랑이'라고 불리는데 반해, 인홍스님은 '가지산 호랑이'라고 불릴 정도로 수행에 엄격했다.

한국비구니교단이 형성되는데 초석을 놓은, 비구니 역사의 산증인이다. 전국비구니회 초대회장을 역임했다.
1997년 4월 14일 석남사에서 입적했다.

스님의 일대기를 엮은 『길 찾아 떠나다』가 있다.

동고문성(東皐汶星) 선사

釋迦降生昨夜夢　　達摩渡江夢見空
若人問我眞消息　　金龍銀蛇殺人中

부처가 이 땅에 온 것은 어젯밤 꿈이요
달마가 건너 온 것은 꿈속의 헛것을 보는 것이니
만약 누가 나에게 참된 것을 묻는다면
금룡과 은뱀이 사람을 죽이고 있는 중이라 하리라.

[해설]

　동고문성(東皐汶星, 1897~1997) 스님은 경북 경주시 노서동에
서 태어났다. 속명은 문성(汶星)이다. 부친과 양산 통도사를 참배
하러 갔다가 저녁예불 소리를 듣고 신심이 생겼다. 11살(1911년)
때 고성 옥천사에서 은사 서응(瑞應)스님에게 출가했다.

　1932년 38세 때 고성 옥천사에서 깨달음을 얻고 다음의 송을
읊었다.

臨發靑山藏香氣　　海底老龍含眞珠
香氣眞珠雖未露　　邊覆三千常放光

청산에 오면 향기는 감추어져 있고

532

바다 속 늙은 용이 여의주를 머금고 있네
비록 향기와 여의주는 드러나지 않지만
삼천대천세계를 두루 덮어 대광명의 수를 놓고 있네.

1947년 고성 옥천사 백련암 선원에서 6년 결사 정진에 들어갔다. 스님은 평소 '바른 말·바른 뜻·바른 일'의 '3정운동(三淨運動)'을 펼쳤다.

부산 관음정사에 오래 주석하셨다. 방 앞에 '은둔실(隱遁室)'이라는, 손수 쓴 편액을 걸어놓고 그곳에서 여생을 보냈다.

1997년 부산 관음정사 은둔실에서 입적했다.

세수 100, 법랍 86세다.

스님의 부도와 비는 양산 통도사에 있다. 제자로 수진스님이 있다.

성림월산(聖林月山) 선사

廻廻一生　　未移一步
本來其位　　天地以前

일생을 돌고 돌았으나
한 걸음도 옮긴 바 없나니
본래 그 자리는
하늘땅보다 먼저이니라.

[해설]

성림월산(聖林月山, 1913~1997)스님은 함경남도 신흥군에서 태어났다. 속성은 최(崔)씨.

부친을 여읜 후, 1943년 석왕사 안광스님의 소개로 상원사 금초스님을 만나게 된다. 그 인연으로 1944년 망월사를 찾아 당시의 고승인 금오(金烏)문하에서 출가하였다.

이듬해 만공(滿空)스님을 찾아가 공양주로 한 철을 지내면서 '이뭣고' 화두를 받았다. 이후 문경 봉암사에서 향곡·성철·보문·청담·자운 스님 등과 봉암사 결사 수행을 하였다.

금오선사에게서 전법(傳法)의 인가를 받았다. 금오스님은 입적 직전, 문도 제자들에게 오른쪽 손바닥을 보였다고 하는데, 이때 월산스님이 일어나 다음의 게송을 읊었다고 한다.

忽覺本來事　佛祖在何處
肚裏藏乾坤　轉身獅子吼
不立
不捨
不休

문득 본래사를 깨달으니
부처님과 조사는 어디 계신가
뱃속에 누리를 감추었나니
몸을 돌려 사자후를 하리라
세우지도 말고
버리지도 말고
쉬지도 말라.

1968년 금오스님이 입적할 당시 "모든 일은 월산에게 부촉하노라"며 법을 전했다. 경허-만공-보월-금오-월산스님으로 이어진다.

조계종 총무원장을 두 차례(1968년, 1978년) 지냈다.
1974년부터 불국사의 주지를 맡아 강원, 선원 등을 개설하여 수행도량의 위상을 회복하는데 크게 기여하였다.
20여 년 이상 주석하던 불국선원 염화실에서 입적했다.
세수 86, 법랍 55세다.

『월산선사법어집(月山禪師法語集)』이 있다.

일옹혜각(一翁慧覺) 선사

갈려니 섭섭하고 있으려니 괴롭다.

[해설]

스님(1905~1998)은 황해도 신천 출신이다.

법호는 '일옹(一翁)'이다. 어릴 때부터 남달랐다고 한다. 단청문양을 유심히 들여다보고 나서는 정성스럽게 그려 어른들에게 보여주곤 했다.

1920년 15살의 나이로 당대의 강백 회명(晦明)스님에게 출가했다. 1938년 강화 전등사에서 대련(大蓮)스님을 계사로 비구계를 받았다. 1950년 통도사에서 구하(九河)스님으로부터 '일옹(一翁)'이라는 법호를 받았다.

혜각 스님은 당시 단청의 1인자로 불리던 화응(華應) 대화상의 문하생으로 입문해 단청의 화업을 익혔다. 이후 12종 기법의 창작문양을 개발, 독보적인 명성을 떨쳤다.

1992년 중요무형문화재 48호로 지정받은 단청장 기능 보유자다. 지금 단청을 하는 사람들은 혜각스님의 영향을 받지 않은 사람은 아무도 없다.

혜각 스님은 단청뿐만 아니라 수행자의 위의(威儀)에도 한 점 흐트러짐이 없었다. 말보다는 행(行)을 위주로 했다. 제자들로부터 평소에는 '자비보살' 또는 '나한'으로 불렸지만, 계율에서 어긋난 일을 하면 용서하지 않았다.

30년간 혜각스님을 시봉한 상좌 동원(東園)스님 또한 중요무형문화재 단청장 보유자이다.

혜각 스님은 단청하는 일을 소중하게 생각했다. '법당을 여법하게 장엄하는 것도 수행자의 중요한 소임'이라는 생각을 한시도 잊지 않고, 세연을 다하는 날까지 붓을 놓지 않았다.

89세 되던 해, 임종을 위해 금식을 하다가 '다시 생각할 것이 있다'며 생을 이어가다 1998년 1월 2일 오전 8시 20분, 통도사 사명암에서 입적에 들었다. 세수 94, 법랍 78세다.

혜춘(慧春) 선사

如是來   如是去
來去一如   淸風萬里

이렇게 왔다가
이렇게 가는가
오고감이 하나일새
청풍은 만리로다.

[해설]

　스님(1919~1998)은 함경남도 북청에서 태어났다.

　1951년 해인사 약수암에서 창호스님을 은사로 출가, 1961년
자운선사를 계사로 비구니계를 수지했다.

　1972년 해인사 보현암을 창건, 비구니선원을 개설했다.

　전국 비구니회를 창립하여 회장(1985~1995)과 목동 청소년회
관 관장을 역임했다.

　국민훈장모란장(1988년)을 받았다.

　1998년 11월 6일 해인사 보현암에서 입적했다.

　세수 80, 법랍 48세다

동곡일타(東谷日陀) 선사

一天白日露眞心　　萬里淸風彈古琴
生死涅槃曾是夢　　山高海闊不相侵

하늘의 밝은 해가 참 마음 드러내니,
만 리의 맑은 바람 옛 거문고 타는구나
생사열반 이 모두가 오히려 꿈이러니
산은 높고 바다 넓어 서로 침범하지 않네.

[해설]

　스님(1929~1999)은 충남 공주에서 출생했다.

　법호는 동곡(東谷) 또는 삼여자(三餘子). 법명은 일타(日陀).

　1942년 양산 통도사에서 윤고경 스님을 은사로 출가, 자운스님을 계사로 비구계를 받았다.

　스님의 큰외삼촌 법안(法眼, 1902~1955) 스님을 시작으로 친가 · 외가 모두 41명이 출가했다.

　해인사 해인총림 율주(1965년) 및 해인사 주지(1984년), 은해사 조실(1996년)을 지냈다.

　1993년 이후 대한불교 조계종 단일계단 전계대화상 역임.

　1955년 오대산 적멸보궁에서 7일간 삼천 배 기도를 올린 후, 자신의 오른손 네 마디를 태우는 연지공양을 단행했다. 연지공양으로 정진에 힘을 얻은 스님은 1956년 태백산 도솔암에서 6년간 정진에 들어갔다. 그때 읊은 오도송이다.

頓忘一夜過　時空何所有
開門花笑來　光明滿天地

몰록 하룻밤을 잊고 지냈으니
시간과 공간은 어디에 있는가
문을 여니 꽃이 웃으며 다가오고
광명이 천지에 가득 넘치는구나.

스님은 그 후로도 장좌불와 오후불식을 하며 용맹 정진했다. 다음은 스님의 어머니 성호(性浩) 비구니의 오도송이다.

假使百千劫　所作業不亡
因緣來遇時　果報難免矣

가히 백천 겁이 지나더라도
한 번 지어놓은 업은 없어지지 않나니
언젠가 인연이 닥쳐오면
그 과보를 면할 수가 없느니라.

　대구 동화사 내원암 불사를 위해 소달구지에 짐을 가득 싣고 가는데, 끈을 제대로 묶지 않아 짐이 떨어지면서 어머니의 발등위로 바퀴가 지나갔다. 잠깐 기절하는 바로 그 찰나에 닭 한 마리가 날개를 퍼덕거리며 달아나는 것을 보았다.
　오래전, 시아버지 점심상을 차리는데 부엌으로 닭 한 마리가 들어왔다. 닭을 쫓기 위해 아무 생각 없이 부지깽이를 던졌는데, 그만 닭다리에 맞아 다리가 부러졌다.

닭은 부러진 다리로 퍼덕거리며 밖으로 나갔다. 그런데 바퀴에 깔려 기절하는 순간, 닭 한 마리가 달아나는 것을 본 것이다. 어머니는 직감적으로 '그 때의 닭이 죽어서 지금의 저 소가 되어 악연을 갚는 것'임을 느끼고 읊은 송이다.

1999년 11월 29일 오후 9시 하와이 와불산 금강굴에서 입적했다. 세수 71세, 법랍 58세다.

『범망경 보살계』 전 5권과 『기도』 등의 많은 저서와 그림·도자기·글씨 등을 남겼다.

광덕(光德) 선사

울려서 법계를 진동하여 철위산(鐵圍山)이 밝아지고
잠잠해서 겁전(劫前) 봄소식이 겁후(劫後)에 찬란해라
일찍이 형상으로 몰형상(沒形相)을 떨쳤으니
금정산(金井山)이 당당하여 그의 소리 영원하리.

[해설]

 광덕(1927~1999)스님은 경기도 화성에서 태어났다.

 처음 처사의 신분으로 수행을 하다가 1952년 범어사에서 동산 스님을 계사로 사미계를 받았다.

 원래부터 병약한 몸이라 선방에도 들어가지 못하고 범어사 열반당에서 혼자 정진을 늦추지 않았다. 서른이 되던 해, 구족계를 받고, 삶의 대전환을 위해 운수(雲水)의 길에 올랐다.

 '꿈도 아니고 생각도 아닐 때, 나는 무엇이냐?'라는 이 화두를 두고 몸을 돌보지 않는 참구를 계속했다.

 금정산에서 정진에 정진을 거듭하던 어느 해 봄날, 마루턱에 앉아 앞산을 바라보던 중 문득 경계가 열리는 것을 느꼈다.

 주관과 객관을 초월한 우주 삼라만상과 합일하는 세계, 머리와 꼬리가 없는 방망이로 허공의 뼈대를 내리쳐 부수는 경계에 이르렀다고 했다. 감흥에 젖어 지은 것이 바로 다음의 「한마음 헌장」이다.

마음, 마음, 마음 한마음
한마음은
마음이 아니다
관념이 아니다
생각이 아니다
하나이거나 둘이거나 수가 아니다
유도 아니며 무도 아니며
유무(有無) 초월의 유이거나 무도 아니다
일체 초월의 진무(眞無)도 아니다

아침 해
바다에 솟아 오른 찬란
억겁의 암흑이 찰나에 무너지고
광명 찬란
광명 찬란
광명만이 눈부시게 부서지는 광명만의 세계…

생명
궁겁을 꿰뚫는 생명
우주를 덮고
유무에 사무친 생명
피고 무성하고 낙엽지고
몇 만 번을 반복하고
우주가 생성하고 머물고 허물어지고
다시 티끌조차 있고 없고

그는
유무에, 생성에, 변멸에, 괴공(壞空)에 무관한
영원한 생명.

평소 『열반경』에 나오는 구절, '청빈하게 계율을 잘 지켜서 게으르지 말고 부지런히 수행하라(淸淨莫放逸)'는 이 글귀를 절 안 기둥이나 벽, 심지어 부엌의 부뚜막에까지 써 붙여놓고 정진하는 삶을 강조했다.

1974년 9월 불광회(佛光會)를 창립하고, 월간 「불광(佛光)」 창간, 불교의례의식을 한글화, 경전 번역, 20여 편의 찬불가 작시, 불광사 대중법회 등을 통해 부처님의 가르침을 통해 대중을 일깨웠다.

법상에 오르거나 좌선에 들어 있지 않은 시간은 모두 저술을 위해 바쳤다.

저서로 『삶의 빛을 찾아서』·『메아리 없는 골짜기』·『반야심경강의』·『보현행원품강의』·『선관책진』·『육조단경』·『무문관』을 비롯하여 20여 종이 있다.

1999년 2월 27일 오후 2시 5분 범어사에서 입적했다.
세수 72, 법랍 49세다.

정행(淨行) 선사

如是來如是去兮　　百年生涯剎那間
萬里長天一樣色　　靑山不動白雲流

이렇게 왔다 이렇게 감이여
백년의 생애가 한 순간이로다
끝없는 하늘은 늘 같은 빛이요
청산은 그대론데 흰 구름만 흐르네.

[해설]

정행(1902~2000)스님은 경남 함안군 대산면에서 태어났다.

9살 때, 형님(성문스님)이 있는 해인사 삼선암으로 이모(수만스님), 이종사촌(오전(悟田))스님과 함께 성학스님을 은사로 출가했다.

스무 살 때 백용성스님으로부터 비구니계를 수지했다. 21세 되던 해, 『화엄경』 80권과 『법화경』 7권을 사경했다. 출가 후 35년간 은사스님 시봉을 한 일은 지금도 전설처럼 남아있다.

1981년 조계종에 전국 단일계단이 설립되자 비구니 별소 계단의 전계대화상으로 추대되어 1991년까지 총 10회 동안 9회에 걸쳐 비구니계 수계를 주도했다.

2000년 4월 15일 해인사 삼선암에서 입적했다.

세수 99, 법랍 90세다

운경기홍(雲鏡基弘) 선사

幻海九十年　　回頭事堪笑
今朝撤手盡　　大千光爍爍

허깨비로 살아온 지 구십년
뒤 돌아보니 우습구나
오늘 아침 모두 다 털고 나니
대천세계에 한 줄기 빛이로다.

[해설]

스님(1904~2000)은 충남 서산에서 출생했다. 법호는 운경(雲鏡), 법명은 기홍(基弘)이다.

일찍 부모를 여의고 15살 때 태오(泰悟)스님을 은사로 봉선사로 출가, 해인사에서 용성(龍城)스님을 계사로 비구계를 수지했다.

한때 '조선민족 해방 협동당'이라는 독립운동단체에 가입하여 독립운동을 하다가 일본경찰에 체포되어 옥고를 치르기도 했다.

만공스님으로부터 '무(無)'자 화두를 받아 해인사에서 수행했다.

사형(師兄)인 운허(耘虛, 1892~1980)스님과 함께 6·25 당시 완전히 불타버린 봉선사를 다시 중창해 오늘의 포교도량으로 만들었다. 광동학원을 설립하여 출가자와 재가자들의 포교에도 앞장섰다. 이후 대중포교를 위해 불교박물관, 종합교육관, 종합복지관들을 건립하여 본격적인 포교에 나섰다.

스님은 평소 "참선할 때는 화두만 챙기고, 염불할 때는 염불만, 경을 볼 때는 경만을 보아야 하며, 당처(當處)에서 자기 할 일을 열심히 하여 어느 때라도 부처님의 마음을 놓치지 말아야 한다."는 말씀을 강조하셨다.

스님의 오도송이다.

春色無高下　　花枝自長短

봄빛은 높고 낮음이 없는데
꽃가지는 스스로 길고 짧다.

2000년 2월 27일 밤 8시 20분 봉선사 다경실에서 세수 96, 법랍 81세로 열반에 들었다.

삼광비룡(三光飛龍) 선사

來與白雲來　　去隨明月去
去來一主人　　畢竟人道生

흰 구름이 오듯 더불어 와서
밝은 달이 가듯 따라서 가네
한 주인의 가고 옴이
필경 도인의 삶이라.

[해설]

　삼광비룡(三光飛龍, 1901~2000) 스님은 개성의 명문가에서 태어났다. 청년시절엔 도교에 관심이 많았다. 우연히 강원도 인제의 한 사찰에서 한암스님의 법문을 듣고 불교에 관심을 두게 되었다. 그 후 한암스님이 있던 오대산으로 가 수행을 시작했다.

　어느 날 탄허스님이 들려준 금강경 사구게 '무릇 모든 사물은 무상한 것이다. 만약 모든 사물이 진실이 아님을 본다면 여래를 보게 되리라(凡所有相 皆是虛妄 若見諸相非相卽見如來)'를 듣고 홀연히 출가를 결심했다. 그때 스님의 나이 22살이었다.

　이후 한암스님의 문하에서 수행정진에 들어갔다.
　'공부를 제대로 하지 않으면 쌀 한 톨도 먹지 말라'는 스님의 가르침에 따라 때로는 솔잎을 갈아 생식을 하기도 했다. 생식은 몸과 마음을 가볍게 해 마음속의 음심(淫心)과 탐욕을 버리기 위해서였다고 한다.

"중은 바리때 하나만 있으면 되고 옷은 누더기여도 돼. 좋은 옷은 사치라."며 여든 넘어 까지 손수 해진 옷을 기워 입었다.

1958년 제주 한라산에 천왕사(天王寺)를 창건했다.

"중이 공부를 하는 데 있어 일념으로 하되 반드시 계(戒)를 지켜야만 하며 이를 실천하여야 정(定)을 닦을 수 있고, 정을 닦아야 선정(禪定)에 들 수 있으며, 선정에 들어야 생사를 뛰어 넘어 해탈자재(解脫自在)할 수 있다."고 강조하셨다.

특히 신도들에게는 스님들이 지켜야 할 중대한 네 가지 죄인 '사바라이(四波羅夷: 음행, 도둑질, 살인, 거짓말)'를 강조했다.

2000년 1월 28일 오후, 월정사에서 입적했다.
세수 100, 법랍 73세다.

진공탄성(眞空呑星) 선사

山色人我相　流水是非聲
山色水聲離　聲啞居平生

산 빛은 인아상이요
흐르는 물은 시비의 소리이나니
산 빛과 물소리를 여의면
보고 듣되 벙어리로 평생을 살리라.

[해설]

　진공탄성(眞空呑星, 1930~2000) 스님은 충북 보은 출생이다. 44년 공주 갑사에서 금오스님 은사로 득도, 55년 범어사에서 고암 스님을 계사로 비구계를 수지했다.

　1944년(17살) 어머니를 따라 계룡산 신원사에 갔다가 젊은 스님들이 열심히 공부하는 것을 보았다. 우연히 들은 『초발심자경문』의 '삼일 동안 닦은 마음은 천년에 길이 남을 보배요, 백년 동안 탐한 물질은 하루아침의 티끌(三日修心 千在寶 百年貪物 一朝塵)'이라는 구절에 끌려 출가를 결심하게 됐다.

　스물한 살 되던 해 가을, 갑사 중사자암에서 금오 스님을 처음 뵙고 행자생활을 하다가, 이듬해 봄 금오 스님을 은사로 수계를 했다. 금오스님은 "참선을 하여 마음을 깨쳐야 생사해탈을 할 수 있다"며 경전공부보다는 참선공부를 강조했다. 즉 '경을 경으로 안 보고, 경을 글로 보면 안 된다"는 의미였던 것이다. 금오스님은 경전의 문자풀이에나 얽매이고 뜻에만 집착해 아상만 짓는 것은 수행에 아무런 도움이 안 되니, 아예 문자를 가까이 못하게 하셨던 것이다.

법주사 주지(1976년~1982년)및 조계종 중앙종회의원을 역임했다.

금오스님의 가르침은 첫째도 참선, 둘째도 참선, 셋째도 참선이었다. 한번은 금오스님께 물었다.

"참선만 해야 하는 까닭은 어디에 있습니까?"

금오스님은

"여기 한 사람이 방안에 들어 앉아 종이 위에다 금강산 이름을 천 번 쓰고, 천 번을 외웠다고 치자. 금강산에 단 한 번도 가본 일이 없다고 하면 과연 그 사람이 금강산을 잘 안다고 할 수 있겠느냐. 그렇듯이 법문 많이 듣고 경전 많이 읽어도 스스로 행하지 않으면 이익 없다"고 하셨다.

2000년 6월 8일 오후 4시, 괴산 공림사 감인선원 선심당에서 입적했다. 세수 71, 법랍 47세다

벽파동주(碧坡東州) 선사

生死如是　　死生如是
畢竟如何　　昨夜月色寒
今朝霜滿天

삶이란 이와 같고
죽음 또한 이와 같으니
필경에는 어떠할까
지난 밤 달빛은 차가운데
오늘 아침 서리가 저 하늘에 가득하네.

[해설]
　벽파(1939~2001)스님은 충남 아산 출신이다.
　법호는 동주(東州).
　1959년 불국사에서 제운(齊雲)스님을 은사로 출가하여, 동산스님에게 입실하여 '동주(東州)'라는 법호를 받았다.

　출가 전 경봉스님이 계시던 극락암에서 공부를 했다. 그때 경봉스님으로부터 "너는 서울서 오기 전에 어디서 왔느냐?"는 물음에 깨달음이 있어 출가를 결심하게 되었다.
　이후 줄곧 경남과 부산지역에서 수행을 하며 지역불교발전에 크게 이바지하였다.

스님은 범어사 주지, 총무원 기획실장, 학교법인 원효학원 이사장 등을 역임했으며 보현장학회를 설립했다.

스님의 평소 성품은 '청렴결백하여 의(義) 아닌 것에 몸을 굽히지 않고, 이(理)와 사(事)에 원융하고 자리에 연연하지 않는 스님'으로 알려져 있다. 항상 과묵했다.

평소 강조하는 말은

"순리대로 살아라. 도를 닦는다 해도 경우와 순리에 어긋나면 안 된다. 이치에 맞게 사는 사람이 도인이다."

이는 '매사를 물 흐르듯, 바람에 구름 가듯' 살라는 말일 것이다.

스님은 2001년 8월 10일(음력), 범어사 금강암에서 열반에 들었다. 세수 63, 법랍 42세다. 범어사에 부도탑과 비가 있다.

서옹석호(西翁石虎) 선사

臨濟一喝失正眼　　德山一棒別傳斷
恁麽來恁麽去　　白鶴高峯月輪滿

임제의 한 할은 정안을 잃어버리고
덕산의 한 방은 별전지가 끊어지도다.
이렇게 와서 이렇게 가니
백학의 높은 봉에 달의 바퀴가 가득하도다.

雲門日永無人至　　白巖山頂雪紛紛
一飛白鶴千年寂　　細細松風送紫霞

운문의 해는 긴데 이르는 사람 없고
백암 산정에 눈발이 분분하네.
한 번 백학이 나니 천년 동안 고요하고
부드러운 솔바람 붉은 노을을 보내나니.

[해설]
　스님(1912~2003)은 충남 논산에서 태어났다.
　법호는 석호(石虎). 양정고보에 다니던 열일곱 살 때 어머니와
할아버지가 한 해에 돌아가신 데 절망하다가 마하트마 간디 자서
전을 읽으며 불교와 접하게 됐다.

1932년 양정고보를 졸업하던 해에 백양사에서 만암 스님을 은사로 출가했다.

스님은 오대산 상원사 한암 스님 문하에서 본격적 참선 수행을 시작했다. 1962년 동국대 대학선원장을 시작으로, 천축사 무문관, 동화사, 봉암사 등의 조실로 수좌들을 지도했다.

스님은 늘 수좌들에게 "수행에는 여러 가지가 있지만 화두를 들고 정진하는 게 가장 간단하고 병폐도 없다"며 참선의 중요성을 강조했다.

스님은 1967년 어느 날 백양사 쌍계루 아래 돌다리 사이로 흐르는 물살을 보고 오도송을 읊었다.

象王嚬呻獅子吼　　閃電光中辨邪正
淸風凜凜拂乾坤　　倒騎白岳出重關

상왕은 위엄을 떨치며 소리치고 사자는 울부짖으니
번쩍이는 번갯불 가운데서 사와 정을 분별하도다.
맑은 바람이 늠름하여 하늘과 땅을 떨치는데
백악산을 거꾸로 타고 겹겹의 관문을 벗어나도다.

만암스님이 인가를 하며 '석호(石虎)'라는 법호와 함께 내린 전법게다.

白岩山上一猛虎　　深夜橫行夜殺人
颯颯淸風飛哮吼　　秋天皎月冷霜輪

백암산 위 한 사나운 범이
한밤중에 돌아다니며 사람을 다 물어 죽이네
삽삽한 맑은 바람 일으켜 날며 울부짖으니

가을 하늘 밝은 달빛은 서릿발처럼 차갑다.

특히 말년에 "종교적 생명력이란 허무한 인간을 극복하고 초월하여 자기 밑바닥에 있는 참다운 인간으로 되돌아가는 것"이라며 백양사에 참사람 수련원을 개설하는 등, '참사람 운동'을 펼쳤다.

74~78년 조계종 5대 종정 재임 때 '부처님 오신 날'이 공휴일로 제정된 것을 큰 보람으로 여겼다. 96년부터는 고불총림 백양사 방장으로 후학들을 지도했다.

스님은 임종 직전까지도 오랫동안 시중을 들어온 시자 스님과 선문답을 주고받았다. 2003년 12월 13일, 스님은 이날도 평소와 다름없이 아침 죽 공양을 하고, 오후에는 상좌 스님들과 법담을 나누며 후학들의 정진을 격려했다.

저녁에 "이제 가야겠다."고 말한 뒤, 백양사 설선당(說禪堂) 염화실에서 좌탈입망한 자세로 원적에 들었다.

저서로 『임제록』·『선과 현대문명』, 법어집으로는 『절대현재의 참사람』 등이 있다.

혜은법홍(慧隱法弘) 선사

一念成四大　　因緣聚霧散
心識本來空　　日月澄淸明

한 생각이 사대를 형성하니
인연 따라 모였다 안개처럼 흩어지누나
마음과 생각은 본래 공하니
해와 달이 맑고 밝도다.

[해설]

　스님(1915~2003)은 서울에서 태어났다.

　15살 때 안양 삼막사에서 출가했다.

　1940년 일본 동경 입정(立正)대학 종교과를 수료했다. 1950년
한국전쟁 중에는 해인사 원주로 있으면서 북한군이 시도한 팔만
대장경 반출을 끝까지 수호하였다.

　1962년 원효종 초대 총무원장을 시작으로 일본 보림사 주지,
1997년부터 입적 때까지 한국불교 원효종 제2대 종정을 지냈다.

　1951년부터 금수사(金水寺)에 주석하면서 시자를 두지 않고 손
수 빨래를 하는 등, 청정 계행을 지켜왔다.

　3월 10일 부산 동구 초량동 한국불교원효종의 총본산인 금수사
에서 입적했다.

노천월하(老天月下) 선사

一物脫根塵　　頭頭顯法身
莫論去與住　　處處盡吾家

한 물건이 이 육신을 벗어나니
두두물물 모두 법신을 나투네
가고 머뭄을 논하지 말라
곳곳이 나의 집이나니.

[해설]

노천월하(1915~2003) 스님은 충남 부여군에서 태어났다.

법호는 노천(老天), 법명은 월하(月下)다.

한학을 배워 12세가 되기 전에 『사서삼경』을 이미 마쳐 칭찬이
자자했다. 18세(1933년)때 평소 가보고 싶었던 금강산 유람에 들
어간다. 유점사에 도착, 저녁의 장엄한 법고소리와 은은한 목탁소
리에 자신도 모르게 빠져들어 며칠 뒤 출가를 결심한다.

유점사에서 차성환 화상을 계사로 사미계를 받았다. 부친과 형
님이 세 번이나 절에 찾아왔으나 결코 흔들리지 않았다.

1940년 통도사에서 비구계를 받고 난 후, 구하대선사를 만나
그의 제자가 되었다.

다음은 구하대종사께서 월하스님에게 내린 전법게다.

558

靈鷲山中一莖樹　　花開天地未分前
此花不管靑黃白　　劫外春光不變緣

영축산 가운데 한 줄기 매화가 있어
천지가 나뉘기도 전에 꽃이 피었구나
이 꽃은 청·황·백·색도 아니니
겁 밖의 봄빛은 변하지 않는 인연이라네.

오대산 방한암 선사 회상에서 몇 차례의 안거 후, 천성산 내원
사에서 용맹정진을 통해 깨달음을 얻고 게송을 읊었다.

本明解月潛水中　　無生滅處見有無
無心去來西童用　　無一影處顯示行

본래 신령스런 달빛이 물속에 잠겨있다
생사 없는 곳에 유무(有無)를 보아라
마음을 비우고 오고감을 자유롭게 하면 정토의 마음을 쓸 것이
다
그림자 없는 곳에서도 밝은 달은 항상 떠 있다.

제9대 종정 및 영축총림통도사 방장을 지냈다.
2003년 12월 4일 오전 9시 15분, 영축총림 통도사 정변전에
서 입적했다. 세수 89, 법랍 71세다.

서암홍근(西庵鴻根) 선사

달리 할 말이 없다. 정 누가 물으면 그 노장 그렇게 살다가 그렇게 갔다고 해라. 그게 내 열반송이다.

[해설]
　스님(1917~2003) 경북 안동군 녹전면에서 태어났다.
　법호는 서암(西庵), 법명은 홍근(鴻根)이다.

　스님이 입적하실 때 시자가 물었다.
　"스님께서 입적하시고 나서 사람들이 스님의 열반송을 물으면 어떻게 할까요?"
　"나는 그런 거 없다."
　"그래도 한 평생 사시고 남기실 말씀이 없습니까?"
　"할 말 없다."
　"그래도 누가 물으면 뭐라고 답할까요?"하니 위의 말씀을 남겼다.

　스님은 한학과 신학문을 함께 수학했다. 1932년(16세) 경북 예천 서악사(西嶽寺)로 출가, 1935년 문경 김룡사(金龍寺)에서 화산(華山)스님을 은사로, 1937년 김룡사에서 금오(金烏)선사를 계사로 비구계를 수지했다.
　1938년 김룡사 강원을 졸업하고 독학으로 일본대 종교학과 입학, 그러나 폐결핵 말기 진단을 받고 귀국했다.

'이제부터 생사의 근본도리를 놓치지 않으리라'고 다짐하고 김룡사 선원에 안거, 1944년 금강산 마하연, 대승사(大乘寺) 바위굴에서 성철, 청담스님과 정진했다.

1946년(30세) 계룡산 나한굴에서 단식하며 용맹정진 도중 삶과 죽음의 경계마저 한갓 공허한 그림자처럼 사라졌다고 한다.

훗날 어느 스님이 물었다.

"스님은 이때 '나고 죽는 것이 없는 것을 깨달으셨다'고 했는데 오도송을 읊으셨습니까?"하고 물었다.

스님의 대답은

"오도송인지 육도송인지 그런 거 없어."

조계종 총무원장과 조계종 종정을 역임했다.

2003년 3월 29일 오전 7시 40분경, 20여 년간 조실로 주석해 온 문경 봉암사 염화실에서 원적에 들었다.

세수 85, 법랍 68세다.

청화(淸華) 선사

此世他世間　　去來不相關
蒙恩大千界　　報恩恨細澗

이 세상 저 세상
오고감을 상관치 않으나,
은혜 입은 것이 대천계만큼 큰데
은혜를 갚는 것은 작은 시내 같음을 한스러워 할 뿐이네.

幻軀八十年　　回憶思萬端
永劫皆空寂　　何有是與非

허깨비 같은 몸을 이끈 지 80년
돌이켜 살펴보니 만감이 교차하도다
무량한 세월이 모두 비어 분별할 것 없으니
어디에 옳고 그름 붙을 자리 있을 것인가.

[해설]

　청화스님(1923~2003)은 전남 무안 망운면 출신이다. 1947년
(24세)에 백양사 운문암에서 금타(金陀, 1898~1948)화상을 은사
로 출가했다. 금타스님은 만암스님의 제자다.

　스님은 불법을 바르게 익히고 이를 실천하기 위한 일념으로 50

여 년 동안 하루 한 끼, 장좌불와, 묵언, 단식 등의 수행 정진으로 불법의 향기를 대중에게 전했다.

1968년(45세)년 동안거 때에 구례 사성암(四聖庵)에서 용맹정진 중, 동짓날 새벽에 활연 대오하신 후 남긴 오도송이다.

迷故三界城　　悟故十方空
本來無東西　　何處有南北

미혹한 까닭에 삼계가 성이나
깨달으니 시방이 공 하네
본래 동서가 본래 없나니
어느 곳에 남북이 있으리오.

1985년 전남 곡성군 동리산 태안사에서 3년 결사를 시작으로 대중교화의 인연을 지었다. 1995년까지 태안사를 중창, 복원하여 구산선문 중 하나인 동리산문을 재건하였다.
성륜사 조실을 지냈다.
2003년 11월 12일 오후 10시 30분, 열반에 들었다.
세수 80, 법랍 56세다

법어집으로 『정통선의 향훈』·『원통불교의 요체』 등이 있고, 역서(譯書)로 『정토삼부경』·『육조단경』 등이 있다

남곡덕명(南谷德明) 선사

夢幻生涯七十年　　今朝脫殼還本鄕
月落鶯林寂廖裡　　五更鐘聲報天寒

꿈같은 생애 칠십년
오늘 육신 벗고 고향에 돌아가네
앵림산 고요한 속에 달 기울고
오경 범종소리 하늘 차갑다고 알리네.

[해설]

　남곡덕명(南谷德明, 1926~2003)스님은 경남 울산에서 태어났다. 25세(1951년) 때 범어사 동산스님을 은사로 출가했다.
　평소 공사(公私)의 구분은 대쪽 같았다. 불사(佛事)를 할 때는 인과를 알아 처리했고, 은혜에 대해서는 잊지 않고 보은했다.
　1959년 6월 파계사 선원에서 안거 중, 한 경계가 열려 다음의 게송을 읊었다.

　鶴飛長天鐵牛牽　　閑來閑去無他事

　학이 하늘 높이 날아 쇳소를 이끄니
　한가로이 오고감에 하릴없구나.

564

스님이 참구하던 '정전백수자(庭前柏樹子)' 화두를 타파하고, 이 듬해 범어사 선원 청풍당에서 스승 동산스님과 주고받은 법거량 이다.

덕명스님이

"조주스님이 백수자 법문에 천하 납승이 스스로 미(迷)하였도다 (趙州古佛柏樹子 天下衲僧猶自迷). 어떤 이가 내게 단적(端的)한 뜻 을 묻는다면 백수! 백수! 또 백수라 하리라(有人問我端的意 柏樹 柏樹 又柏樹)"라고 읊었다.

이에 동산스님이

"도둑놈 되지 마라"하니,

덕명스님은

"큰 도둑이 되겠습니다."고 했다.

이로부터 동산스님의 계맥을 이어받았다.

범어사 금강계단 전계대화상으로 지내셨으며, 범어사 무문관인 휴휴정사를 건립했다. 서예 개인전도 가졌으며, 원효학원 이사를 맡아 후학양성과 전법교화에 힘썼다. 또한 천년고찰 기장의 안적 사를 중창했다. 범어사 금강계단 전계대화상을 지냈다.

입적 전, 소장품 전부를 범어사 박물관에 기증했다.

2003년 12월 2일 새벽 4시, 앵림산 안적사 삼소굴에서 열반에 들었다. 세수 77, 법랍 52년이다.

스님의 비와 부도는 안적사에 있다.

흥덕덕암(興德德菴) 선사

幻化空身是何物　　廻廻萬生本來位
若人問我此道理　　盡無量劫天地前

吾觀法界本無性　　生死涅槃亦無相
若人問我去來處　　雲散紅日照西天

환화로 변해서 오는 것은 공신이니 어떤 물건인고
나고 죽는 만생이 본래의 생김새이니
만약 사람이 나한테 그 도리를 묻는다면
무량겁을 다함이 없도록 천지간에 있는 도리다.

내가 법계를 관하니 본 성품이 없더라
나고 죽는 것을 열반이라 하나 또한 상이 없다
만약 사람이 나한테 가고 오는 곳을 묻는다면
붉은 해가 극락세계를 비추니 구름이 모여 흩어지는 거와 같다.

[해설]

　덕암(1913~2003) 스님은 경북 문경 농암면에서 출생했다.
　법호는 덕암(德菴), 법명은 전득(典得)이다. 속성은 안(安)씨, 이
름은 흥덕(興德)이다.
　1930년 금강산 유점사에서 벽산 스님을 은사로 득도했다.

566

계율과 경학, 그리고 참선과 범패에 이르기까지 염불수행을 철저히 했다. 승려의 결혼을 허용하는 태고종이지만 평생 독신으로 보냈다. 태고종 총무원장과 종정을 두 차례 역임했다.
　조계종과 태고종 분규사를 직접 겪었던 한국불교 현대사의 산 증인이기도 하다. 70년 태고종 창종 당시 초대 총무원장으로 종단을 이끌면서 분규의 상처를 씻고 한국불교태고종의 기틀을 다졌다.

　다음의 게송은 1944년 태고총림 선암사 칠전선원에서 안거 중이었다. 새소리가 들리는데, 뜰에 핀 꽃을 보고 읊은 오도송이다.

警覺一夢中　　一微含十方
花開庭中笑　　群鳥歌窓外

깜짝 꿈을 깨고 보니
티끌 속에 시방세계 있음을
꽃은 뜰 속에서 웃고
새들은 창 밖에서 노래하네.

　2003년 11월 22일 오전 10시 30분, 서울 종로구 사간동 법륜사에서 입적했다.
　세수 90, 법랍 73세다.

고봉혜웅(高峰慧雄) 선사

一生離相相裏生　　一切諸相今際壞
西傳祖道誰問我　　伽耶高峰七佛峰

일생동안 상을 버리려는 상 속에 살았는데
모든 상이 이제야 무너지는구나
서쪽에서 전한 조사의 도리를 누가 묻는다면
가야산 높은 봉은 칠불봉이라 하리.

[해설]

　고봉혜웅(1931~2003)스님은　경하재영(景霞裁英,　1869~1957)
율사의 법제자다.

　18세에 해인사 영월스님을 은사로 출가, 인곡(隣谷)스님을 계사
로 사미계, 상월(霜月)스님으로부터 비구계를 받았다.

　경하재영 선사로부터 법을 이었으며, '고봉(高峰)'이라는 법호를
받았다. 고봉혜웅 스님이 일찍 임종을 앞두고 벽암율사에게 내린
전법게다.

　碧,　水深處泥牛耕　　巖,　刻古佛石人去

　푸른 물 깊은 곳에 진흙소가 밭 갈고
　바위에 새긴 고불이 돌사람 되어가네.

568

해인사 선원장으로 지내는 수년 간 선원 밖으로 나가지 않았다.
철저한 수행으로 후학들에게 정신적인 스승의 모범을 보였다.
조계종총무원 교무부장, 종회의원을 역임했다.
해인사에 비와 사리탑이 있다.

월암정대(月庵正大) 선사

來不入死關　　去不出死關
天地是夢國　　但惺夢中人

올 때도 죽음의 관문에 들어오지 않았고,
갈 때도 죽음의 관문을 벗어나지 않았도다
천지는 꿈꾸는 집이거니
우리 모두 꿈속의 사람임을 깨달으라.

[해설]
　스님(1937~2003)은 전북 전주에서 태어났다.
　법호는 월암(月庵), 법명은 정대(正大)다.
　1962년, 당시 완주 위봉사에 계신 전강(田岡) 선사를 친견하고
바로 출가했다.
　1967년 통도사에서 월하스님을 계사로 구족계를 받았다. 전강
선사로부터 '판치생모(板齒生毛)'라는 화두를 받아 정진했다.
　인천 용화사·용주사·망월사·수덕사 등의 선원에서 수행정진하
기를 3년 되던 해, 어둠이 서서히 걷히는 경험을 하게 되어 다음
의 송을 읊었다.

　自性無染　　心隨根塵
　能作六道　　心外無法

天眞卽佛　　生也不得
死也不得　　生也死也　總不得時　如何
三聖山頭月　　漢江萬里波

자성은 생사에 물들지 않으나
마음이 인연과 경계에 따라
능히 육도를 만들어 간다
마음 밖에 법이 없음을 깨달으니
천진 그대로가 바로 부처로다
살아서도 얻지 못하고
죽어서도 얻지 못한다.
살아서나 죽어서나 다 얻지 못했을 때는 어떻게 할 것인가?
삼성산 꼭대기에는 달이 밝고
한강수는 만 리 까지 물결치도다.

스님은 조계종 총무원장 재임 중에 중앙승가대학교를 안암동에서 김포학사로 옮기고, 한국불교역사문화관의 건립, 일산 불교종합병원 개원으로 한국불교 발전에 크게 기여했다.

2003년 11월 18일 새벽, 관악산 삼막사(三幕寺) 월암당(月庵堂)에서 입적했다. 세수 67, 법랍 42세다.
삼막사에 스님의 부도 탑과 비가 있다.

석주정일(昔珠正一) 선사

回顧九十六年事　　猶如懷珠傭作擔
一朝知得衣中寶　　本地風光古如今

96세의 무상한 세월 되돌아보니
마치 장자의 아들이 구걸함 같았네
보배를 지니고도 품팔이 하였으니
지금과 옛 모습, 조금도 다름이 없네.

[해설]

　석주(1909~2004) 스님은 경북 안동 금계산 기슭 옹천 마을에서 태어났다. 법명은 정일(正一), 법호는 석주(昔珠)다.
　일곱 살 때부터 『사서삼경』을 배웠다.

　신학문을 배우고자하는 열망으로, 서울에서 필방을 운영하던 먼 친척아저씨의 이야기를 듣고 열네 살 되던 해 상경했다. 그 친척은 필방을 자주 찾던 선학원의 남전(南泉, 1868~1936) 스님을 소개하여 15세(1923년)에 서울 선학원으로 출가했다.
　스승 남전스님을 6년간 모시다가 범어사 강원 대교과를 마쳤다. 묘향산 보현사, 오대산 상원사 등, 당대의 선지식을 찾아 참선 정진에 들어갔다.
　총무원장을 세 번 역임했다.

572

총무원장으로 재직하던 1975년에는 '부처님 오신 날'을 공휴일로 지정하도록 하여 오늘날 모든 국민이 경축하는 날로 되었다.

1977년 조계종 초대 포교원장·중앙승가대학장·총무원장·동국역경원 이사장을 등을 역임했다.

평생 청소년 교화와 경전의 한글화에 힘쓴 공로를 인정받아 1989년 제 2회 포교대상을 수상했다.

2004년 11월 15일 입적했다.

세수 96, 법랍 81세다.

숭산행원(崇山行願) 선사

나에 대해 걱정하지 마라, 몸에 의지하지 마라.
우리는 모두 모르는 곳에서 왔다가 모르는 곳으로 간다.
오직 모를 뿐이다.

萬古光明　　靑山流水

예로부터 밝은 빛이요,
푸른 산에 흐르는 물이니라.

[해설]

숭산(崇山, 1927~2004)스님은 평안남도 순천에서 4대 독자로
출생했다. 법호는 숭산(崇山), 법명은 행원(行願)이다.

1947년 마곡사로 출가했다. 행원(行願)이란 법명은 스승인 고봉
(古峰)선사로부터 받았다.

스님께서 공주 마곡사 뒤편의 원각산 부용암 산신각에서 신묘
장구대다라니 기도 99일째 되는 날, 어떤 사람이 걸망을 메고 산
길을 가는 것을 보았다. 까마귀가 그곳에 있다가 날면서 까악! 까
악! 우는 걸 보고 읊은 게송이다.

574

圓覺山下非今路　　背囊行客非古人
濯濯履聲貫古今　　可可烏聲飛上樹

원각산 아래 한 길은 지금 길이 아니건만
배낭 메고 가는 길손 옛 사람이 아니로다
탁탁 걸음소리 예와 지금 꿰었는데
깍깍깍 까마귀는 나무 위에 나는구나.

　스님은 자신의 깨달음을 춘성(春城)·금봉·금오·고봉스님으로부
터도 인가를 받았다.
　고봉 스님과 선문답을 나눈 후, 고봉스님이 숭산스님을 얼싸안
고 "네가 꽃이 피었는데, 내가 왜 네 나비 노릇을 못하겠느냐?"라
고 했다는 일화가 있다.
　1949년 1월 25일, 고봉스님이 건당식을 열고 '숭산'이라는 당
호를 내렸다. 이후 3년간 묵언수행을 했다.

　1966년부터 30년간 세계 30여 개 국, 120여 군데에 홍법원
및 선원을 개설하여 한국 불교의 선(禪)을 세계에 알리며 외국인
제자들을 많이 배출했다.
　'오직 모를 뿐', '세계는 한 송이 꽃'이라는 유명한 법문으로 달
라이 라마, 틱낫한, 캄보디아 종정과 함께 '세계 4대 생불'로 불
렸다.

임종을 앞두고 시자가 물었다.
"스님께서 열반에 드시면 저희는 어찌해야 합니까?" 하니, 위의
말씀을 남겼다.
　2004년 11월 30일 오후 5시 15분, 서울 수유리 화계사에서
입적했다. 세수 77, 법랍 57세다.

벽암동일(碧岩東日)선사

一生多事　　夢中如幻
一念放下　　無碍歡喜

　일생 동안 많은 일들
꿈 속 일과 같네
한 생각 내려놓으니
걸림 없어 기쁘고 기쁘도다.

[해설]
　스님(1924~2005)은 경남 남해 고현면 출신이다.
　일본 간사이 대학에 유학해 신학문을 배웠다. 졸업할 무렵
(1945년), '나는 몸이 병골이라 오래 살지도 못할 텐데, 도대체
무엇을 위해 이렇게 공부를 해야 하는가?' 라는 회의가 들었다.
　귀국 후 『육조단경』을 보다가 '육조혜능대사처럼 제 성품을 보
는 큰길에 들어서야겠다.'는 마음이 들어 서울 호국사의 월봉스님
에게 출가했다.
　스님의 오도송이다.

　　佛祖心傳虛枷名　　衆生濟度懷柔事
　　虛枷懷柔是什麽　　無始無終茶飯事

부처와 조사가 마음을 전하나 허깨비 이름이며
중생을 제도하니, 어린아이 달래는 소리로다
허깨비도, 달래는 소리도 그만 두고 일러라 무슨 도리인가?
시작도 끝도 없는 차 마시고 밥 먹는 일이로다.

동국대 이사장을 거쳐, 2004년 대종사의 법계를 품수했다.
입적하시던 날, 제자 스님이
"스님, 어디로 가십니까?"
"무적벽수(無滴碧水)가 장강(長江)을 이루고 대해(大海)를 이루느
니라."
다시 한 스님이
"제불(諸佛) 조사(祖師)의 의지(意旨)는 무엇이며, 공부는 어떻게
지어가야 합니까?"
벽암스님은
"아침에 죽 먹고 사시에 마지 올리고 저녁은 없느니라."
다시 잠시 쉬었다가
"잘 달래주고 기운 내 정신 차려 절도 있게 살펴가며 살아가야
옳으니라."

다시 한 스님이
"필경이 무슨 도리입니까?"
스님은
"박수미회(拍手未會)에 작창가(作唱歌)니라(박수도 치기 전에 노
래 부르는 것이니라)."

남산정일(南山正日) 선사

不能去的也要去
您到底要去何方
打開窗戶看一看

"이제 갈 곳 없는 곳을 가야만 한다."
"어디로 가신단 말씀입니까?"
"창문을 열고 자세히 살펴 보거라."

[해설]

　남산정일(南山正日, 1932~2004) 스님은 서울 출신이다.

　법명은 정일(正日), 법호는 남산(南山)이다.

　고등학교 졸업 후 어느 날, 서점에서 『선가귀감(禪家龜鑑)』을 보게 되었는데, 여러 번 읽었지만 뜻을 잘 알 수 없었다. 궁금해 하던 차에 1958년 조계사의 금오(金烏)스님에게 출가했다.

　은사 스님을 따라 구례 화엄사로 옮겨 화두일념으로 정진하다 망월사에서 천일기도에 들어갔다. 천일기도 회향 후, 동산스님이 조실로 계시던 범어사에서 다시 정진에 들어갔다.

　범어사에서 동안거중인 어느 날, 새벽 종성과 함께 흘러나오는 장엄염불 가운데 '육문상방자금광(六門常放紫金光)'이라는 대목과 『화엄경』 약찬게에 나오는 '육육육사급여삼(六六六四及與三)'의 뜻이 확연해지면서 화두가 풀리고 의심이 없어졌다.

이때 읊은 오도송이다.

極貧者喜歡帶露的蘆葦叢
渾然間一縷始光透過整個大地
萬年前事佛已涅槃

극빈자는 이슬 맺힌 갈대숲이 좋다
홀연 한 가닥 시광이 온 대지를 투과하니
만 년 전 일 부처님 열반이 드러났네.

霧雨下着霧雨下着
最後如告別時的傷痛
對前人未踏地掛念呼
到靜靜地泛着水波的小溪去洗一把臉吧

안개비가 내리는구나, 안개비가 내리는구나
마지막 이별을 고하는 슬픔과 같이
전인 미답지가 궁금하느냐?
잔물결 이는 개울로 가서 세수나 하거라.

스님은 해제 후, 전강스님을 찾아갔다. 전강 스님은 일원상(一圓相)을 그리며 '입야타 불야타(入也打 不也打)' 공안을 물으셨다. 스님이 걸망을 지고 원 안으로 들어가는 시늉을 하자 전강스님은 주장자로 어깨를 한 번 쳤다. 이렇게 여러 번 문답이 오고간 후 전강 선사께서 "다시 공부를 하라."고 하였다. 이 일을 계기로 전강 선사 문하에서 10여 년 간 정진에 들어갔다.

선학원 원장, 속리산 법주사 주지를 역임했다. 9월 11일 속리산 법주사에서 열반에 들었다. 세수 73, 법랍 47세다.

인곡법장(仁谷法長) 선사

我有一鉢囊　　無口亦無底
受受而不濫　　出出而不空

나에게 바랑이 하나 있는데
입도 없고 밑도 없다
담아도 담아도 넘치지 않고
주어도 주어도 비지 않는다.

[해설]

　법장(法長, 1941~2005) 스님은 충남 서산에서 태어났다.
　법호는 인곡(仁谷).
　고등학교 재학 시 사촌형으로부터 '세상을 다 가진 사람처럼 당당하고 여유로운 수행자의 모습'을 보고 출가를 결심했다고 한다.
　1960년 수덕사에서 원담스님을 은사로 출가했다.

　1980년부터 네 번의 중앙종회의원과 총무원 사회부장, 재무부장, 2003년에는 제31대 대한불교조계종 총무원장을 역임했다.
　1994년 생명나눔실천회를 만들어 장기기증운동을 펼쳤다. 입적후, 시신기증에 동참했다.
　평소 자신을 '고통을 모으러 다니는 나그네'라고 표현했다. 법문 말미에는 항상 "나에게 큰 바랑이 있다. 여러분들의 슬픔과 고통을 그 바랑에 짊어지고 가겠다."고 설했다. '받아도 넘치지 않고 주어도 비지 않던 걸망'이 임종 시 시자에게 남긴 마지막 글이라 임종게로 두어도 무방할 것 같아 옮겨보았다.

총무원장 재임 중인 2005년 9월 11일 오전 3시 50분 원적에 들었다.

세수 64, 법랍 45세다.

관조성국(觀照性國) 선사

森羅萬象天眞同　　念念菩提影寫中
莫問自我何處去　　水北山南旣靡風

삼라만상이 본디 부처의 모습이라
한 줄기 빛에 담아 보이려 했나니
내게 어디로 가느냐고 묻지 말라
동서남북에 언제 바람이라도 일었더냐.

[해설]

　스님(1943~2006)은 경북 청도 출신이다. 법호는 관조(觀照),
법명은 성국(性國)이다.

　14살 때 범어사 지효스님을 은사로 출가, 65년 해인사에서 자
운스님을 계사로 구족계를 수지했다. 해인사 승가대학 7대 강주를
역임했다.

　관조 스님은 사진예술을 통해 국적과 인종, 언어를 떠나 모든
이들에게 부처님의 진리를 전하고자 노력했던 사진작가로 알려져
있다.

　70년대 후반부터 한국의 사찰과 자연을 렌즈에 담아 세계에 알
려왔다. 『승가(僧伽)』·『한줄기 빛』·『사찰 꽃살문』·『님의 풍경』·
『사천왕』 등, 20여 권의 사진집을 출간했다. 이 중 『사찰 꽃살문』
은 2005년 프랑크푸르트도서전 '한국의 아름다운 책 100선'으로

선정되기도 했다. 그간 198,000여 컷의 사진을 남겼다.

다수의 개인전과 동아미전미술상과 현대사진 문화상 등, 각종 상을 수상했다.

스님은 불교를 알리고 보존하는 영상물을 남김으로써 한국불교사에 한 획을 그었다. 2005년 마지막으로 낸 명상사진집 『깨우침의 빛』 첫 장 제목은 〈살아있는 것은 모두 행복하다〉라고 되어있다.

눈에 보이는 것이나
보이지 않는 것이나
멀리 살고 있는 것이나
가까이 살고 있는 것이나
이미 태어난 것이나
앞으로 태어날 것이나
살아있는 것은 모두 행복하다.

마지막으로 두 눈은 실명한 사람에게, 법구는 의료발전을 위해써 달라는 유언을 남겼다. 가시는 날 그간의 소회를 묻는 제자들에게 남긴 것이 위의 게송이다. 평소 사진에 바친 당신의 마음이 그대로 담겨있다.

대혜 선사의 『서장(書狀)』을 현토(懸吐)·번역·해설했다. 번역한 책으로는 『법화경』과 『방거사어록』이 있다.

2006년 11월 20일, 부산 범어사에서 입적했다.
세수 64, 법랍 47세다.

향엄설산(香嚴雪山) 선사

阿彌陀佛勤精進　　夢中九十如浮雲
今日之中明此事　　億劫靈明安穩樂

아미타불 열심히 정진하였네
꿈 가운데 구십년은 한갓 뜬구름인 것을
오늘 비로소 이 일을 밝게 알게 되었네
억겁 밝은 영혼의 지혜 이제 안락을 누리리라.

[해설]

　설산(1919~2007)스님은 경북 문경에서 출생했다.

　15세에 금강산 건봉사 의산스님을 은사로, 계허스님을 계사로
출가했다. 한암스님 회상에서 정진하다가 이후 청담스님의 전법제
자가 되었다.

　스님은 평소 "진정한 수행은 염불삼매에 들어가 자기 본래의 청
정한 자리로 되돌아가는 것"을 강조했다. 염불 만일 기도를 회향
하면서 읊은 것이 다음의 송이다.

　아미타 부처님이 어디계신가?
　철저한 마음으로 잘 챙겨 잊어버리지 않도록 하라
　일체망념이 없어진 무념처에 이르면
　이 몸이 법신불이 되어 금색광명을 발하리라.

평생을 염불삼매와 『금강경』 공부에 바쳤다. 봉사회 활동을 조직해 24년 동안 걸식노인을 위해 무료급식을 실천하셨다.

30여 년 전, 서울 평창동 삼각산 자락에 정토사를 세우고 염불정토를 발원해 1만일 염불을 회향하였다.

스님에게 있어 염불이란 '내가 곧 부처님이며 미타세계에 사는 것'이었다.

열반송에도 평생 실천한 염불삼매가 잘 드러나 있다.

구십 평생을 오직 '아미타불'만 외치며 정진한 세월은 부처님께 다가가기 위한 또 하나의 수행이었는지도 모른다. 임종을 맞이하면서도 염불삼매의 즐거움을 표현했다.

2007년 3월 6일 오전 7시, 세수 90 법랍 74세로 입적했다.

진성원담(眞性圓潭) 선사

來無一物來　去無一物去
去來本無事　靑山草自靑

올 때 한 물건도 없이 왔고
갈 때 한 물건도 없이 가는 것이로다
가고 오는 것이 본래 일이 없어
청산과 풀은 스스로 푸름이로다.

[해설]

　진성원담(1927~2008) 스님은 충남 서천군 출신이다. 속명은 김몽술(金夢述)인데, 모친의 꿈에 한 스님이 나타나 지어주었다고 한다. 법명은 진성(眞性), 법호는 원담(圓潭)이다.

　스님은 열두 살 때, 속가 이모이던 도명스님을 따라 수덕사에 갔다가 그곳에서 만공스님을 만났다. 1933년 벽초경선(碧超鏡禪, 1899~1986)스님을 은사로, 만공스님을 계사로 불문(佛門)에 들었다.

　벽초스님은 힘이 장사일 뿐더러 웬만한 도편수 못지않게 온갖 크고 작은 불사를 직접 하였다. '하루 일하지 않으면 먹지 않는다'는 선농일치의 삶을 살아오신 '한국의 백장스님'이셨다.

　처음 만공스님을 만났을 때,

"어디서 왔느냐?"

"충남 서천에서 왔습니다."

또 묻기를

"서천의 고향은 어디냐?"

무슨 말인지를 모르고 역시

"서천입니다" 하니 껄껄껄 웃으시며

"내가 묻는 뜻은 네 몸뚱이 생긴 고향을 묻는 것이 아니라, 네 마음 생긴 고향이 어딘가를 묻는 것이다"

이로 인하여 '만법이 하나로 돌아가면 그 하나는 어디로 가는고 (萬法歸一 一歸何處)'라는 것을 평생 화두로 삼았다고 한다.

만공 스님에게 주장자로 머리통을 얻어맞은 것이 깨침의 계기가 된 것으로 전해진다. 1943년(17세) 다음의 오도송을 읊었다.

一片虛明本妙圓　　有心無心能不知
鏡中無形是心卽　　廓如虛空不掛毛

한 조각 비고 밝은 것 본래 묘하고 둥글어
유심 무심으로는 능히 알 수 없네
거울 가운데 형상 없는 이 마음은
확연히 허공 같아 티끌만치라도 걸리지 않네.

만공 스님은 전법게를 내리고 법을 인가했다.
경허, 만공스님의 가풍을 이어 덕숭총림의 방장을 지냈다.

2008년 3월 18일 오후 9시, 수덕사 염화실에서 원적에 들었다. 세수 83, 법랍 76세다.

효일범행(曉日梵行) 선사

一生多事　夢中如幻
一念放下　無碍歡喜

일생 동안 많은 일들
꿈 속 일과 같네
한 생각 내려놓으니
걸림 없어 기쁘고 기쁘도다.

[해설]
　효일범행(曉日梵行, 1921~2012)스님은 경기도 화성 출신이다.
　28세 때 충남 금산의 태고사 포산(飽山)스님을 은사로 출가했
다. 1953년 서울 선학원의 금오스님을 모시게 되면서 참선을 권
유받고 이후 마곡사 토굴에서 정진을 했다.

　금오스님 입적 후, 혜암(慧庵, 1884~1985)스님으로부터 "'부처
불(佛)'자 보다 더한 곳이 있으니 일러라"에 대답을 못하다가 다시
참선수행 정진에 들어갔다. 나중에 반야심경의 이치를 깨닫게 되
어 "마음이 곧 부처(卽心是佛)이라"는 말을 하니, 인가하고 '효일
(曉日)'이라는 호와 전법게를 내렸다.
　다음의 오도송은 너무나 단순간결하다. 누구나 다 아는 뜻이다.

즉, '나쁜 짓을 하지 말고, 선을 받들어 행하여 그 마음을 깨끗이 하라.'는 과거 일곱 부처님의 공통된 가르침과 같은 의미를 지니고 있기 때문이다.

淸風明月　　靑山流水

맑은 바람과 밝은 달
푸른 산에 맑은 물.

스님은 조계사 주지를 시작으로 법주사 조실과 불국사 주지, 불교신문 사장 등을 역임했다. 특히 군 법당건립 등, 불교진흥을 위해 많은 불사를 했다.

2012년 1월 15일 오전 1시 10분, 수원 팔달사에서 원적에 들었다.
세수 91, 법랍 64세다.

수산지종(壽山知宗) 선사

九十年生是空花　　今日離幻歸本家
落花翩翩鵲鳴中　　呵呵一翻空劫外

구십년 삶이 이 허공 꽃과 같은지라
오늘 환을 여의고 본가로 돌아가노라
꽃잎 떨어져 흩날리며 까치 소리하는 가운데
하하 웃고 한 번 뒤집으니 공겁 밖이로다.

[해설]

　수산지종(1922~2012) 스님은 전북 순창에서 태어났다.

　법명은 지종(知宗), 법호는 수산(壽山)이다.

　일찍 부모님을 여의고 19세에 만암스님을 은사로 백양사로 출가했다. 만암스님으로부터 '이 뭣고'의 화두를 받아 정진을 했다. 그 후 제방선원에서 만공스님, 인곡스님 등을 모시고 비룡스님 등과 정진했다. 이때 도리가 밝아져 읊은 게송이다.

　袖中日月　　掌握乾坤

　옷소매 속에 해와 달을 거두고
　손아귀에 하늘과 땅을 모아 쥐었네.

1953년 가을 만암스님으로부터 다음의 전법게와 함께 '수산 (壽山)'이라는 법호를 받았다.

高侯無見頂　　四海不曾間
念盡言窮處　　巍然一壽山

얼마나 높은지 정상이 안 보이고
사해가 일찍이 그 틈이 없네
생각이 다하고 말이 끊어진 곳에
외람되이 한 수산만 우뚝 나타났네.

평소 사중살림도 꼼꼼히 챙겼던 스님은
"중노릇 잘하려면 조석예불 꼭 참석하고, 하루 세 끼 공양 빠지지 않으면 절반은 이룬 것이요, 일상 속에서 망상 부리지 않고 화두 챙기면 성공하는 것이다.
중 벼슬 닭 벼슬만도 못한 것이니 자리에 연연치 말고 묶이지 말라"고 늘 강조했던 소탈한 스님이었다.

2004년부터 고불총림 백양사의 방장으로 계시면서 불갑사(佛甲寺)에 주석하셨다. 2012년 3월 7일 오전 8시 44분, 불갑사에서 입적했다. 세수 91, 법랍 73세다.

원파혜정(圓坡慧淨) 선사

石龜上天　　泥牛眠

돌 거북은 하늘로 오르고
진흙 소는 잠들다.

[해설]
　혜정(慧淨, 1933~2011) 스님은 전북 정읍 출신이다.
　법호는 원파(圓坡).
　열아홉 살(1953년) 때 금오스님을 은사로 득도했다.
　스님은 서당 훈장이었던 할아버지 영향으로 항상 책을 가까이
했다. 고등학교 시절, 우연히 들른 공주 마곡사에서 '생은 어디에
서 왔으며, 죽음은 어디를 향해 가는가(生從何處來 死向何處去)?'
라는 주련을 읽고 나서 삶에 대한 의문이 들어 발심 출가하였다.

　이후 수덕사에서 금오 스님을 만났다. 금오 스님은 '참선 이외
의 것은 외도(外道)'라고 할 정도로 참선수행 정진을 강조했다. 울
력에 동참하지 않더라도 참선에 들고 있으면 그것만으로도 흐뭇
해 할 정도로 첫째도 선, 둘째도 선, 셋째도 선을 말씀하셨다.
　혜정스님은 '만법귀일(萬法歸一) 일귀하처(一歸何處)' 화두로 정
진하던 중, 어느 깊은 밤 오묘한 경계를 만나게 된다. 아무런 의
식도 없어지고 공중에 떠 있는 것 같은, 무엇인가 확 터지면서 편

592

안해지는 느낌을 받았다. 다음의 송은 그때 읊은 것이다.

生死去來本來空　　回顧首山碧水碧
千年石虎産麒麟　　莫尋前三三後三

나고 죽고 오고가는 것은 본래 실체가 없어
돌이켜 보니 산도 푸르고 물도 푸르도다
천년 묵은 돌 범이 기린을 낳으니
달리 전삼삼 후삼삼을 찾지 말지어다.

이후 스님은 은사스님이 준 '마삼근(麻三斤)'을 화두로 정진했다. 마삼근 화두는 중국 동산선사가 "부처가 무엇이냐?"는 물음을 받고, "내 삼베옷 무게가 세 근"이라고 답한 데서 유래한 화두다.
스님은 평소
"참선은 발심 초기에 마음이 순수할 때 잘된다. 그래서 초심이 중요하다. 순간순간 화두일념이 되어야 한다."고 하셨다.

스님은 법주사 주지, 조계종 제14대 총무원장, 법주사 총지선원 회주, 2004년 해인사에서 대종사 법계를 품수했다.

2011년 2월 22일 낮 12시 57분, 괴산 각연사에서 원적에 들었다. 세수 79, 법랍 59세다.

철화경호(鐵華鏡湖) 선사

八十二年夢中客　　脫却幻身何處去
我來問到無汝說　　舞鶴春風西天飛

82년 동안 살아온 꿈속의 나그네가
이 몸 벗어 던지고 어디로 가느냐고
나에게 누가 와서 묻는다면 아무 말 없이 있다가
무학산 봄바람에 서천으로 날아갔다 하리라.

[해설]

스님(1932~2012)은 한국불교태고종 승정이다.

법호는 철화(鐵華).

1946년 변월주 스님을 은사로 창녕 극락암으로 출가했다.

1974년 덕암스님을 법사로 입실 건당, 2000년에 승정으로 추대되었다.

1973년 마산 원각사 주지로 취임, 원적에 드는 날까지 40년을 원각사에서 주석했다. 경남지역 불교역사의 산 증인으로 지역사회 불교 포교에 일생을 바쳤다.

2001년 대종사 법계를 품수했다.

2012년 5월 18일 오후 5시, 마산 원각사에서 입적했다.

세수 82, 법랍 66세다.

활산성수(活山性壽) 선사

번갯불이 반석위에 번쩍하니
우주와 법계가 둘이 아니로다
다른 것 다 버리고 보물을 찾아라!
보물을 찾아서
알고 살면 잘 사는 것이요
모르고 살아도 그만이니
우주만물이 모두 열반이로다.

시방세계가 눈을 깜박이는 순간
다 보아도 모자라는데
무엇이 그리 바쁜가!
눈을 떠도 그것이고 눈을 감아도 그것인데
볼 때는 내 것이고 안 볼 때는 남의 것이다
그러나 욕심낸다면 내 것이 아니고
남의 것이 될 것이다.

수거풍래(水去風來) 哂(신)
물이 흘러가니 바람이 불어오네. "미소"

[해설]
　활산성수(活山性壽, 1923~2012)스님은 울산 울주군 출신이다.

스님은 열 살에 원효대사 같은 도인이 되겠다는 꿈을 꾸다가 열아홉 되던 해 부친을 여읜 후, 1년여 동안 전국 사찰을 순례하였다. 그러다 1944년 양산 내원사에서 성암(性庵) 스님을 은사로 출가, 1948년 부산 범어사에서 동산 스님을 계사로 구족계를 수지했다.

성암 스님의 지시로 처음은 천수(千手)주력을 6개월간, 하루 만 번씩 하였다. 그 뒤 해인총림에서 당시 조실로 계시던 효봉 스님에게 '무자' 화두를 받아 정진하였다. 일주일 만에 느낀 바 있었다. 다음의 송은 그때 적은 것이다.

海印卽非海印　　堆雪卽非堆雪
有相卽非有相　　無相卽非無相
木田鳥鳴　　　　老松鶴眠
流水不息　　　　玄風不停
千態萬像卽觀音　億萬諸聲卽妙音
物質還境現眞光　拈花示衆夢中事

해인은 곧 해인이 아니요
퇴설은 곧 퇴설이 아니다
있는 상은 곧 있는 상이 아니요
없는 상도 곧 없는 상이 아니다

나무 밭에는 새 울고
노송 위에 학이 앉아 졸더라
흐르는 물 쉬지 않고
오는 바람 멈추지 않네

천태만상은 그대로 관음이요

모든 소리마다 묘음이로다
물질과 환경들이 진여를 보였는데
염화시중은 꿈 가운데 이야기다.

　1976년 경봉(鏡峰)스님으로부터 법을 이어 받았다. 다음 송은 그때 경봉 스님이 내린 전법게이다.

　　非空非色難爲說　　目擊相傳古道風
　　活眼開時無碍處　　是山應屹法雲中

　　공도 색도 아니라 설명키 어려우나
　　서로 마주하고 옛 가풍을 전하네
　　눈을 활짝 떠 걸림이 없으니
　　응당 법의 구름 속에 솟은 산이로다.

　범어사·해인사·조계사·고운사 등, 사찰의 소임을 보는 동안 70여 채의 당우를 지었다. 서울 강남구 세곡동의 법수선원을 비롯해 경남 산청의 해동선원, 함양의 황대선원 3곳은 직접 창건해 조실로 주석했다.
　2004년 조계종의 최고 법계인 대종사(大宗師) 법계를 품수하고, 2005년 전계대화상(傳戒大和尙)을 역임했다.
　저서에 『선문찰요』·『불문보감』·『열반제』·『선행문』 등, 10여권이 있다.
　2012년 4월 15일 오전 6시경, 양산 통도사 관음암에서 입적했다. 세수 90, 법랍 69세다.

가산지관(伽山智冠) 선사

無常肉身 開蓮花於娑婆　　幻化空身 顯法身於寂滅
八十年前 渠是我　　　　　八十年後 我是渠

무상한 육신으로 연꽃을 사바에 피우고
허깨비 빈 몸으로 법신을 적멸에 드러내네
팔십년 전에는 그가 바로 나이더니
팔십년 후에는 내가 바로 그이로다.

[해설]
　지관(1932~2012)스님은 경북 영일군 청하면에서 태어났다.
　호는 가산(伽山), 법명은 지관(智冠)이다.
　1947년 해인사에서 자운스님을 계사로 사미계, 1953년 통도사
에서 자운스님을 계사로 비구계를 수지했다.

　해인사 강원 강주, 해인사 주지, 총무원장을 역임했다. 철학박
사학위(1976년)를 받고, 동국대학교 교육대학원장 및 동국대 총장
을 지냈다. 30여 년간 교육현장에서 후학양성과 학문연찬에 정진
한 현대 한국불교의 대표적 학승(學僧)이다.
　스님은 말이 앞서는 것을 가장 싫어했으며, 금석문(金石文) 분야
의 최고 권위자였다.
　1991년 가산불교문화연구원을 설립, 불교문화와 사상 전반에

598

대한 이해를 돕기 위해 『가산불교대사림』전 15권과 『역대고승비문총서』 등을 펴냈다. 『가산불교대사림』은 한국불교 1700년 역사상 최초로 일반·세계·한국불교 술어를 집대성한 불교학 연구의 결정판이다. 1982년부터 시작된 기초자료 조사에만 10년, 100억 원의 예산이 투입됐다.

또 『불교대백과사전』 편찬을 발원하여 최근까지 총 7권을 발간했으며, 전문학술지 〈가산학보〉를 창간했다.

1992년 4월 해인사 1000년의 역사를 담은 『가야산해인사지』를 발간, 이외에도 『사집유기』·『한국불교소의경전연구』·『남북전육부율장비교연구』·『비구니계율연구』·『불교교단발달사』·『계율론』 등을 펴냈다.

스님은 화쟁과 공생의 수승한 전통을 회복하기 위한 결계와 포살을 중시했다. "결계와 포살은 모든 대중이 공화(共和)를 수행하는 승가구성원으로서의 권리와 의무를 여법하게 회복하는 일이며 나아가 떳떳하고 위대한 공동체전통의 수행승가를 중흥하는 중요한 조건"이라고 말했다.

삼장에 두루 능통한 스님은 "양심을 속이는 중들과는 살지 말아라. 계율이 있는 곳에 불법이 있다"는 율사 자운 스님의 말씀을 평생 가슴에 새기며 율풍 진작을 위해 노력했다.

2008년 9월 조계종 최초로 공익기부재단 〈아름다운 동행〉을 만들어 자비나눔 운동을 펼쳤다.

문화관광부 은관문화훈장(2001), 조계종 포교대상(2001), 만해대상 학술부문상(2005), 금관문화훈장(2012) 등을 수상했다.

2012년 1월 2일 오후 7시 55분, 서울 정릉 경국사에서 입적했다. 세수 81, 법랍 66세다.

제월통광(霽月通光) 선사

生本無生何好生　　滅本無滅何惡滅
生滅好惡寂滅處　　法身光明遍法界

살아도 본래 삶이 없는데 좋아 할 것 무엇 있으며
죽어도 본래 죽음이 없는데 싫어 할 것 무엇 있나
나고 죽음도 좋다 싫다할 것 없는 적멸한 그 곳에
법신의 밝은 빛이 법계를 두루 비추고 있네.

[해설]

　통광(通光, 1940~2013)스님은 경남 하동군 화개면 출신이다.

　어릴 적부터 서당에서 유학과 한시를 공부했다. 1958년(18세) 연곡사 서굴암에서 의서(醫書)를 공부하던 중, 이종익 박사가 지은 『사명대사』를 읽고 사람의 몸을 치료하는 의원이 되기보다 마음을 구제하는 스님이 되어야겠다고 결심, 1959년 부산 범어사로 출가했다.

　덕진여환(德眞如幻)스님을 은사로 사미계, 1963년 동산(東山)스님을 전계사로 구족계를 수지하고, 범어사 강원을 졸업했다.

　1975년 동국대학교 동국역경원 연수원을 수료한 후, 오대산 월정사로 들어갔다. 그곳에서 탄허(呑虛)스님의 『장자』와 『기신론』 강의를 듣고, 『화엄경』 역경에 교열에 참여했다.

　1977년에는 탄허 스님으로부터 강맥을 전수받았다.

이는 한암중원(漢巖重源), 탄허택성(呑虛宅城)으로 이어져 내려오는 상원사 강맥으로, 이 때 탄허 스님으로부터 받은 법호가 '제월(霽月)'이다. 이로써 '탄허문하삼걸(呑虛門下三傑)'이라는 칭송을 받기도 하였다.

지리산 칠불암에서 천일기도를 통해 폐허가 된 칠불사를 복원(1978년~1995년)했다. 당시 칠불사는 여·순반란 사건과 6.25 전쟁으로 전 가람이 모두 불타고 잡초만이 무성한 폐허였다. 1963년, 이 모습을 본 스님은 '반드시 복원하리라'는 서원을 하고, 억새풀로 초막을 짓고 관음보살 천일기도에 들어갔다.

천일기도를 봉행하던 중, 관세음보살로부터 열쇠꾸러미를 받는 현몽을 꾸었다고 한다.

천일기도를 회향한 후, 문수전(文殊殿)을 시작으로 대웅전, 설선당(說禪堂), 아자방(亞字房, 지방문화재 144호) 등을 복원하며 20여 년간의 대작불사를 마무리했다.

다음의 게송은 어느 날 아자방에서 용맹정진 하던 중, 홀연히 한 깨침이 있어 읊은 게송이다.

圓通法界性　智光照大天
眼聞耳見兮　六根常自在

원만히 통한 법계의 성품이여
지혜광명이 대천세계를 비추도다
눈으로 듣고 귀로 봄이여
육근이 항상 자재하는도다.

쌍계사와 칠불사 주지, 쌍계사승가대학 강주, 칠불사 회주, 조계종 역경위원장을 역임했다.

스님은 15년(1998년~2012년) 동안 경전과 조사어록을 강설, 수많은 학인들을 길러냈으며, 전강제자만 11명이다.

번역한 책으로 『고봉화상 선요(禪要)』·어록』·『초의다선집(草衣茶禪集)』·『진감선사 대공탑비문』·『증도가(彦琪註)』·『서산대사 선교결』·『황벽선사 전심법요』 등이 있다.

특히 『고봉화상 선요』는 사전이 닳아 해질 정도로 번역에 열정을 쏟았다고 한다. 또 『증도가』는 뜻을 가장 잘 드러낸 번역으로 손꼽힌다.

스님은 2013년 9월 6일 오전 8시 45분, 칠불사 아자방에서 원적에 들었다. 세수 74, 법랍 54세다.

화산학명(華山鶴鳴) 선사

華開空谷無人會　　萬重雲山香滿天
去來無處常寂照　　山鳥一聲春雨餘

꽃은 빈 골에 피었으나 아는 사람 없고
첩첩산중 구름 가득한데 맑은 하늘에 향기 그윽하다
오고 감이 없는 곳에 항상 고요하여 밝게 비추니
산에 새소리 울리매 한가로이 봄비 내리도다.

[해설]

　스님(1919~2013)은 경남 양산 출신이다.

　10살 때 통도사 자장암의 몽초스님에게 출가했다.

　오대산에서 탄허, 성철스님과 정진할 때였다. 겨울철 눈 속에서
헤매다가 홀연히 깨달음을 얻었다. 한암스님으로부터 인가를 받았
다.

　만해스님과 불교혁신운동을 전개하였으며, 김구선생과 신탁통치
반대운동을 선도했다.

　1960년에 대구에 보광원을 창건해 50여 년 동안 주석하
며 포교와 수행에 전념했다.

　2013년 3월 6일 원적에 들었다.

　세수 95, 법랍 83세다.

도림법전(道林法田) 선사

山色水聲演實相　　曼求東西西來意
若人問我西來意　　巖前石女抱兒眠

산 빛과 물소리가 그대로 실상을 펼친 것인데
부질없이 사방으로 서래의를 구하려 하는구나
만약 어떤 사람이 나에게 서래의를 묻는다면
바위 앞에 석녀가 아이를 안고 재우고 있구나.

[해설]

스님(1925~2014)은 전남 함평에서 태어났다.

속가에 있으면 단명할 팔자라는 이야기를 듣고, 열네 살 때 부모님의 결정으로 장성 백양사 청류암에서 묵담스님에게 출가했다.

1947년 성철, 청담, 자운스님 등으로 이루어진 봉암사 결사에 참여했던 스님 중에서 맨 마지막으로 돌아가셨다.

자족과 검약과 용맹정진의 수행으로 일관했던 스님의 별칭은 '절구통 수좌'였다. 한 번 앉으면 미동도 하지 않고 정진삼매에 빠져 일어날 줄 모른다하여 생긴 별칭이다.

성철스님으로부터 인가를 받았다. 1951년 통영 안정사 천제굴에서 성철스님으로부터 '도림(道林)'이라는 법호를 받았다.

스님은 1957년 대구 동화사 금당선원에서 생사를 내걸고 잠을 잊은 채 일념으로 정진에 들었다. 방바닥에는 눈 내린 듯 먼지가 쌓였다. 홀연히 깨달았던 그때의 심정을 읊은 오도송이다.

鏡鏡相互照　　照無於影像
此時亦何物　　青山白雲裏

거울과 거울이 서로 비추어
비추나 형상은 없구나
아하! 이게 무엇인가
청산이 백운 속에 있거늘.

1996년 해인총림 방장에 취임한 이후, 두 번의 종정을 지냈다. 스님은 평소 "조용히 살다가 육신의 몸을 벗으면, 몇 겁을 살더라도 다시 수행자가 되어 마음 밝히는 일에 생을 걸리라"고 했다.

2014년 12월 23일 오전 11시 25분, 대구 팔공산 도림사에서 원적에 들었다. 세수 90, 법랍 73세다.
　자서전 『누구 없는가』

다음은 입적 후, 경상(經床) 서랍에서 발견된 게송이다.

海枯終見底　　人死不知心

설령 바다가 마른다고 해도 그 바닥을 볼 수 있건만,
사람들은 죽도록 그 마음바닥을 알려고 하지 않는구나.

포산혜인(包山慧印) 선사

無路之處孵眞命　　無始無終於此法
或建或破天堂獄　　是以凛騰三界主
若沒尋覓甘泉則　　與摩尼珠隔千丈
是什麼

길 없는 곳에서 부처님 뜻 기르고자 하나
시작도 없고 끝도 없는 것이 불법이로다
천당과 지옥을 세우기도 부수기도 하나니
이러면 늠름히 삼계 주인이 될 수 있으리
만약 물맛 좋은 진리의 샘 찾지 못한다면
마니주와 천 길이나 떨어져 헤매고 있으리
이것이 무엇인가.

[해설]

스님(1943~2016)은 제주도 남제주군 안덕면에서 출생했다.

법호는 포산(包山)이다.

1956년(13세) 동화사에서 일타 스님을 은사로 사미계, 1962년 해인사에서 자운 스님을 계사로 구족계를 수지했다.

구족계 수지 후, 1971년 해인사 장경각에서 매일 5천 배씩 200일 동안 108만 배 기도를 성취했다.

해인사 교무국장, 제주 관음사 주지, 대한불교조계종 계단위원을 역임했다. 뉴질랜드 오클랜드에 환희정사를 창건, 단양 광덕사에 백만불전 건립불사를 추진했다. 또한 은해사 조실과 제주 약천사 회주 등을 지냈다.

스님은 평소 "참선하는 사람은 좌복 위에서 죽기를 서원해야 하고, 법사는 법상에서 숨을 거두겠다는 정신으로 살아야 한다."는 말을 했다.

은사이신 일타스님이 입적한 후에도 단 하루도 빠지지 않고 문안인사를 드렸고 한다. 법회 말미에는 꼭 『부모은중경』을 독송해 불자들에게 '신심과 효경심'을 강조했다.

병마로 입적하는 마지막 순간까지도 제자들에게 "일생 동안 단 한 사람 마음도 아프게 하지 말고, 절대 미워하는 마음을 가져서는 안 된다"며, 수행 정진을 간곡히 당부하고 '나무아미타불'을 부르면서 사바의 인연을 접었다.

영천 은해사(銀海寺) 조실로 계시던 2016년 6월 23일 오후 9시 20분 원적에 들었다. 세수 75, 법랍 62세다.

혜성(慧性) 선사

白雲下一僧　　惜心建通山
次生再出盲　　丹志及心王

백운대 밑 수행자 있어
안타까운 마음으로 산을 뚫어 도량을 세웠네
다음 생에는 어두움 벗어나
굳센 뜻 부지런하여 마음의 왕이 되리라.

[해설]

　스님(1937~2018)은 경북 상주에서 태어났다.

　청담스님을 은사로 출가했다. 1957년 조계사에서 동산 스님을 계사로 사미계를, 1962년 범어사에서 동산 스님을 계사로 비구계를 수지했다.

　1980년 10·27 법난으로 고초를 치르기도 했다. 고문 후유증으로 평생을 시달렸다. 중앙승가대학 학장, 도선사 주지 등을 역임했다.

　학교법인 청담학원을 설립, 평생을 교육과 복지사업에 이바지하였다. '불교계 최초 복지법인'이라 일컬어지는 사회복지법인 혜명복지원 초대 이사장을 맡아 불교복지를 한 단계 끌어올리는 역할을 했다. 양로원, 노숙인 시설, 자활시설, 장애인시설 등을 갖춘 '복지타운'이다.

특히 청담종합사회복지관은 대표적인 복지시설로 불린다.

2016년 조계종 최고 법계(法階)인 대종사(大宗師) 법계를 품수했다.

2018년 7월 25일 오후 12시 25분, 도선사에서 입적에 들었다. 세수 82, 법랍 62세다.

설악무산(雪岳霧山) 선사

천방지축(天方地軸) 기고만장(氣高萬丈)
허장성세(虛張聲勢)로 살다보니
온 몸에 털이 나고
이마에 뿔이 돋는구나.

[해설]

설악무산(1932~2018) 스님은 경남 밀양 출신이다.

법호 설악(雪嶽), 법명 무산(霧山)이다. 속명과 필명이 조오현(曺五鉉)이라 '오현'스님으로 더 익숙하다.

1959년 직지사에서 성준(聲準) 스님을 계사로 사미계, 1968년 범어사에서 석암혜수(昔巖慧秀, 1911~1987) 스님을 계사로 비구계를 수지했다. 1989년 낙산사에 주석하며 정진 중, 불조대의를 깨닫고 다음의 시 '파도'를 지었다.

밤늦도록 책을 읽다가 밤하늘을 바라보다가
먼 바다 울음소리를 홀로 듣노라면
千經 그 萬論이 모두 바람에 이는 파도란다.

생전에 스스로를 '낙승(落僧)'이라 자처했다. 특히 말과 행동이 파격적이라 많은 일화를 남겼다. 1968년 「시조문학」을 통해 등단한 스님은 1977년 첫 시집 『심우도』를 출간한 이후 50여 년 동안 6권의 시집과 여러 권의 저서를 발간했다. 문학을 통해 부처님의 가르침을 알리면서 문인들과의 교류가 깊었다.

　스님은 생전에 〈부음(訃音)을 받는 날〉이란 시를 통해 자신의 죽음을 이렇게 노래했다.

　내가 죽어보는 날이다
　널 하나 짜서 그 속에 들어가
　눈을 감고 죽은 이를 잠시 생각하다가

　이날 평생 걸어왔던 그 길을 돌아보고
　그 길에서 만났던 그 많은 사람
　그 길에서 헤어졌던 그 많은 사람

　나에게 돌을 던지는 사람
　나에게 꽃을 던지는 사람
　아직도 나를 따라다니는 사람

　아직도 내 마음을 붙잡고 있는 사람
　그 많은 얼굴들을 바라보다가
　화장장 아궁이와 푸른 연기, 뼛가루도 뿌려본다.

　또 한편은 잘 알려진 〈적멸을 위하여〉라는 시다.

　삶의 즐거움을 모르는 놈이
　죽음의 즐거움을 알겠느냐

　어차피 한 마리
　기는 벌레가 아니더냐

이다음 숲에서 사는
새의 먹이로 가야겠다.

　1998년 만해사상실천선양회를 설립하고 〈만해축전〉을 열며,
2003년에는 인제군 북면 용대리에 〈만해마을〉을 만들었다. 해마
다 8월이면 국내외에서 많은 사람들이 모여 축제를 이룬다.
　장학재단을 설립해 장학 사업에도 많은 공헌을 했다.
　2015년에는 대종사(大宗師) 법계를 품수했다.

　그가 살았던 삶을 그대로 표현한 것이 임종게에서도 잘 드러난
다. 2018년 5월 26일 오후 5시 11분, 설악산 신흥사에서 원적에
들었다. 세수 87, 법랍 62세다.

범일보성(梵日菩成) 선사

空門入道七十五　　勤修三學淨毘尼
今日捨報浮雲身　　但願正法永久住

불법문중 입도한지 일흔다섯 해
부지런히 삼학 닦고 계율 지켰네
오늘 낮에 뜬구름 몸 버리고 가니
다만 오직 바른 불법 영원하기를.

[해설]
　스님(1928~2019)은 경북 성주군 금수면에서 태어났다.
　법호는 범일(梵日), 법명은 보성(菩成)이다.
　1945년 18세에 청암사 수도암 정각토굴에서 정진하던 구산스
님을 의지해 출가했다. 해인사에서 구산 스님을 은사로 사미계를,
1950년 해인사에서 상월인환 스님을 계사로 비구계를 수지했다.

　송광사 주지를 세 차례 역임했다. 1997년 조계총림 5대 방장에
취임했다. 조계종 단일계단을 설립, 종단의 법계제도를 정착시키
는데 큰 기여를 했다.
　생전 해외의 선지식과도 교류를 하여 1991년 대만 불광산사
계단교육 증명법사를 맡았고, 2002년 조계종 스님들에게 계를 내
리는 전계대화상에 추대되었다.

스님은 깨달음에 대해

"부처님처럼 사는 것이 곧 깨달음이다. 부처님과 똑같이 생각하고, 똑같이 말하고 똑같이 행동하면 된다. 중생이라는 생각을 버리고 머릿속에 부처님만 남게 하는 것이 깨달음이다."

또 기도에 대해서 하신 법문이다.

"사람은 누구나 행복을 추구하지만 행복의 양이 적으면 나 혼자 쓰기에도 모자랍니다. 복이 많아야만 나도 행복을 누리고, 남들에게도 나누어 주고 베풀 수 있습니다. 그런데 복이 풍족한 사람은 참으로 드뭅니다. 왜? 가슴을 닫고 살았기 때문입니다. 마음의 빗장을 걸어 잠그고 살아왔기 때문입니다.

정말 행복한 사람이 되고 싶다면 마음의 빗장부터 풀어야 합니다. 털끝 하나 남김이 없이 가슴을 활짝 열어보십시오. 여태까지 그 가슴속에 무엇을 담았던 상관하지 말고, 가슴을 활짝 열어 받아들일 준비를 하십시오. 어떻게, 무엇을 담아야만 이웃에게 베풀고, 또 베풀어도 부족함이 없고 보배로운 행복의 힘을 이룰 수 있을까? 이제 그 방법 중의 하나인 기도입니다.

그런데 사람들 중에는 좋지 않은 일이 닥치면 기도는커녕, '왜 나에게 이런 일이…' 하면서 실망을 하여 하던 일을 놓아버리고 술로 지새우거나 무기력하게 사는 이들이 있습니다. 그러나 이렇게 살면 더욱 힘들어지고 비참해집니다.

나를 지켜주던 마지막 신들까지 온통 떠나가 버립니다. 그러므로 좋지 않은 일들이 생겨나는 바로 이때에 자세를 바꾸어야 합니다. 참회기도를 하면서 생활태도를 바꾸어야 합니다. 기도를 하면 얼마든지 고난을 물리치고 다시 일어날 수 있습니다.

어려움이 찾아오더라도 걱정을 하거나 당황해하지 말고 성의를 다해 살고, 성의를 다해 기도 하는 것, 이것이 고난을 극복하는 최상의 방법입니다. 성의를 다하면 못 벗어날 고난이란 없습니다. 간절한 믿음, 이것이 가장 보배로운 것입니다.

믿음이 간절하면 해결하지 못할 일이 없습니다. 꾸준하게 관음 기도를 하십시오. 이 기도의 문으로 들어서면 틀림없이 큰 행복을 누릴 수 있게 됩니다."

2019년 2월 18일 송광사 삼일암에서 원적에 들었다.
세수 92, 법랍 75세다.

태허광우(太虛光雨) 선사

떠나는 바람은 집착하지 않는다.
그저 왔다가 갈 뿐.

[해설]

광우(1925~2019)스님은 경북 군위에서 태어났다.

법호는 태허(太虛)다.

부친은 상주 남장사 조실 혜봉(慧峰 · 1874~1956) 스님이다. 광우스님이 태어나자 나중에 출가를 바라면서 '광우(光雨)'라는 불교식 이름을 지어 주었다. 14살(1938년) 때 남장사에서 스님들이 참선하는 하는 것을 보고 의문이 생겨, 그 이듬해(1939년) 직지사 성문(性文)스님을 은사로 출가했다.

남장사에서 혜봉(慧峰) 대화상을 계사로 사미니계, 1960년 서울 청룡사에서 자운(慈雲) 스님을 계사로 보살계와 비구니계를 수지했다.

28세 나이로 동국대학교입학, '비구니 학사 1호'가 되었다. 졸업 후 '포교의 원력을 세우고 1958년 서울 성북구 삼선동에 정각사를 창건했다. 이후 평생을 교육, 포교, 사회복지사업에 원력을 바쳤다.

목동 청소년회관과 전국비구니회관도 스님의 원력으로 이루어졌다. 전국 비구니회를 조직하여 비구와 비구니들의 차별문제인 종헌종법 등을 개선하는데도 앞장섰다.

2007년 조계종단 사상최초로 비구니최고 영예인 '명사(明師)'법계를 6명의 비구니들과 함께 받았다. 승랍 40년 이상 된 비구니에게 주는 명사 법계는 비구의 대종사 격에 해당하는 것이다.

스님은 일생을 검소하게 살아온 수행자의 표상이었다. 정각사에는 30~50년 된 물건들이 많다. 근검절약한 돈으로 평생 후학들의 공부를 지원하고 각종 장학 사업을 펼쳐왔다.

"불교는 실천의 종교입니다. 법당 불사보다 더 중요한 것이 '인재를 키우는 불사'입니다. 바르게 믿고 바르게 실천하는 것이 중요합니다. 이 세상에 살다보면 누구에게나 고락이 따르는 법입니다. 그러나 자기 자신을 성찰해서 마음이 깨끗해지면 그땐 어떤 고통도 즐거움으로 바꿀 수 있습니다."

2019년 7월 18일 오후 4시 서울 성북구 망월산 정각사에서 입적했다. 세수 95, 법랍 80세다.
저서 『법대로 살아라』

혜광종산(慧光宗山) 선사

忽然惺時在夢中　　今日頓覺羞恥麼
了知柱草心印華　　不拘廉恥又欲見

문득 깨어보니 이번에도 잠깐 졸았구나
부끄럽게도 왜 지금에서만 아는가!
다행히 기둥에 난 풀도 사람마음 꽃인걸 알아서
염치없지만 또 보고 싶겠네!

[해설]

　종산(1924~2020) 스님은 전남 담양에서 태어났다.

　광주의과대학을 다니던 중, 강진 백련사 만덕선원의 친구 49재
에 참석하게 되었다. 거기서 스님의 법문을 듣고 '육신보다 마음
을 고치는 의사'가 되기로 발심, 출가를 결심했다. 그 때 백련사
에서 들은 스님들의 염불소리가 마치 천상의 소리처럼 아름다웠
다고 한다.

　1949년 자운사에서 도광 스님을 은사로 사미계, 1954년 범어
사에서 동산 스님을 계사로 구족계를 수지했다.

　몇 번의 용맹정진을 거듭하던 중, 세 번의 체험이 있었다고 한
다. 범어사와 태고사, 천축사 무문관의 6년 수행 끝에 몸과 마음
이 말할 수 없이 편안해짐을 느꼈다. 그 때 읊은 송이다.

合掌以爲花　　身爲供養具
誠心眞實相　　讚嘆香煙覆

두 손 모아 합장으로써 꽃을 만들고
청정한 몸으로 공양구를 삼나이다
성심을 다 받치는 진실한 모습으로
찬탄의 향기를 가득 채우겠나이다.

　스님의 정진 일화다.
　동산 스님 지도 아래, 도반 3명과 장좌불와 용맹정진을 할 때였다. 몰려오는 잠을 막고자 널빤지에 못을 박아 앞에 세워놓고 정진하던 중, 20여 일이 지나 문득 도반의 이마를 보게 되었다. 긁히고 찔려 피가 엉겨 붙은 모습을 보고 '나는 제대로 공부하고 있는가?'를 깊이 돌아보게 되었다고 한다.
　해인사의 금봉스님을 찾아갔더니 금봉스님이 "선(禪)! 선(禪)! 어떤 것이 선이냐?"고 외치시더니 염주를 들어 보였다. 그때 "진심(眞心)이 선입니다."고 했다. 금봉스님은 몇 가지 화두를 더 물었다. 『보장록』과 함께 '혜광(慧光)'이라는 법호를 내렸다.
　평소 "계율은 머리로 외우는 것이 아니라 몸으로 실천하는 것이다. 먼저 내 허물을 보고 참회하고, 작은 것부터 실천해야 한다. 계율을 목숨처럼 여겨야 한다."고 강조하셨다.

　2020년 6월 23일 오전 5시 30분, 잠깐 눈을 감았다가 다시 뜨더니 위의 게송을 읊었다. 그리고는 바로 눈을 감았다.
　청주 보살사 직지선원에서 원적에 들었다.
　세수 97, 법랍 72세다.

지흥백운(知興白雲) 선사

白日朋友昭昭雲　　靑夜親舊湛溪水
斷是非自然諸樣　　丁寧汝使我心樂

하얀 낮에는 밝은 구름 벗을 삼고
푸른 밤에는 맑은 냇물 벗이 되어
시비 벗어난 자연의 온갖 모습이여
정녕 그대는 나를 즐겁게 하는구나.

[해설]

　스님(1934~2020)은 전남 장성군 북이면에서 태어났다.

　속명은 송백운, 법호는 지흥(知興), 법명은 백운(白雲)이다.

　지흥 스님의 아버지는 만암스님의 조카이며, 인곡스님의 사촌형
이다. 강진에서 유년 시절을 보내다가, 1944년 만암스님의 맏 상
좌인 석산스님을 은사로 백양사에서 출가했다.

　1952년 범어사 동산스님의 상좌로 입실했다.

　동산스님 시자로 3년여 시봉하면서 범어사 강원과 통도사 강원
에서 수학했다. 화엄사 강주, 범어사 강주로 후학들을 가르쳤다.

　평생 다양한 저술을 남겼다. 편양언기 선사의 일대기를 소설화
한 『양치는 성자』를 펴내는 한편, 서옹대종사의 뜻을 받들어 『임
제록 연의』를 편집하기도 했다.

그 외에도 진묵대사·초의선사·동산대종사·완당 김정희·만암대종사·성월선사·혜암종정·오세동자·인곡대선사·부설거사·연선도인 등을 집필했다.

2020년 6월 19일 오후 6시 40분, 담양 용흥사에서 원적에 들었다. 세수 87, 법랍 77세다.

부설(浮雪) 거사

妻子眷屬森如竹　　金銀玉帛積似丘
臨終獨存孤魂逝　　思量也是虛浮浮

처자 권속이 대숲 같고
금 · 은 · 옥, 비단 언덕같이 쌓아도
죽음에는 외로운 영혼뿐이나니
생각만 허허로워라.

目無所見無分別　　耳聽無聲絶是非
分別是非都放下　　但看心佛自歸依

눈으로 보되　본 바 없으니 분별할 것이 없고
귀로 듣되 들은 바 없으니 시비가 끊어지네
분별과 시비를 다 놓아 버리고
다만 마음 부처만 관하고 스스로 귀의하였네.

[해설]
　신라 선덕여왕(善德女王. 재위 632~647년) 때 경주에서 태어났다. 자세한 생몰연대는 알 수 없다.
　출가 때의 법명은 부설(浮雪)이다. 성은 진(陳), 속명은 광세(光世). 자는 의상(宜祥).

20세 때 불국사 원정(圓淨) 선사를 의지하여 입산하였다. 후에 환속하였으므로 '부설거사'로 불린다.

영조(靈照), 영희(靈熙)스님과 함께 지리산에서 초암을 짓고 참선 수행을 하였다. 두 스님과 함께 문수도량인 오대산 상원사로 가던 중, 전라북도 김제시 성덕면에 이르러 구무원(仇無冤)이라는 불교신자의 집에 머무르게 되었다. 당시 그 집에는 스무 살의 묘화(妙花)라는 무남독녀가 있었는데 벙어리였다. 묘화가 스님의 설법을 듣고 갑자기 말문이 터져 말을 하기 시작하였다.

스님을 사모한 묘화가 죽음을 무릅쓰고 스님을 따르므로, 인과의 권유를 받아들여 스스로 '거사'가 되기로 하고 묘화의 집에 머무르게 되었다.

두 사람은 15년을 사는 동안 아들 등운(登雲)과 딸 월명(月明)을 낳았다. 그러나 거사는 평소 지병을 핑계하여 따로 작은 집을 지어 수행에만 전념하였다. 이곳이 지금의 김제시 진봉면에 있는 망해사(望海寺)이다.

이곳에서 수행하며 읊은 오도송이다.

共把寂空雙去法　　同棲雲鶴一間庵
已知不二歸無二　　誰問前三與後三

고요하고 공하여 쌍거법을 터득하고
구름과 학을 벗 삼아 한 칸 암자에 지내노라
이미 불이법을 알아 둘 없는 곳에 돌아갔는데
전삼삼과 후삼삼을 누가 묻는가?

閑看靜中花艶艶　　任聆窓外鳥喃喃
能令直入如來地　　何用區區久歷參

소리 없이 피는 고운 꽃을 한가하게 바라보고
창 밖에 지저귀는 새소리를 무심하게 듣노라
이대로 여래 땅에 바로 들 수 있거늘
구구하게 오래 닦아 무엇하리오.

　부설거사의 아들과 딸도 훗날 출가하여 깨달음의 경지에 이르
렀다고 한다.
　영희와 영조는 부설거사를 다비한 후, 사리를 변산 묘적봉(妙寂
峰) 남쪽에 안치하였다.

백봉(白峰) 김기추(金基秋) 거사

無邊虛空一句來　　案山踏地大圓鏡
於此莫問知見解　　二三六而三三九

가없는 허공에서 한 구절이 이에 오니
허수아비 땅 밟을 새 크게 둥근 거울이라
여기에서 묻지 마라 지견풀이 가지고
이삼은 여섯이요 삼삼은 아홉인 걸.

[해설]

처사(1908~1985)의 본명은 김기추(金基秋)다.

부산 영도(影島)에서 한의원집 아들로 태어났다.

항일운동 등으로 2차례 부산형무소에서 복역하기도 했다. 사회
생활 중에는 회사를 차려 운영하기도 했다.

1950년, 부산남중학교와 부산남고등학교를 설립했다.

1963년 처사의 나이 쉰여섯 살 때다. 주변의 친구에게 '절이란
할 일 없는 사람들의 놀이터'라고 말했더니, 친구는 '절이란 놀이
터가 아니라 마음[心性]을 개발하는 참다운 수도장'이라고 했다.

독실한 불교신자인 그 친구의 말을 듣고, 인천 거사림(居土林)을
따라서 충북 청주의 심우사(尋牛寺) 하계수련대회에 참가하게 되
었다. 그것이 인연되어 수행의 길에 들어서게 되었다.

어느 스님으로부터 무자(無字) 화두를 받아 간화선(看話禪) 수행을 시작했다. 처음에는 이 무자 화두가 육조스님이 지은 것인 줄 알았다. 그 정도로 불교에 대하여는 어두웠다.

1964년 1월 대전의 심광사(心侊寺)에서 도반들과 보름간의 선 수행에 들어갔다. 도반들이 법당에서 참선하는 사이 백봉 거사는 혼자 눈 내리는 바위 위에서 좌선에 들었다. 마을 사람들은 이때 그가 있는 곳에서 방광하는 것을 보았다고 한다.

좌선 중 꽁꽁 언 그를 어느 도반이 방에 데려다 주었다. 그리고 그 도반이 읽어 준 선사의 어록, '마음도 아니고, 부처도 아니다 [非心非佛].'을 보고 벌떡 일어났다. 비로소 참다운 세계에 들어선 줄 알았다. 그때까지도 스스로의 경계를 몰랐다. 바로 그때, 새벽 종소리가 들렸다. 일체가 허공인 경지를 요달하고 읊은 오도송이다.

忽聞鍾聲何處來　　寥寥長天[123]是吾家
一口吞盡三千界　　水水山山[124]各自明

홀연히 들려오는 종소리 어디서 오나
까마득한 하늘이라 나의 집이고녀
한 입에 삼천세계 모두 삼켰다
물은 물, 산은 산 스스로가 밝더구나.

57세에 처음 화두를 잡아 일 년도 되지 않았던 시점이었다. 그때까지 그는 『금강경』을 한 번도 들어 본 적이 없었다. 한 도반이 백봉에게 『금강경』 한 구절씩을 들려주자 단 하루 만에 이를 명

───────────────

123) 요요장천(寥寥長天): 고요한 큰 하늘. 곧 본래 나지도 않고 죽지도 않는 참다운 마음자리를 뜻함.
124) 수수산산(水水山山): 자연 그대로를 뜻함. 이 세상 삼라만상 낱낱 모두를 일컬어 산산수수라고도 함.

쾌하게 풀어냈다고 한다. 이것이 나중에 그의 저서 『금강경강송』
이다.

춘성스님은 "이 시대의 유마거사"라 했으며, 탄허스님은 "말법
시대의 등불"이라 일컬었다.

1969년, 많은 사람들의 요청으로 대전 심광사에 머물면서 『금
강경』과 『유마경』을 강의하였다. 서울·인천·경기 일대에서 「금강
경독송회」라는 모임을 만들어 지도하다가, 1972년 부산으로 거처
를 옮겼다. 부산 금정사(金井寺)에서 『금강경』을 강의하는 등, 입
적할 때까지 20여 년간 수많은 재가불자들에게 선 수행 포교에
전력했다.

이후, 〈금강경강송법회〉를 개설하며, 재가(在家) 수행단체인 〈보
림회(寶林會)〉를 설립했다. 이때 전강(田岡)스님과의 만남을 계기
로 3개월간씩의 철야법회를 가지게 된다.

전국적으로 보림회를 통하여 『금강경』 강송을 열어 많은 중생들
에게 밝은 길을 제시하였다.

1985년 8월 2일, 경남 산청 〈보림선원〉에서 철야정진 해제 법
어를 마치고 당신의 방에서 제자들이 지켜보는 가운데 입적했다.

거사가 흰 천에 써서 선원 입구 대나무 장대 위에 걸어둔 게송
이 위의 송이다. 마치 열반송을 암시하는 것 같아 옮겨보았다.

저서로는 『금강경강송』·『유마경대강론』·『절대성과 상대성』·『선
문염송요론』 등이 있다. 또 처사의 정신적 세계를 엿볼 수 있는
『백봉선시집-벽오동(碧梧桐)』이 있다

일본편

묘견도우(妙見道祐) 선사

五十六年無伎倆　　不問諸祖諸佛
今日今時告去行　　日從東畔而出

쉰여섯 해를 별다른 재주 없이 살며
모든 불조사에게도 묻지 않고
오늘 이 자리에서 갈 길을 고하니
해가 동녘에서 솟는구나.

[해설]
　스님(1156~1256)은 복강(福岡) 박다(博多) 사람이다. 송(宋)에
건너가 경산(徑山)의 무준사범(無準師範)스님을 뵈었다. 하루는 도
우가 방에 들어가니 무준이 물었다.
　"일본에도 선이라는 게 있소?"
　도우가 말했다.
　"대당(大唐)에도 없었습니다."
　무준은 이에 깊이 수긍하였다.
　도우가 물러가려함에 법요를 적은 문자를 청하니 무준이 글로
쓰기를
　'여태까지 진단(震旦: 중국의 별칭)에도 본디 선이 없었거늘, 얼
마 안 되는 이곳 선실(禪室)에서 전하는 법도 잘못 전해지는데 오
히려 도우가 이 사실을 이미 깨달았으니 이네 노승의 콧구멍은

630

입가에 없어 억지로 허공을 잡고 모양을 그리네. 착한 아이는 결코 아비의 돈을 쓰지 않지(從來震旦本無禪, 少室禪傳亦妄傳, 却被道祐?破便知, 老僧鼻孔不在邊口, 謾把虛空强措貌, 好兒終不使爺錢)'

도우는 일본으로 돌아가 경도의 낙북묘견당(洛北妙見堂)에 은거했다.

동복사(東福寺)에서 원적하였다.

원호(院毫) 선사

火裏汲淸泉　　巳七十二年
蟭螟125)翻身　　觸破大千

불속에서 맑은 샘물 자아올리길
이미 일흔 두 해
앞에서 뒤척이어
대천세계 깨트린다.

[해설]

　송(宋)에 건너가 무준사범(無準師範)을 만나고 일본으로 돌아온
후, 상야(上野)의 장락사(長樂寺)에 오래 살았다.

　스님은 원이변원(圓爾辨圓, 1202~1280)스님과 교분이 있어 함
께 무준 밑에서 수행하였다.

　원호스님은 일본으로 돌아와 올암(兀菴), 무학(無學)을 뵙고 무
학의 법을 이어받았다.

　올암과 무학이 일본에 건너온 것은 원호의 도움이 있었다.

　원호의 문하에는 500명이 있었으니, 그는 선을 관동(關東)지방
에 전하는데 있어 유력한 사람이었다.

---

125) 초명(蟭螟): 아주 작은 벌레.

법심성재(法心性才) 선사

來時明明　　去時明明
是個何物

올 때도 밝고 밝다
갈 때도 밝고 밝다
이것이 무슨 물건인고!

[해설]
　스님(1150~1250)은 진벽군수(眞壁郡守)를 지냈다.
　30세에 불쑥 출가하여 불경의 문자를 해석하기 보다는 큰 도리
만 깨닫고자 하였다. 송조(宋朝)에 선종(禪宗)이 흥성한다는 소리
를 듣고 바로 상선을 타고 임안부(臨安府)로 갔다.
　경산(徑山)의 무준사범(無準師範, ?~1249)을 찾아가 9년 동안
정진하여 그 법도를 이어받았다. 일본으로 돌아와 오주(奧州) 송도
(松島)에 원복사(圓福寺)를 창건하였다.
　돌아가시기 7일전 시중드는 이에게 알렸으나, 때가 되기까지 아
무 병 없이 침상에서 좌선하였다.
　모시는 사람이 게를 청하니 위의 게송을 노래했다.
　다시 "아직 한 구절이 모자랍니다."하였더니 그 소리에 답하여
한 번 부르고 입적했다.

희현도원(希玄道元) 선사

五十四年　　照第一天
好個□跳　　觸破大千
渾身無覓　　活陷黃泉

오십사 년
차례로 한 하늘을 비추네
한 개의 패도함을 좋아하여
대천세계를 부수었다.
혼신으로 찾을 것이 없어서
살려다가 황천에 빠지네.

[해설]
　스님(1200~1253)은 일본 경도(京都) 사람이다.
　속성은 원(源)씨다. 법호는 희현(希玄).
　일본 조동종의 개조(開祖)다.
　일찍 부모님을 여의고 열세 살 때에 그의 외삼촌을 따라 예산 (叡山)으로 가서 열네 살에 건인사(建仁寺)로 출가하였다.
　스무 네 살(1223년)에 송으로 건너와 '본래 성불'이라는 말에 의심을 일으켰다. 천동여정(天童如淨, 1163~1228)스님을 만나 깨달음을 얻었다.
　스무 여덟 살(1227년)에 일본으로 돌아가 조동 종풍을 떨쳤다.

흥성사(興聖寺)에 10년간 살다 길상산(吉祥山)에 대불사(大佛寺)를 창건하고 영평사(永平寺)라 개명하였다.

저서에 『보권좌선의(普勸坐禪儀)』·『정법안장(正法眼藏)』·『학도용심집(學道用心集)』·『수문기(隨聞記)』 등, 수백 권이 있다.

명치(明治) 천황이 그에게 '승양대사(承陽大師)' 시호를 내렸다.

신자영존(神子榮尊) 선사

傳不傳傳　何正何偏
途中家舍　兩脚踏天

전함 없는 전함을 전하노니
어디가 바르며 어디가 치우쳤는가
도중에 집에서 잠시 머물고선
두 다리로 하늘을 밟는다.

[해설]
　스님(1195~1272)은 복강(福岡) 사람이다.
　영조(榮朝)를 모시다가 1235년 원이변원(圓爾辨圓)과 함께 송으
로 건너가 3년을 살다 귀국하여 상야(上野)의 장락사(長樂寺)에 살
았다.
　1272년 원적했으니 나이 78세였다.

장수낭예(藏叟朗譽) 선사

清夜月靜　　松風爲琴
自非我客　　誰是知音

고요한 밤 달빛 조요로워
솔바람 소리 거문고 들린다
나는 나의 나그네 아니니
누가 이 소리 알랴.

[해설]

　낭예화상(1194~1277)은 천광영서(千光榮西)의 제자 영조(榮朝)로부터 심인을 받고 그 법을 이어받았다.

　영조 입적 후에 낭예는 신나천상주(神奈川相州) 장락사(長樂寺)에 머무르다 다시 겸창(鎌倉) 수복사(壽福寺)로 옮겨 머물렀다. 수복사는 구곡산(龜谷山)에 있으며 겸창왕산(鎌倉王山) 중 셋째다.

　그곳의 개산조사는 천광영서(千光榮西)이다. 2세는 행용(行勇)이며, 낭예가 3세이다. 그의 명성은 자자했다.

　시적하기 전날 숲속을 돌다가 그가 묻힐 자리를 미리 점쳐놓았다. 그 다음날 사람들을 모아놓고 법담을 하며 앞의 게송을 읊었다.

　붓을 놓고 관음상을 향하여 예를 올린 후, 입적하니 세수는 84세이다.

원이변원(圓爾辨圓) 선사

利生方便　　七十九生
欲知端的　　佛祖不傳

중생을 이롭게 하는 방편으로
일흔 아홉 해를 살았다
진리를 알고 싶었으나
부처님 조사님네 전하지 않았네.

[해설]

　스님(1202~1280)은 정강(靜岡) 준하(駿河) 사람이다.

　18세에 자하(滋賀) 원성사(園城寺)로 출가하였다. 상야(上野) 장락사(長樂寺)의 영조(榮朝)를 따라 상모(相摸)지방에 있는 수복사의 행용(行勇)을 만나게 된다.

　1235년 4월 송으로 건너가 명주(明州)에 이르러 경산(徑山)의 무준사범(無準師範)을 만나서 그의 법을 이어 받았다. 1241년 일본으로 돌아왔다.

　그 당시는 영서(榮西)가 입적한 지 50년이 지나 원이(圓爾)의 후계자다. 원이는 선승들의 임종, 유계 등에 대해 관심을 가지고 있었다. 이에 일본 선승도 송(宋)의 선풍을 배워 유계를 짓게 되었다.

　『사석집(沙石集)』에 의하면 영서(榮西)는 그의 명이 다함을 예언하며 사람들에게 계율을 말하고 단정히 앉아 서거했다 한다.

그의 제자 영조 역시 단정히 앉아 명을 마쳤다고 한다.

영조의 제자 낭예는 의자에 앉아 죽음을 맞았으며 임종게를 남겼다.

겸창(鎌倉)시대(1186~1332)의 선(禪)은 일본으로 건너간 승려들에 의해 흥기하기 시작했다. 그러나 그들은 일어를 잘 하지 못했기 때문에 포교에 종사한 이들은 일본 선승들이었다. 일본의 선승은 유게를 빌어 임종 시의 심경을 말하였으니 실로 값진 일이라 하지 않을 수 없다.

원옹심소(源翁心昭) 선사

四大假合　　七十一年
末後端的　　踏飜鐵船

지수화풍이 거짓으로 모여
일흔 한 해
구경의 진리는
밟아서 쇠배를 뒤집는 것이라네.

[해설]
　스님(1210~1280)은 심사월후(心瀉越後) 사람이다. 17세에 총지
사(總持寺)의 아산소석(峨山韶碩)을 친견하고 안은사(安隱寺)에 살
았다. 그 후 자안사(慈眼寺)에 살았는데 그 절은 오사카에 위치하
고 있다. 병고섭주(兵庫攝州)의 명기(名妓)가 건립한 것이었다.
　원옹은 법을 깨친 후에 각 지방을 다니다 조취(鳥取)로 와서 초
가집 한 채를 짓고 선심(禪心)을 기르니, 승속을 가리지 않고 그
에게로 귀의하였다.
　보장풍후(保長豊後) 태수(太守)가 퇴휴사(退休寺)에 살기를 청하
니 그곳의 개산조사가 되었다.
　회목(栃木)으로 가서 천계사(泉溪寺)를 창건하였다. 또 안덕사(安
德寺)의 개산조사가 되어 4년을 살다가 다시 복도(福島) 회진(會
津)으로 가서 초가암자를 짓고 한거하다 다시 선원을 창건하니,

이름을 경덕사(慶德寺)라 하였다.

이웃마을에 자안사(慈眼寺)가 있었는데, 산이 겹겹이 둘러있고 맑은 계곡이 있으며 경치가 빼어난 곳이었다.

원옹이 어느 날 지팡이를 짚고 천천히 언덕을 오르는데 갑자기 의관이 단정한 신선이 나타나 무릎을 꿇으며 말했다.

"저는 법을 보호하는 신이온데 스님께서 이 산에 머무시길 청하옵니다."하더니 홀연히 사라졌다.

그 신선이 주지스님의 꿈에 나타나 말했다.

"어서 빨리 절을 원옹스님에게 물려주시오. 그렇지 않으면 반드시 재화(災禍)가 있으리오."

그러나 주지스님은 반신반의하다가 세월이 흘렀다. 하루는 갑자기 대지가 진동을 하더니 법당과 탑이 무너지고 이상한 불이 날아와 모든 것이 감쪽같이 사라졌다.

사람들이 모두 놀랐음은 물론이다.

얼마 안 있어 태수(太守)가 죽기 전 기꺼이 재물을 버리고 깨끗이 가려하니 마을사람들이 다투어 도왔다. 그리고 절에서는 원옹을 청하여 50세에 주지가 되었다.

자안(慈眼)을 '시현(示現)'이라 개명하니, 법을 보호하는 신[護法神]의 나타남을 기념하기 위해서였다.

한암의윤(寒岩義尹) 선사

八十四年　　動靜得禪
末期一句　　威音以前

팔십네 해
생활 속에서 참선하였지
마지막 한 마디 하자면
위엄왕 이전이로다.

[해설]

　스님(1217~1300)은 후조우제(後鳥羽帝)의 황자(皇子)이다.

　1231년 출가했다. 태본(態本) 대자사(大慈寺)의 개산조사인 철통(徹通)의 법을 이어 받았다.

　예산(叡山)에 올라 천태(天台)를 배웠다. 16세에 계율을 전수받았다. 17세 때 희현도원(希玄道元, 1200~1253)이 송에서 귀국하여 흥성사(興聖寺)에 잠시 머무르자, 그를 20년을 모셨다. 그 후 도원을 따라 복정(福井) 영평사(永平寺)에 옮겨 살았다.

　36세에 송으로 건너가 그 다음해 도원이 시적하자, 의윤은 급히 귀국하여 10년 동안 고운(孤雲)을 모셨다.

　46세에 다시 송으로 건너가 무외의원(無外義遠)·퇴경덕녕(退耕德寧)·허당지우(虛堂智愚) 등과 같은 유명 스님들을 두루 찾아 다녔다.

50세(1268년)에 귀국하여 박다(博多) 성복사(聖福寺)에 3년간 살았다. 그 절은 영서(榮西)가 창건한 절이다. 한때 허당의 남포소명(南浦紹明)을 만나 의윤과 함께 배를 타고 귀국하였다.

의윤은 53세에 태본(態本)의 여래사에 살다 대자사(大慈寺)를 창건하여 15년을 살았다. 그동안 대지(大智)가 와서 찾아뵈니 의윤은 그에게 찐빵[饅頭]을 주며 물었다.

"자네 이름이 무엇인가?"

"만십(萬十)이라 하옵니다."

의윤이

"그렇다면 만십이 찐빵을 먹으면 어떻게 되는가?"라 묻자

"큰 뱀이 작은 뱀을 먹는 것에 비길 수 있지요."라 대답하여 의윤은 놀랐다.

의윤이

"자네는 지혜가 좀 있으니 소지(小智)라 해야겠네."라 하자 소지는 받아들이지 않았다. 그리하여 그에게 대지(大智)란 이름을 지어 주었다. 이후에 대지는 남포를 만나고 또 대승사(大乘寺) 형산소근(瑩山紹瑾)을 찾아갔다. 그리고 형산의 제자 명봉(明峰)의 법을 이어받았다.

명봉이 원(元)에 건너와 11년을 살았는데, 의윤은 84세에 입적하였다.

위항도연(葦航道然) 선사

空華亂墜　　八十三年
即今依舊　　葦航道然

허공에선 꽃이 어지러이 떨어지는데
나이는 여든세 살
지금도 예전과 다름없으니
위항도연이라.

[해설]

　스님(1219~1301)은 장야(長野) 사람이다. 출가한 후 건장사(建長寺)의 난계도륭(蘭溪道隆)의 법을 이어받았다. 그의 문하 4걸(四傑)의 한 사람이 되었으니, 즉 도계(道溪), 무급(無及), 약옹(約翁), 위항(葦航)이다.

　건장사는 거복산(巨福山)에 위치하며, 겸창(鎌倉) 5산(五山) 중 첫째다. 1249년 창건했으니, 즉 건장(建長) 원년(元年)이다.

　난계(蘭溪)가 개산조사이다. 창건하기 전에 그곳은 죄인의 형장이었다. 장군 시뢰(時賴)의 시대에 제전(濟田)이라 하는 사람이 죄를 지었다. 그리하여 목을 베려는데 칼을 두 번이나 내려쳤으나 칼만 부러지고 들어가지 않았다. 이상하여 그 이유를 물으니 제전이 대답하였다.

644

"저는 신앙지(信仰地)에 보살을 감추었사온데, 상투 가운데 감추었지요. 아마 그 때문에 칼이 부러졌을 것입니다."

그리하여 그 불상을 꺼내어 불전에 제사 지내고 본존으로 모셨다.

산수혜운(山叟慧雲) 선사

妄去來機　　無依獨歸
照天夜月　　滿地光輝

망령스레 오고감이
의지할 것 없이 홀로 돌아가니
하늘에 달빛 비추어
그 빛 누리 가득하구나.

[해설]

　스님(1231~1301)은 동경 사람으로 열일곱 살에 출가하였다.
열아홉에 성일을 만나고, 스물일곱 살에 송으로 건너와 단교묘륜
(斷橋妙倫)을 만나서 물었다.

　"무엇이 '조사서래(祖師西來)의 뜻입니까?"

　단교는 벽 사이의 먹으로 그린 매화를 가리키며 보여주었다.

　혜운은 게송을 지어 올렸다.

　한동안의 수련(修鍊)으로 눈과 서리를 밟으니
　영남(嶺南) 소식은 당당히 드러나
　꽃피고 달뜨니 둘은 서로 밝아,
　봄바람에 온 마당 향기롭길 기다리지 않아도 되겠네.

그러나 단교는 "아사리(阿闍梨, 스승이 될 만한 승려)께서는 매화의 뜻을 알고 계시는군요."

그리하여 10년간 법도를 구하였다.

한 번은 천태(天台) 석교(石橋)로 올라 나한에게 차를 올리기도 하였다. 36세에 귀국하여 박다(博多)에 살며 성일을 친견하고 동복사에 살았다. 70세에 입적하였다.

무관보문(無關普門) 선사

來無所住　　去無方所
畢竟如何　　不離當處

와도 머물 곳이 없고
가도 갈 곳 없으니
종국에는 어떻게 되겠는가
본래 면목을 벗어나지 말아야지.

[해설]

　스님(1212~1291)은 장야(長野) 신농(信濃) 사람이다. 원이(圓爾)
스님 회상에서 5년간을 살다 신사월후(新瀉越後)의 화보사(華報寺)
에 살았다.

　송으로 건너가 회계산(會稽山)에 올라 형수각(荊叟珏)을 만났다.
정자사(淨慈寺)로 가서 단교묘륜(斷橋妙倫, 1201~1261) 회상에서
12년을 보내고 일본으로 돌아왔다. 다시 원이를 모시며 사람들에
게 설법하였다.

　12월 12일 입적하니 나이 79세였다.

백운혜효(白雲慧曉) 선사

來也如是　　去也如是
更間如何　　如是如是

와도 이와 같고
가도 이와 같으니
또다시 어떤가를 물어도
이와 같고 이와 같을 뿐이로다.

[해설]

스님(1223~1297)은 사국(四國) 향천(香川) 사람이다.

성일변원(聖一辨圓)을 만나니 변원은 일원(一圓)의 모습을 그리고 위의 게송을 읊었다.

혜효(慧曉)는 8년간 변원을 따르니 깨닫는 바가 있었다. 43세에 송으로 건너갔다가 귀국 후에 종적을 감추었다. 후에 동복사(東福寺)에 살았는데, 동복사는 경도부(京都府)에 있는 것으로 1255년 창건되었다. 원래는 천태종 계열이었으나, 성일(聖一) 때 선종(禪宗)으로 바꾸었다.

경내는 6만평이고 보물을 많이 수장하고 있다. 75세에 원적하였다.

무상정조(無象靜照) 선사

諸佛來也如是　　諸佛去也如是
諸佛來去一般　　今我說也如是

모든 부처님 오심이 이와 같고
모든 부처님 가심이 이와 같으니
모든 부처님이 오고 가심이 매 일반이로다
지금 내가 하는 말도 이와 같으니라.

[해설]

스님(1234~1306)은 겸창 사람으로 어려서 출가하여 성일을 친
견했다. 19세에 송으로 건너가 석계(石溪)를 뵙고 허당(虛堂)을 따
랐다.

일본에 돌아온 후 불심(佛心)·보림(寶林)·법원(法源)·성복(聖福)
등에 살았다.

하루는 병 증세가 보이자 제자들을 모아놓고 장례를 의논하며
앞의 게송을 읊고 나서 담담히 입적하니 나이 73세였다.

무상(無象)이 지은 『흥선기(興禪記)』는 가히 영서(榮西)의 『흥선
호국론(興禪護國論)』에 비할 수가 있다.

그러나 두 사람의 졸년(卒年)엔 91년 격차가 있다. 당시 예산(叡
山) 천태종은 선종을 반대하고 있었다. 무상은 성일의 지도를 받

고 학자가 되었다. 송에 건너갔을 때 대휴(大休)·무학(無學)과 서로 교류를 하며 지냈다. 송에 14년을 산 후, 석계심월(石溪心月, 1215~1289의 법을 이어 받았다.

장산순공(藏山順空) 선사

無生一曲　　調入指端
九山崩倒　　八海枯乾

태어남이 없는 한 곡조
조화롭게 진리를 가르키네
구산이 무너지고
팔해가 바닥났네.

[해설]

　스님(1231~1307)은 구주(九州) 좌하(佐賀) 사람으로, 선종의 황
금시대에 살았다. 경도에 성일이란 스님과 겸창에 대각난계(大覺蘭
溪), 그는 이 두 분을 모셨다.

　30세에 송으로 건너가 7년간을 살다 일본으로 돌아와 좌하(佐
賀) 고성사(高城寺)에 20년간 살았다.

　1307년 5월, 입적이 다할 날이 가까워 옴을 알고 그 다음해 2
월 질병이 있었다. 5월에는 병이 심해져서 5일에 입적하니 세수
76세였다.

남포소명(南浦紹明) 선사

訶風罵雨　　佛祖不知
一機輪轉　　閃電猶遲

바람과 비를 꾸짖으니
불조도 알지 못 했네
한 기틀을 굴리니
섬광 빛의 번개도 오히려 더딜 뿐이네.

[해설]
　　스님(1235~1308)은 자하(滋賀)사람이다. 어려서 출가하여 난계(蘭溪)를 따랐다. 송에 건너가 허당(虛堂)의 법을 받았다. 9년만인 33세에 일본으로 건너와 난계 아래서 축전(筑前)의 흥덕사(興德寺)로 출가했다.

　　그 후 숭복사(崇福寺)에 30년간 살았다. 절에 들어와 사람들과 선문답을 함에 그가 이렇게 말했다.

　　"금년 섣달 29일, 와도 어디로부터 온 것이 아니요(來無所來), 내년 섣달 29일, 가도 어디로 가는 것이 아니다(去無所去)."

　　그러자 사람들이 놀라 그 뜻을 물었다. 그 다음해 섣달, 병 증상이 보이니 29일 이경(二更, 9시~11시 사이)에 앞의 게송을 읊고 입적하였다. 세수는 74세이다.

　　나라에서 내린 호는 '대응국사(大應國師)'이다.

무위소원(無爲昭元) 선사

倒却刹竿　　縱橫自在
左右逢源　　威音王外

찰간을 꺾어
어디나 자재롭다
좌우에 근원을 만나니
위엄왕 밖이니라.

[해설]

스님(?~1311)은 경도(京都) 사람이다.

복강(福岡) 승천사(承天寺)로 출가했다. 성일원이(聖一圓爾)·대각
(大覺)·난계도륭(蘭溪道隆)·불광(佛光)·무학(無學)·조심(祖心) 등을
친견했다.

경도(京都)의 동복사(東福寺), 상모(相摸)의 원각사(圓覺寺) 등에
살았다.

건장 원년(1311) 봄, 병 증상이 보이니 원각사를 물러나 보만
사(寶滿寺)에 살았다.

1311년 5월 16일 위의 게송을 남기고 담담하게 입적했다.

화엄조해(華嚴曹海) 선사

有句無句   樹倒藤枯

劈破太虎呈面目   會麼？

靜處娑婆訶

말이 있고 없고
나무는 꺼꾸러지고 등나무는 마르네
큰 호랑이 쪼개어 면목을 나타내니
알겠는가?
고요한 곳에 사바하.

[해설]

이 게는 화엄이 유게로 남긴 것이다. 이때 세수는 77세였고, 문하에는 46명이 있었는데, 오유(悟由)가 가장 뛰어났다.

월선침해(月船琛海) 선사

四大假合　　七十八年
末後一句　　威音王前

지수화풍이 거짓으로 모여서
칠십팔 년을 지났네
마지막 한 마디 하자면
위음왕 앞이로다.

[해설]

　스님(1231~1309)은 병고(兵庫) 사람이다.

　일옹호(一翁豪), 성일(聖一) 등을 친견하고 장락사에 20년간 살았다. 당시 성일이 『좌선론(坐禪論)』을 지어 좌선을 고취하고 있었다. 이 운동의 실천은 선종의 기초를 조성하며 임제종이 되었다.

　일옹호는 1243년 송으로 건너가 무준사범(無準師範)을 친견했는데 무준이 그를 맞이하여

　"일옹호 상좌께서는 도를 향한 자세를 갖추고 계십니다."라 말했다.

　일본으로 돌아온 후 상야(上野)의 장락사에 살았다. 그때 올암녕(兀菴寧)이 돌아하니 원호(院豪)가 자주 가서 가르침을 청했다.

　1281년 72세로 올암이 원적하고 침해(琛海)는 1309년 원적하였다.

치올대혜(癡兀大慧) 선사

高超方便　　自證自然
爲物應世　　八十四年

방편을 뛰어넘어
스스로 증득하니 스스로 자유롭다.
세상에 모습 나타낸 지
여든 네 해라네.

[해설]
　스님(1229~1312)은 삼중(三重) 사람으로, 장군 평청성(平淸盛)
의 아들이다. 예산(叡山)에서 배우고 밀교에 정통하였다. 한때 성
일과 만난 적이 있는데 성일이 물었다.
　"경에 말하지 않았더냐? 머릿속 생각으로 법도를 들으면 이렇게
해서 얻은 법은 다만 우연에 의한 것이지 진정한 대도를 얻었다
고 할 수 없다."
　그의 법을 이어 받았다. 사람들 중에서 가장 뛰어났다.
　경도(京都)의 동복사(東福寺)는 천태종이었는데, 성일이 선종으로
바꾸고 칠당가람(七堂伽藍)을 모두 갖추었다. 그러나 명치(明治)
초년에 화재가 나서 그중 절반을 태웠다.
　열반상·나한상·관음상 등, 국보가 있다.

무주일원(無住一圓) 선사

一漚浮海　　八十七年
風作波靜　　依舊湛然

물거품 같은 고해에
여든 일곱 해
바람 불어도 물결은 조요로워
옛날 그대로 담연할 뿐.

[해설]

　스님(1220~1312)은 겸창(鎌倉) 사람으로, 도경(道鏡)이라고도
한다. 열아홉 살에 감성(茨城) 적산사(的山寺)로 출가하여 현밀(顯
密: 顯教와 密教)을 배웠다. 성일(聖一)의 법도를 이어 받았다. 무
주는 교화에 열심이었으나, 만년에 애지(愛知)의 장모사(長母寺)에
살다 삼중(三重)의 연화사(蓮華寺)에 옮겨 살았다.

　저작인 『사석집(沙石集)』·『잡담집(雜談集)』·『성재집(聖財集)』은
모두 평이한 일본어로 쓰였다.

　그는 '숲속의 빈사(貧土)'라 자칭하며 마음을 비우니, 그의 높은
기품은 마치 성인(聖人)과도 같았다.

규암조원(規菴祖圓) 선사

一躍躍飜黃鶴樓　　一拳拳倒鸚鵡洲
臨行一着元無別　　黃鶴樓前鸚鵡洲

한 번 뛰어 황학루를 뒤집고
한 주먹에 앵무주를 거꾸러뜨리네
가고 행함 한결같아 이별 없는데
황학루 앞 앵무주만 흐르네.

[해설]

　규암조원(1261~1313) 스님은 장야(長野) 사람이다. 어려서 출가하여 성장기에 건장(建長), 원각(圓覺) 사이를 다녔다. 불광(佛光)을 뵙고 불광이 돌아간 후 무관(無關)을 찾았다.

　법등(法燈)을 만나 깨달음을 얻었으며, 고봉(高峰)을 만나 그의 증명(證明)을 얻었다.

　경도 남선사(南禪寺)에 24년간 살며 법당(法幢: 도량의 표지로 세우는 기. 전(轉)하여 남과 다른 견해를 내세우거나 새 종파를 만드는 일)을 크게 흔들었다.

　봄에 질병을 보이고 4월 24일 밤 앞의 게송을 읊었다.

고봉현일(高峰顯日) 선사

生坐立亡　　平地骨堆
虛空飜筋斗　刹海動風雷

살아서 앉았다가 서서 죽으니
평지가 뼈 무더기라
허공이 뒤집혀 곤두박질치니
바다에선 바람과 번개가 치네.

[해설]

　고봉현일(1241~1315) 스님은 황태자 출신이다.

　어려서부터 고기가 든 음식은 먹지 않고, 앉을 땐 반드시 결가
부좌하였다. 열여섯에 성일을 따라 출가하여 한 번은 어느 학식
있는 노인에게 경에 담긴 뜻을 물으니 노인이 대답했다.

　"경전에 쓰인 글자만으로는 설명할 수가 없는 것이다." 그러자
현일은 또 물었다.

　"그렇다면 어떻게 그 뜻을 알 수가 있을까요?"

　노인은

　"반드시 스스로 깨달아야 그 뜻을 알 수가 있다."라고 했다.

　그리하여 현일은 참선하기를 수년간 하였다. 스무 살 때 하루는
어떤 이가 풀을 베다가 잘못하여 지렁이를 두 쪽으로 자르는 것

을 보았다. 그는 스승에게

"불성이 어디 있는지 모르겠습니다."라고 묻자 스승은 답했다.

"수미산은 높지 않고 대해(大海)는 멸하지 않는다."

그 말을 듣자 깨닫는 바가 있었다.

송의 올암녕(兀菴寧)이 일본으로 건너와 건장사에 살자 그에게로 가서 가르침을 청하였다. 또 나수산(那須山)에 들어가 암자를 짓고 정진하자, 그를 찾는 무리들이 만여 명에 달하였다. 몽창석(夢窓石)도 그를 찾아와서 배웠다.

당시 남포소명(南浦紹明)은 복강(福岡) 숭복사(崇福寺)에 살고 있었는데, 천하의 학도들은 나수(那須), 근악(槿岳)을 가리켜 '불도를 배우는 문(門)'이라 칭하였다. 76세에 입적하였다.

약옹덕검(約翁德儉) 선사

七十六年　　不生不死
雲散長空　　月行萬里

일흔 여섯 해
삶도 죽음도 없었네
구름 흩어진 하늘에
달만 가네.

[해설]
　스님(1244~1319)은 겸창 사람이다.
　어려서 승려를 볼 때마다 합장하고 예를 행하니 경당(鏡堂)이
그를 보고 데려갔다. 16세에 삭발하고 동대사(東大寺)에서 계율을
전수받았다.
　건인(建仁)에 살면서 경당을 모셨다.
　하루는 경당이 그에게 물었다.
　"눈이 천산에 덮였는데 어찌하여 고봉(孤峰)이 희질 않느냐"
　덕검이 말했다.
　"독룡(毒龍)이 지나가는 곳에는 풀이 자라지 않습니다."
　송으로 건너가 많은 선사들을 참예하고 8년 만에 돌아왔다.
　세수 76세에 입적했다.

운옥혜륜(雲屋慧輪) 선사

動靜本無像　　去來又無蹤
風叫萬岳　　　月照千峰

동과 정은 본디 형상이 없는 것
오고감도 또한 자취가 없는 것
바람이 만산을 소리치고 지나고
달은 일천봉에 비추네.

[해설]

　스님(1248~1321)은 경도 사람이다. 어려서 출가하여 여러 지
방을 두루 다녔다. 무학조원(無學祖元)의 법을 이어 받았다.

　무학조원(無學祖元)의 자는 자원(字元)으로, 명주(明州) 사람이다.
무준사범의 제자이다.

　일본으로 건너간 후 건장(建長)에 살았다. 그 후 여러 산에 살
다 원각사로 돌아왔다.

　겸창의 원각사는 일본 오산(五山) 중 둘 째 가는 절이다. 혜륜
은 만년에 장수원(長壽院)을 창건하고 물러나 살았다.

　5월 10일 앞의 게송을 읊고는 담담히 서거하니 세수 74세이다.

직옹지간(直翁智侃) 선사

應事隨緣 　七十八年
撤手便行 　古路坦然

인연 따라
일흔 여덟 해
손을 놓고 가니
옛길 좋구나.

[해설]
　스님(1245~1322)는 상야(上野) 사람이다. 어려서 출가하여 처음엔 현밀(顯密)을 배우고 난계(蘭溪)를 따랐다. 남으로 다니다 송으로 건너가 여러 스님을 찾았다.
　일본으로 돌아와 성일을 친견하고 그의 법을 이어 받았다.
　1322년 4월 16일 질병이 보였다. 사람들을 모아놓고 뒷일을 부촉하고 앞의 게송을 남겼다.

험애교안(嶮崖巧安) 선사

臨行一著　　不假兩脚
踢倒須彌　　踏飜壁落

갈 때 일은
두 다리 빌리지 않는다
수미산을 넘어뜨리고
벽락을 뒤집는다.

[해설]
　스님(1252~1331)은 구주(九州) 좌하(佐賀) 사람이다.
　소년시절 출가하여 천태를 배우고 대휴(大休)를 따르면서 깨달음을 얻었다.
　처음에 복강(福岡) 안국사에 살다 만년에는 본암(本菴)에 물러나 살았다.
　1331년 7월 23일 입적하였다. 세수는 80세였다.
　'불지원응선사(佛智圓應禪師)'란 호를 받았다.

영평의운(永平義雲) 선사

毁教謗禪　　八十一年
天崩地裂　　沒火裏泉

교를 헐뜯고 선을 비방하길
여든 한 해
하늘이 무너지고 땅이 갈라지니
불 속 샘물을 길러오라.

[해설]

　스님(1253~1333)은 경도 사람이다. 어려서 출가하여 21세에
적원(寂圓)을 만나게 되었다. 적원은 1227년 도원(道元)을 따라
일본으로 건너 왔었다.

　도원이 세상을 떠난 후 고운(孤雲)의 법을 이어받았고, 1299년
에 입적하였다.

　의운은 적원의 유언을 받아 영평사(永平寺)에 10여 년을 사니
도풍이 극히 성황을 이루었다. 만년에 뛰어난 제자 담희(曇希)가
시봉했다.

남산사운(南山士雲) 선사

了達三世　　撥轉一機
祖也不會　　佛也不知

과거 현재 미래를 알아
한 기틀을 굴리니
조사스님도 알지 못하고
부처님 또한 알지 못하네.

[해설]
　남산사운(1254~1335) 스님은 자하(滋賀) 사람이다.
　복강(福岡) 승천사(承天寺)로 출가했다. 어려서 성일을, 그 후 불
원(佛源)의 지도를 받았다. 후에 불광(佛光)의 법을 이어받았다.
　동복사에서 살았다.
　남산(南山)은 계율에 아주 엄격하였으며, 성격도 날카로웠다.
　82세에 입적하였다.

천안혜광(天岸慧廣) 선사

末後一句　　佛祖不知
偈飜大海　　躍倒須彌

마지막 한 마디 하자면
부처도 조사도 모른다
바다를 걷어서 뒤집고
수미산을 거꾸러뜨린다.

[해설]

　천안혜광(1273~1335) 스님은 동경 사람이다. 열세 살 때 불광무학(佛光無學)을 의지하여 출가했다. 동대사(東大寺)에서 계율을 전수받았다.

　불국고봉(佛國高峰)을 따라 천목중봉(天目中峰, 1243~1323)의 도풍을 듣고 함께 참선하는 사람 10여 명과 중국에 건너갔다. 가는 도중에 중봉이 입적하였다는 소리를 듣고 애도의 게송을 짓기도 했다.

　천목에 올라 게송을 바치고 고림무(古林茂)·청졸정징(清拙正澄)을 친견했다. 청졸정징은 복주(福州) 사람으로 계족산(鷄足山)에 살다가 송강(松江) 진정사(眞淨寺)로 옮겨 살았다.

　청을 받아 일본으로 건너갔다.

　혜광은 명극초준(明極)·축산득선(竺山得仙) 등과 함께 일본으로 돌아와 물외암(物外菴)에 살다 겸창의 정묘사(淨妙寺)로 이주하였다.

혜광은 보은사(報恩寺)의 개산조사이다. 후에 향산사(香山寺)에 살았다. 앞의 게송을 남기고 세수 63세로 입적했다.

'불원선사(佛源禪師)'란 호를 내렸다.

쌍봉종원(雙峰宗源) 선사

幻生幻滅　　畢竟非實
本地風光　　無固無必

덧없이 났다가 덧없이 없어지니
결국에는 실상 아닌 허상이라네
본지풍광은
본래부터 꼭 그런 것이 아니도다.

[해설]
　스님(1263~1335)은 복강(福岡) 사람이다.
　13세에 성일을 의지하여 출가하여 6년을 모셨다.
　불광(佛光)을 만난 이후 20여 년간 대휴(大休), 서간(西礀), 일산
(一山), 적암(寂菴) 등을 만났다. 후에 숭복사의 주지가 되었다.
　11월 어느 날 질병이 보이더니, 21일 밤 옷을 갈아입고 단정히
앉아 입적하였다.
　세수 73세다.

금산명욱(金山明昶) 선사

法界卽五蘊　　五蘊卽法界
法界無可說　　五蘊無可名

법계가 즉 오온
오온이 즉 법계
법계를 가히 말할 수 없고
오온을 가히 이름 할 수 없네.

[해설]

대도일이(大道一以)화상의 문하에는 걸출한 법사(法嗣)가 있었는데, 이가 바로 금산명욱(金山明昶)이다. 금산은 원나라로 가서 이름난 스님들을 두루 친견하고 귀국했다.

예순 다섯 살 때 그가 입적 시 한 말이다.

"법계가 즉 오온이요, 오온이 즉 법계이니, 법계를 가히 말할 수 없고 오온을 무어라 이름 할 수가 없구나. 아! 죽는 것도 죽는 것이 아니고 나는 것도 나는 것이 아니로다."

자당각만(字堂覺卍) 선사

一二三四五
五四三二一
逆順全十玄
自然合律呂
眼前流水屋後山

1 2 3 4 5
5 4 3 2 1
역행 순행이 참으로 오묘하도다
자연은 음과 양이 서로 들어맞으니
눈앞에는 흐르는 물이요 집 뒤에는 산이로다.

[해설]

스님은 녹아도(鹿兒島) 사람이다. 13세 때 그의 아버지와 함께
남선사(南禪寺)에 가서 춘정(椿庭)에게 그의 제자 되기를 청하였
다. 춘정이 그를 보자 첫 눈에 그의 풍골이 비범함을 알고 기뻐하
였다. 그러자 그의 아버지는

"이 아이는 어려서부터 남들과 달리 매우 영리하고 활발했어요.
어미 뱃속에 있을 때 제 어미의 가슴에 곧잘 卍자가 나타나곤 했
지요…."

"허허! 이상한 일이군, 그것으로 저 아이에게 이름을 지어줘도

되겠군!"

그리하여 이름을 각만(覺卍)이라 지어주었다.

후에 오랫동안 참학을 하니 장경을 읽고 나서 지혜가 늘어 마치 새로이 칼을 빚어낸 것과 같았다. 그 후 고향의 현풍사(玄豊寺)에 개산조사로 모셔졌다.

그 후 죽창지엄(竹窓智嚴)을 만나 깨달음을 얻었다. 그는 유명한 사찰을 떠나 종파(宗派)의 모습을 유지하였다.

죽창은 자하(滋賀) 사람으로 아산(峨山)의 제자 대원(大源)을 따라 승적에 들었고, 요당진각(了堂眞覺)의 법도를 이어 받았다.

그는 석천(石川) 서천사(瑞川寺)의 개산조사로 1423년 입적했다.

당시 죽창지엄(竹窓智嚴)은 석천(石川)의 서천사에서 조동현풍(曹洞玄風)을 드높이고 있었는데, 자당은 그 문하에서 머물렀다.

죽창이 법당에 올라 제창하는 것을 듣고 갑자기

"한가할 때를 기다려 대 허공을 깨뜨리라"하고 외쳤다. 죽창은 허락하고 그에게 법의를 주었다.

고향에 돌아와 태악(態岳)에 들어가 바위 위에서 결가부좌하고 앉아 바리때만으로 삶을 이으며 몇 년을 보냈다. 그러던 어느 날 한 사냥꾼이 그의 고행에 경탄을 하며 자주 그에게 와서 공양을 하더니 이어 활과 화살을 버리고 그의 제자가 되기를 청했다.

그는 초목을 베어 암자를 짓고 자당을 청해 모시니, 이후 도량이 이루어져 이름을 보복사(寶福寺)라 하였다.

종봉묘초(宗峰妙超) 선사

截斷佛祖　　吹毛126)常磨
機輪轉處　　虛空咬牙

부처와 조사의 길 끊고
취모검을 항상 가네
수레 구르는 곳에
허공을 씹도다.

[해설]
　종봉묘초(1281~1336) 스님은 병고(兵庫)사람이다.
　14세에 천태종을 배우고 불국고봉(佛國高峰), 대응소명(大應紹
明)을 친견했다.
　26세에 깨달음을 얻었다.
　1308년 대응이 입적하자 다음해에 상경하여 운거사(雲居寺)에
살았다.
　입적 전 수좌 철옹(徹翁)에게 뒷일을 분부하고, 12월 21일 사람
들이 모인 가운데 22일 단정히 앉은 채로 입적했다.
　세수는 56세이다.

---

126) 취모(吹毛): 칼이 잘 드나 안 드나를 털을 불어 시험해 보는 일.

요당진각(了堂眞覺) 선사

性命盡處　　已一息中
淸風匝地　　八面玲瓏

목숨 다하는 곳
몸은 한결 같이 숨을 쉬어
맑은 바람 도처에 드리우니
사방팔방이 찬란하구나.

[해설]

경도 대화(大和) 사람으로 열일곱 살에 출가했다.

삼밀(三密: 身密·口密·意密)을 배우고, 삼중(三重)의 고봉각명(孤峰覺明)을 찾아가 제자가 되었다.

각명이 입적한 후, 총지사의 아산소석을 찾아가 깨달은 바가 있었다.

스물 셋에 상야(上野)의 보은사(報恩寺)에 계신 대원종진(大源宗眞)을 찾아 크게 깨달아 그 불법을 전수받았다.

천주종호(天柱宗昊) 선사

不離堂處　　直下則行
地獄天堂　　一片打成

바로 그 자리를 떠나지 않으니
바로 거기를 가리라
지옥과 천당을
한 조각으로 만드리.

[해설]
　스님(?~1340)은 정강(靜岡) 사람이다.
　동복성일(東福聖一)에게 사사하여 그 법을 전수했다. 동복사에서
살다가 8월 7일 입적했다.

고산자조(高山慈照) 선사

呵佛罵祖　　七十八年
末後一句　　臘雪連天

불조를 꾸짖길
어느덧 칠십팔 년
마지막 한 소리 하자면
섣달의 눈이 하늘과 맞닿았구려.

[해설]

　　스님(1266~1343)은 경도 사람이다. 두 살 때 부친을 잃고 열네 살 때 출가하여 천태종의 교리와 이름난 강의를 들었다.

　　그 후 불심종(佛心宗)으로 전향하여 법등각심(法燈覺心)을 만났다. 법등국사가 그에게 물었다.

　　"자네의 이름이 무엇인가?"

　　"사경(師鏡)이라 하옵니다."

　　"어째서 스승에게 드러내지 않는가?"

　　그때 일원상을 그렸다.

　　"스님께서 감상하십시오."

　　"부수어 버리게"하셨다.

하여 법등스님의 법을 이었다.

가암원혜(可菴圓慧) 선사

平生活路　　七十五年
金剛眼目　　只對吾禪

평생 활로로
칠십오 년이라
금강안목으로
다만 나는 참선할 뿐.

[해설]
　스님(1269~1343)은 애지(愛知) 사람이다. 처음에 천태를 배우고 삼장(三藏)에 명목(名目)을 외웠다. 열세 살 때 응통(應通)을 따르며 현교와 밀교에 정통하였다.

　27세에 원에 들어가 절강(浙江)의 여러 산을 돌아다니기를 13년이나 되었다. 40세에 일본에 돌아와 실상사(實相寺) 응통(應通)의 명을 받들고 자리를 나누어 설법하였다.

　1월 6일 앞의 게송을 남기고 입적하였다.

동해축원(東海竺源) 선사

無無無　　無無無
更問如何時　又無無無

없고 없고 없다
없고 없고 없다
다시 묻건대 어느 때인가
또 없고 없고 없다.

[해설]

　스님(1270~1344)은 삼중(三重) 사람이다.

　법등각심에 예를 행하고 스님이 되었다.

　동해축원(東海竺源)과 성일(聖一)을 만난 후, 여러 지방을 다니면서 깨달음을 얻었다.

　이후 남선사의 규암(規菴)을 모셨다. 서도(誓度)·건인(建仁)·건장(建長)에 살다가 취봉(鷲峰)으로 옮겨 살았다.

　후에 성복사(聖福寺)에 살았다. 한 때는 궁중에서 설법을 하기도 했다. 75세에 입적했다.

천외지고(天外志高) 선사

示不生生　　現不滅滅
天上人間　　淸風明月

불생(不生)의 생을 보여주고
불멸의 멸을 나타내니
천상의 인간이요
청풍의 명월이라.

[해설]
　　스님(1282~1343)은 상모(相摸) 사람이다.
　　남종(南宗)의 올암녕(兀菴寧)에게 가르침을 받았다.
　　동승사(東勝寺)·원각사 등에서 지냈다.
　　1343년 서광암(瑞光菴)에서 이 게송을 남기고 입적했다.

숭산거중(嵩山居中) 선사

生死涅槃　　春行冬令
將錯就錯　　仲和提景

생사열반이
봄이 겨울고개를 넘는 것 같네
잘못에 잘못 더하여
끼리끼리 어울려 볕을 붙드네.

[해설]
　스님(1277~1345)은 정강(靜岡) 출신으로 일본 임제종스님이다. 열아홉에 출가하여 무학조원·계당(桂堂)·일산일녕·서간(西澗)을 만나고 일본으로 돌아왔다. 원각(圓覺)·건장(建長)에서 설법을 하니, 많은 사람들이 그에게 가르침을 청하였다.
　서른두 살에 다시 중국으로 건너가 천동(天童) 지방으로 갔다. 일본으로 돌아온 후엔 일산을 따랐다. 마흔 둘에 또다시 중국으로 건너가 고림(古林), 중봉(中峰)을 만났다.
　57세에 일본으로 돌아와 경도의 서선사(西禪寺)에 살다가 남선사(南禪寺)에도 살았다.
　2월 6일, 앞의 게송을 남기니 세수는 69세이다.

호관사련(虎關師鍊) 선사

勿啓子手　　勿啓矛足
脫體現成　　其人如玉

내 손을 펴지 말라
내 발을 펴지 말라
몸을 벗어나는 것 쉽나니
그 사람은 옥과 같으니.

[해설]

　스님(1278~1346)은 경도(京都) 사람이다. 여덟 살에 출가하여
삼중(三重) 본각암(本覺菴)에 살았다.

　규암(規菴)·도계(桃溪)·무은(無隱)·일산(一山) 등으로부터 배웠다
그가 지은 『원형석서(元亨釋書)』가 유명하다.

　하루는 『능엄경』을 읽던 중, '살고 죽는 것, 가고 오는 것은 본
디 숨겨진 곳으로부터 오는 것과 같다(生滅去來, 本如來藏)'는 말
에 이르러 크게 깨달았다.

　하루는 사람들에게 고별을 알리므로, 사람들이 게송을 청하자
위의 송을 남겼다.

　평생 많은 병을 앓았다. 시문(詩文)도 많이 남겼다.

둔옹요우(鈍翁了愚) 선사

提空劫印　　去來在天
萬年一念　　一念萬年

공겁인(空劫印)을 거머쥐고
하늘을 오간다.
만년이 일념이요
일념이 곧 만년이다.

[해설]
　스님(?~1352)은 동복사(東福寺)의 월선해(月船海)에게 가르침을
받고 그 법을 이어받았다.
　상야(上野)의 장락사(長樂寺)·보문사(普門寺)·동복사 등지에서 거
처했다. 성격이 매우 솔직하여 꾸밈이 없었다.
　교화(交和) 원년 4월 6일, 정통암(正統菴)에서 앞의 게송을 남기
고 입적했다.

고산일공(固山一鞏) 선사

來時空手　　去時亦脚
一去一來　　單重交折

올 때도 빈손이요
갈 때에도 또한 빈 다리라
한 번 가고 오는 것이
단숨에 끊어지네.

[해설]
　스님(1284~1360)은 좌하(佐賀) 사람이다.
　고성사(高城寺) 장산(藏山)으로 출가하여 관음사(觀音寺)에서 계를 받았다. 열일곱 살에 경도(京都) 삼성사(三聖寺)의 무위소원(無爲昭元)을 친견하고, 남산(南山)·월선(月船)·송령(松嶺)·직옹(直翁) 등을 만났다.
　천룡사(天龍寺)에서 이 게송을 남기고 입적했다.
　세수 77세이다.

관산혜현(關山慧玄) 선사

鎖斷路頭難透處　　寒雲長帶翠巒峰
韶陽一字藏機去　　正眼看來隔萬里

잠긴 길을 끊고 빠져나가기는 어렵고
찬 구름이 길게 뻗어서 만봉들이 푸르네
소양일자(韶陽一字) 기틀을 버리니
정안으로 보건대 만 리나 틈이 있네.

[해설]

　스님(1277~1360)은 장야(長野) 사람이다.

　대덕사(大德寺)의 대등(大燈)의 법을 이어 받았다. 장야의 이취산(伊吹山)의 암자에 기거하다가 화원상황(花園上皇)이 궁을 떠나 묘심사(妙心寺)를 창건하자 주지가 되었다.

　법을 수옹종필에게 물려주고 2월 12일, 여든 네 살로 입적했다.

건봉사담(乾峰士曇) 선사

馬鳴出西天　　龍樹入東海
聖箭己離弦　　猶有返國勢

마명은 서천에서 나왔고
용수는 동해로 들어가네
화살은 이미 시위를 떠났건만
오히려 국세는 돌아오도다.

[해설]

　스님(1285~1361)은 복강(福岡) 사람이다.

　소운(少雲)이라고도 부른다. 열네 살에 출가하여 고봉(高峰)을
친견했다.

　경도(京都), 겸창 등지의 각 사찰을 다니다가 동복사에서 입적하
였다. 세수는 77세다.

월당종규(月堂宗規) 선사

脫身一路　　無去來今
朝朝日上　　夜夜月沈

몸을 벗는 이 길
가고 오는 이 없는 지금
아침마다 해는 솟고
밤마다 달은 잠기네.

[해설]

　스님(1283~1361)은 복강(福岡) 대재부(大宰府) 사람이다.

　열다섯 살 때 관음사의 조(照) 율사를 따라 출가하였다. 후에
제호사(醍醐寺)의 양범(良範)에게로 가서 계율과 밀교를 배웠다.

　어느 날 밤 꿈을 꾸고 숭복사(崇福寺)로 가서 남포소명(南浦紹
明)의 불법을 이어받았다.

　만복사(萬福寺)에 살았다. 또 숭복사에서 13년간 주지를 지냈다.
77세에 입적했다.

적실원광(寂室元光) 선사

屋後靑山　　檻前流水
鶴林雙趺　　熊耳隻履
又是空花結空子

집 뒤에는 청산이요
난간 앞 골짜기에는 시냇물이 흐르네
절에서 쌍가부좌
웅이산 외짝 신
또한 이 빈 공중의 꽃에서 공중의 씨앗이 맺혔네.

[해설]
　스님(1290~1367)은 강산(岡山) 사람이다. 어릴 때 수도로 무위
원(無爲元)으로부터 출가했다.
　열다섯 살 때 출가하여 일산녕(一山寧), 동명일(東明日) 등을 만
났다. 그 후 서른이 되던 해 가옹연(可翁然)·준암준(鈍菴俊) 등과
함께 바다 건너 원나라에 들어가 중암본(中峰本)·원수서(元叟瑞)·
고림무(古林茂)·청졸징(淸拙澄) 등의 많은 스님을 친견했다.
　서른여섯 살에 돌아와 자하(滋賀) 영원사(永源寺)에 거주하면서
광명(光明) 황제의 부름을 받고 법요를 했다. 그는 모인 대중에게
이 게송을 읊고 바로 입적했다.

몽산지명(蒙山智明) 선사

住妄想境　滿九十年
虛空崩裂　倒上梵天

망상 경계에 머문지
아흔 해를 채우니
허공은 찢어져 내려앉아
범천에 거꾸로 오르도다.

[해설]
　스님(1276~1366)은 병고(兵庫) 사람이다. 어려서 부모를 여의고 남의 손에 자랐다. 열여섯에 규암(規菴)을 따랐는데, 규암은 남선사(南禪寺)에서 24년간 살았다.
　그 후, 일산(一山)·명극(明極)을 친견했다. 복강(福岡)의 성복사(聖福寺)에 살다가 건인(建仁)·남선(南禪)에 이주하여 살았다.
　어느 날 사람들을 모아놓고 앞의 게송을 남겼다.

철옹의형(徹翁義亨) 선사

覿面當機[127]　　佛祖呑氣
一機轉處　　　虛空落地

참모습 볼 때에
부처와 조사의 뜻 삼킨다
한 번 뒤바뀌면
허공이 땅에 떨어진다.

[해설]
　스님(1295~1369)은 도근(島根) 사람이다. 여섯 살에 건인경당
(建仁鏡堂)에게 출가했다.
　경당 입적 후, 남선통옹(南禪通翁) 그리고 종봉(宗峰)의 가르침
을 받았다.

　광기 많은 선승인 일휴종순(一休宗純)이 많은 종문(宗門)들에게
나쁜 욕지거리를 했는데, 단지 철옹에게만은 외경스레 대했다 한
다.
　일휴는 읊기를 '대등지자(大燈之子)·대응지손(大應之孫)·정전임제
종문(正傳臨濟宗門)'이라 했다. 즉 대응(大應)은 남포소명(南浦紹
明), 대등(大燈)은 종봉묘초(宗峰妙超)를 가리킨다. 대응은 대등의

---

127) 당기(當機): 죽을 때.

스승이다.

철옹은 만년에 제자는 많은데 인재가 없어 믿음직한 제자가 없었다. 그래서 안거 일에 부처를 향하여 '만약 믿음직한 제자가 없다면 스스로 혀를 잘라 죽을 때까지 입을 열지 않겠다고' 발원했다.

제자들이 이 말을 듣자 모두 주야로 참선에 들었는데, 후일 많은 인재가 배출되고 종문(宗門)을 세웠다고 한다.

병을 보이더니 이 게송을 남기고 입적했다. 세수는 74세다.

무몽일청(無夢一淸) 선사

一顆寶珠　　祕入我山
今日擊碎　　地闊天寬

한 덩이 보물
아무도 모르게 내가 사는 산에 있네
오늘 깨부수어 버리니
땅은 넓고 하늘은 너그럽네.

[해설]

　스님(?~1368)은 옥계춘(玉溪春)에게 사사하였다. 남쪽 지방을 돌아다니다 중국으로 건너와 용암진(龍岩眞)·초은일(樵隱逸)·동양휘(東陽輝) 등의 가르침을 받았다.

　30년이 지나 일본으로 돌아가 강산(岡山) 보복사(寶福寺)에서 설법을 하고 동복사(東福寺)의 주지를 맡았다.

　5월 24일, 앞의 게송을 읊었다. 그의 후계자로는 동림진(東林震)과 진목온(眞牧蘊) 두 사람이 있다.

692

우산사시(友山士偲) 선사

生是何物　　死是何物
打破虛空　　風生八極[128]

나는 것은 어떤 물건이며
죽는 것은 어떤 물건인가
허공을 타파하니
바람이 우주에서 나네.

[해설]

　스님(1301~1370)은 경도(京都) 사람이다. 남선운(南山雲)에게 출가하여 잠계(潛溪)를 참견했다.

　스물여덟 살에 중국으로 건너가 절강·강소 등지를 18년간 두루 순례했다. 마흔 여섯 살에 귀국하여 산리(山梨)에서 정거사(淨居寺)를 창건했다. 나중에 경도의 안국사로 옮겨 지내다가 이 게송을 남기고 병으로 입적했다.

---

128) 팔극(八極): 우주.

대도일이(大道一以) 선사

三毒剛三學柔　　衰老至未知羞
我無遺弟骨可收　禽獸腹中好塔頭

삼독은 강하고 삼학은 부드러워
늙어도 부끄러움을 알지 못하구나
유골 거둬 줄 제자 없으니
짐승이나 먹게 탑에 두려무나.

[해설]

　대도일이(1305~1370) 화상은 도근(島根) 사람이다.

　열한 살에 출가하여 열네 살에 예산(叡山)에게서 계를 받았다.

　장산(藏山)에서 건장(建長)의 약옹검(約翁儉)·남선(南禪)의 규암원
(規菴圓)·일산녕(一山寧)·동복(東福) 남산(南山) 등, 여러 선사들을
두루 친견했다.

대휴선육(大休善育) 선사

幻生幻滅　　八十一年
去來無像　　落月在天

허깨비가 나고 없어지고
팔십 일 년의 세월
가고 옴은 상이 없는 것
달빛은 떨어져도 하늘에 있다.

[해설]
　스님(1292~1372)은 신나천(神奈川) 사람이다.
　여러 지방을 다니다 정지(淨智)로 돌아와 무상(無象)의 법을 이
어 받았다. 건인사에 살았다.

정산조선(定山祖禪) 선사

順緣逆緣　　冠地履天
打飜筋斗129)　歸路坦然

좋은 인연 나쁜 인연
땅을 쓰고 하늘을 밟는다
쳐서 뒤집으며 곤두박질 하지만
돌아가는 길이 이리도 마음 편하네.

[해설]

　정산조선(1298~1374) 화상은 상모(相摸) 사람이다.

　쌍봉(雙峰)의 법을 이었다. 30여 년을 두루 돌아다니다가 대성(大聖)·동복(東福)·남선(南禪) 등지에서 지냈다.

　세수 77세로 세상을 뜰 때 이 게송을 읊었다.

---

129) 근두(筋斗): 곤두박질.

축당원구(竺堂圓瞿) 선사

不隨前釋迦　　不待後彌勒
出世於中間　　分身千百億

석가 이전도 따르지 않고
미륵 이후도 기다리지 않네
중간에 출세하여
분신하길 천 백 억이다.

[해설]
　　스님(?~1378)은 병고(兵庫) 사람이다.
　　누현사(樓賢寺)에서 입적했다.

남영주종(南英周宗) 선사

托鉢來兮托鉢歸　　烏鷄夜半貼天飛
岩頭密啓聞天下　　不許稱成末後機

탁발 왔다가 탁발해 돌아간다
까마귀와 닭이 밤중에 하늘을 날고
바위 위 비밀스런 뜻 천하에 들리니
마지막 기회를 허락치 않노라.

[해설]

　남영주종 스님은 무장(武藏) 사람이다. 열여섯 살 때의 일이었
다. 중병에 걸려 3년 동안 앓던 중, 어느 날 그는 슬피 울며 맹세
했다.

　'내가 오랫동안 수도한 것이 오늘 쓰이질 못하니, 지금 이렇게
괴로워도 어찌하면 좋을지 모르겠구나. 살고 죽는 일은 큰 문제이
니 앞길이 막막하구나. 아아! 깨달음의 맨 마지막 구절은 어떠한
것인가? 만약 빨리 쾌유할 수 있다면, 도를 위해 목숨을 버려서
삶과 죽음의 근원을 끊어버리리라.'

　이후 그는 점점 회복되었다. 한번은 무장산(武藏山)에 들어가
10여 일을 금식하고 있으니 어떤 스님이 와서 말했다.

　"백애보생(白崖寶生)을 만나보도록 하시오." 그리하여 백애를 만
나 그가 이해한 바를 보이니 백애는 수긍하며 말했다.

698

"만약 고인(古人)의 안건을 취하려면 더욱 자세히 검증을 가해야 한다."

그 후 한 편 또 한 편 고측인연(古則因緣)을 검증해 나가다가 '덕산탁발화(德山托鉢話)'에 의심 가는 곳이 있었다. 안건에는 이렇게 적혀 있었다.

설봉(雪峰)이 덕산에서 밥 짓는 일을 맡아보고 있었다. 하루는 밥이 늦어지자 덕산은 바리때를 들고 법당으로 올라갔다. 이에 설봉이 말했다.

"종도 안 울리고 북도 치지 않았는데 노스님께선 바리때를 들고 어디로 가시는 거지?"

덕산이 방장(方丈)으로 돌아가려니 암두(岩頭)가 법당 안에서 그 소리를 듣고 손을 가볍게 두드리며 말했다.

"크고 작은 덕산 둘 다 깨달음의 마지막 구절을 얻지 못했군."

덕산이 그 소리를 듣고 시봉을 시켜 암두를 불러와 물었다.

"그대는 노승을 수긍하지 않는가?"

암두가 자세히 그 뜻을 밝히자 덕산은 다음날 법상에 오른 후 말하는 것이 평상시와 달랐다.

암두가 법당 앞으로 와서 손바닥을 문지르며 껄껄 웃으며 말하길

"기쁘게도 법당의 스님이 깨달음의 마지막 구절을 체득했구나. 이후의 천하 사람들은 자네를 어찌하지 못하리라."

5년 후에 덕산의 말을 철저히 살펴본 후에 남영(南英)은 앞의 게송을 읊었다.

무아성오(無我省吾) 선사

此岸彼岸　　一踏踏翻
迦文救藥　　竝吞乾坤

차안 피안을
한 번으로 밟아 뒤집으니
부처로서도 손을 쓸 수가 없고
천지마저 삼키는구나.

[해설]

　스님(1310~1381)은 경도 사람이다. 서른 살에 입교사(入教寺)
로 출가하여 현밀(顯密)을 공부했다. 대덕사(大德寺)의 종봉(宗峰)
을 따라 월당(月堂)선사를 참견했다.

　서른여덟 살에 원나라에 들어가 견심복(見心復)·월강인(月江印)
등을 친견했다. 쉰 두 살에 귀국하여 대중에게 많은 게를 지어 행
하도록 하였다.

　2차로 원나라에 들어가 명(明) 태조(太祖)의 소문법요(召問法要)
에 응하여 자색(紫色)가사를 하사 받았다.

　2월 15일, 뒷일을 법제(法弟)인 무방응(無方應)에게 당부하고,
금릉(지금의 南京)에서 입적했다. 세수는 일흔 두 살이었다.

천경영치(天境靈致) 선사

色身幻化　　無在不在
以空塞空　　以海添海

이 몸은 거짓이라네
있고 없음이 있지 않네
허공으로서 허공을 막고
바다로서 바다를 더하네.

[해설]
　스님(1291~1381) 스님은 산리(山梨) 사람이다. 다른 이름으로는 운구(雲玖)라고도 불렀다.
　아주 어릴 때 출가하여 청졸징(淸拙澄)에게서 사사하고 법을 이어 받았다.
　정사사·복강(福岡)의 만수사(萬壽寺)·경도(京都)의 건인사(建仁寺)·대판(大阪)의 법운사(法雲寺) 등지에서 지냈다.
　선주암(善住菴)에서 어느 날 갑자기 병이 보이더니 입적했다.
　세수는 71살이었다.

보산부옥(寶山浮玉) 선사

不管輪廻　　悟了輪廻
脫了底除　　無去無來

윤회에 상관없이
윤회를 깨치었노라
미망을 벗어나고 보니
가고 옴이 없도다.

[해설]

　스님(1303~1383)은 부산(富山) 사람이다. 열 살 때 출가하여 열여섯 살에 상경, 약옹검(約翁儉)을 참견했다. 남선(南禪)·건인(建仁·안국(安國)·서림(西林)·진여사(眞如寺) 등지에서 지냈다.

　2월 20일 이 게를 남기고 갑자기 입적했다. 세수는 여든 한 살이었다.

난주양방(蘭洲良芳) 선사

須彌倒卓　　虛空消亡
日面月面　　常時寂光

수미산이 거꾸러지고
허공이 없어지네
해를 보고 달을 보니
언제나 고요한 빛일 뿐.

[해설]

　난주양방(1305~1384) 화상은 복정(福井)에서 태어났다. 교사(敎寺)에서 출가했다.

　열다섯 살 때 상경하여 일산(一山)이 남선(南禪)에 살고 있다는 말을 듣고 찾아갔으나 일산은 이미 세상에 없었다. 영예산(嶺叡山)으로 올라가 제가(諸家)를 참구했다.

　그곳에서 3년간 법을 널리 폈다. 2월 6일 삼경(三更), 이 게송을 남기고 입적했다.

발대득승(拔隊得勝) 선사

端的看　　是什麼
恁麼看時　必不相錯

바로 보아라
이것이 무엇인가
이렇게 본다면
반드시 서로 잘못 보지 않으리라.

[해설]

발대득승(1327~1387) 스님은 상모(相摸) 사람이다. 도근(島根)의 운수사(雲樹寺)에 계신 독봉각명(孤峰覺明)을 뵙고 그의 법을 이어 받았다.

발대의 선학(禪學) 대중화 공적은 무척 위대한 것이다. 그는 9세에 선문에 들어서 삭발 이후 승복도 입지 않고 불경도 외지 않으며 승려가 해야 할 행동을 하지 않는 자유인이었으나 도처에서 좌선하였다.

득경(得瓊)과 교류를 하면서 한 때는 겸창의 긍산(肯山)을 만났다. 31세에 승복을 입기 시작하여 여러 곳을 다녔다.

자성(茨城)의 복암종기(復菴宗己)와 도근의 운수사에서 고봉각명을 만나고 나서 깨달음이 확 트이게 되었다. 그가 고봉을 떠날 때 고봉이 물었다.

"어디로 갈 것인가?"

"산에서 살고자 산으로 갑니다."

산에 은거하는 것은 그의 소망이었다. 그러나 항상 참선하는 무리들이 100명을 넘는지라 그는 밤중에 정강산(靜岡山)으로 도망하여 암자를 짓고 살았으나, 또 300여 명이 찾아들었다. 그리하여 산리(山梨)에 가서 암자를 지으니 또 800여 명이 찾아들었다.

정강(靜岡)의 염산(塩山)에 이주하였는데 학도들이 1,000여 명이나 되었다. 다시 향악암(向岳菴)으로 이주하여 그의 생애를 마쳤다.

1380년 산리(山梨)의 향악사(向岳寺)에 개산조사로 모셔져 살았으며, 61세에 입적했다.

춘옥묘파(春屋妙芭) 선사

幻生七十有餘年　　了却先師未了緣
一國黃金收拾去　　古帆高掛合同船

허깨비 인생 칠십 여 년
선사는 마쳤는데 인연은 마치지 못했네
나라의 황금덩어리를 다 거두어서
옛 돛을 높이 걸고 같이 배나 타세.

[해설]

　스님(1311~1388)은 산리(山利) 사람이다. 일곱 살에 출가하여
법화경을 배웠다.

　열일곱 살에 상경하여 몽창(夢窓)의 지도를 받았다. 몽창이 세상
을 떠난 후엔 원옹(元翁)을 모셨다. 또한 축선청졸(竺仙淸拙)을 친
견하기도 하였다.

　정지사(淨智寺)·천룡사(天龍寺)에 살았다. 세수는 78세다.

　시호는 '지각보명국사(智覺普明國師)'이다.

월암종광(月菴宗光) 선사

今日事　　今日事
昨日事　　昨日事

오늘 일은
오늘 일이요
어제 일은
어제 일이라.

[해설]
　월암종광(1325~1389) 스님은 기부(岐阜) 사람이다. 스물다섯 살 때 봉옹(峰翁)화상에게 출가하여 고선(古先)과 몽창을 참견했다. 대충(大蟲)은 봉옹의 법제자인데 월암은 대충 아래서 깨달음을 얻었다. 월암은 학자요 또 교육가이기도 하다.

　만년에 병이 들어 "얼굴은 주름지고 눈은 생기를 잃고 안색은 굳고, 긴 머리카락에 뼈골만 앙상하니, 내 병든 모습을 드러내 보이고 싶지 않구나. 몸은 이 세상 밖의 중이로다"라고 읊고는 조금도 마음의 동요 없이 평온하게 입적했다.

　임종 시 "오늘 (일)은 어떻습니까?"라고 묻자 위의 게를 읊었다.

　죽는 날은 단지 죽는 날일 뿐, 한 마디도 남겨 둘 말이 없다고 했다. 세수 예순 넷이었다.

통환적령(通幻寂靈) 선사

閻浮往來　　滿七十年
末期行脚　　兩脚踏天

여염을 오가며
만 칠십 년
마지막 행각에는
두 다리로 하늘을 밟네.

[해설]

　통환적령(1323~1391) 스님은 대분(大分) 사람이다. 부모를 일
찍이 여의고 일곱 살 때, '사람들은 모두 부모가 계시는데 왜 나
만 없을까'라고 생각하고는 할머니에게 여쭈어 본 후 의문을 풀었
다. 그리고는 출가하여 그들의 명복을 빌어주고 싶다고 했다.

　열네 살 때 출가하여 계율을 일일이 전수받고 열일곱에 정산조
선(定山祖禪, 1298~1374)을 친견했다.

　정산은 쌍봉종원(雙峰宗源, 1263~1335)의 법을 이었다. 정산은
명봉(明峰)을 친견했는데, 명봉은 도원(道元) 이후 5세손이다. 정
산은 먼저 임제선을 배운 후 후에 조동(曹洞)을 배웠는데 당시엔
그 둘을 특별히 구분하지 않았다.

　정산은 통환에게 명봉에게 찾아가도록 소개하여 주니 엄격히
수행했다. 그러나 명봉은 1350년 3월 입적하였다. 그 다음해 통

환이 서른 한 살 되던 해 아산(峨山)을 만나 그의 법을 이어받았다. 45세 때 아산이 원적하였다.

통환은 흥성사(興聖寺)에 살다 총지사(總持寺)로 이주하니 그를 찾는 무리들이 구름떼처럼 몰려들었다.

통환의 선풍은 극히 엄격하여 문자의 뜻을 푸는 것을 금지하여 만일 책이 발견되면 즉시로 태워버렸다.

4월에 병이 나더니 단오(端午)에 원적하였다.

무문원선(無文元選) 선사

平生顚倒　　今日卽堂
末後一句　　雪上加霜

生如出岫雲　死似行空月
一念認性相　萬却擊驢橛

평생 잘못된 생활
오늘에사 집에 들었다
마지막 진리는
눈 위에 서리를 더함이로다.

태어남이란 구름이 산골짜기에 이는 것 같고
죽음이란 공중에 달이 지나가는 것과 같다
한 생으로 성품 모양 일면
만 가지가 오히려 노새가 재갈치네.

[해설]
　무문원선(1323~1390)은 황제의 아들이다. 열여덟에 출가하였
다. 가옹연(可翁然)·설촌매(雪村梅)가 건인사에 살았는데, 무문은
이 두 스님을 따랐다. 또 무은회(無隱晦)를 친견하기도 했다.
　무은은 바다 건너 원(元)으로 가서 각 지방을 두루 다니며 여러

법사들을 찾아뵈었다. 건녕(建寧)의 대각사(大覺寺)로 가서 고매정우(古梅正友)의 법을 이어받았다.

또한 앙산(仰山)으로 가서 자유(子有)와 서로 교유하기도 했다. 초석범기(楚石梵琦, 1296~1370)·요암욕(了菴欲)을 만나고 일본으로 돌아와 기부(岐阜)의 요의사(了意寺)에 살았다.

3월 23일 앞의 게송을 읊은 후 입적하니 세수는 68세이다.

무착묘융(無着妙融) 선사

法法本來法　　心心無別心
玉兔常當戶　　白日移輪

법법이 본래 법이요
심심이 무별심이라
달은 늘 집에 있는데
해는 굴러가는 도다.

[해설]

　무착묘융(1332~1393) 스님은 녹아도(鹿兒島) 출신이다. 19세에
출가하여 강중(剛中)을 만난 후에 무외(無外)를 따르다가 깨달음을
얻고 그의 법을 이어 받았다.

　무착(無着)은 옥림(玉林)·의왕(醫王)·영천(永泉)·대성(大聖)·대평
(大平) 등, 절의 개산조사다.

　무착은 『신심명(信心銘)』을 즐겨 읽었는데 하루는 강중이 그를
꾸짖어 말했다.

　"뭐냐! 말을 이리저리 꼬아 놓은 것이 무슨 소용이 있느냐? 그
저 남이 토해 놓은 찌꺼기만 핥는 격이지."

　또 고봉(孤峰)을 뵈었을 때 그는 고봉에게 물었다.

　"어떻게 해야 제 자신이 될 수 있습니까?"

　그러자 고봉은 무착을 붙잡고

"이건 뭐냐?"라고 물었다.

무착은 그 뜻을 알지 못해 한 마디도 꺼내지 못한 채 고향으로 돌아왔다. 그리하여 3년을 고되게 수행하였다.

공양도 잊으며 좌선하는데, 어느 날 갑자기 깨닫는 바가 있어 아래 게송을 지었다.

8월 12일 천복사(泉福寺)에서 병을 보이더니, 머리를 깎고 목욕하고 옷을 갈아입은 후 의자에 단정히 앉아 입적하였다.

靈山付囑絶言詮　　迦葉破顔傳不傳
端的全提有何物　　看看心月本孤圓

영산에서 부촉한 말을 끊고
가섭이 파안대소하며 전함 없는 것을 전한다
참으로 온전히 붙든 그 물건 어디 있는가
보아라. 마음의 달은 본래 외롭고 둥근 것일세.

태청종위(太淸宗渭) 선사

夢幻空華　　不生不滅
撥轉大機　　虛空迸裂

꿈이여 거짓이여 아지랑이여
남이 없고 죽음 없구려
경계 바뀌어지면
허공이 부러지나니.

[해설]
　태청종위(1321~1391) 스님은 겸창 사람이다. 13세에 출가하여
16세에 계율을 전해 받았다.
　남선(南禪)·건인(建仁) 등을 친견했다.
　몽창소석(夢窓疎石, 1275~1351)·고선(古先) 등이 그의 큰 그릇
됨을 알고 아끼었다. 남선·용문(龍門)·정지(淨智)·보림(寶林)·천룡
(天龍)·상국(相國)에 두루 살았다.
　세수 일흔 하나에 입적했다.

성해영견(性海靈見) 선사

天上人間休覓我　　大千沙界絶行踪
不須撈摝水裏月　　誰敢縛住空中風

하늘 위 인간세상에서 나를 찾지 말라
대천사바세계에서 행적을 끊었으니
물속에서 달을 찾으려고 휘저을 필요 없네
누가 감히 허공의 바람을 묶어 둘 수 있으랴.

[해설]
　　스님(1377~1396)은 장야(長野) 사람이다. 열한 살에 출가하여
열아홉에 중국 원나라 청졸정징(淸拙正澄, 1274~1339)과 호관사
련(虎關師鍊, 1278~1346))을 친견했다.
　　1343년 다시 중국으로 건너가 강남·강북을 다니며 고덕(高德)·
천녕공(天寧空) 해념(海念)·강인(江印)·휴료(卽休了)·축원원 등을 친
견했다.
　　1351년 일본으로 돌아가니 1346년에 호관은 이미 원적하고 없
었다. 1396년 3월 영견은 병이 나자 앞의 게송을 읊고 나서 입
적하였다.

옥강여금(玉岡如金) 선사

七十一年　　討甚麽椀
古渡月明　　青天雲散

일흔 한 해 동안
사발그릇이 무엇인지 염두에 두었네
옛 나루터에 달은 밝고
푸른 하늘에 구름이 흩어지누나.

[해설]

　스님(1332~1402)은 복정(福井) 사람이다.

　별원원지(別源圓旨)를 따라 출가하여 홍선사(弘禪寺)에 살다가
후에 복강(福岡)의 성복사(聖福寺)로 옮겨 살았다. 남선사(南禪寺)
의 주지를 지내기도 했다.

　71세에 입적하며 앞의 게송을 남겼다.

우중주급(愚中周及) 선사

會識夷齊是兄弟　見面無由只聞名
照他陳跡一輪月　首陽雲裏不自明

백이와 숙제가 형제인줄은 알고 있었지만
만나 볼 수가 없으니 단지 이름만 듣노라
그들이 남긴 옛 자취를 비추는 둥근 달은
수양산 구름 속에선 제 혼자 밝을 수가 없구나.

[해설]
　스님(1323~1404)은 기부(岐阜) 사람이다.
　열세 살에 몽창소석(夢窓疎石, 1275~1351)을 만나 출가하였다.
17세에 수계하고 18세에 건인사에 살다 중국 명주(明州)로 건너
갔다.　조원월강(曹源月江)·금산즉휴(金山卽休)·석실구(石室玖)·용산
견(龍山見) 등을 친견했다.
　29세에 일본으로 돌아와 불통(佛通)에 사니 문도들이 구름떼처
럼 몰려들었다.
　8월 17일 병이 보이니, 24일 관에 새길 구절을 짓고, 25일 앞
의 게송을 읊고 입적하였다.

우봉등익(友峰等益) 선사

幻生亦不滅　　非幻不生滅
方外立乾坤　　壺中掛日月

덧없는 생은 사라지지 않고
덧없지 않는 생 또한 사라지지 않는 것은 아니니
우주공간 밖에 하늘과 땅을 세우고
항아리 안에다 해와 달을 걸어 놓는다.

[해설]

　우봉등익(1327~1405) 스님은 복강(福岡) 사람이다.
　출가한 후 몽창(夢窓)·석호(石虎)·관련(關鍊) 등을 친견하고, 장
수사(長壽寺)에 살았다. 원적할 때 옷을 갈아입고 앞의 게송을 읊
었다. 79세를 살았다.

천상일린(天祥一麟) 선사

有有有有有　　無無無無無
裂破鐵絲網　　擊碎驪領珠』

있고 있고 있고 있고 있고
없고 없고 없고 없고 없음으로
번뇌를 깨트리고
얻기 어려운 보물까지 부수어라.

[해설]

천상일린(1329~1405) 화상은 경도 사람이다.

어릴 때 동해축원(東海竺源, 1270~1344)의 시동(侍童)이었다.

열일곱 살 때 대원사(大願寺)에서 출가하여 수계하였다.

어느 날 병을 보이더니 시자에게 말하기를, "나 가느니라."라고
하고 바로 원적에 들었다.

절해중진(絶海中津) 선사

虛空落地　　火星亂飛
倒打筋斗　　抹過鐵圍

허공은 땅으로 떨어지고
화성은 어지러이 날아
거꾸러져 곤두박질하며
철위성을 지나간다.

[해설]
　스님(1336~1405)은 토좌(土佐)출신이다. 열세 살에 출가하여
서른두 살에 여상좌(汝霜佐)와 배로 중국으로 건너가 명(明) 태조
에게 법요를 강설하였다.
　그는 일찍이 사람들을 놀라게 할 정도로 총명하여 많은 석학들
로부터 칭찬을 받았다. 서른 살에 그는 몽창을 친견했는데 몽창은
그의 뛰어남을 보고 큰 그릇임을 알았다. 그 후 1년간 곁에서 시
중하도록 했다. 그러자 지식은 날로 비약하여 대중을 놀라게 하였
다.
　몽창이 『원각경(圓覺經)』을 강하자 그 동문들이 뜻을 잘 이해하
지 못함에 중진(中津)에게 다시 강의하게 했다. 중진은 "화상(스승
님)을 수고롭게 할 것 없다. 내가 직접 강의 할 테니 잘 들어라!"
라고 한 후, 강의를 했는데 스승이 강(講)한 내용과 일언일구(一言

一句)가 한 치도 차이가 없었다 한다.

명 태조의 자문법요(咨問法要)에 응하여 의발과 주장자와 금란 가사 등을 하사받아 귀국했다. 갑주(甲州) 혜림사(慧林寺)에서 법을 3년간 펴고 천룡사(天龍寺)로 물러나 있었다. 당시 장군 요시미찌(義滿)의 횡포에 직언으로 간하는 통에 그의 미움을 사자 훌쩍 수도를 떠나 섭진(攝津)에 은거했다.

사방에서 스님을 모아 보관사(寶冠寺)를 여니 법의 우레가 널리 퍼졌다. 장군 요시미찌가 이전의 잘못을 깊이 뉘우치고서 중진(中津)으로 하여금 동경으로 돌아오도록 했으나 병을 핑계로 응하지 않았다. 다시 요시미찌가 친서로 초청하자 이번에는 피할 수 없음을 알고 동경으로 돌아와 동국사(桐國寺)에 머물렀는데 요시미찌는 늘 그를 참견하고 후대했다.

이 게송은 그가 세수 일흔 살로 입적할 때 남긴 것이다.

대철종령(大徹宗令) 선사

生死無常人不識　　從前佛祖不能及
頭長三尺更是誰　　萬仞峰頭獨立足

생사와 무상함을 사람들은 모르고
예전의 불조를 따르려 하지 않네
머리 길이가 삼척인데 이것이 뉘인가
만길 봉우리에 홀로 섰도다.

[해설]

　스님(1332~1408)은 녹아도(鹿兒島) 사람이다. 어릴 적에 불교
에 귀의하여 고된 수련을 거쳐 아산(峨山)을 참견하고 그 법을 이
었다. 유년시절에 산사에 갔다가 독경하는 스님의 모습을 보고 난
후부터는 승풍(僧風)을 우러러 보았다. 열여섯에 출가하였을 때 아
산화상이 그에게 물었다.

　"너는 주장자가 있고 내가 네게 주장자를 주겠다. 너는 주장자
가 없다, 나는 너의 주장자를 뺏어버린다, 무슨 뜻이겠느냐?" 대
철이 대답을 못했다.

　선상(禪床)으로 돌아가 단좌하여 한 숨도 자지 않고 밤을 세워
그 다음날까지 참구하여 활연 대오하였다. 아산이 이를 보고는
"너는 참 철저한 사람이구나." 하였다. 어느 날 문도들을 모아 놓
고는 앉아서 조용히 입적했다.

722

공곡명응(空谷明應) 선사

倒騎木馬　　踏破虛空
欲覓踪跡　　細綱繫風

나무 말을 거꾸로 타고
허공을 밟아 부순다
발자취를 찾고 싶지만
가느다란 그물이 바람을 묶어두는구나.

[해설]
　공곡명응(1327~1407) 스님은 자하(滋賀) 사람이다.
　몽창을 의지하여 출가하였다. 그의 제자 무극(無極)의 법을 이어
받았다.
　천복(天福)·천녕(天寧)·대광명(大光明)에 살았다.
　상국(相國)에서 세 번 주지를 지냈으며, 절해중진(絶海中津)과 친
했다.

송령도수(松嶺道秀) 선사

時到了 再見　　　遺偈 哈哈哈
於今求偈有何用　　平生說處善吟味

때가 왔도다 잘 있거라
게송을 남기라고! 하하하
이제 와서 게송을 구한들 무슨 소용이 있겠는가
평생 설한 바나 잘 음미해 볼 일이지.

[해설]

　송령도수(1329~1417) 스님은 동경 사람이다. 열두 살에 출가
하여 적실(寂室)을 친견한 후, 법을 깨달았다.

　정덕사(貞德寺)·임제사(臨濟寺)를 창건하고 영원사(永源寺)에서
두 번 주지를 맡았다.

　그는 일부러 명 사찰을 피하여 작은 절 지키기를 시종일관했다.
그가 암자를 짓고 홀로 좌선하니 그를 찾는 무리들이 점점 늘었
다. 정덕사에 살 때는 법석이 융성하였다. 그 후 제자에게 자리를
물려주고 4년 동안 은거하였다.

　건임(建臨)의 제암(濟菴)과 납자 30명이 함께 살았는데 생활이
극히 고담스러웠다.

　일흔 네 살 때 등 쪽에 악성질병이 생겨 숨을 거두려 할 때였
다. 여러 사람들이 머리맡에 둘러앉아 슬피 울었다. 그러자 송령

이 말했다.

"자네들은 염려 말게. 이 노승은 죽지 않는다. 15년은 더 살거야."

그 일이 있은 후 다시 영원사(永源寺)의 주지를 맡았다. 영원사를 물러난 이후엔 임제로 돌아왔다. 정월에 절의 북쪽 귀퉁이로 가서 그 땅을 가리키며 시자들에게 말했다.

"이 노승이 죽으면 여기다 묻어주오. 탑을 세우는 대신 소나무 한 그루만 심으면 된다네."

2월 13일 가벼운 병 증상이 보이자, 다음날 새벽 시중드는 이를 불러 부촉하였다. 얼굴을 씻고 가사를 입은 후 단정히 앉아 손으로 정인(定印)을 지었다. 그리고는 좌우를 둘러보며 담박하게 입적하니 세수는 88세이다.

축산득선(竺山得仙) 선사

殺佛殺祖　寸陰不閒
一息及斷　直墮無間
咦!
須彌走入藕絲

부처를 죽이고 조사를 죽여
촌음의 시간도 한가하지 않네
한 숨이 끊어지면
바로 무간지옥에 떨어질 걸
아~
수미산이 달려서 연뿌리 실속으로 드네.

[해설]
　축산득선(1345~1418) 화상은 자하(滋賀) 사람이다. 열아홉 살
때 출가하여 대철종령(大徹宗令, 1332~1408)을 만나 깨달음을
열어 그 법을 이었다. 고명한 식견과 세세한 도풍으로 사부대중을
교화했다.
　어릴 때부터 스님 흉내를 내더니 아홉 살 때 부모에게 출가를
요청했다. 후사가 그 뿐이었던 부모는 걱정한 나머지 축산에게 술
을 먹게 하고 극(劇)을 보며 즐기게 하라고 며느리에게 일렀지만
하룻밤 사이에 도망 가 버렸다.

726

남긴 몇 자에는 '나는 이미 아홉 살 때 지장왕에게 출가하기로 발원했는데 오늘 실행에 옮겼다….'라고 적혀 있었다.

그 길로 바로 동산대판(東山大辦)에게 의탁하고 적실대졸(寂室大拙)을 참견했다. 동산(洞山) 가풍으로 대중을 교화하면서 총지사(總持寺) 주지에 올랐다.

어느 날 병을 보이더니 대중에게 말하기를

"때가 왔다 이 몸은 내일 간다."하고는 그 다음날 이른 아침에 입적했다. 세수 일흔이었다.

백애보생(白崖寶生) 선사

七十二癡頑　　卽今離四山
梵天拋筋斗　　火裏睡安閒

일흔 두 해를 어리석게 장난삼아 살았는데
이제 곧 사대의 산을 떠나려 한다
범천을 내동댕이쳐
불 속에서 편안히 잠이나 잘까보다.

[해설]
　백애보생(1342~1414)은 대판 사람이다. 열아홉 살에 출가하여
겸창에서 힘든 수련을 10년간 하여 큰일을 마쳤다.
　적실대졸(寂室大拙)의 법도를 이어받아 상야(上野)의 천룡사(泉龍
寺) 개산조사가 되었다.
　관동(關東)에서 불법을 널리 드높이니, 한때 법석이 흥성했다.

총지실저(總持實底) 선사

生也死也 　　推車撞壁
拶倒須彌 　　性海風息

나고 죽는 것이
수레를 밀어서 벽을 치는 것
수미산을 거꾸러뜨리니
성품의 바다에 바람이 쉬더라.

[해설]

스님(?~1423)은 총지사(總持寺) 관장(管長)이며 영국사(永國寺) 주지를 지냈다. 어릴 때 병고(兵庫)의 영택사(永澤寺)에 출가했다. 영택사는 통환적령(通幻寂靈, 1323~1391)화상이 창건한 절이며 관음보살을 모시는 곳이다.

경내에는 용지(龍池)가 있는데, 통환화상이 좌선에 들어 있노라니 어떤 용녀(龍女)가 현신하여 도를 물었다.

그 후 이 총지사에서 총지가 세상에 태어났다. 병이 나서 이 게를 남기고 입적했다.

동점건역(東漸健易) 선사

威音¹³⁰⁾一箭　　虛空兩片
脚頭脚尾　　　日面月面

위음왕 부처님께 한 화살
허공을 양편으로 같다
머리와 꼬리
해를 보며 달을 보네.

[해설]
　스님(1343~1423)은 정강(靜岡) 사람이다. 그는 일곱 살에 출가
하여 모든 사찰을 두루 돌아다녔다. 상국(相國)·화엄(華嚴)·단광사
(端光寺) 등지에서 지냈다.
　4월에 병을 보이더니 그 달 17일, 단좌하여 이 게를 짓고 입적
했다. 세수 여든이었다.

---

130) 위음(威音): 장구한 세월.

화수(華叟) 선사

滴水滴凍131)　　七十七年
一機瞥轉し　　火裡に泉を酌む。

물거품 같은
칠십 칠년
한 생각 바꾸면
불 속에서 샘물을 긷나니.

[해설]

　일본의 유수한 선사(?~1428)이다.

　강주(江州) 견전(堅田)의 신흥암(禪興庵)에서 칩거하여 세상에 나
오기를 싫어하였다.

　엄격한 선풍으로 세상에 영향을 끼친 것 같다.

　일휴(一休)와 양수종이(養叟宗頤, 1375~1458) 같은 유명한 제
자를 두었다.

　1428년(正長元年) 6월 27일에 앞의 게송을 남기고 입적하였다.

---

131) 적수적동(滴水滴凍): 벽암록 雲門六不收에 송(頌)으로 나온 구절을
　　 옮긴 것 같다. '周而復始라도 滴水滴凍이로다. 貴許多工夫하야 作
　　 什麽오.'

일본편 731

목옹성흠(牧翁性欽) 선사

牧得牯牛住　　七十有二年
如今和雪放　　端的臘梅天

암소가 머묾을 얻음이
어느덧 칠십 두 해
이제 눈이 녹아내리는데
섣달 매화가 참으로 천진스럽다.

[해설]

　목옹성흠(1383~1455)은 경도(京都) 출신이다. 영중(英仲)의 법
제자이며 가풍이 맑고 깨끗하여 이름이 세상에 드높았다. 열세 살
에 계를 받고 선정에 전념했다.

　영중이 그를 특별히 아끼어 지도했다. 그 스승이 타계하자 원통
석(圓通席)을 10년간 이어 받았다. 그러므로 그의 법석에는 찾아
오는 사람들이 성황을 이루었다.

　12월 19일, 목욕재계 후 옷을 갈아입고는 갑자기 종을 치며 대
중을 불러 모았다. 그리고는 "나는 이제 세상인연이 다했노라. 너
희들은 부디 정진과 수지(修持)에 힘쓰고 불제(佛制)를 거스르지
말도록 하라. 가사를 벗으면 사람 모습을 잃어버리니, 만겁이 지
나도 다시 돌아오기 어려우므로 심히 삼가라!"고 하였다. 그리고
두 손을 가슴에 얹고 입적했다.

양수종이(養叟宗頤) 선사

誰是主　　　　誰是賓
具眼者辨取

누가 이 몸의 주인이며
누가 이 몸의 객인가
눈을 갖춘 자만이 분별하여 취하리라.

[해설]
　스님(1375~1458)은 경도(京都) 사람이다.
　여덟 살 때 시동(侍童)이 되어 고명한 스승들을 두루 찾았다.
화수(華叟)를 만나 그의 법을 이어받았다.
　선의 정통 질서를 함양하여 전형적인 선객으로 일생을 산 것
같다. 하여 당대에 많은 선풍을 고취하였으며 대덕사(大德寺)에 오
래 있었다. 스님은 그의 은사 화수 선사가 열반에 든 6월 27일에
임종하였다.

　그의 임종게 친필은 아직 일본에 전해지고 있다. 글씨는 많이
흐릿하지만 평소 달필(達筆)이었음을 엿볼 수 있다.
　춘포종희(春浦宗熙) 같은 좋은 제자를 두었다.

서암용성(瑞岩龍惺) 선사

通貫三載　　彌綸十方
一機瞥轉　　石火電光

삼재를 꿰뚫어
시방에 가득하다
한 번 뒤바뀌는 게
마치 전광석화 같네.

[해설]

　서암용성(1384~1460) 화상은 대판(大阪) 사람이다. 부친은 태수였으며 어릴 적부터 영험스런 지방을 순례하면서 출가를 마음먹었다. 1391년 대판(大阪) 대란 때 많은 사람이 다치고 식구들은 그를 산으로 데리고 들어가 옛 절에서 기거했다.

　열일곱 살에 계를 받고 스물넷에 일암천룡(一菴天龍)을 친견하고 그 법을 이었다. 남선사(南禪寺)에 살았는데 어느 날 병이 들자 주위에서 약을 권했다.

　답하여 말하기를 "나는 이제 끝났다. 시중들게 뭐 있느냐?" 했다. 승록사(僧錄司: 옛날 승려를 감독하던 관직 이름)의 서계봉(瑞溪鳳)이 약을 가져와 권해도 받기만 할 뿐, 먹지 않았다.

　어느 날 밤 위 게를 읊고 곧 입적했다.

동소주엄(東沼周曮) 선사

東沼行脚　　北斗藏身
露千江月　　花萬國春

나의 행각은
북두에 몸을 숨긴다
천강엔 달이 나타나고
세상천지에 봄꽃이 피었네.

[해설]

　동소주엄(1391~1462) 화상은 남선사(南禪寺)의 유수예(遊叟藝)의 법을 이었다.

　내외의 전적(典籍)을 두루 섭렵하였다. 특히 『장자(莊子)』 읽기를 좋아했다. 상국사(相國寺)로 출가하여 남선사에서 살다가, 만년에는 건장사(建長寺)에서 지냈다.

　정월에 입적하면서 이 게를 남겼다. 세수는 일흔 한 살이었다.

일휴종순(一休宗純) 선사

須彌南畔[132]　　誰か我が禪を會す
虛堂[133]來たるき半錢江直せす

수미산 남쪽에서
누가 나의 선을 알리
허당(虛堂)이 와도 반 푼 가치 없다.

[해설]

일본이 낳은 세기적 선사이다.

성격이 무사(武士)와 같아 항상 공격적인 자세에서 일생을 산
것 같다.

일본의 유수한 선종(禪宗)으로 유명산 절 대덕사(大德寺) 출신으
로 화수(華叟, ?~1428)선사의 제자이다. 같은 사형(舍兄)인 양수

---

132) 수미남반(須彌南畔): 수미산은 금륜 위에 우뚝 솟은 높은 산. 둘
레에 일곱 산과 여덟 바다가 있고, 그 밖에 철위산이 둘러 있어
물속에 잠긴 것이 팔만 유순이며 꼭대기는 제석천 중턱은 사왕
천의 주처라 한다. '수미남반'은 수미산의 남쪽을 말한다. 수미
산의 남쪽에 인간들이 살고 있다하여, '남섬부주(南贍部州)', '염
부제(閻浮提)'라 부르기도 한다. 즉 우리가 사는 사바세계를 말한
다.
133) 허당(虛堂): 송나라 선(禪)의 거장. 지우(智愚)의 법명. 일휴(一休)
는 허당의 7대 법손이다. 일휴는 항상 허당의 선풍을 흠모하였
다고 함.

736

종이(養叟宗頤, 1375~1458)를 일생동안 험한 욕지거리의 대상으로 여겼다. 이것 하나만 보아도 수행자로서의 가장 기본적 인격은 결함된 것 같으나 선의 깊이만큼은 어느 정도 들어 간 것 같기도 하지만 뭔가 석연치 않다.

아무튼 많은 오해와 석연치 않은 사실 가운데 광적인 삶을 살고 간 선사임은 분명하다. 일본 불교계에서 혜성처럼 존재했던 것만은 사실이다. 많은 시를 지었는데, 비일상적인 격외시(格外詩)로 분류된다.

'자화상의 찬(讚)'이라는 시다

朦朧として三十年　　淡淡として三十年
朦朧淡淡六十年　　末期に糞を晞して梵に捧ぐ

꿈결에 삼십 년
담담한 가운데 삼십 년
꿈과 담담한 가운데 육십 년
말년에는 똥을 말려 범천에 올리리라.

저서로는 『광운집(狂雲集)』이 있다.

춘포종희(春浦宗熙) 선사

天に倚る長劍　　　急に刀を磨し來たゐ
祖佛[134]共に殺し　　五逆[135]雷を聞かん

하늘에 의지한 긴 칼
급히 날을 갈아 왔다
조불(祖佛)을 다 죽여
오역의 뇌성을 들을까.

[해설]

　스님(?~1496)은 파주(播州) 적송(赤松)에서 태어났다.

　어머니가 칼을 삼키는 꿈을 꾸고 잉태하였다고 한다.

　여섯 살에 어머니 따라 상경하여 건인사(建仁寺)의 건심(乾心)에게 양육되었다.

　열여덟 살에 득도하였다.

　스물네 살 때에 대덕사의 양수종이(養叟宗頤) 선사가 선풍을 드

---

134) 조불(祖佛): 부처님과 조사. 불조(佛祖)를 일어로 그렇게 표기하는가 보다.

135) 오역(五逆): 오무간업(五無間業)이라고도 한다. 불교에서 무간지옥에 떨어지는 다섯 가지의 죄. 죄 가운데 가장 무거운 죄를 말함.
① 아비를 죽이고(殺父) ② 어미를 죽이며(殺母) ③ 스님을 죽이고(殺阿羅漢) ④ 출가자의 화합을 깨뜨리고(破和合僧) ⑤ 부처님 몸에 피를 냄. 즉 부처님 법을 훼방하고 헐뜯는 것(出佛身血).

날린다는 소식을 듣고 그 문하에 갔다. 그때 스스로 세 가지 원력을 세우기를

'첫째, 굶주림으로 결코 물러나지 않으며, 둘째, 어떤 사람으로부터 수모를 받더라도 감수하며, 셋째, 선의 깊은 뜻을 이루지 않으면 중도에서 물러나지 않겠다.'고 하였다.

과연 원력대로 깨달음의 계기가 있었다. 그로 하여 스승으로부터 휘호를 받았다.

양수종이의 제일 제자였으며, 대덕사 41세 주지가 되었다.

스님의 만년에는 대덕사 경내에 송원원(松源院)을 짓고 거기에 살았다.

세상 인연이 다했음을 알고 대중들에게 '자신이 죽은 뒤에 화장을 해서 재를 땅에 묻고, 석탑을 세우지 말라'고 유언하였다. 그리고 하나의 송을 보였다.

1496년 정월 14일 원적에 들며 위의 송을 남겼다.

대원종진(大源宗眞) 선사

幻而來幻　　幻而去幻
幻無幻根　　幻人幻幻

덧없이 오는 것이 덧없고
덧없이 가는 것이 덧 없도다
덧없음은 본시 뿌리가 없으니
덧없는 인간이 덧없고 덧없구나.

[해설]
　스님(?~1470)은 석천(石川) 가하(加賀) 사람으로 어려서 출가하
였다. 총지사(總持寺)의 아산소석(峨山韶碩)을 만나고 깨달음을 얻
었다. 그의 법을 이었다.
　총지사에 살다 동곡사(洞谷寺)로 옮겨 살았다. 가하(加賀)에 불
타사(佛陀寺)를 창건하고 개산조사가 되었다.

경천종륭(景川宗隆) 선사

元本無明　　七十六歲
末後牢關　　三千條罪

본디부터 무명 속에
일흔 여섯 살
결국에는 우리 속에 갇히니
삼천 갈래의 죄이로구나.

[해설]

　경천종륭(1424~1500) 스님은 삼중(三重) 출신이다. 일찍이 출가하여 여러 곳으로 다니며 고행을 했다. 근원을 밝히는데 철저하여 관산혜현(關山慧玄, 1277~1360)의 종풍을 선양했다.

　관산의 제6세 설강(雪江) 문하로는 4명을 배출했는데, 각각이 한 방면의 종사(宗師)가 되었다. 이를 '묘심사파(妙心四派)'라고 했다. 경천은 그 가운데 제일류였다.

　3월 21일 단정히 앉아 위의 게를 남기고 입적했다.

성선동석(盛禪洞奭) 선사

斫開福地　　坐斷乾坤
西天東土　　盡是兒孫

신선 사는 곳도 부수어
누리를 끊는다.
서녘 하늘 동쪽 땅
후손들이여.

[해설]

　스님(1433~1518)은 자하(滋賀) 사람이다. 열일곱 살 때 삭발하
고 선방을 찾아 다녔다. 상경하여서는 건인(建仁)과 남선(南禪)을
오가며 임제선을 닦았다. 서른세 살 때, 월천(月泉) 화상을 참견하
고 그 법을 이었다.

　일흔 세 살에 대동원(大洞院)에서 살았는데 늙었다는 이유로 나
가지를 않았다. 병세를 보이자 그를 참견코자 온 이들이 불안해하
자 곧바로

　"소란 피우지 말라. 내가 금방 죽지는 않을 테니. 내가 2월 8일
생인데 같은 날 입실해서 법을 전하고 내년 같은 날 아마도 고별
할걸세"

　여든 다섯, 그는 의연하게 입적했다.

　어떤 제자가 화상의 초상을 그려 보이면서 은근히 칭찬을 기대

하자 즉시 위와 같이 써 보인 것이다.

　어느 스님이 물었다.

　"조사가 서쪽에서 온 까닭이 무엇입니까?"

　"일자(一字)는 두 그림이 없다."

　또 묻기를

　"어떤 것이 향상하는 길입니까?"

　"걸어서 물소를 탄다."

　마지막으로 물었다.

　"무엇이 부처입니까?"

　성선화상은 이렇게 답했다.

　"십만 팔천 리."

고악종긍(古岳宗亘) 선사

拄杖136)末後の句137)を覓お　　倒まに萬仞の龍峯138)に擲つ
請ら你試みに卓破し看よ　　臨濟正宗139)を滅却す

주장자 말후의 일구를 찾다
거꾸로 만인의 용봉에 내던지다
바라노니 너희들은 시험삼아 탁파(卓破)하여라
임제정종을 없애리라.

[해설]

　스님(?~1548)은 여덟 살에 축발했다.

　열한 살 때 건인사의 희족(喜足)스님에 양육되었다. 뒤에 대덕사의 춘포종희에게 입문하였다.

　춘포의 제자 실전(實傳)에게 20년간 참구하였다.

　스님은 영정(永正) 6년 대덕사 주지가 되었다. 평소 중국 임제의현(臨濟義玄, ?~867)선사를 존경하여 그의 영정에 찬(讚)을 붙이기도 하였다.

---

136) 주장(拄杖): 선승의 지팡이. 또는 선객들이 사용하는 법구(法具). 주장자라고 한다.
137) 말후일구(末後の句): 마지막 한 구절. 즉 임종에 이르렀을 때의 한 말씀.
138) 용봉(龍峯): 용봉산. 즉 대덕사가 있는 산 이름.
139) 임제정종(臨濟正宗): 중국 선종의 하나인 임제종의 정통을 말함.

스님은 1548년 6월 24일 84세로 입적하시며 앞의 유계를 남겼다.

후나량(後奈良) 천황이 '정법대성(正法大聖)'이란 국사(國師)의 호를 올릴 정도로 덕망이 높았다. 천황은 이따금 스님을 모시고 불법의 대해(大海)에 관하여 이야기 듣곤 하였다고 한다.

후인들이 스님을 평하기를 '임금의 스승인 동시에 천하의 모범'이라고 하였다.

전암(傳庵)과 종기(宗器)·대림종투(大林宗套) 등, 유수한 제자가 있다.

『임초고(壬岩稿)』라는 저서가 있다.

대림종투(大林宗套) 선사

五家の寶劍　　的的に常磨す
臨行急用　　鋒刀破る　那!

우리 집 보배의 칼
적적(的的)히 갈아 갈 때
급히 쓰나니
칼을 부시리라.

[해설]

　스님은 경도(京都)에서 태어났다. 대대로 벼슬을 했던 집안이다.
　천룡사(天龍寺) 155세 숙원수암(肅元壽岩)을 의지하여 입산하였
다.
　휘를 수도(壽桃), 자를 유춘(惟春)이라고 하였으며, 어려서 학문
에 남다른 재주가 있었다.
　열일곱 살에 정식으로 출가하였다.
　대덕사의 동계종목(東溪宗牧)이 선풍을 드날린다는 이야기를 듣
고 찾아가 입문하였다.
　종목이 입적한 뒤에는 종목의 후계자인 옥영(玉英)에게 참구하
였다. 다시 대덕사의 고악종긍(古岳宗亘, ?~1548)에게 참구하였
다.
　대영(大永) 5년에는 고악으로부터 법인을 전수 받았다. 그때 전

746

법계는 다음과 같다.

住氣鬱葱たり千萬の梢　　春花遍く開いて色相交わる
鳳栖高く碧梧上に在り　　衆鳥威を畏低樹巢

　이렇게 고악으로부터 아낌없는 사랑을 받은 스님은 평소 선사(禪師)들의 준엄한 단련을 받은 수제자답게 고담한 선객이었다.
　천주(泉州)의 남종사를 개산하였다. 그리고 이 지방의 유수한 호족과 귀족들도 스님에게 귀의하였다.
　정친정(正親町) 천황은 '정각보통국사(正覺普通國師)'의 호를 올렸다. 그리고 '한 나라의 종(宗)이며 백세의 스승'이라고 극찬하였다.
　후나량(後奈良) 천황은 '불인원조(佛印圓照)'라는 호를 바쳤다. 그리고 '靈光獨耀大用全彰　雲門の宗風を激揚し　臨濟の正法を荷負し…'이라고 칭송하였다.
　말년에 남종사에 은거했다. 1568년 정월 29일 89세로 미소를 머금은 채 이 세상 인연을 거두었다.

동양영조(東陽英朝) 선사

涅槃の四柱[140]一時に拗折す　看よ看よ
珊瑚の枝枝[141]月を撐着す　甚に憑つてか
魔宮墨と化し　魔胆落つる

열반의 사주(四柱) 한꺼번에 부러졌네
보아라 보아라
산호(珊瑚)의 가지마다 달을 잡나니
무엇에 의지하랴
마궁(魔宮)은 검게 변하니
마단(魔胆)은 떨어졌네.

[해설]

스님은 농주(濃州)의 가무(加茂)에서 태어났다.

다섯 살에 경도 천룡사(天龍寺)의 왕갑영종(王岬英種)에게 양육
되어 자라다가 그에게 득도하였다.

어려서부터 남달리 영특하였으며 글씨 역시 뛰어났다. 뒤에 스
승을 떠나 상신설강(霜辛雪江)이 용안사에서 선풍을 드날린다는
이야기를 전해 듣고 찾아갔다. 그 문하에서 20년을 한결 같이 수

---

140) 사주(四柱): 열반의 사덕(四德)을 말함.
141) 산호의지지(珊瑚の枝枝): 벽암록 百則에 巴陵吹毛劍의 本則에서
　　보여지는 一句.

행한 선사이다.

상신설강(霜辛雪江)의 문하에 '사철(四哲)'이 있었는데, 그 중의 한 명이 스님이다.

1504년 8월 25일 시자에게 앞의 게송을 보였다. 기록에 의하면 앞의 송을 쓰고, 앉은 그대로 입적하였다고 한다.

준옹령산(峻翁令山) 선사

前際未曾來　　後際亦未去
赴感現塵隨　　緣應處

앞의 세상에도 오지 않았고
후세에도 또한 오지 않네
업 따라 속세에 나타나듯이
또한 인연 따라 곳곳에서 응하리.

[해설]

　스님의 스승인 발대득승(拔隊得勝, 1327~1387)이 향악사(向岳寺)를 지을 때 와서 도와주었다. 그 후 얼마 지나지 않아 귀향하여 암차에 머물렀다.

　정월에 '악(岳) 화상이 곧 세상을 떠날 것이다'라는 꿈을 꾸었다. 얼마 지난 후였다. '2월초에 발대화상이 발병했다'는 소식을 듣고 곧장 그를 찾아갔다. 발대는 스님에게 적어주기를

　"너의 연은 무주(武州)에 있다. 그러니 향적암(香積菴)에서 지내도록 해라. 3년 후 청이 있을 것이다."

　스승이 일러 준대로 3년을 암자에서 지낸 후, 동경의 향악사를 창건하니 명성이 드높았다.

태원숭부(太原崇孚) 선사

高掛業鏡　　滿六十年
信手鎚碎　　平常湛然[142]

높이 업보의 거울을 달아놓고
육십 살을 채웠네
믿음의 손으로 부수어버리니
항상 담연할 뿐.

[해설]

　스님(1495~1555)은 정강(靜岡) 출신이다. 어릴 때 경도의 건인
사 상암(常菴)의 문하에 들어가 18년간 그를 시봉했다. 묘심사(妙
心寺)의 영운파(靈雲派)는 태원숭부로 인해 흥했다.

　10월 10일 원적하면서 이 게를 남겼다. 그의 법을 이은 이로는
경균(景筠)과 동곡(東谷)이 있다.

---

142) 담연(湛然): 보통 때와 다름없이 일생을 마쳤다는 뜻이다. 이러한
　　자유는 평상시 그대로이며 영원한 현재이며 불멸이며 담연은 태
　　연하게 죽는 법을 말한다.

소암종소(笑巖宗訴) 선사

喝雲呵雨　　七十九年
斬却魔佛　　吹毛靠天

구름보고 고함치고 비 보고 웃길
일흔 아홉 해
마귀와 부처를 베어버리니
털끝이 하늘에 기댄다.

[해설]

　스님(1490~1568)은 애원(愛媛) 사람이다.

　어릴 때 종창사(宗昌寺)에 출가하여 계를 받았다. 대덕고악(大德古岳)을 찾아 참견한지 10여 년, 이윽고 대림종투(大林宗套)의 법을 이어 받았다.

　광덕사(廣德寺)·해안사(海眼寺) 등지에서 살았다.

고계종진(古溪宗陳) 선사

六十餘年　　　　胡喝亂喝す
末後の轉機143)　一喝を作さす

육십여 년
호(胡)할 난(亂)할을 하였나니
마지막 탈바꿈에
한 할도 짓지 않으리.

[해설]

스님(?~1597)의 행적은 자상치 못하다.

춘옥종원(春屋宗園)과 함께 대덕사 강은(江隱)의 문하에서 수행
했다.

1596년(文祿 5년) 8월 2일 병을 얻어 중태에 빠졌을 때, 시봉
이 유게를 청하니 앞의 송을 보였다. 그리고 바로 입적했다. 그리
고 6시간 뒤에 다시 살아나 평상시처럼 설법을 했다고 한다.

후양성(後陽成) 천황은 '대자응조(大慈應照)선사'라는 호를 내렸
다. 그 이듬해 정월 17일에 입적했다.

총견원(總見院)에 탑이 있다. 『포암고(蒲庵稿)』라는 어록이 있다.

---

143) 말후의 전기(末後の轉機): 죽음을 뜻함.

옥중종수(玉仲宗琇) 선사

生也不來　　死也不回
機輪通處　　瞎驢聽雷

생이 오지 않고
죽음도 돌아오지 않는구나
기륜이 통하는 곳에
애꾸 노새가 우레 소리 듣네.

[해설]

스님(1522~1604)은 궁기(宮崎) 사람이다.

대덕사의 춘림숙(春林俶)의 법을 이어 받았다. 대덕사 주지를
지냈다.

11월 16일, 세수 여든 셋으로 입적했다.

754

일동소적(一凍紹滴) 선사

七十四年　　熱喝瞋拳
末後一句　　動搖大千

일흔 네 해 동안
호통치고 성내며 주먹을 휘둘렀다
최후의 한 마디
대천세계를 흔든다.

[해설]
　스님(1539~1612)은 대판(大阪) 사람이며 원(源)씨이다.
　열다섯 살 때 용문사(龍門寺)로 출가하여, 남종사(南宗寺)의 대림종투(大林宗套)를 참견하였다.

춘옥종원(春屋宗園) 선사

天地を蹈飜し　　東を喚んで酉と作す
拄杖々々　　　　歸去來兮　喝

천지를 뒤집어
동쪽을 서쪽이라 부른다
주장자와 주장자로
오고 감이여 할.

[해설]

스님(1529~1611)에 경도에서 태어났다.

어려서 건인사에 여설(驢雪) 문하에 입산하였다. 뒤에 대덕사 강은(江隱)의 문하에서 수행하였다. 그러나 학문으로는 궁극적인 생사의 문제를 헤어날 수 없으므로 선 수행을 하기 시작하였다.

그때 고계종진(古溪宗陳)과 함께 수행하였다. 강은의 고고한 가풍으로 준열한 정진을 하였다. 뒤에 대덕사 112세 주지가 되었다.

1611년 2월 9일 이 세상 인연이 다했음을 알고 앞의 게송을 적고 날짜까지 적었다. 그리고는 암연히 떠났다.

전신을 삼현원(三玄院) 서쪽에 묻었다. 양성(陽成) 천황은 '국사(國師)'의 호를 올렸다.

저서로는 『일묵고(一黙稿)』라는 어록이 있다.

천적종안(天寂宗眼) 선사

吹毛磨盡　　八十九年
一機瞥轉　　指地搭天

취모를 다 가는 동안
팔십구 년
한 기틀이 구르므로
땅을 가리키고 하늘을 타네.

[해설]

스님(1532~1620)은 경도 사람이다. 출가 이후 대덕사의 이운열(怡雲悅)의 법을 이었다.

대덕사파가 천적종안 대(代)에 이르렀을 때는 강호(江戶)시대 중기로 재국(哉國)시대(1467~1603)가 지나 선풍은 이미 크게 쇠퇴하였다. 1616년 이후 문물제도가 점차로 정비되자 이 사이에 택암(澤菴)·만안(萬安)·운거(雲居)·대우(大遇) 등을 배출하여 종풍을 크게 떨쳤다.

그리고 명말청초(明末淸初)에 일본으로 들어오는 선승이 끊이지 않아 일본 승원(僧苑)이 진흥하였다.

2월 21일, 이 게를 남긴 후 입적했다.

수옹순열(隨翁舜悅) 선사

罵佛呵祖　　百二十年
業苦逼身　　處入地獄

부처를 꾸짖고 불조를 비웃으며
백 이십 년
업고가 몸을 재촉하여
지옥으로 빠져든다.

[해설]

　스님(1509~1629)은 동경 출신이다. 그의 어머니는 처녀 때 기이한 꿈을 꾸고 임신했다. 어머니가 그를 낳았을 때 사생아로 여겨 부모들은 기뻐하지 않았다. 어머니가 변명하여 말하되

　"사실 꿈에서 관음보살을 보았는데 그만 배가 불러와서…." 부모는 더욱 노기를 띠었다.

　"허튼소리! 애비 없는 자식을 낳았으니 세상에 어찌 얼굴을 들고 다니겠는가. 조상 뵐 면목도 없으니 나가 버려라. 다시는 집에 돌아 올 생각을 말아라!"

　아기를 안고 어머니는 나갔다. 자살을 생각했으나 아기를 보니 차마 죽을 수가 없었다. 그래서 아기를 나무에 매달아 놓고는 눈물을 삼키며 떠났다.

　다음날 와서 보니 아기는 조그마한 눈을 뜨고는 어머니의 모습

을 반기는 것이 아닌가. 어머니는 기뻐 어쩔 줄 몰라 그를 안고 젖을 주었다. 그녀의 노모는 딸을 찾아와 걱정하지 말고 돌아가자고 했다. 늙은 부친 역시 아기를 귀여워하기 시작하여 다 같이 그를 길렀다. 자라면서 그는 유달리 총명하여 집안사람들을 놀라게 했다.

열 셋에 출가하여 이듬해 수계했다.

걸산(傑山)을 참예하고는 그 법을 이어 받았다.

북조(北條) 장군의 가신 중산(中山)이 자주 찾아와 참선에 들었다. 수옹이 "생각이 선하지도 않고 나쁘지도 않을 때 그것이 바로 중산 그대의 본래 면목이요"라고 일러주었다.

중산이 전쟁에 패하여 할복하려고 했을 때, "털을 검(劍)에다 불어 보게나, 범성(凡聖)이 모두 자취를 감추고 청풍이 명월을 스쳐 지나 갈 테니"라고 일러주었다.

수옹의 자태는 구름 같고 물 같으니 유유히 인연 따라 응하여 대중을 감화시켜 이끌었다.

도처에 신송사(信松寺) 등을 개산하였다. 만년에는 우두산(牛頭山)의 종관사(宗關寺)로 돌아와 지냈는데, 그의 세수는 120세나 되었다. 이 게를 남기고 떠났다.

청암종위(清岩宗渭) 선사

快活たり快活たり　　宗猷[144]を滅却す
末後の密旨　　　　　拄杖點頭[145]す

쾌활하고 쾌활하다
종유(宗猷)를 없앤다
마지막 밀지(密旨)
주장자가 점두하리니.

[해설]

　스님(?~1661)은 강주(江州) 대석(大石)에서 태어났다. 아홉 살에
불문에 귀의하였다. 일본의 유수한 선종(禪宗) 대찰 대덕사(大德寺)
의 후인이다. 처음 옥보소종(玉甫紹琮)을 따랐으나 스님의 수행이
익기도 전에 옥보는 세상을 떠났으므로, 현곡종량(賢谷宗良)에게서
수행하여 그 법을 이었다.

　고계종진(古溪宗陣)-옥보소종(玉甫紹琮)-현곡종량(賢谷宗良)의　뒤
를 이었다.

　1625년 11월 10일 스님의 나이 서른여덟 살 때에 대덕사 171
세 주지에 임명되었다.

---

144) 종유(宗猷): 종지와 같음.
145) 점두(點頭): 머리를 끄덕인다. 알은체 하다.

스님은 차(茶)에 대하여 조예가 깊었던 것 같다. 하여 '청암선사 다사169조(淸岩禪師茶事十六九條)'라는 게 전해지고 있다.

그리고 글씨의 운필 역시 독특했던 것 같다.

1661년 11월 21일 임종이 왔음을 알고 앞의 게송을 적었다. 입적의 날짜까지 명기하였다. 지금도 스님의 글씨는 전해지고 있는데 아무리 봐도 임종에 당하는 사람의 글씨 같지 않다. 그만큼 단단하고 명확하다.

평소 수행과 다인(茶人)으로서의 교양이 목숨이 끝나는 순간에도 번득인 것 같다.

우당동연(愚堂東寔) 선사

今日の利盆　　老僧梢こ存す
佗日の利盆　　兒孫に咐囑す

오늘의 이로움
노승에 조금 있나니
타일(佗日)의 이로움
아손에게 부촉하노라.

[해설]
　스님(1577~1662)은 농주(濃州) 산현(山縣)에서 태어났다. 여덟
살에 불교에 귀의하였다. 처음에는 동광사(東光寺)에 살았다. 열아
홉 살 때에 제방의 선지식을 찾아 나섰다.
　스물아홉 살 때에 파주(播州) 삼우사(三友寺)에서 남경(南景)스님
에 참구하다가 깨달음을 얻었다.

　自笑十年行脚の事　　疲籐破笠禪扉を扣く
　元來佛法多子無し　　喫飯喫茶また著衣

　라는 오도송을 읊었다.
　1628년(寬永 5년) 스님의 나이 오십 두 살 때 왕명을 받들어
묘심사(妙心寺) 주지가 되었다.

762

명정(明正) 천황이 평소 스님을 존경하여 스님의 설법을 황태자를 동반하여 청법하기도 하였다.

1662년 10월 1일 이 세상 인연이 다했음을 알고, 크게 소리 내어 하품을 한 번 하더니 그대로 원적에 들었다.

저서에 『보감록(寶鑑錄)』 3권이 있다.

'대원보감국사(大圓寶鑑國師)'라는 호를 받은 바 있다.

대우종축(大愚宗築) 선사

西天の的子[146]　　東海[147]の崑崙[148]
平生受用す　　　不二法門[149]

인도의 적자여
동해의 산맥
평생 쓰나니
불이법문이러라.

[해설]

스님은 열한 살에 건덕사(乾德寺)의 장원(壯元)스님을 의지하여
득도하였다.

스무 살이 지나서 묘심사 잡화원(雜華院)의 일주(一宙)스님에게
참구하였다. 일주는 봉일주(棒一宙)라 불릴 정도로 임제의 가풍 그

---

146) 적자(的子): 적자(嫡子)와 같은 말. 즉 부처님의 바른 제자.
147) 동해(東海): 여기서는 일본을 뜻함.
148) 곤륜(崑崙): 중국 서방에 있는 가장 큰 산 이름. 중국 신화에는 여
　　러 신과 신선이 산다는 신비경의 산. 인간의 힘으로는 딛기 힘든
　　곳인데다 그나마도 곤륜이 허락하지 않으면 들 수 없다고 한다. 그
　　러나 불로불사(不老不死) 전설이 있어서 예로부터 많은 사람들을 매
　　료시켰다. 아름다운 옥(玉)이 난다고 함.
149) 불이법문(不二法門): 상대 차별을 없애고, 절대 차별 없는 이치를
　　나타내는 법문. 제법불이(諸法不二)의 이치는 불도의 표준이 되므
　　로 법이라 하고 모든 성인이 이 법에 의하여 진리에 들어갔으므
　　로 문이라 한다.

대로였다.

스님은 황폐한 법당사(法幢寺)를 중흥시켰다. 그리고 대명사(大明寺)도 중흥시켰다.

서룡사(瑞龍寺), 남천사(南泉寺) 등에 주석하다가 만년에는 대안사(大安寺)에 머물렀다.

스님의 나이 팔십 때, '제상비상선사(諸相非相禪師)'라는 호를 받았다. 임종의 때가 되었음을 알고 법당사에서 대안사로 옮겼다.

별다른 병도 없이 7월 4일 유게를 썼다. 그리고 3일을 더 머물다 입적하였다.

용파선주(龍派禪珠) 선사

八十八年　呵雨罵風
乾坤獨步　草鞋踏破
珍重150)

팔십 여든 해
비를 비웃고 바람을 꾸짖었다
하늘과 땅 사이를 홀로
미투리 신고 다 밟았지
진중하게.

[해설]

　스님(1549~1636)은 상모(相模) 사람이다. 스스로를 '한송(寒松)'
이라 불렀다. 어릴 때 출가하여 묘지(妙智) 선사를 참견하고 그
법을 이어 받았다.

　건장사(建長寺)에서 지내다가 만년에는 동경의 부본사(阜本寺)로
돌아왔다. 4월 20일 입적했다.

---

150) 진중(珍重): 고별 시 제자들에게 자중자애 하라고 권하는 말이다.

백옹(白翁) 선사

六十六年秋已久　　漂然月色向人明
莫言那裏工夫事　　耳熟松杉風外聲

예순 여섯 살 가을도 이미 깊어
아름다운 달빛만이 사람을 밝게 비추니
어떻게 일을 도모할까 말하지 말라
귀에 익은 소나무소리 바람소리 밖이니라.

[해설]

　일찍이 철우도기(鐵牛道機) 화상에게 어떤 아름다운 여자가 참
견하러 왔는데 철우화상은 그녀를 절 안으로 출입을 허락하지 않
았다. 그녀는 목암(木菴)의 제자인 백옹(白翁)을 찾았으나 역시 허
락받지 못했다.

　그녀는 스스로 구도심이 부족하다고 여긴 나머지 인가에 들어
가 불을 자기 얼굴에다 지져 화상을 내어버렸다. 그런 후 재차 백
옹을 찾아갔다. 백옹은 출입을 허락하여 가르침을 내려 개오하게
하였다.

　그녀는 태운사(泰雲寺)를 창건하여 백옹에게 개산을 청했다. 여
자는 연니(然尼)라고 불렀는데 태운사의 제 2세가 되었다.

　66살 되던 해 세상을 하직하며 이 게를 남겼다.

일사문수(一絲文守) 선사

涅槃生死　　昨夢驚回
快活快活　　走郘香臺

열반 생사 생각다가
어젯밤 꿈속에 놀라 깨었다
쾌활하다
달려서 향대(香臺)에 달려갔다.

[해설]

스님(1607~1646)은 원(源)씨이며 귀족이었다.

어릴 때 관상쟁이가 '이 아이는 자라나서 반드시 왕의 스승이 될 거다.'라고 했다. 열네 살에 상국사(相國寺)로 들어가 전적(典籍)을 두루 섭렵했다. 문장과 시에도 능했다.

그가 경도의 동강암(桐江菴)에서 자하(滋賀)의 영결사(永潔寺)로 옮겨 살고 있을 때 광광(光廣)이라는 문도가 다음과 같이 게를 읊었다.

"어제 대은(大恩) 손을 축 늘어뜨리고선 분골쇄신해도 만족하게 보답하지 못했는데 이후로는 석가, 달마, 임제, 덕산(德山)이 나와서 서로 만난다 해도 역시 아무 이로움이 없을 것이로다. 염화미소는 한 가닥 붉음을 드러내노라."

이 게를 듣고 바로 문수화상은 "황면(黃面) 꽃을 들고 가섭이 빙그레 웃으니 한 가닥 붉은 선에 두 사람이 끌려드는군. 제 혼자 큰 입을 벌려 바람이 내키는 대로 뒤집는구나."라고 읊었다.

또 무자공안(無字公案)에 의기투합되어 위와 같이 읊은 것이다. 서른아홉 살, 병이 들더니 열 아흐렛날을 평시와 다름없이 담소하며 지내다가 스르르 눈을 감았다.

의사가 손을 짚어 진찰을 하려는데 갑자기 눈을 뜨더니

"그럴 것까지 없다"라고 말했다. 모두들 놀라 기뻐하는 가운데 다시금 눈을 감았다. 그대로 입적이었다.

운거희응(雲居希膺) 선사

釋迦文に後にて出生し　　阿逸多[151]に先んじて入滅す
滅生の二佛　　　　　　　中間は是に生に非す
是れ滅に非ず

석가모니 뒤에 태어나
아일다(阿逸多) 보다 먼저 입적하나니
생멸의 이불(二佛)
중간은 이것 생도 아니고
멸도 아니나니.

[해설]

　스님(?~1659)은 대덕사 160대 현국종량(賢國宗良)의 문하에 출
가하였다. 묘심사 반도원(蟠桃院)의 일주(一宙)스님에게 참구하여
그 법을 이었다.

　스님의 법명은 희응(希膺), 호는 파불주(把不住)라고 불렀다.

　서암사 55세의 주지를 하였다. 당대의 선객 우당(愚幢), 대우(大
愚) 등과 같이 알려져 있다.

　수행자로서 자상한 면도 있지만 강직한 모습도 있었다. 어느 겨
울 평소 아는 사이인 각직(塙直)을 찾아 선태(仙台)에 가는 도중
도적들에게 입었던 옷을 다 빼앗겨 발가벗고 있으니 모진 추위에

---

151) 아일다(阿逸多): 미륵보살을 말함.

견디기 어려웠다. 그때 도적들에게 옷만 빼앗지 말고 이 목숨까지 가져가라고 대응하여 옷을 도로 받았다는 일화가 전해지고 있다.

묘심사에도 머무셨다.

후서(後西) 천황은 스님에게 '자광불매선사(慈光不昧禪師)'의 호를 내렸다.

1659년(萬治 2년) 8월 1일부터 8일간 암자에 머물며 불보살의 명호와 고덕(古德)의 말씀을 써서 신도들에게 나누어 주었다.

그리고 별도로 한 종이에 글을 써서 봉하여 시자에게 주었다. 8일 정오에 큰 종을 쳐서 암자의 대중들을 모으고 단정히 앉아 평소와 같이 설법을 하였다. 그 설법을 마치고 유연히 입적하였다. 입적한 뒤에 시자가 봉한 종이를 펼쳐 보니 앞의 게송이 적혀 있었다고 한다.

뒤에 '대비원만국사(大悲圓滿國師)'라고 봉해졌다.

취암종민(翠岩宗珉) 선사

來來去去　　拄杖難瘦
附一朵梅　　驢年猫日

오면 가야 하나니
주장자로 늙음을 지탱하기 어렵구나
매화꽃 한 송이 부치나니
노새의 해, 고양이 날.

[해설]
　스님(1610~1664)은 경도 사람이다. 강월(江月)의 조카이며, 그의 법을 이었다. 대덕사에서 살았다.
　후에는 좌하(佐賀)에서 청정암(淸淨菴)을 창건했으며, 또 양월암(涼月菴)에서 개산했다. 위 게를 임종시 남겼다.

여설문암(如雪文岩) 선사

幻生幻滅　　元無去來
虛空裂破　　大地骨堆

꼭두각시로 났다가 꼭두각시가 없어지니
원래 가고 옴이 없는 것
허공을 파열시키니
대지에 뼈 무더기 쌓일 뿐.

[해설]

스님(1609~1671)은 덕도(德島) 사람이다. 10살 때 아버지를 잃고 무상을 느껴 출가했다.

일사문수(一絲文守) 화상의 법을 이었다. 문수(文守)는 당대의 선승으로 불리었다. 어느 날 율승(律僧)이 그를 찾아 와서 가르침을 청하기를

"저는 밀(密)과 율(律, 밀교와 율)을 아울러 닦아 이미 안의(安義)를 얻었지만 안심처는 아직 얻지 못했습니다. 청하옵건대 화상께서 자비로운 방편을 베푸소서."

"아! 앉아서 차나 들게나!" 문수(文守)화상은 구자불성(狗子佛性)의 공안을 들었다. 그 율승이 문암(文岩)이었는데, 일사문수(一絲文守) 화상에게 귀의했다.

철안도광(鐵眼道光) 선사

七顚八倒[152]五十三年　　妄りに般若を談じて
罪犯天に彌る　　　　　　華藏海[153]に元遊して
水中の天を踏破す

칠전팔도 오십삼 년
망령되어 반야를 말하여
지은 죄 하늘에 가득하여라
화장해에 노닐어
물 가운데 하늘을 밟아 부수나니.

[해설]

　스님(?~1682)은 익성(益城)에서 태어났다. 청년시절에는 구주(九州)에서 보냈다.

　은원융기(隱元隆琦)가 명(明)에서 장기(長崎)에 와서 흥복사(興福寺)에 있다는 소식을 듣고 그 문하에 갔다. 은원은 원래 임제선(臨濟禪)이었으나 선(禪)과 정토를 겸수하는 염불선을 주창하였다.

　뒤에 자치(字治)의 황벽산에서 만복사를 창건하였다.

---

152) 칠전팔도(七顚八倒): 갈팡질팡. 일곱 번 넘어지고 여덟 번 꺼꾸러지다.

153) 화장해(華藏海): 연화장세계, 석가모니불의 진신인 비로자나불의 정토. 가장 밑은 풍륜(風輪), 풍륜 위에 향수해(香水海)가 있고 향수해 가운데 연화계가 있으며 이 안에 무수한 세계가 있다.

그 뒤부터 황벽선(黃蘗禪)이란 말이 생겼다. 또한 선의 민중화를 적극적으로 추진한 실천 수행자였다.

1682년(天和 2년) 기내(畿內)에 기근이 왔을 때, 절을 팔고 자신의 손가락을 베어 뼈를 깎아서라도 보시를 하지 않고는 안 된다 해서 모든 재물을 난민을 구제하는데 썼으며, 일체의 경전을 돈으로 바꾸어 난민에게 나누어 주었다.

굶주려 죽음을 면한 이들이 1만 명이나 되었다고 한다. 난민들의 몸에는 호마(胡麻)처럼 이[虱]가 끼어 있고 스님의 옷에는 그 이가 호마를 뿌린 것 같았다. 스님은 스스로 제자들과 난민구제에 앞장섰다. 세상에서는 '구세(救世)의 대사(大士)'라고 일컬었다.

1682년(天和 2년) 2월 29일 갑자기 병이 났다. 그러나 많은 사람들을 상대로 설법하는 일은 그치지 않았다. 그러나 이 세상 인연이 다했음을 알고 대중에게

"자신의 마음을 의지하여 일체경전의 유통을 도모하라."고 유언하였다.

그해 3월 22일 52세의 나이로 자신이 창건했던 낭속(浪速)의 서룡사(瑞龍寺)에서 인연을 거두었다.

다비 하는 날 승속을 막론하고 모인 인파가 십만 명이 넘었다고 한다. 앞의 게는 언제 적었는지 자상치 않으나 임종 직전에 쓴 것 같다.

『철안가명법어(鐵眼假名法語)』가 있다.

운계도수(雲溪桃水) 선사

七十餘年快なる哉
屎臭骨頭154)　　何の用をか作すに堪えん
咦眞の歸處作麼生
鷹峰155)の月白く風淸し

칠십 여 년 통쾌하여라
어디에 쓰려 지어서 참아 견뎠나
아! 참으로 돌아갈 곳 어디인가
응봉(鷹峰)의 달이 깨끗하여 바람 맑아라.

[해설]

스님(1613~1683)은 동수(洞水)라고도 불렀으며 좌하(佐賀) 사람이다.

상업을 하는 가정에 태어났다. 일곱 살 때 출가하였다.

보기에는 우둔하게 생겼으나 매우 총명하였다.

언응사(圓應寺) 위암(圍岩)스님에게 득도하였다.

열다섯 나이에 단식을 하기도 하고 뜰에서 경을 읽으며 밤을 새우기도 하였다.

법암사(法岩寺)에 있을 때는 사부 대중이 그를 찾아 왔는데, 그

---

154) 시취골두(屎臭骨頭): 육신을 뜻함.
155) 응봉(鷹峰): 스님이 임종하셨던 인근에 있던 산봉우리의 이름.

것이 싫어 도망을 갔는데 어디로 갔는지 행방을 알 수 없었다.

스님은 이리저리 걸식을 하며 돌아다녔다. 청수사(靑修寺) 부근에서 누더기에 거적을 지고 머리를 아무렇게나 길러 행각하고 있을 때, 제자가 찾아와 평생 시봉하기를 원하였으나 오히려 꾸중을 하여 보냈다.

당대의 유명한 선객인 대우종축(大愚宗築)·우당동연(愚堂東宴, 1577~1662)·운거희응(雲居希膺, ?~1659)·택암(澤庵)의 문을 두드리기도 하였다.

일생을 걸인처럼 돌아다니며 두타행을 하였다. 늙어서 어느 신도의 보살핌으로 앵봉에서 살았다.

1683년(天利 3년) 9월 19일, 아무런 병도 없어 좌선하는 그대로 입적하였다. 그 곁에 앞의 유게가 적혀 있었다고 한다.

열암불선(悅岩不禪) 선사

世尊下山　　一生相背
過墮無間　　咦
浮世穿鑿不相干156)

세존이 하산하여
일생동안 서로 등졌네
지나다가 무간 지옥에 떨어졌다
아!
뜬세상 천착한들 상관치 않으리.

[해설]

　스님(1615~1687)은 장야(長野) 사람이다. 어릴 때 출가하여 각
지로 다니다가 서복사(西福寺)에서 지냈다. 그러나 마음이 안정되
지 않아 장산사(長山寺)에 다달아 중국서 건너온 승(僧) 도자(道者)
를 찾아갔다. 도자는 불선이 법기임을 알고 특별히 지도했다.

　깨달음을 얻은 후에는 깊은 산에 묻혀 살면서 철심(鐵心)의 법
을 이어받았다. 도자는 숭복사(崇福寺)에 머물면서 선인(禪人)들을
만나 지도했는데 불선(不禪)도 그를 찾아온 이들 가운데 한 사람
이다.

---

156) 불상간(不相干): 아무 상관이 없다.

독본성원(獨本性源) 선사

七十二年　　堅行橫還
履底今斷　　生落黃泉
唉!

일흔 두 살
고집스레 갔다가 옆으로 돌아오네
밟은 길 지금 끊으니
생이 황천에 떨어지네
아!

[해설]

　스님(1616~1687)은 덕도(德島) 사람이다.

　용계(龍溪), 은원(隱元)에서 수행하였다. 상모(相摸) 정업사(淨業寺)에서 개산하였다. 유게로 위 시를 남겼다.

월주종호(月舟宗胡) 선사

出息入息　　　　前步後步
生死去來　　　　箭鋒相ひ拄 157)ふ
無中に路有って通す　是に我が直の歸處

숨결 숨결마다
걸음걸음마다
생사의 오감이여
화살의 만남이여
삼매(三昧) 가운데 길이 있어 가리니
여기 진정 돌아갈 곳이네.

[해설]

　스님(1614~1693)은 열한 살 어린 나이로 부모들에 의하여 진
언종의 쾌의법인(快義法印)스님에게 맡겨졌다. 그 이듬해 원응사
(圓應寺) 화악(華岳)의 문하에 출가하여 선종에 귀의하였다.

　그러나 그해 11월 집에 가서 그의 친구들과 놀면서 자신은 출
가의 몸은 아니지만 비전(肥前) 백만석을 준다면 환속하겠다고 농

---

157) 箭鋒相ひ拄 : '열자탕문편(列子湯問篇)에 나오는 고사. 궁술(弓術),
　　명인(名人) 비위(飛衛)와 그 제자 기창(紀昌)과 있었던 이야기. 내
　　용인즉, 기창이 궁술의 궁극의 묘한 이치를 터득하고자 하여 연
　　마한 뒤 자기의 적수가 바로 자기 은사인 것을 알고 죽이려 하
　　였다. 그 때 서로의 화살촉이 맞부딪쳤다는 이야기다.

담처럼 이야기하였는데 어머니가 알고 심한 꾸중을 하였다.

어머니는

"옛 부터 일본이나 당나라에서 왕이나 장군이 부자의 자리를 버리고 부처님 법에 귀의하여 수행하였는데, 너의 그 말은 어느 천마외도가 하는 말이냐."하고 만약 최갑사(最甲寺)에 들어가지 않으면 집에 두지 않겠다고 하였다. 스님은 그날 밤 절에 가서 부지런히 수행하였다.

나이 일흔 아홉 살 때, 세상을 떠나기 앞서 남긴 게송이다.

반규영탁(盤珪永琢) 선사

我住世七十二年　　其半生的四十餘年間
所示於人的一言一行　都是遺偈

내가 세상에 머문 지 일흔 두 해
그 반생은 사십 여 년 간이라
인생살이 일언일행만 보여 주었네
다 이것으로 게송을 남긴다.

[해설]

　스님(1621~1693)은 병고(兵庫) 사람이다. 어릴 때 신동이라 불렸다. 열 살 때 아버지를 여의고 어머니를 잘 봉양하였다.

　열일곱 살 때 영포(靈浦) 화상을 참견하여 깨달음을 얻었다.

　신동이라고 불렸던 유년시절에는 양명학에 입각하여 고된 수련을 쌓던 중, 어떤 이로부터 선을 닦을 것을 권고 받아 어느 날 밤 홀연히 깨달음을 얻었다.

　입적 전 강호(江戶)에서 병고(兵庫)로 돌아와 시자에게 이르기를 "세상 인연이 아직 석 달 남았다"고 했다. 그해 9월 2일 시봉드는 스님들이 게를 구하자 위와 같이 말한 것이다.

조음도해(潮音道海) 선사

六十八年　　掣風掣顚
掉臂行處　　踏倒大千

예순 여든 해
바람을 당기고 이마를 당긴다
팔을 흔들고 가는 곳에
거꾸러진 대천세계를 밟는다.

[해설]

　스님(1629~1695)은 좌하(佐賀) 사람으로 황벽종이다.

　다섯 살에 어머니를 여의고 아홉 살에 동자승이 되었다. 여설문
암(如雪文岩,　1609~1671)을 만나 정진하고 은원융기(隱元隆琦,
1594~1678)에게서 깨달음을 얻었다.

　목암(木菴)의 법을 이었으며 널리 관동(關東) 땅을 교화했다.

매봉축신(梅峰竺信) 선사

望八老兒　　今日做大
古渡無人　　白雲萬里

팔십을 바라보는 늙은이가
금일 큰 공부한다네
옛적에도 건너간 사람이 없는데
흰 구름 만리장천에 떠 있을 뿐.

[해설]

　스님은 대판(大阪) 사람이다. 열한 살 때 출가하여 임제의 여러
산을 두루 돌아다니면서 문자 선을 배웠다. 매봉은 만산도백(卍山
道白, 1635~1714)과 함께 조동종의 양대 조사로 불리었다.
　그는 경도 흥성사(興聖寺)의 만안(萬安)을 친견한 후 병고(兵庫)
와 경도(京都), 동경 등지의 명찰에서 살았다.
　그가 입적했을 때는 세수 일흔 다섯 살이었다.

면산서방(面山瑞芳) 선사

老僧生前　　　　太饒舌了
你們還嫌少麼?　添蛇足
止·止·止　　　　不要說
老僧已不說了

늙은 중이 생전에
크게 밥 먹고 혀를 쉬었네
문중에선 도리어 혐의함이 적은가
사족을 붙이자면
끝, 끝, 끝
말이 필요 없다
나는 이미 불설(不說)을 마치었다.

[해설]
　스님(1682~1703)은 어려서 출가하여 여러 곳을 다녔다.
　만산도백(卍山道白)을 만나 깨달음을 얻었다.
　훈(塤)의 법을 이어 영복암(永福菴)에 살면서 동상(洞上)의 선풍
을 드높였다.

덕옹양고(德翁良高) 선사

大地山河　　一堆塵埃
今日消盡　　分明沒踗
咄.

대지 산하가
한 무더기 티끌 뭉치로다
오늘 없어지니
분명히 짓밟았네
악!

[해설]
　　스님(1648~1709)은 동경 사람이다. 열다섯에 출가하였다. 월주
종호(月舟宗胡, 1614~1693)의 제자이며 여만(與卍)·운산(雲山)·조
도(祖道) 등과 동문이다. 그는 어떤 이의 『유마경』 독송을 듣고
별전(別傳)의 현묘한 뜻이 있음을 알았다.
　　당시의 많은 사람들은 황벽산을 참하였는데 덕옹도 그중 하나
였다. 맨 처음에 독담(獨湛), 그리고는 목암(木菴)을 친견하였다.
병고(兵庫) 흥선사의 월주종호·철심(鐵心)·조음도해(潮音道海,
1629~1695) 등을 친견하기도 했다.

만산도백(卍山道白) 선사

超佛越祖　　　　滿八十年
秋風捲地　　　　孤月遊天
無幻幻兮無病病　　全身八塔石中蓮

불조를 뛰어 넘어
팔십 년을 채웠네
스산한 가을바람 땅을 걷고
외로운 달은 하늘에 걸렸네
꼭두각시(색신)도 없고 병도 없으니
전신이 탑에 새겨진 연꽃 속으로 드네.

[해설]

　스님(1635~1714)은 광도(廣島) 출신이다. 스스로를 일러 '복고(復古)도인'이라 했다. 열 살 때 용흥사(龍興寺)의 일선(一線)에게 출가했다. 고수문춘(高秀文春)을 만나 밤낮으로 정진하였는데 식음을 잊을 정도였다.

　만산화상은 그 후 월주종호(月舟宗胡)를 찾아 그의 아래서 12년 동안 있었다.

　월주는 당대의 거장인데 만산을 보자 이내 그가 큰 그릇임을 알아차리고서 '만산'이라고 이름 지어 주었다. 만산화상이 80살에 입적 들기 전에 위 게를 남겼다.

도경혜단(道鏡慧端) 선사

末後一句　　至急難道
言無言之言　不道不道

마지막 한 마디 하자면
지극히 급하지만 말하기 어려워
무언의 말을 말할 뿐
말할 수 없다네 말할 수 없다네.

[해설]

스님(1641~1721)은 신주(信州) 송대성주(松代城主) 진전신행(眞田信幸)의 서자로 태어났다.

열세 살에 불교에 관심을 가져, 열여섯 살 때는 불교에 대하여 제 나름의 견식이 있었다. 열아홉 살 때 당시 선지식인 마포(麻布) 동북암(東北庵)의 무난(無難)스님을 의지하여 출가하였다.

우당동연(愚堂東宴, 1577~1662)으로부터 법을 득한 후, 고향인 장야(長野)에서 정수암(正受菴)이라는 암자를 지어 명리를 버리고 일생을 그곳에서 보냈다.

40년간 암자에서 오직 수행만 하였다. 스스로를 '정수노인(正受老人)'이라 불렀다.

스님은 일생을 너무나 가난하게 살았다. 가난한 암자의 걸식하는 스님으로 수행을 게을리 하지 않았기 때문에 세상에 유명해지게 되었다.

만년에는 어머니를 모시고 살았는데, 그 어머니 역시 평범한 여인은 아니었다. 밤마다 아들 스님에게 법문을 듣고 좌선을 하여 어느 경지에 이르렀다. 하여 정수노인을 찾는 선객들을 그 어머니가 문 앞에서 돌려보낼 정도였다.

백은(白隱)이 스님의 문하에서 수행하였다. 그러나 백은은 공양하는 양식까지도 스님의 신세를 끼치지 않고 스스로 해결하였다. 그리고 스님은 성격이 무사의 기질도 있어 대담한 면이 많았다.

한 푼의 인정을 그 누구에게도 쏟지 않은 철저한 수행자의 모습이었다.

그가 여든 살(1721년) 되던 10월 6일, 아무런 병도 없이 단정하게 앉아 위 게를 지었다. 고가(古歌)를 부르고 한 바탕 크게 소리쳐 웃은 후, 고요히 입적에 들었다.

화정문수(華頂文秀) 선사

生死事大　　無常迅速
阿呵呵　　　着高眼

나고 죽는 일이 크지만
무상 속에 빠르기만 하다
하하하
높은 산으로 볼 뿐이어라.

[해설]

　스님(1639~1719)은 자하(滋賀) 사람이다. 예산(叡山)에게 출가
하였다. 중악(中岳)을 따라 백은(白隱)을 참견하고 황벽에서 거주
했다.

　열다섯 살에 인생무상을 느끼고는 예산의 문하에서 교(敎)와 율
(律)을 닦아 크게 나아간바 있으나 여전히 의심은 남아 있었다.

　열아홉 살 때 선의 종지에 마음이 끌렸다. 이를 안 예산은 그가
떠나가도록 허락하였다. 이후 곧 선종으로 귀의하였다.

　세수 여든 살 때 입적에 들었다.

은원도원(隱元道顯) 선사

四大分明　　離虛空
沒蹤跡　　　喝一喝

사대는 분명히
허공으로 흩어진다
흔적마저 없이
아! 악! 악.

[해설]

　스님(1663~1729)은 조동종이다.

　8세에 경도(京都)에 가서 목하순암(木下順菴)을 따라 주역을 배웠다.

　19세에 병고(兵庫)의 선정사(禪定寺)에 살며 월주종호(月舟宗胡)·독심(獨湛)·독조(獨照)·혜극(慧極)·호음(湖音), 또　반규영탁(盤珪永琢, 1621~1693)·현공(玄光)·만산도백(卍山道白) 등을 친견했다.

　길상사(吉祥寺)에서 불법을 강설하였다.

　76세에 서광사(瑞光寺)에서 원적하였다.

수도조효(秀道祖曉) 선사

不曾會佛法　　生涯爲國賊
賊賊　　　　　活着墮黃泉

일찍이 불법을 알지 못하고
사는 동안 나라에 도적질만 했네
도적놈, 도적놈,
즐거이 황천에 가리다.

[해설]

　스님(1666~1731)은 산리(山梨) 출신이다. 어려서 출가하여 덕옹양고(德翁良高, 1648~1709)의 법도를 계승하고 자하(滋賀)의 청량사(清凉寺)에 살았다.

　당시 만복사(萬福寺)에 천장(千丈) 스님이 계셨는데, 큰 칼을 들고 사람들과 문답을 하며 '조동(曹洞)은 망했다'라는 간판을 내세우고 위엄을 떨쳤다.

　그때 열여섯이었다. 조효(祖曉)는 그가 깨달은 선기(禪機)로 천장(千丈)과 대적하여 그의 승인을 받게 되었다.

　조효는 덕옹(德翁)에게서 법을 전해 받았다. 이후 고향으로 돌아와 법천암(法泉庵)을 부흥하고 그곳의 제 8세가 되었다.

고월선재(古月禪材) 선사

好不唧虫　　八十五年
飜身一擲　　捧殺靑天

벌레소리 시끄러이 울 듯
여든 다섯 해
몸을 바꾸려니
몽둥이로 푸른 하늘 죽이리.

[해설]

　스님(1668~1752)은 좌하(佐賀) 사람이다. 일곱 살에 범패(梵唄)를 배우고 열 살에 출가하였다. 스물두 살에 담양엄(湛梁嚴)·현암열(賢岩悅)을 만났다.

　서른셋에 황벽산(黃檗山)에서 수계한 후, 삼중(三重)의 선림에서 『능엄경』을, 서른일곱에 『벽암록』을 강설하였다.

　해장사(海藏寺)에 살며 중국으로부터 대장경 60상자를 들여왔다. 후에는 대광사(大光寺)와 녹아도(鹿兒島)의 대룡사(大龍寺)에 살았다.

사경혜량(斯經慧梁) 선사

薪火¹⁵⁸⁾滅する時灰烟に和す　　無聲三昧¹⁵⁹⁾自ら現前す
是の如く往來し是の如く住す　　畵梅薫りは徹す四禪天¹⁶⁰⁾

목숨이 다했을 때 연기
무성삼매로 스스로 나타나니
이와 같이 오가고 이와 같이 머무나니
그림의 매화 향기 사선천(四禪天)에 풍기네.

[해설]

　스님(1722~1787)은 희로(姬路)에서 태어났다. 열 살 때 경도에
갔다. 열두 살 때 묘심사(妙心寺) 해복원(海福院)의 동명(東明)에게
출가하였다. 뒤에 풍주(豊州) 소림사 한암(寒岩)에게 참선을 수행
하였다.

　송음사(松蔭寺) 백은(白隱)을 찾아가 드디어 선의 깊은 경지를
터득하였다.

　대판(大坂)의 어느 신도를 의지하여 직지암(直指庵)을 창건하였
다. 그리고 어느 거사의 도움으로 원복사(圓福寺)도 지었다.

---

158) 신화(薪火): 화장할 때의 불꽃. 즉 사람의 목숨.
159) 무성삼매(無聲三昧): 33매(昧) 가운데 하나. 열반은 소리가 없는
　　 것이라고 관하는 행과 함께 일어나는 정심(定心).
160) 사선천(四禪天): 네 가지 선정을 닦아서 나는 색계(色界)의 네 하
　　 늘. 18천(天)의 하나.

스님은 혁신적 사상을 가진 행동적인 수행자인 것 같다. 그리하여 많은 수도인들이 스님의 덕망을 흠모하여 찾아와 수행하였으며 선풍을 진작시켰다.

국복사(國福寺)는 경도에 있으며 임제의 옛 도량으로 유명하다.

일본의 임제종은 겸창(鎌倉, 1186~1333)시대에 대응소명(大應紹明)을 배출하였고, 그의 문하에 대등묘초(大燈妙超)가 있다. 그리고 종봉(宗峰)의 문하에 관산혜현(關山慧玄, 1277~1360)이 있으니 이를 세칭 응등관(應燈關)의 선(禪) 계통이라 한다.

임제종은 후에 대덕묘심(大德·妙心)의 대립으로 발전하였고, 사경혜량(斯經慧梁)이 그 대립을 풀어 전문으로 수도하는 도량을 건설하였다.

1787년(天明 7년) 5월 23일, 이른 아침 입적하였다. 그날 아침 세수를 하고 유게를 손수 적고 좌선하는 자세 그대로 66년의 생애를 거두었다.

축옹원로(逐翁元盧) 선사

欺瞞佛祖　　七十三年
末後一句　　什麽什麽

불조를 기만하길
칠십 세 해
마지막 한 마디 하라면
무엇꼬 무엇꼬.

[해설]
　스님(1716~1789)은 강호(江戶) 사람이다. 혜목(慧牧)이라고도
불렀는데 백은(白隱)의 제자였다. 송음사(松蔭寺)에 살면서 백은의
유풍을 드날렸다.
　서른 살에 백은을 쫓아 20년을 함께 했으나 서로 의견이 맞지
않아 떨어져 살았다.
　백은의 입적 후, 송음사 주지를 지내며 절 일을 모두 동령(東嶺)
에게 맡기고 자신은 자유로이 드나들었다. 깨친 바가 높아 법회에
는 각지로부터 많은 사람들이 몰려들었다 한다.
　6월에 병이 들고 12월에 시자가 유게를 구하자 그를 나무랐다.
그러나 재차 요청하자 위와 같이 쓰고 나서 바로 입적했다.

광명불통(光明佛通) 선사

此時懸懷十八年　　幾回得力未安眼
一呼一諾明了了　吐卻從前滿肚禪

이때에 생각을 매단지 십팔 년
몇 번이나 힘을 얻었는가 잠이 편치 못하다
한 번 부르고 한 번 승낙함을 밝게 마쳤으니
토하여 종전 것을 물리치니 밥통에 선이 가득하네.

[해설]

스님(?~1825)은 관동(關東) 무사(武士) 출신이다. 동문혜서(東門慧西)를 18년간 따르며 그의 법을 계승하였다.

후에 영창사(永昌寺)에 살며 많은 사람들을 교화하였다. 후에 영창사를 물러나 상경하여 환골당(換骨堂)에 사니 사방에서 몰려들었다. 참선하는 데는 이를 번거롭게 여겨 그곳을 떠나 병고(兵庫)에 이르러 한가히 소요하였다.

1월 10일 병기가 보이자 15일 법문을 마치고, 16일 사람들을 모아놓고 말했다.

"내가 이승에서의 인연이 이미 다했으니, 작별인사를 해야겠다. 어젯밤에는 부처님이 열반하셨고 오늘밤은 불통(佛通)이 열반하는 것이다." 그리고 편안히 앉아 잠자듯이 입적하였다.

월선선혜(月船禪慧) 선사

有過無過　　　敢て覆藏せず
末後る大罪　　閻王161)を驚刹す

허물이 있고 허물이 없음을
조금도 감추지 않나니
마지막 큰 죄
염라대왕도 놀라 죽으리.

[해설]

　스님은 오주(奥州) 전촌(田村)에서 태어났다.

　고향의 고건원(高乾院) 북선(北禪)에 출가하였다. 뒤에 고월선재(古月禪材, 1668~1752)에게 참구하여 그 법을 이었다. 그곳에서 10년을 살다가 무주(武州) 영전(永田)에서 암자를 지었는데 이름을 동휘원(東輝院)이라 하였다. 이 암자에서 33년 동안 살았다.

　고월(古月) 문하에 뛰어난 선승이 많았는데 스님도 그 중의 한 분이다.

　고월은 좌선과 동시에 학문도 병행하는 게 특색이었는데, 스님 역시 그 가풍을 이었다.

　스님의 덕망이 전해지자 많은 수행자가 찾아와 집이 모자라 민가에까지 유숙할 정도였다.

---

161) 염왕(閻王): 염라대왕. 저승을 주도하는 큰 왕.

스님의 자찬(自讚)이란 게송으로 스님의 모습을 살피는 게 더 좋을 것 같다.

鳥度らず獸臨まず　　天南天盡きて武溪深し
老僧八十頭雪の如し　　人は道ら此の居毒淫多しと

1781년 6월 12일 입적했다.
『무계집(武溪集)』이란 어록을 그의 제자 물선(物先)이 편찬하였다. 광격(光格) 천황이 '정묘선사(淨妙禪師)'의 호를 내렸다.

선애의범(仙厓義梵) 선사

來時來處を知り　　去時去處を知る
手を懸厓に撤せず　雲深く處を知りず

온 때와 온 곳을 알고
가는 때와 가는 곳을 안다
손으로 현애(懸厓)를 떨치련다
구름이 깊어 어느 메인가 알 수 없으랴.

[해설]

스님(?~1837)은 미농(美濃)에서 태어났다. 고향의 청태사(淸泰寺)에 입산하여 공인(空印)스님을 스승으로 득도하였다. 밖으로 나가 수행하기를 뜻하였다.

스님은 뒤에 당대의 선객 월선선혜(月船禪慧) 문하에서 수행하였다.

서른아홉 살 때 스님의 이름은 구주(九州)에 자자하였다.

박다(博多) 성복사(聖福寺) 반곡(盤谷)이 자리를 물려주어 주지가 되었다. 성복사는 겸창시대에 임제종의 일본 개조(開祖)인 영서(榮西)가 중국에서 귀국하여 창건한 선원이다.

스님은 글씨와 그림에 독창적 경지를 열었다. 오늘날 일본의 선화(禪畫)라는 것을 처음으로 알리는 개척자나 마찬가지다.

우리나라 선화의 제일인자로 알려진 석정스님은 선애의 그림을 가지고 있다.

　선애의 그림 폭은 아주 넓었다. 달마, 포대, 호랑이, 토끼, 고양이, 용…, 그리고 심지어 남자의 생식기까지 아주 유머러스한 해학이 넘치도록 그렸다.

　스님은 설법을 하지 않았다고 한다.

　스님의 유물은 아직도 일본에 작품으로 수없이 많다. 그리고 사용하였다는 금란가사와 법의가 있다.

　천성이 낙천적이었다. 그러나 말수는 적었다. 묘심사 개당식에서 승단 설법을 청했으나 완고히 거절하였다고 한다.

　1837년(天保 8년) 9월에 병이 나자, 유게를 적고 담연히 입적하였다.

태원자원(太元孜元) 선사

六十九年　　謾天謾地
末後端的　　虛空喫巔

육십 구 년 동안이나
하늘과 땅을 풍자하였지
마지막 단적 표현을
허공을 이마까지 마리.

[해설]

　스님(1768~1837)은 강산(岡山) 사람이다. 호는 '무학(無學)'이며
조원(祖元)스님을 흠모하였다. 서른넷에 강산(岡山) 조원사(曹源寺)
의 주지를 맡았다.

　은산(隱山)이 대린(大麟)에서 결재중일 때 태원(太元)은 이미 조
원사의 주지를 맡고 있었다. 그를 따라가 불법의 교화를 도왔다.

　8월 9일 유게를 남기고 며칠간 계속 깊은 잠에 빠지더니, 18일
에 이르러 돌아눕자 바로 돌아가셨다.

고감고범(顧鑑古范) 선사

七十四年　　觸西觸東
末後一句　　低聲低聲

일흔 네 살
서쪽에도 부딪치고 동쪽에도 부딪치니
마지막 한 마디
소리 낮추어라 소리 낮추어라.

[해설]

　　스님(1770~1843)은 기부(岐阜) 사람이다.

　　어릴 때 동령(東嶺)에게 출가했다. 스무 살 때 三光(장군)을 알현하고 아산(峨山)을 친견하고 깨달음을 얻었다.

　　서른셋에 동휘암(東輝菴)에서 살았으며, 쉰 한 살에 경을 강의하기 시작했다. 제자로는 토응(通應) 등이 있다.

성졸주저(誠拙周樗) 선사

時來って人未だ來らず　　興來って人將に行かんとす
閻羅大王の令嚴なり　　　明日打て君が爲めに行かん.

때는 왔는데 사람은 아직 오지 않구나
흥(興)이 일기 시작했는데 사람은 가려 한다
염라대왕의 명령 엄하니
내일 그대 위해 가리다.

[해설]

　스님은 예주(豫州) 우화도(宇和島)에서 태어났다.

　일찍 불문에 귀의하였다. 불해사(佛海寺)에서 자라다가 열여섯 살에 해안사(海岸寺) 동암(東岩)에게 수계하였다.

　용산사(龍山寺) 형림(荊林)을 찾아가서 참구하였다. 형림의 말에 '조주구자불성(趙州狗子佛性)'의 화두를 뚫었다. 그리고 영명(英名)의 스승을 찾아 나섰다. 우연히 영전(永田) 동휘암(東輝庵)으로 월선선혜(月船禪慧)를 찾아가 그 법을 이었다.

　1777년에는 원각사(圓覺寺) 탑두 정전암에 머물렀다.

　경도 상국사(相國寺)에서 천룡사(天龍寺)로 옮겨 운수납자들을 맞아들였다.

　1812년(文化 9년) 망로정(忘路亭)에 암자를 지었다. 그리고 중국 한산(寒山)을 흠모하는 반면, 반산(槃山)의 심경구망(心境俱忘)

804

의 경지를 사모하였다.

스님의 나이 71세에 원각사 제189세의 주지가 되었다. 원각사 중흥조이다.

늙어서도 조금도 흐트러지는 자세 없이 선정을 익혀나갔다. 항상 많은 참구자들이 모여들었으며 유수한 제자들도 많았다.

만년에 탑두 심화원(心華院)을 재흥시켰다. 그때 갑자기 병이 나자 그의 제자 담해(淡海)가 유게를 청하자 앞의 게송을 남겼다.

『성졸어록(誠拙語錄)』이 있다.

상과문아(象誇文雅) 선사

象誇六十眞境界　　八雲立處頻尿天
也太奇復可惜許　　不鏖162)天下相似禪

상과의 육십 살은 진경계여서
팔운이 서 있으면서 자주 하늘에 오줌 싸네
크게 기이하여 다시 애석함을 허락하노라
천하가 서로 참선하는 것처럼 죽지 않네.

[해설]

　스님(1774~1835)은 상근(箱根)에서 태어났다. 어릴 때 출가하
여 수림사(樹林寺) 석실(石室)에서 종승(宗乘)을 공부하였다. 두루
떠돌아다니다가 문학에 전념하였다.

　병고(兵庫) 선복사(禪福寺) 등지에서 살았다. 자조(慈照)에게 참
견하기를 10여 년, 수림사에서 살았다. 7월 23일 대중을 모아놓
고 입적하였다.

---

162) 오(鏖): 떠들썩하다, 시끄럽다, 치열하게 싸우다.

설관소주(雪關紹珠) 선사

百前古路　　一條廣博
末後商量　　有棺有槨

백 살이 다 되도록 걸어온 옛길이
한 줄기로 넓기도 넓다
마지막을 생각해 보니
관과 덫곽만 있을 뿐이다.

[해설]

　스님(1779~1835)은 기부(岐阜) 사람이다. 어려서 은산(隱山)의 문하에 들어가 태원자원(太元孜元, 1768~1837)·당림(堂林)·고감고범(顧鑑古范, 1770~1843)과 함께 힘든 수행을 하니, 은산(隱山) 문하의 4철(四哲)이라 불리었다.

　은산의 법을 계승한 후 천택암(天澤菴)에 살며 법화를 널리 드높였다. 후에 기부의 청태사(淸泰寺)에 살다 해룡사(海龍寺)로 이주하여 불법을 강설하였다. 그 후 연광사(連光寺)에 살았다.

　해룡사로 돌아와 『벽암록(碧岩錄)』을 강설하였는데, 모인 사람들이 수백 명이었다.

유암조권(惟庵祖權) 선사

這裏從來何記年　　不妨應用轉那邊
人生七十稀今古　　一氣尙餘空劫前

이 속을 쫓아오면서 어찌 나이를 기록할고
응용함을 해롭게 말라 어느 곳에서 구르든지
인생 칠십 살을 넘김은 금고 간에 흔치 않은 일
한 기운이 아직 남아 있어서 영겁의 앞이 비었네.

[해설]
　스님(1773~1842)은 대분(大分) 사람이다.
　집안은 어업에 종사하였는데 그는 차마 살생은 할 수가 없었다.
　서른 살 때 동광풍전(東光豊田)에게 출가하였다.
　기부(岐阜)로 다니며 석전(石田)을 만나게 되었다. 묘희(妙喜)를 참견하고 대생사(大生寺)에 살았다.
　4월 4일 병이 들자 대중을 모이게 한 후 입적하였다.
　세수는 일흔이었다.

묘희종적(妙喜宗績) 선사

七十五年　　魔外難窺
飜身端的　　電轉星飛

칠십 다섯 살이 되니
마귀가 밖에서 엿보기 어렵다
몸을 단적으로 뒤집으니
번개가 치고 별이 나네.

[해설]

　스님(1775~1848)은 정강(靜岡) 사람이다.

　어려서 출가하여 여러 곳의 선지식을 찾아 다녔다. 정강의 연광사(蓮光寺)에서 지냈다. 춘총(春叢) 밑에서 수년간 정진하다가 애지(愛知)의 총견사(總見寺)로 가서 탁주(卓州)를 참하고 그 인가를 받았다.

　연광사로 되돌아와 6월에 병이 나자, 7월에 문도들에게 이 게를 보이고 입적했다.

의산선래(儀山善來) 선사

去來生死　　　　千村萬家
瑞的を見んと要す
水月空華　　　　咄

생사를 오고 감이
천의 마을만의 집
명백한 사실을 알아야 하나니
헛되고 헛되어라. 애달프다.

[해설]

스님(?~1859)은 열한 살 때에 고빈(高浜) 장복사(長福寺)에서 남령(南嶺)스님을 의지하여 출가하였다.

열일곱 살 때부터 선지식을 찾아 나섰다. 22살 때 조원사(曹源寺)의 태원자원(太元孜元)스님에게로 가서 이곳에서 10년간 피나는 수행을 하였다. 어느 날 활연히 깨달았다.

태원스님이 입적하므로 조원사를 맡았다. 많은 수행자들이 몰려들었다. 그러나 스님은 그의 제자 보감(寶鑑)에게 절을 물려주고 목운암(牧雲庵)에 은거하였다. 이곳에서도 후학들을 위하여 많은 힘을 기울였다.

1859년 2월에 묘심사에 입주하였다.

    1866년(慶應 2년)에는 '불국흥성선사(佛國興盛禪師)'라는 휘호를 하사 받았다. 스님은 『임제록』·『허당록』·『벽암록』 등을 강의하였다.

    1878년(明治 10년) 3월 28일 77세로 생애를 마쳤다.

이산조안(伊山祖安) 선사

七十七年　　罵教罵禪
末後敗闕　　尿厠梵天

일흔 일곱 살
교와 선을 욕하였지
마지막에 관문을 닫으니
뒷간이 범천이어라.

[해설]

　스님(1795~1864)은 기부(岐阜) 사람이다.

　매수(梅叟)에게 출가하였다.

　떠돌아다니다가 스무 살 때부터 경을 강(講)하기도 하였다.

　서룡사(瑞龍寺)의　은산(隱山)을　참견하고,　설관소주(雪關紹珠, 1779~1835)를 10여 년간 시봉하고 개오했다. 그의 법을 이어받았다.

　칙명으로 묘심사에서 살다가 금란가사를 하사 받았으며, 『임제록』을 제창하였다. 또 『벽암록』을 강하였다. 동광은실(東光隱室)에서 입적했다.

나산원마(羅山元磨) 선사

通身是疾通身藥　　屙撒梵天白汗流
末後何須荷槲葉　　千峰萬壑絶縱由

몸소 이 아픔을 통하니 몸이 약이라
범천에 손을 놓으니 흰 땀이 흐르네
마지막에 어찌 모름지기 하즐잎인가
천 봉오리 만 골짜기 연유를 끊었다.

[해설]

　스님(1815~1867)은 정강(靜岡) 사람이다.

　어려서 광엄사(廣嚴寺)로 출가했다. 태원자원(太元孜元)·의산선래
(儀山善來, ?~1859)·소산(蘇山) 등을 만났다.

　후에 복강(福岡) 매림사(梅林寺)에 살다 묘심사의 수좌(首座)를
맡다가 경응(慶應) 2년(1866) 매림사를 무학익(無學益)에게 물려주
었다.

　1867년 봄, 제자들을 모아놓고 유게를 남겼다. 문하에는 남은
전우(南隱全愚)가 있다.

회암도확(晦岩道廓) 선사

七十五年　　不當半文錢
針眼魚　　　吞盡四海
蟭螟蟲　　　踢飜大千

칠십 다섯 살
반문전도 당할 수 없네
고기 눈에 침이나 주면서
사해를 다 삼켜버리니
초명의 벌레들이
대천세계를 뒤집네.

[해설]
　스님(1797~1872)은 호를 '만휴(萬休)'라 했다.
　처음에 선애의범(仙崖義梵, ?~1837)에게 참하였다. 후일 성졸주
저(誠拙周樗)·청음(淸陰)·담해(淡海) 등을 친견하고 담해의 인가를
받았다. 그는 문자선(文字禪)을 제창하였다.
　평생 돈에 대해서는 말하지도 않았고, 또한 만져보지도 않았다.

　1872년 8월 17일, 문도들을 모아놓고 이르기를
　"수많은 고인들이 일주일 전에는 자신의 죽음을 알았는데, 나
또한 지금 알겠구나. 수일 후에 떠날 테니 너희들은 우는 일이 없

도록 하고 나의 평상시 언행만을 기억하기 바란다.”고 하였다.
  그리고는 8월 23일 입적에 들었다.

월계수겸(越溪守謙) 선사

心心不異　　豈有去來
洞然業火　　虛忽灰
喝!

마음 마음이 다르지 않으므로
어찌 거래가 있으리오
통연히 업을 태우니
홀연히 허공이 재가 된다.
할!

[해설]

　스님(1809~1883)은 복정(福井) 사람이다. 어려서 출가하여 열
여덟에는 여러 곳을 다니다가 덕도(德島) 흥원사(興源寺)에 살았
다. 또한 좌하(佐賀) 조원사(曹源寺)로 가서 의산선래(儀山善來)에
게 10년간 정진했다. 상국사(相國寺)의 무위(無爲) 문하에서 정진
하기도 하였다.

　후에 병고(兵庫)의 광복사(光福寺)·경도(京都)의 지은사(智恩寺)에
살았다. 묘심사에 살다가 10월 12일 뒷일을 독원승주(獨園承珠,
1818~1895)에게 부탁하고 원적하였다. 세수는 75세이다.

무학문혁(無學文奕) 선사

二十空門示本來　　釋尊如見一如哉
生生餘習猶難脫　　慙愧平生來慶事

이십 공문 본래를 보니
세존의 지견이 한결 같을 뿐
생생토록 남은 습관 오히려 벗기 어렵고
부끄러운 평생에 경사가 돌아오네.

[해설]

　스님(1817~1887)은 기부(岐阜) 사람이다. 나산원마(羅山元磨, 1815~1867)를 모시고 수년간 묘심사에 살았다. 수차례 관장을 맡고 독원승주(獨園承珠, 1818~1895)와 함께 종교계의 덕 높은 스님으로 활동하였다.

　명치 8년 신(神)·불(佛)이 분리되고 이어서 선구파(禪九派) 관장 독원이 사직을 하자 무학(無學)이 그 뒤를 이었다. 조동종의 구아환계(久我環溪)와 협력하여 어려움을 극복하고 불법을 보호하고 종파를 넓히는데 힘썼다.

　후에 제송사(濟松寺)로 물러나 살며 산강철주(山岡鐵舟)·육오종광(陸奧宗光)·중도신행(中島信行) 등과 교류하였다. 신과 불, 두 도리의 오묘함을 밝혀, 불교를 폐하는 것은 신을 폐함과 같다고 여겨 정부에 상소하니, 이에 교부성(敎部省)을 폐지하게 되었다.

독원승주(獨園承珠) 선사

初生與末後　　一等同商量
誰識此苦味　　閻王共商量

태어날 때부터 죽을 때까지
한결 같이 같은 생각
뉘 아리오 이 고통의 맛을
염라대왕도 같은 생각일걸!

[해설]

스님(1818~1895)은 강산(岡山) 사람이다. 홍천(洪川)과 함께 대
졸(大拙)의 지도를 받고 그의 법을 계승하였다. 후에 상국사(相國
寺)의 주지를 맡고 종교계에 온 힘을 기울였다.

1868년 일본 정부가 신(神)과 불(佛)이 혼합하는 것을 금지하고
절과 신사(神社)를 분리하니 불교의 박해가 시작되었다. 그동안 막
부의 보호아래 있던 절의 승려들은 비참한 지경에 빠지게 되었다.
이 기간 독원은 타 종파의 수장(首長)들과 함께 온 힘을 기울여
불법을 보호하고 종파를 지키는데 힘썼다.

명치 5년 정부가 승려를 이용하여 신저관(神祇官: 율령제 하에
서 각 지방의 신사와 제사를 관장하던 기관)을 폐지하고 교부성
(教部省)을 설치하니 신(神)·불(佛) 두 종교가 교리를 선전할 수
있게 되었다.

그리하여 살아날 수 있게 된 불도들은 교도직을 양성하여 동경 증상사(增上寺)에 대교원(大敎院)을 설치할 것을 청하였다.

독원은 명치 6년 대교원장이 되었고, 임제·조동·황벽 3종파의 총관장이 되었다. 후에 풍광사(豐光寺)로 물러나 살다 병으로 원적하였다.

이 게는 그가 병이 들자 스스로 다시는 일어나지 못하리라는 것을 알고 미리 써 두었다. 세수 일흔 일곱으로 인연을 마감했다.

노산탁종(魯山琢宗) 선사

頭出頭沒　　六十二年
機輪轉處　　雙脚朝天
咦!
無端觸着虛空骨　　削作杓柄汲黃泉

화두 들고 놓길
예순 두 해
한 목숨 굴러가는 곳에
두 다리 하늘 쪽으로
아!
까닭 없이 허공의 보이지 않는 뼈 잡아
깎아 자루 만들어 황천 샘물 긷는다.

[해설]

　스님(1836~1897)은 신사(新瀉) 사람이다. 성을 농곡(瀧谷)으로
고쳤다. 동경의 전단료(旃檀寮)에서 수학했으며, 무학문혁(無學文
奕, 1817~1887)을 참견했다.

　명치유신 이후 관장을 보좌하여 종정(宗政)을 맡았다.

　그가 영평사(永平寺)의 주지로 있을 때, 본산(本山) 분리 문제가
일어났다. 세칭 '조동종이 소동종(騷動宗)이 되었다.'(일본어로 '소
도우슈우'로 같은 발음이 나기 때문에 소동을 피우는 말썽 많은

종파라고 같은 음의 다른 말을 엇걸어 비꼬는 말임) 이때는 이 조동종의 대 혼란시대였다.

노산화상은 개혁하고자 많은 노력을 기울였다. 6년 후 물러나 종규재정(宗規財政), 교학(敎學) 등의 각 부문에 걸쳐 진력하여 그 발전에 공로가 지대했다.

세수 예순의 나이로 입적했다.

광도혜담(匡道慧潭) 선사

將來米翁彈指頂　　氣呑佛祖思安全
轉身一路無人識　　閃電光中萬八千

장래에 미옹[性氏]이 손가락으로 이마를 퉁기고
기로 불조를 삼키니 생각이 안전하네
몸을 굴린 한 길을 아무도 모르는데
번갯불 빛 속에 만 팔천이라.

[해설]
　스님(1809~1895)은 대판(大阪) 사람이다.
　열세 살에 출가하여 열다섯 살에 집을 떠나 여러 곳을 다니다
행응(行應), 당림(棠林)을 찾아갔다.
　서른여덟 살에 상복사(祥福寺)의 주지가 되어, 38년간 사람들을
교화하였다. 후에 묘심사의 종정을 지내기도 하였다.

적수의목(滴水宜牧) 선사

曹源一滴　　七十餘年
受用不盡　　蓋地蓋天
喝!

조계수 근원 한 방울로
칠십 여 년
수용을 다 못하고
땅과 하늘을 덮었다.
할!

[해설]

　　스님(1861~1899)은 경도 사람이다. 어려서 부모를 여의고 아홉 살에 용승사(龍勝寺)의 대법(大法)을 의지하여 출가하였다.

　　열아홉 살에 용승사를 나와 강산(岡山) 조원사(曹源寺)로 가서 의산선래(儀山善來)의 지도를 받으며 정진했다.

　　서른 살 때 경도로 가서 의당(義堂)을 만나 명치 2년 천룡(天龍)의 관장을 맡았다.

　　일흔 살 때 천룡사를 물러나 임구사(林丘寺)에 살다가 일흔 다섯에 천룡사의 중흥조가 되어 다시 관장(우리로 치면 종정에 해당되는 직위임)을 맡았다. 그는 독원승주 등과 함께 명치 불교의 중진(重鎭)으로 불린다. 일흔 여덟에 원적하였다.

호관종보(虎關宗補) 선사

六十五歲　　假死假生
業火時節　　去住明明
喝!

예순 다섯 살
때론 죽음을 빌리고 때론 태어남을 빌렸다.
업이 불꽃 타오를 때에
가고 머묾이 분명하구나
할!

[해설]

　스님(1838~1903)은 복정(福井) 전전씨(前田氏)로 후에 성을 소림(小林)으로 바꾸었다. 11세에 출가하여 여러 곳을 다니다가 20여 년간 월계수겸(越溪守謙, 1809~1883)을 만나 그의 인가를 받았다.

　늦가을의 바람이 몹시도 차가운 어느 날 저녁, 한 청년 스님이 깊은 생각에 빠져 자하(滋賀)의 여관으로 와서 짚신을 벗어놓으니 그가 바로 호관이다.

　그는 몇 년 전, 월계수겸을 찾아뵙고 매번 자신의 견해를 말하였다. 그러나 그때마다 호된 꾸짖음을 받자 슬픔과 분노가 뼛속까지 사무쳐 승당(僧堂)을 뛰쳐나오고 말았다. 그리하여 복정(福井)

으로 돌아오는 길에 이 여관으로 왔던 것이다. 방안에서 날이 샐 때까지 정좌하고 무념무상에 빠지니 갑자기 큰 깨달음을 얻게 되었다.

바로 경도로 돌아가 월계를 친견하고 말씀을 드리자 월계는 손뼉을 치며 크게 기뻐하였다. 그는 동문 용관(龍關)과 함께 '계문(溪門: 월계문하의 용호이관(龍虎二關))'으로 불리었다.

월계가 승당을 짓자 호관이 도왔고, 월계가 원적한 후 그 뒷자리를 이었다.

실총정진(實叢定眞) 선사

五十四年住世緣　　入驢入馬度無邊
摘葉花兮摘葉矣　　各自兄弟好勉旃

오십사 년 세상 인연 따라 머물며
두 개골로 들고 말로 들어 무변함을 제도하노라
꽃잎을 따고 잎사귀도 따며
각기 형제가 면전을 좋아하네.

[해설]

　스님(1851~1904)은 복강(福岡) 사람이다. 열두 살 때 부친을
따라 일륜사(日輪寺)로 갔더니 한 승려가 시를 읊고 있었다.
　"대나무 그림자가 계단을 쓸어도 먼지가 일지 않고, 달빛이 연
못 밑으로 들어가도 물에는 흔적이 없네."
　그 후 출가하여 구봉(九峰)에게 사사하였다. 열일곱 살에 덕원사
(德源寺)에 살면서 20년을 고된 수행을 하였다. 후에 대분(大分)
양현사(養賢寺)로 이주하였고, 묘심사의 관장을 지냈다.

　10월 20일 급히 시자를 산으로 보내어 은사이신 천혜(天惠), 법
제자인 노산(盧山)·제부(諸富)·장전(莊田) 등을 불러 뒷일을 부촉하
고 입적했다.

유실묵선(維室黙仙) 선사

展開隻手　　七十四年
末後一句　　千聖不傳

한 손을 펴고
일흔 네 해
마지막 한 구절
여러 성현도 전하지 못하네.

[해설]

　스님(1846~1920)은 도취(島取) 사람이다. 열다섯에 출가하여 일흔 넷에 이르기까지 불법을 펴는데 전념했다. 그는 삼전오유(森田悟由), 복전묵동(福田黙童) 등과 함께 정진하며 혁당(奕堂)을 따랐다.

　후에 원통사(圓通寺)에 살며 황폐해진 불도를 부흥하고 수십 명의 승려를 길러내고 행각승을 받아들여 교화하였다.

　일흔 넷에 태국 황제가 인도에서 발굴된 불골(佛骨)을 일본에게 수여하자, 묵선은 각 대표 2, 3명과 함께 태국으로 건너갔다가 돌아오는 길에 명고옥(名古屋)에서 각왕산(覺王山) 일섬사(日暹寺)를 건립하였다. 그동안 인도·싱가포르·중국의 산동(山東)·대만·미국 등지를 다녔으며, 일흔 넷에 원적하였다.

함응종해(函應宗海) 선사

夢中說夢　　六十八年
末後一句　　罪過彌天

꿈속에서 꿈을 얘기하길
육십팔 년
마지막 한 구절
죄의 허물이 하늘에 가득하네.

[해설]
　스님(1855~1923)은 애지(愛知) 출신으로 어릴 때 출가하였다.
스물넷부터 서른 살까지 겸창에서 친히 홍천(洪川)을 모시고 석종
연(釋宗演) 등과 함께 참선하였다.
　경도로 가서 독원승주를 만나 더욱 정진하여 자신의 경지를 개
척하였다. 서른한 살에 실상사(實相寺)의 주지를 지냈으며, 묘심사
의 교무주임 직을 이어받았다. 그러나 이후, 모든 것을 거절하고
다시 수도할 결심을 했다.
　"독원의 여생이 얼마 남지 않았으니, 지금 가르침을 청하지 않
으면 기회를 영영 잃을 것이다."라 했으니 그의 견고한 도심을 알
수가 있다. 그리하여 독원을 뵙고 불도의 오묘한 뜻을 밝히는데
주력하였다. 독원이 원적하자 그의 법제자인 동악(東岳)이 대신 그
를 인가해 주었다.

열반사상의 모습

1. 군소리

이 세상에서 죽음을 피할 장소는 없을 것이다. 사람이라면, 아니 동물이거나 식물이거나 영원히 존재하는 것은 아무 것도 없다. 죽음이란 이처럼 누구에게나 아주 평등하게 존재해 있다. 그러므로 사람들은 죽음을 두려워한다.

이 세상사람 가운데 누구든 죽음에 대하여 한 번이라도 생각해보지 않은 사람은 아무도 없을 것이다. 그렇지만 죽음이라는 현실을 현실로써 느끼지 않는다. 누구에게나 죽음은 오기 마련이지만 그것은 남의 이야기지, 자기에게 다가올 현실이 아니라고 생각한다.

'철학가의 온 생애는 죽음의 준비이다.' 이 말은 유명한 철학자 키에르케고르(1813~1855)의 말이다. 그러나 온 생애를 바쳐 준비한 죽음 앞에 과연 그들은 어떤 모습으로 대하였던가가 문제이다.

공자도 '삶을 모르는데 어찌 죽음을 알랴(未知生 焉知死)'라고 아주 솔직하게 고백하였다.

예수께서는 '나는 부활이요 생명이니, 나를 믿는 자는 죽어도 살겠고, 무릇 살아서 나를 믿는 자는 영원히 죽지 아니 하리니.' 하였다. 그러나 예수 자신은 두 강도와 함께 십자가에 못 박혀 최후의 말씀인 즉, '주여! 주여! 정녕 나를 버리시나이까(엘리 엘리 나막 사막다니).' 이렇게 인간적인 술회를 하였으니, 이것을 어떻게 받아들여야 좋을지 모르겠다.

철학이 죽음의 참모습을 찾으려고 버둥대지만 안타깝게도 철학

만이 존재하지 죽음을 극복 또는 죽음의 참모습을 규명하지는 못
하였다. 이 세상 그 어떤 철인(哲人)이나 사상가들도 한결같이 죽
음에는 긍정보다도 부정의 눈짓을 보내었다.

하지만 여기 도도히 흐르는 죽음의 실상을 체득하여 삶과 죽음
이 둘이 아닌[生死不二] 경지에서 영원한 삶을 누리다 흔연히 헌
옷을 벗어 버리듯, 이 육신의 옷을 벗고 그야말로 고향으로 돌아
간 무수히 많은 자취가 역력히 있으니, 그 모습을 살펴보는 것도
그리 무양한 일은 아닐 것 같다.

2. 열반이란 무엇인가

열반(涅槃)은 불교의 최고 이상인 동시에 목적이다. 석가모니 부
처님 이후 무수히 많은 수행자들이 한결 같이 이 열반을 증득하기
위하여 한 평생을 산림(山林)에서 고행하였다.

그러면 그 열반이란 무엇인가?
불교가 성립되기 이전부터 인도의 신앙계에서 그들의 이상을 실
천하는 최고의 목표를 표현하는데 쓰인 언어로써 '열반'이란 말이
있었다. 그러나 불교가 융성했을 때, 불교에서도 제일 마지막 목적
을 이루는데 이 말을 사용하였다 하여 불교용어로 정착되었다.

열반의 원어는 고대 인도속어[西藏語]로 니빠-나(nibbana)라 하
였다. 아어(雅語: 巴利語)로 '니르바-나(nirvana)'라 하였다. 인도의
옛말에 니르(Nir)은 부정어(不定語)로 사용되었고, 바-나(Vana)는
'분다[吹]'는 말이다. 이 두 낱말이 모여 '불어서 꺼졌다'는 뜻이다.
하나의 불꽃을 불어서 껐다는 뜻으로 사용되었으며, 불교에서는
탐·진·치 삼독의 불꽃을 껐다는 뜻으로 사용되었다.

한자로 음역되어 니원(泥洹)·니반나(泥槃那)·열예나(涅隷那)·말박남
(抹縛南)·니박남(泥縛南)·열바남(涅婆南) 등이며, 의역으로는 멸(滅)·

적멸(寂滅)·멸도(滅度)·원적(圓寂)·입적(入寂)·불멸(不滅)이라 하며, 또 무위(無爲)·무작(無作)·무생(無生) 등으로 통한다. 그리고 우리나라에서 사용하는 뜻은 모든 번뇌의 속박에서 해탈하고 진리를 궁구하며, 미(迷)한 생사를 초월해서 불생불멸의 법을 체득한 경지를 뜻한다.

『열반경』에 25역(二十五譯)이 있고 『사제론(四諦論)』에 68역(六十八譯)이 있다. 『대승의장(大乘義章)』에 20역(二十譯)이 있고 『화엄연의(華嚴演義)』에는 20역(二十譯)이 있다. 이와 같이 많은 역(譯)이 있다는 사실은 그만큼 의미가 깊다는 뜻도 된다. 열반의 그 불가사의한 깊은 뜻을 정확하게 표현할 수 없으니, 이렇게 갖가지로 표현한 게 아닐까.

부처님의 말씀을 의지하여 수행해서 견성성불을 목적으로 하는 불교는 다른 어떠한 종교보다도 뛰어난다. 왜냐하면 처음에는 불교를 신봉하지만, 끝내 그 자신도 부처가 될 수 있다는 사실이다. 즉 부처가 된다는 사실은 열반을 얻을 수 있다는 의미가 된다.

근본불교에서 제법무상(諸法無常)·제법무아(諸法無我)·열반적정(涅槃寂靜)의 '삼법인설(三法印說)'이 있는데, 여기 일체개고(一切皆苦)를 합하여 '사법인(四法印)'이라고도 한다.

이제 열반의 그 원시적 모습을 살펴보자.

부처님은 이 우주의 모든 것은 제법무상(諸法無常)·시생멸법(是生滅法)을 말씀하셨는데 그것이 4법인설(四法印說)이다. 그리고 그 핵심은 열반을 의미한다.

근본불교적 열반의 뜻은 고멸(苦滅)·애멸(愛滅)·성불(成佛)의 뜻이다. 그리고 열반이란 살아서 얻는 것이지, 죽은 뒤에 얻는 게 아니다 하여 부처님의 성불이 완전한 열반이다. 이것을 '무여열반(無餘

涅槃)'이라 하기도 한다. 그러나 소승불교에서는 번뇌를 다 끊은 상태를 열반이라 하였다. 그래서 '유여열반(有餘涅槃)'이라 하였다.

대승불교에서는 심즉시불(心卽是佛)의 견지에서 자성청정열반(自性淸淨涅槃)을 이야기한다. 즉 자성을 더럽히는 삼독무명(三毒無明)만 탈진하면 반야의 진지(眞智)가 나타나서 너와 내가 없는 진여절대(眞如絶對)가 되는 것이다. 열반의 4덕(四德)인 상락아정(常樂我淨)을 그대로 증득한 것을 말한다.

앞에서 열반을 성불과 동일 시 함과 같이 열반은 본래 우리가 가지고 있는 것을 개발하므로 증득할 수 있다. 이렇게 근본불교의 입장과 소승불교의 입장과 대승불교의 처지에서 살펴보았다.

3. 어떻게 해야 열반을 증득 하는가

그러면 그 열반을 체득하는데 있어 어느 특정인만 할 수 있는 것인가, 아니면 누구나 할 수 있는 것인가.

앞에서 성불과 열반을 같은 뜻으로 해석하였는데, 성불 역시 누구나 할 수 있는 것이다. 일찍이 부처님은 '일체중생(一切衆生) 개유불성(皆有佛性)'이라는 참으로 놀라운 평등을 천명하셨다.

즉 누구나 부처가 될 근본 씨앗은 있다는 사실이다. 이 엄청난 선언이 있었으므로 많은 사람들이 수행하여 성불의 열반락(涅槃樂)을 맛보았다. 그러므로 누구나 성불, 즉 열반을 증득할 수 있다는 결론이다.

4. 부처님 열반의 모습

그러면 열반을 처음 보이신 부처님의 열반 모습을 살펴보자.

부처님도 인간의 육신을 지녔으므로, 그 옷[肉身]을 벗는다는 사실은 자연의 법칙이다.

부처님의 죽음을 열반이라고 한다. 열반의 뜻이 본래는 성도(成道)를 의미하였던 것이다. 그러나 무여(無餘)열반의 뜻으로 그렇게 부른다. 그리하여 고승들의 죽음을 '열반(涅槃)'·'원적(圓寂)'·'입적(入寂)'·'귀적(歸寂)'·'시적(示寂)' 등으로 표현한다.

부처님은 정각을 이룬 뒤 49년간을 떠돌아다니시며 설법교화 하셨다. 바이사리 근방의 베루바(Veluva)라는 곳에서 안거 하실 때, 몹시 심한 병환에 괴로워 하셨지만 참고 정진하셨다. 그때 아난(阿難)에게

"앞으로 얼마 못 살 것 같다. 나는 법을 다 가르쳐 왔다. 이때까지 교단을 통솔하여 왔다고는 생각하지 않는다. 모두 다 자기 자신을 등불로 삼으라. 그리고 법을 등불로 하고, 법에 의지하여라."

이렇게 마지막 같은 말씀을 하셨다.

파-바[波婆城]에서 순타(純陀)가 올린 공양을 받고 병이 나셨다. 등[背]이 매우 아팠다.

아난존자가 부처님을 보니 평소보다 더욱 원만청정하게 빛나고 있었다. 부처님께서 "여래의 광색에 두 가지 인연이 있으니, 하나는 득도하여 무상정각을 얻을 때이며, 또 하나는 생명을 버리고 열반에 들려고 할 때이다."라고 하셨다.

파-바에서 다시 사라쌍수(沙羅雙樹)에 오시어 숲속에 열반의 장소를 정하시고 북두면서(北頭面西)로 누우셨다. 만월의 달 밝은 밤이었다. 아난존자는

"부처님께서 열반하시면 이제는 아무도 찾아오지 않을 것입니다."하니

"걱정하지 말아라. 여래의 탄생한 곳과 성도한 곳, 설법한 곳, 열반한 곳을 모두 찾을 것이다. 그리고 다른 종파의 사람들이라도 자청하면 구족계(具足戒)를 받게 하여 출가시켜라."하고 말씀하셨다.

이 때에 백이십 세인 범지수발다라가 와서 부처님의 제일 마지막 제자가 되어 부처님보다 앞서 열반에 들었다.

부처님께서는 발을 포개고 조용히 말씀하셨다.

"그러면 작별을 고하노라. 모든 것은 무상하다. 나도 이 이치에 따라갈 뿐이다. 모두들 다 해탈을 위해 힘써라."

이렇게 하시고 열반에 들었다. 부처님의 나이 팔십이었다.

부처님이 열반에 들자 주위의 사라쌍수 여덟 나무 가운데 넷은 하얗게 죽고 넷은 더욱 번창하였다. 그래서 이 사라수 나무를 '사고사영수(四枯四榮樹)'라고 한다.

5. 조사(祖師)들의 열반 모습

죽음, 그것은 누구나 두려워한다. 그러나 여기 죽음을 긍정한 슬기로운 분들의 모습을 살펴보자.

스님들이 앉아서 원적에 드는 것을 '좌탈입망(坐脫入忘)'이라 한다. 그리고 서서 죽기도 하고, 누워서 떠나기도 하고, 걸어가는 모습으로, 또는 거꾸로 서서 가신 분도 있다.

인도의 존자들 중 아난존자는 풍분신삼매(風奮身三昧)에 들었고, 상나화수존자(商那和修尊子)는 스스로 화광삼매(火光三昧), 미차가존자(彌遮迦尊者)는 사자분신삼매(獅子奮迅三昧), 바수밀다존자(婆須密多尊者)는 자심삼매(慈心三昧), 복타밀다존자(伏馱密多尊者)는 멸진삼매(滅盡三昧), 용수존자(龍樹尊者)는 월륜삼매(月輪三昧)에 들어 열반하였다. 그런데 부나야사(富那夜奮尊者)는 전신을 그대로 탑에 모셨다. 승가난제존자(僧伽難提尊者)는 열반에 든 시체를 옮길 수 없어, 그 자리에 육신 그대로 탑을 지어 봉안하였다.

그리고 중국의 스님들은 참으로 다채롭다.

마조도일(馬祖道一, 709~788) 선사의 법사(法嗣)인 등은봉화상(鄧隱峰和尙)은 물구나무서서 떠났다. 열반할 당시의 일화가 『전등록』에 전한다.

스님은 이 세상 인연이 다했음을 알고 스스로 '어떤 모습으로 떠날까?'를 궁리하게 되었다. 앉아서, 누워서, 그리고 서서 떠난 이들이 무수히 많아 스스로는 거꾸로 서서 떠나기로 했다. 그리고 물구나무 선 채로 입적했다. 그런데도 입고 있던 옷깃이 쳐져 흐르지 않았다고 한다.

제자들이 다비(茶毘)를 하기 위해 입관을 하려 했으나 움직일 수가 없어 애를 먹고 있었다. 그의 여동생 비구니 스님이 한 손가락으로 살짝 밀면서

"오빠는 살아서도 괴팍한 행동을 많이 하더니 죽어서도 이러십니까?" 하며 넘어뜨렸다고 한다. 그 말에 등은봉이 바닥에 바로 누웠다고 한다.

지위(知威) 선사는 연작사(延作寺)에서 열반에 들려 할 때 "시체를 숲속에 놓아 새, 짐승들에게 보시하라"고 하였다.

무료(無了) 선사는 임종하실 무렵에 태연히 게송을 적고 입적하였다. 본당[正堂]에다 빈소를 차려 놓고 12년을 지냈다. 하루는 산골 물이 넘쳐서 문인(門人)들이 탑을 열어 보니, 온몸이 물속에 떠 있었다. 민왕(閩王)이 이 말을 듣고 시체를 궁중으로 모셔 공양을 올리려 하니, 갑자기 궁중에 더러운 냄새가 풍겼다. 왕이 향을 피우고 축원하기를 '구양산의 본당에 다시 모시겠다.'고 하니 이상한 향기가 진동하였다고 한다.

서봉지단(瑞峰志端, ?~969) 선사는 원적에 들기 몇 개월 전에 예언하고 송을 지었다. 그리고 그날이 되어 법당에 올라 상당법문을 하고 "오늘 이 세상 인연이 다 되어 이 육신의 옷을 벗고, 나의 고향으로 돌아간다."고 활연히 선언하였다. 그때, 원응(圓應) 스님이

"구름도 노을도 근심에 싸이고 대중이 슬퍼하는데, 스님께서 한 마디 말씀을 더 하여 주십시오." 하니

스님은 발 하나를 들어 보였다. 이에 원응 스님이

"법의 거울이 여기에 비치지 않으면 보배 달은 다시 어디를 비치겠습니까?"

"그대의 경계가 아니다."

"그러면 거품이 났다 꺼져도 다시 물로 돌아가겠고, 스님께서 가시나 오시나 본래 그대로이겠습니다."

스님께서 기침을 하셨다. 그리고

"세존께서 열반에 드신 날이 언제인가?"

"2월 15일입니다."

"나는 지금 자시(子時) 전에 간다."

하시고는 바로 입적하였다. 이런 모습은 시적법문(示寂法門)의 대표적이다.

행인(行因) 선사는 어느 날 시봉하는 이에게

"한낮이 되면 나는 떠나겠다."

하시기에 시봉이 한낮이 되었다고 아뢰니, 자리에서 일어나 두어 걸음 걷다가 우뚝 서서 떠났다. 바위 끝에 소나무 한 그루가 있었는데 그날 말라죽었다.

이렇듯 열반의 모습을 살펴보면 무한하다.

그러면 한국 스님들의 죽음의 모습을 살펴보자.

신라시대 원효 스님과 사복 스님이 있다. 『삼국유사』에 전하는 것을 보면, 땅의 띠 풀을 열고 바로 연화세계로 떠났으며, 역시 신라 때 광덕(廣德)은 서방극락세계에 등천(登天)한 대표적 표상이다. 그리고 신라 성덕왕 때, 미륵불로 화현했다고 하는 노힐부득(努肹夫得, ?~?) 스님 역시 생불(生佛)로 연화세계에 들었다.

고려의 태고보우(太古普愚, 1301~1382) 국사 역시 열반에 드는 날 법당에 올라 시적법문으로 백문백답을 했다. 그 자리에서 임종게를 부르는데, 그 소리가 다 하여 목이 옆으로 수그러지니 그대로 좌탈입망에 들었다. 이렇게 갖가지 인연 따라 원적에 드는 모습은 그야말로 중생의 안목으로는 신비스럽게 보일지 모르나, 생사가 둘이 아닌 경지를 체득한 그들로서는 오히려 의당한 일이 아닐까. 그러나 그런 경지를 스스로 체득한다는 것은 아무나 할 수 있는, 결코 쉬운 일은 아닐 것이다. 그렇다고 꼭 특정인만이 그럴 수 있다고도 생각지 않는다.

6. 죽음을 미화한 글들

'새는 죽으려 할 때 그 울음이 가장 슬프고, 사람은 죽으려 할 때 그 말이 가장 참되다'고 증자(曾子)는 말했다.

인류 역사 이래 수많은 사람들이 죽음에 관하여 글을 남겼다.

지공(指空) 스님이 입적했을 때 나옹(懶翁, 1320~1376) 스님은

태어남이란 맑은 바람이 일어남이요
죽음이란 맑은 못에 달이 잠기는 것이다.

來一陣淸風起   滅去澄潭月影沈

라고 하였다. 그리고 소석가(小釋迦)라는 별명을 가진 일옥진묵(一玉震黙, 1562~1633)스님은 그의 어머니가 돌아가신 후,

앞산 뒷산만 첩첩한데
어머님 영혼은 어디로 떠나시렵니까!
아 ! 애달프고 슬프도다.

前山疊 後山重　魂歸何處　嗚乎哀哉

라고 탄식하였다. 그러나 함허득통(涵虛得通 1376~1433) 선사는
사형(師兄) 진산(珍山) 스님의 영혼 앞에

시원하여라, 하늘에 올라 안개 속에 놀면서
티끌 밖에서 소요하고
흐뭇하여라, 가나 있으나 자유로워
매달림에서 풀렸을 것이다.

라고 갈파하였다. 그리고 편양언기(鞭羊彦機, 1581~1644) 선사는

본래 아무것도 없었거니
기쁨과 슬픔인들 어디서 일어나랴

本是無一物　何處起歡悲

라고 담담하게 말했다.

대산대사로 불리는 청허휴정(淸虛休靜, 1520~1604) 스님은 어린
상좌의 죽음에

올 때는 흰 구름과 더불어 오더니
갈 때는 밝은 달을 따라 가는구나
가거나 옴이 한 주인이니
마침내 어느 곳에 있는가.

來與白雲來　去隨明月去

去來一主人　　畢竟在何處

라고 의문을 표하였다.

그리고 함허득통 선사는 다음의 무상게(無常偈)로서 철저히 무상함을 읊었다.

태어남은 한 조각 구름이 생겨남이요
죽음이란 한 조각 구름이 흩어짐이라
구름의 바탕을 꿰뚫어보면 실체가 없듯이,
실체가 없는 몸뚱이 나고 죽음도 이와 같구나

生也一片浮雲起　　死也一片浮雲滅
浮雲自體徹底空　　幻身生滅亦如然

그리고 본문에 있는 많은 게(偈)와 송(頌)들은 한결같이 죽음에 대한 말씀들이다.

스님의 죽음을 열반, 원적, 귀적(歸寂), 입적, 시적이라고 한다. 그리고 그때 남긴 게송을 열반송(涅槃頌), 임종게(臨終偈), 원적송(圓寂頌), 귀적게(歸寂偈), 입적게(入寂偈), 사게(寫偈), 유게(遺偈), 사세송(辭世頌), 이렇게 표현한다.

게(偈) 또는 송(頌)은 부처님의 공덕을 찬미하기 위하여 노래의 형태로 지었다. 요즘의 시의 형태이다. 인도에서 시작하였으며 부처님 설법도 그런 류가 많다.

7. 끝으로

열반사상이란 한 마디로 불교의 정수이다. 그리고 불교가 어떤 종교보다도 다른 모습이 바로 이것이다. 만약 불교에 이런 모습이 없다고 한다면 불교는 아무런 흥미도 없을 것이다.

　이렇게 도도한 열반사상을 지금까지 제대로 규명하지 않고 있다는 사실이 안타까울 따름이다.

　이 책에서 필자가 의도하는 게 얼마나 성공을 거두었는지는 모르겠다. 앞으로 이 방면에 더 적극적인 연구가 있었으면 하고 기다릴 뿐이다.

1977년 3월
석성우

◆ 맺는 말

평소 죽음에 대하여 관심이 많았다. 생사가 둘이 아닌 경지의 그 차원이 어떤가 하는 스스로의 물음에 아직도 태산처럼 말이 없다. 하지만 그런 물음에 대하여 선사(先師)스님들의 모습이 무척 궁금했다. '그들은 과연 죽음 앞에서 어떤 모습을 했을까?'하는 관심이 모이자 죽음 전에 남겼던 시(偈, 頌)들을 살피게 되었다. 그렇다고 정리를 해서 책으로 묶어 볼 생각은 없었다.

그러나 한 번 관심의 대상에 집착을 하게 되자 쉽게 던져버릴 수 없었다. 무슨 업인지 모르지만 오랫동안 여기에 대한 집념을 떨칠 수 없었다. 그러던 차에 '월남 패망'이라는 것을 보게 되었다. 이럴 때 우리 민족에게 정신적으로 도움이 되는 뭔가를 해야겠다는 생각이 들어 정리를 결심하고 손을 대었다.

또 하나의 이유라면, 그래도 산림(山林)에 머문 지 제법 세월을 먹었으니, 불은(佛恩)에 대한 티끌만한 보답이라도 해야 하지 않을까하는 생각이었다. 솔직한 고백이지만, 나의 능력으로는 도저히 해낼 수 없었다. 주위의 많은 도움으로 이루어졌다.

조금이라도 공적이 있다면 이런 인연을 지어준 많은 분들에게 회향하고, 허물이 있다면 참회하겠다. 앞으로 이 방면에 깊은 연구가 있었으면 하는 바람이다.

이 원고를 세상에 빛 보게 한 분들에게 부처님의 은혜가 깃들기를 삼가 바란다.

1977년 3월

八公山 無峰山房에서

지은이 씀

참고자료

『霜峰法源』, 佛祖宗派

『李朝佛敎』

『한국역대고승전』

『조선불교통사』

『금오집』, 『雪峰大全』, 『만공어록』

『용성선사어록』, 『경허어록』

『한국불교소의경전연구』

『雪峰禪師法語』, 『東師列傳』, 『조선불교약사』

『불교문헌자료집』 II

『청허집』, 『사명집』, 『송광사 한국의 고찰』

『한용운전집』 1권, 『불교사상』 6호, 『대한불교신문』, 『전등록』,
『萬德寺誌』 下

『喚惺詩集』, 『조당집』, 『선학사전』

『大東禪敎考』, 『大芚誌』, 『松廣寺誌』

『松廣寺史庫』 中, 인물부, 효봉어록

『불교사전』, 『불학대사전』, 『大漢韓辭典』

〈霽山스님 비석(직지사)〉, 〈石友스님 비석(동화사)〉

〈曉峰스님 비석(송광사)〉

열반사상

지은이 / 釋性愚
펴낸이 / 金映希
펴낸곳 / 도서출판 土房

2020년 11월 20일 초판 발행
2021년 1월 10일 초판 2쇄 발행

등록 1991. 2. 20. 제6-514호
서울특별시 성북구 북악산로 746. 101-1303
전화 766-2500, 팩시밀리 747-9600
e-mail / tobang2003@hanmail.net

ISBN 979-11-86857-10-6   03220